山东师范大学人文社会科学学者文库

SHANDONG SHIFAN DAXUE RENWEN SHEHUI KEXUE XUEZHE WENKU

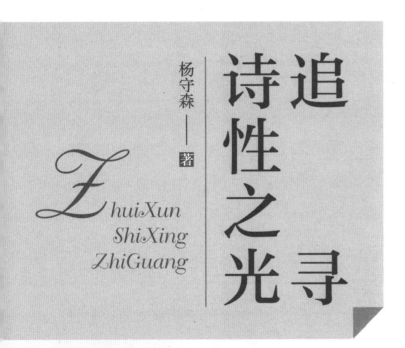

杨守森——著

ZhuiXun
ShiXing
ZhiGuang

追寻诗性之光

人民出版社

统　　筹:于　青
责任编辑:宫　共
封面设计:肖　辉
责任校对:吕　飞

图书在版编目(CIP)数据

追寻诗性之光/杨守森 著.
　-北京:人民出版社,2015.5
ISBN 978-7-01-014782-6

Ⅰ.①追… Ⅱ.①杨… Ⅲ.①社会科学-文集 Ⅳ.①C53

中国版本图书馆 CIP 数据核字(2015)第 080271 号

追寻诗性之光

ZHUIXUN SHIXING ZHIGUANG

杨守森　著

人民出版社 出版发行
(100706　北京市东城区隆福寺街 99 号)

北京汇林印务有限公司印刷　新华书店经销

2015 年 5 月第 1 版　2015 年 5 月北京第 1 次印刷
开本:710 毫米×1000 毫米 1/16　印张:27.75
字数:455 千字

ISBN 978-7-01-014782-6　定价:70.00 元

邮购地址 100706　北京市东城区隆福寺街 99 号
人民东方图书销售中心　电话 (010)65250042　65289539

目　录

文学：审什么"美"？

在中外美学界、文学理论界，似乎大致已形成这样一种占据主导地位的判定：审美价值，是文学艺术的根本价值，是文学作品与其他文字作品的本质区别。如波兰文艺理论家罗曼·英加登认为，文学作品"在它的具体化中体现某种非常特殊的价值，我们通常称之为'审美价值'。……文学的艺术作品由于某种原因没有体现这些价值，那么它即使能够提供这种或那种知识也是无济于事的。"[①] 俄罗斯当代文学理论家哈利泽夫强调："艺术作品首先拥有的是审美价值，要是没有这种价值，艺术作品就是不可设想的。"[②] 在我国目前出版的美学、文学理论教材中，大多也已将审美价值视为文学艺术的根本属性或最高属性。由片面强调文学的现实功利转向对文学审美价值的重视，无疑是中国当代文艺学的重大进步。但文学价值，毕竟是多元价值的复合，过分强调文学的社会功利固然会危及文学，过分强调审美价值，恐怕也是个问题。而且，也许与"美是什么"至今尚是一个难以说清的问题有关。究竟何谓文学的审美价值？文学审美价值是如何生成的？也一直少见专门性的探讨。即有论及，亦往往语焉不详，或自相矛盾。这样一来，应当属于文艺学"元问题"之一的"文学的审美价值"，也就成为一个似是而非，好像

① ［波兰］罗曼·英加登：《对文学的艺术作品的认识》，陈燕谷、晓未译，中国文联出版公司1988年版，第154—155页。

② ［俄］瓦·叶·哈利泽夫：《文学学导论》，周启超、王加兴、黄玫、夏忠宪译，北京大学出版社2006年版，第103页。

谁都清楚而实际上谁也说不清楚的问题。

在已有的文学理论中，文学作品中某些丑、恶、悲、恐之类的事物或场面，往往被说成是也可以产生美感，甚至被判定为本身即具有审美价值。但，当我们切实从阅读经验出发时，又不能不感到这样的困惑：文学作品常常激起我们的是喜、怒、悲、恐、丑、厌、恨等多种类型的情感，这些情感，不仅性质不同，有些甚至是根本对立的，如果硬要将所有这些情感都说成是"美感"，那么，"美感"又是与什么性质的"感"相比较而存在的呢？如果失去了其他性质的"感"的参照，"美感"还成其为"美感"吗？如果我们着眼于社会对文学的需求，以及文学在社会上的影响时，会进一步加剧困惑，我们不能不承认一些学者曾经指出的这样的事实："审美在文学价值当中确实是一个不可忽略的重要因素。但同时也应该看到，古今中外许多文学名著并不都是以其'审美特性'或'审美价值'而闻名并传世的。"①"从现代诗学的标准看，《诗经》作品大都是当之无愧的文学作品，这一点是毫无疑问的。但是从历史的角度看，这些文学作品却在很长的历史时期内并不是凭借文学作品最主要的品格——审美功能而获得主流话语地位的，它们甚至并不是作为文学作品而生产的。"②那么，我们又怎么能说"审美价值"是根本性的文学的"特殊价值"呢？又怎么能将"审美"视为文学的"最高属性"呢？面对这样一些问题，又不能不令人进一步怀疑：文学，到底审什么"美"？审美价值，是文学的根本价值、最高价值吗？

一、审美价值与美感霸权

审美价值形成的标志当然应该是：人们在面对外物时产生的美感。

关于"美感"，在西方美学史上，虽有多种解释，或谓想象，或谓移情，或认为是一种超越一切现实功利的静观体验，但影响最大，最为人们乐道，也最为人们信奉的是快乐主义理论，其代表性的见解如："大的快乐来自对美的作品的瞻仰"（赫拉克利特）；"美本身就使观者喜爱，丑本身就使

---

① 杜卫:《走出审美城》，东方出版社 1999 年版，第 216 页。
② 李春青:《论文化诗学的研究路向》，《河北学刊》2004 年第 3 期。

观者嫌厌"（鲍姆嘉通）；"判别某一对象美或不美"，关键是主体的"快感和不快感"（康德）；"美是被当作事物之属性的快感"（桑塔耶纳）；① "我们的当代理论家们同意审美经验是一种内在地含有快适和趣味的感觉"，"审美经验是一种凝神观照的形式，是对审美对象的性质以及性质上的结构的一种喜爱的注意。"② 在我国，美学界的代表人物也基本上持此看法。如李泽厚先生的解释是："经过感知、理解、想象、情感等多种心理功能共同活动而产生了审美愉快。审美愉快有各种名称，一般称为美感，亦可叫审美感受，审美经验，审美满足等。"③ 并具体将"美感"分为"悦耳悦目"、"悦心悦意"、"悦志悦神"这样三个层次。朱光潜先生也这样描述过美感的特征："观赏者在兴高采烈之际，无暇区别物我，于是我的生命和物的生命往复交流，在无意之中我以我的性格灌输到物，同时也把物的姿态吸收于我。"④ 由这些论述可知：美感是一种以喜爱、快乐、愉悦之类情感为心理特征的精神满足。如果这一得到更多人认可的"快乐主义"美感论是正确的话，那么，人们在阅读文学作品的过程中，只有产生了喜爱、愉悦、快适之类情感，才意味着其审美价值的存在，否则，即表明没有审美价值。而实际情况又如何呢？在阅读文学作品过程中，人们得到的都是"喜爱"感、"愉悦"感、"快适"感吗？还是让我们先看一下事实吧：

空山新雨后，天气晚来秋。明月松间照，清泉石上流。竹喧归浣女，莲动下渔舟。随意春芳歇，王孙自可留。⑤

西京乱无象，豺虎方遘患。复弃中国去，委身适荆蛮。亲戚对我悲，朋友相追攀。出门无所见，白骨蔽平原。路有饥妇人，抱子弃草间。顾闻号泣声，挥涕独不还。"未知身死处，何能两相完？"驱马弃之去，不忍听此言。南登霸陵岸，回首望长安。悟彼下泉人，喟然伤

---

① 北京大学哲学系美学教研室编：《西方美学家论美和美感》，商务印书馆1982年版，第18、142、151、285页。

② ［美］韦勒克、沃伦：《文学理论》，刘象愚等译，三联书店1984年版，第276页。

③ 《李泽厚哲学美学文选》，湖南人民出版社1985年版，第382页。

④ 《朱光潜全集》第1卷，安徽教育出版社1987年版，第214页。

⑤ 王维：《山居秋暝》。

心肝。①

我们在阅读这两首诗时得到的情感体验肯定是不一样的：由王维《山居秋暝》得到的，大概才更符合美学家们所说的以"喜爱"、"愉悦"、"赏心悦目"为特征的"美感"；而读罢王粲的《七哀》，面对"出门无所见，白骨蔽平原。路有饥妇人，抱子弃草间"的悲惨景象，又有谁能够感到"愉悦"，感到"赏心悦目"呢？人们由此产生的大概只能说是"悲感"。而这"非美感"的"悲感"之对象，体现的又是什么样的审美价值呢？又如：

　　正当每个人都憋了一肚子屎时厕所的下水管道又冻住了，大便像蚂蚁丘一样堆积起来，人们只得从那个小台子上下来，把屎拉在地板上。于是它在地上冻住了，等待融化。到了星期四驼背推着他的小推车来了，用扫帚和一只盘子样的东西掀起这一摊摊又冷又硬的大便，然后拖着一条枯萎的腿用车子推走。走廊里扔满了手纸，像捕蝇纸一样粘在脚下。一俟天气转暖这气味便更浓，在四十英里外的温彻斯特都闻得到。②

　　村中央许家车马店门前广场上，摆着一口鲜血染红的大铡刀，血块凝结在刀床上，几个人的尸体，一段一段乱杂杂地垛在铡刀旁。有的是腿，有的是腰，有的是胸部，而每个尸体都没有了头。……在饮马井旁的大柳树上，用铁丝穿着耳朵，吊着血淋淋的九颗人头。③

　　孙五操着刀，从罗汉大爷头顶上外翻着的伤口剥起，一刀刀细索索发响。他剥得非常仔细。罗汉大爷的头皮褪下。露出青紫的眼珠，露出了一棱棱的肉……罗汉大爷脸皮被剥掉后，不成形状的嘴里还呜呜噜噜地响着，一串一串鲜红的小血珠从他的酱色的头皮上往下流。④

---

① 王粲：《七哀》。
② [美] 亨利·米勒：《北回归线》，袁洪庚译，漓江出版社 2003 年版，第 268 页。
③ 曲波：《林海雪原》，人民文学出版社 1964 年版，第 6、7 页。
④ 莫言：《红高粱》，作家出版社 1995 年版，第 35 页。

　　读着这样的文字，人们恐怕更是难以"喜"得起来，"愉悦"得起来，"赏心悦目"起来的。相反，由米勒的文字唤起的大概只能是厌恶感、恶心感；读到曲波、莫言描写的上述场面时，产生的大概只能是恐惧感。

　　在中国的儒家学说中，中医理论中，以及印度的佛教教义中，均有人秉"七情"之说。儒家所说之七情是：喜、怒、哀、惧、爱、恶、欲；中医所说之七情是：喜、怒、忧、思、悲、恐、惊；佛教所说之七情是：喜、怒、忧、惧、爱、憎、欲。如果依据某些美学家所强调的"愉悦"、"赏心悦目"乃至"兴高采烈"之类特征，"美感"应主要与中国儒家、中医及佛教中均置于"七情"之首的"喜"，以及儒、佛中列入的"爱"相关了，而不能给人"愉悦"的"怒、悲、惧、恶、忧"之类情感，当然就算不上是"美感"了。同理，作为人生与社会生活综合性表现的文学作品，在读者那儿引发的不同于"喜"、"爱"的"怒、悲、憎、恐"之类情感体验，也就很难说是"美感"了。而文学作品引发读者的情感体验，实在是复杂的：有的可能是"喜爱感"，有的可能是"悲凄感"、"丑恶感"、"恐惧感"，也有的可能是"喜爱"、"悲凄"、"丑恶"、"恐惧"等多种感受的交融或替迭，那么，根据英加登、哈利泽夫等人所说的"审美价值"是文学的"特殊价值"，"艺术作品首先拥有的是审美价值"之类论断，凡未能唤起读者与"喜爱"之类心理相通的"美感"的作品，是否就算不得文学作品了？但谁又能否认王粲的《七哀》诗在文学史上的意义呢？谁又能否认米勒、曲波、莫言相关描写的独特文学价值呢？

　　对于此类无法回避的问题，美学史上当然亦不乏"化丑为美"、"以丑衬美"、"审美静观"、"心理距离"、"心灵净化"之类的理论辩解。这些理论辩解的目的很明确，就是要设法将原本是令人生"憎恶"的"丑"，令人"惊恐"的"灾难"，令人"悲哀"的"不幸"等等，也全部说成是具有"美感"；相关的作品，亦均可被判定为具有审美价值。而这些辩解，总给人强词夺理之感，实际上是很难令人信服的。

　　"化丑为美"的辩解是：由于作家艺术手段的高妙，将"丑"写"真"了；由于作家思想观念的正确，将"丑"揭露批判了，于是，原本是现实中的"丑"就变为艺术中的"美"了。中国美学家蒋孔阳先生就曾如此解释过："艺术的美不美，并不在于它所反映的是不是生活中美的东西，而在于它是怎样反映的，在于艺术家是不是塑造了美的艺术形象。"并以果戈理《死魂灵》中的乞乞可夫为例进行了论证。认为乞乞可夫本是一个十分虚伪而又刁钻的骗子，但因果戈理"以他铸物象形的本领，把他逼真地描绘出来，把他丑恶的灵魂深刻地揭露出来，从而使生活中的丑变成了艺术中的美。"① 在论述"化丑为美"时，人们经常举的一个经典例子是罗丹的雕塑作品《欧米哀尔》，认为这件作品之所以"丑得精美"，主要就是因为作者以精到的艺术技巧，表现了老妓女内心世界的痛苦和灵魂深处的悲哀，能够使人们更加厌恨丑，同时激起对美的向往。在这类辩解中，问题是很明显的，这就是将"真"与"善"视为"美感"生成的原因。作家描写的"真"与作品内涵中的"善"，固然与"美感"有关，但并非存在生成之必然性的。如果"逼真描绘"就能生出"美感"，那么，上述"白骨蔽平原"、"大便堆积，臭气冲天"、"血淋淋的人头"、"活剥人皮"之类场面不"逼真"吗？是不是也可因其"真"而得出"化悲惨为美"、"化污秽为美"、"化血腥为美"之类结论呢？而上述场面的难以令人"赏心悦目"业已证明，这样的"化"是不可能的。至于"揭露丑恶"之类的"善"，本属作品的理性意义，是社会性价值观念，从本质上来说，与"美感"已不是一回事了。事实上，无论怎样"化"，就人们的实际心理体验而言，出现于作品中的"丑"还是"丑"、"悲"还是"悲"，"惨"还是"惨"。"以丑衬美"之说的悖理之处同样在此，在一部作品中，"丑"当然有衬"美"之作用，但那只是"丑"的作用，并非"丑"本身的"美"。"丑"虽然衬托了他物之"美"，而本身毕竟还是"丑"。如雨果《巴黎圣母院》中的敲钟人夸西莫多，外貌的"丑"固然衬托强化了其内在心灵的美，但无论眼瞎、腿跛，还是背驼，毕竟仍不是能够令人产生"愉悦"的"美"。

　　"心理距离说"的辩解是：由于主体与对象之间保持某种"心理距离"，即超越现实性的功利关系，就能在对象中体会到美感。文学作品中的丑陋、邪恶、灾难之类，之所以能产生美感，便是由于经过了作家的艺术处理，形成了与读者之间的"心灵距离"。此说是由英国美学家布洛具体提出来的，布洛曾举过一个有名的例子来说明自己的观点：海上遇雾的船只虽然潜藏着

---

① 蒋孔阳：《美和美的创造》，江苏人民出版社1981年版，第52—53页。

危险，但乘客如能摆脱对潜在危险的恐惧，以欣赏的态度观赏之，海雾就成了有趣的审美对象。布洛之前的英国思想家博克也有过类似见解，认为"如果处于某种距离以外，或是受到了某些缓和，危险和苦痛也可以变成愉快的。"① 这类见解，在解释"美感"生成具有主观因素方面，当然是有道理的，但同样不能证明事物本身就一定会产生"美感"，就一定具有"审美价值"。对此，我们很容易举出这样的反证：如历史上的"南京大屠杀"、奥斯维辛集中营中的"焚尸炉"等，不论经由怎样的艺术处理，不论在读者那儿形成了怎样的"心理距离"，面对这类内容的作品时，所产生的都不可能是"愉悦"性的"美感"。另如前面所举王粲描写的"白骨蔽平原"之类，是汉末中国的社会惨景；曲波笔下的血腥场面，莫言所写的"孙五操刀活剥罗汉大爷"是战争年代的事情，与我们当然已没什么利害关系了，也经由诗人、作家"艺术化"处理了，"心理距离"是没什么问题了，但读者阅读时产生的也只能还是不同于"愉悦"的惨不忍睹的"悲凄感"，与毛骨悚然的"惊恐感"等等。

与"心理距离说"相近，受现象学影响的法国当代美学家法杜夫海纳在论述审美价值的产生时强调："必须回到作品有一种内在的价值而且是真正的审美价值这个思想上来。那么，在什么条件下，才能有这种价值呢？唯一的条件就是把作品纯粹地看作作品，即是说看作审美对象，而不是看作有用的对象。""我们必须做到集中注意力于作品本身，并且以无利害的方式去欣赏它，玩味它。也就是说，除审美兴趣外，不为其他兴趣所动；除审美作用外，不作别的用途。"② 此说亦大堪怀疑。试问，当面对"白骨蔽平原"、"铁丝上吊着人头"、"活剥人皮"之类惨相时，有多少人能"纯粹"得起来呢？有多少人能以"玩味"的心态面对呢？除非是铁石心肠。能够以"纯粹"地"玩味"心态面对"悲惨"与"血腥"的现象当然也是有的，甚至在实际生活中也不乏其例，比如中外历史上处决人犯时都曾允人围观，在观斩者中，自然不乏"玩味心态"的观赏者，甚至不无为屠夫娴熟的刀技叫好者，但总不能说这类"杀人场面"也具有"审美价值"吧？

① 朱立元主编：《美学》，高等教育出版社 2001 年版，第 170 页。
② ［法］杜夫海纳：《美学与哲学》，孙非译，中国社会科学出版社 1985 年版，第 22—23 页。

　　"灵魂净化"说，源自亚里士多德的悲剧理论。亚里士多德在《诗学》中，曾用"Katharsis"一词论及悲剧作用，其意旨不是很清楚，后人大多将其理解为"净化"，并进而将"净化"视之为悲剧的"美感"作用。如苏联美学家斯托洛维奇在那本影响颇大的《审美价值的本质》中即认为："古希腊人就说过，悲剧引起卡塔西斯（Katharsis）——感情的净化。人在深深地怜悯悲时，不仅体验到感情极度紧张以后的轻松，而且道德上变得高尚，审美上变得崇高和豁亮，因为他们吸收了由痛苦以至死亡所确证的价值。这样，对悲的审美感知和体验使恐惧所引起的消极情感，变成产生审美满足的积极情感。"① 不论亚里士多德"Katharsis"的本意为何，将悲剧作用说成是"审美满足"的"美感"，也总叫人感觉不伦不类。如果说因为怜悯悲而使道德变得高尚了，感情得以净化了，就是"悲剧"的美；如果说因为吸收了由痛苦以至死亡所确证的价值，由恐惧引起的消极情感就会转化为审美满足的积极情感，那么，在现实生活中，当人们面对灾难、死伤，或往火葬场送别亲友时，不也会生"怜悯"之情吗？不也可得以心灵的净化吗？不是也可以吸收痛苦以至死亡所确证的价值吗？那么，这些事情难道也都可以说成是具有"审美价值"了吗？如此一来，艺术悲剧与生活悲剧还有什么区别呢？在西方美学史上，也另有这样一种解释，认为"悲剧的喜感是幸灾乐祸的表示"，如法国批评家法格曾指出，"人是一群野兽"，人们观看悲剧，就是"要在旁人的灾祸中求喜感"。② 这在一定程度上倒不乏道理，但如此看来，悲剧艺术不仅没什么"审美价值"，倒只能是在败坏人性了。

　　正是联系具体作品，从实际阅读体验出发，我们不难发现，文学艺术，可以给人多方面的情感体验，既有以喜爱、快乐为特征的美感，也有以厌恶为特征的丑感，以伤心为特征的悲感，以恐惧为特征的痛感等等。在这些不同类型的情感体验中，都隐含着重要的文学价值。如王粲的《七哀》之类作品，可以激发读者对战乱的痛恨，有利于遏制人类的好斗本能；意识到"人类是一些古怪的动植物，从远处看他们显得微不足道，走到近处他们又显得

---

　　① ［苏］列·斯托洛维奇：《审美价值的本质》，凌继尧译，中国社会科学出版社1984年版，第231—232页。

　　② 《朱光潜全集》第1卷，安徽教育出版社1987年版，第438页。

丑恶、刻毒"①的米勒，对人类恣意糟践自然空间并相互糟践之丑行的讥讽，比起那些关于人类的廉价颂歌，或许更具警示意义；曲波、莫言笔下的血腥与恐怖场面，可以使读者感受到人类凶残的程度，也有利于人类加深对自己"一半是天使，一半是野兽"之类本性的认识。但我们的美学、文学理论，却往往不顾这样一些作品的实际，不顾人们"美感"生成的实际情况，力图用"美感"统辖一切，甚至硬要弄出诸如"丑的美学"之类理论为之辩解，这就难免给人"美感霸权"的印象。如果因为文学作品中写及丑，就可以形成"丑的美学"，那么，文学中亦不乏的"血腥"、"暴力"、"恐惧"、"恶心"、"肮脏"等等，是不是也可以另外创造出"血腥美学"、"暴力美学"、"恐惧美学"、"恶心美学"、"肮脏美学"之类呢？

二、由创作动机看审美价值

一般来说，人类在社会生活中，不论从事什么活动，不论创造或生产什么物品，都会有一定的价值目标。同理，如果"审美价值"是文学的根本价值、首要价值的话，那么，诗人、作家，在创作过程中，也应当会首先考虑审美目的，而不是出之于其他意图。韦勒克与沃伦在《文学理论》中就是这样看问题的，认为"在一部成功的诗或小说中它们是被审美目的这一原动力吸引在一起从而组成为复调式的联系的"。为了证明审美目的是文学创作的原动力，韦勒克与沃伦强调："在对待独特审美经验的性质的问题上，哲学家们大都持相同的看法。在《判断力批判》一书中，康德强调艺术的'无目的的合目的性'（即不直接导向行动的目的），强调'纯粹'美比'依存美'或实用美具有审美上的优越性，强调审美经验者的无利害计较性"。②在韦勒克与沃伦的这一论断中，至少，关于康德看法的判定，是错误的。实际上，康德所说的"无目的"、"无功利"性，只是就自然美（即纯粹美）的产生而言的，而关于艺术创作，康德不仅没有否认其功利性与概念目的性，而是恰恰相反，曾明确宣称艺术美不同于自然美，认为"艺术永远先有一目的

---

① [美] 亨利·米勒：《北回归线》，袁洪庚译，漓江出版社 2003 年版，第 301 页。
② [美] 韦勒克、沃伦：《文学理论》，刘象愚等译，三联书店 1984 年版，第 277、275 页。

作为它的起因",而且"天才作为艺术才能是以一个关于作品作为目的的概念为前提的"。康德特别申明的只是:"美的艺术作品里的合目的性,尽管它也是有意图的,却须像似无意图的。这就是说,美的艺术须被看作是自然,尽管人们知道它是艺术。但艺术的作品像是自然是由于下列情况:固然这一作品能够成功的条件,使我们在它身上可以见到它完全符合着一切规则,却不见有一切死板固执的地方。这就是说,不露出一点人工的痕迹来,使人看到这些规则曾经悬在作者的心眼前,束缚了他的心灵活力。"①康德的意思很清楚,是以"无意图"与"像似无意图"区分了自然美与艺术美,而艺术美的"像似无意图"当然不是"无意图",只不过强调艺术作品中的意图,不能强制性地直接显露给读者,要不露痕迹地予以表现,要让读者在自由想象中悟到。这倒是颇近于我国古代"不着一字,尽得风流"(司空图)、"羚羊挂角,无迹可求"(严羽)之类的创作主张,似乎也与恩格斯关于"倾向应该从情节和场面中自然而然流露出来"的主张相通。

以事实来看,在文学史上,首重美的创造的诗人、作家自然也是有的,如法国诗人戈蒂叶、英国小说家王尔德等人就曾宣称其创作的主旨在于"求美",明确主张"艺术家是美的作品的创造者",并形成了颇具声势的"唯美主义"流派。他们的创作,如戈蒂叶歌咏美丽的乡间记忆的诗集《阿贝杜斯》,王尔德的戏剧《莎乐美》、小说《道连·葛雷的画像》等,无疑是有独到价值的。但可以想见:如果有史以来的所有诗人、作家,都按戈蒂叶、王尔德所主张的"唯美主义"原则从事创作,人类的文学,将会是何等的肤浅与单调。曾经极力追踪唯美主义思潮的法国诗人波德莱尔,之所以后来走上了象征主义一路,写出了不重"美"而重"丑",但却获得了更高声誉的《恶之花》,或许便是因为意识到了"唯美"主张的局限。实际上,与"唯美主义"形成对比的是,在世界文学史上,许多卓有成就的诗人、作家,在创作过程中,似乎并未特别重视过"美感"效果,其创作动机亦并非出于审美,而是正如康德所说的常常是"有意图"的。最为常见的"意图"有以下几类:

一是社会功利意图,即力图通过对人生与社会现实的描写,推动社会

① 　[德]康德:《判断力批判》上卷,宗白华译,商务印书馆1964年版,第157、164、152页。

的进步，促进人性的提升。如但丁说过，他创作《神曲》的目的是"要使得生活在这一世界的人们摆脱悲惨的境遇，把他们引到幸福的境地"①。雨果宣称，他的创作就是要"使压迫者产生恐惧心理，使被压迫者心情安稳、得到慰藉。使刽子手们在他们血红的床上坐卧不宁，这便是诗人的光荣"②。托马斯·曼表示："我所做的一切，或者至少我力图做到的一切，永远服务于一个目的——保卫人道主义。"③庞德说："有人认为欧洲文明会沦入万劫不复的地狱，我写作就是为了抗拒这种看法。假如我'为了某个观念而被钉上十字架'，那个观念就是我作品中的一贯思想：欧洲文化应该继续存在，欧洲文化的精华应该与其他文化同垂不朽。"④马里奥·巴尔加斯·略萨说："作家抱负的起点，它的起源是什么呢？我的答案是：反抗精神。我坚信：凡是刻苦创作与现实生活不同生活的人们，就用这种间接的方式表示对这一现实生活的拒绝和批评，表示用这样拒绝和批评以及自己的想象和希望制造出来的世界替代现实世界的愿望。"⑤中国作家鲁迅先生说得更为直截了当："说到'为什么'做小说罢，我仍抱着十多年前的'启蒙主义'，以为必须是'为人生'，而且要改良这人生。我深恶先前的称小说为'闲书'，而且将'为艺术的艺术'，看作不过是'消闲'的新式的别号。所以我的取材，多采自病态社会的不幸的人们中，意思是在揭出病苦，引起疗救的注意。"⑥与之相关，这些作家的作品中，往往涌动着更为强烈的社会激情与促进现实变革的力量。

二是探索认知意图，即力图通过文学创作，剖示人生与世界的真相，探察人类心灵的秘密。如捷克作家米兰·昆德拉强调："认识是小说的唯一道德"，小说存在的理由就是探讨人类的"生命世界"，以免于"存在的遗忘"，"一部不去发现迄今为止尚不为人所知的存在的构成的小说是不道德的"⑦。意大利作家卡尔维诺认为："文学是一种知识追求"，宣称要在小说中

---

① 伍蠡甫主编：《西方文论选》上卷，上海译文出版社1979年版，第162页。
② 童庆炳、马新国主编：《文学理论学习参考资料新编》中册，北京师范大学出版社2005年版，第1592页。
③ 崔道怡等编：《"冰山"理论：对话与潜对话》下册，工人出版社1987年版，第793页。
④ 王逢振：《世界著名作家访谈录》，江苏文艺出版社1991年版，第55页。
⑤ ［秘鲁］略萨：《给青年小说家的信》，赵德明译，上海译文出版社2004年版，第5—6页。
⑥ 鲁迅：《南腔北调集》，人民文学出版社1973年版，第82页。
⑦ ［捷克］米兰·昆德拉：《贬值了的塞万提斯的遗产》，艾晓明译，《文艺理论研究》1990年第1期。

"从一个不同的角度","用一种不同的逻辑",一种"新的认知和检验方式"看待世界。① 法国当代诗人勒韦尔迪表示:"想要更好地认识自己和不断审察自己的内在潜力的愿望,想弄清楚压在自己的心头和思想上的大量无比沉重的忧虑和模糊要求,推动诗人去进行创作。"② 中国当代作家残雪宣称,她的全部创作,"是对自己灵魂的剖析,写那些人物恶,自己就有那么恶,所有的人物都是自我的一部分,那些恶是自我的恶。"③ 与之相关,诸如萨特的《恶心》、《墙》、《死无葬身之地》;卡尔维诺的《看不见的城市》;米兰·昆德拉的《玩笑》、《生命不能承受之轻》;残雪的《苍老的浮云》、《公牛》等作品,给予读者的首先是人生境况的龌龊、尴尬、灰暗、相残、无望之类的不适感,以及由此而激起的关于"存在先于本质"、"生命存在的意义"、"生的欲望,死的悲哀"、"世俗关怀与深层关怀"之类的人生哲学体悟,而非令人精神愉悦、快适之类的"美感"享受。

三是自我救度意图,或为了借作品而不朽,或希望通过创作而获得自我解脱,或力图通过创作体现自己的生命价值。福克纳讲过:"艺术家的宗旨,无非是要用艺术手段把活动——也即生活——抓住,使之固定不动,而到一百年以后有陌生人来看时,照样又会活动——既然是生活,就会活动。人活百岁终有一死,要永生只有留下不朽的东西——永远会活动,那就是不朽了。这是艺术家留下名声的办法,不然他总有一天会被世人遗忘,从此永远湮没无闻。"④ 阿根廷作家博尔赫斯讲过:"我经常利用那些自相矛盾和使人头晕目眩的素材,用这种素材来构成梦幻。"因为在他看来,"我们生活在一个伤害和侮辱人的时代,要想逃避它,只有一条路,那就是做梦。"⑤ 在中外文学史上,另有不少作家,则是由于某种原因而陷入了孤独与苦闷,写作,遂被他们视为自我解脱、自我安慰,或实现自我生命价值的方式。中国唐代诗人杜甫的创作体会中即有"愁极本凭诗遣兴"(《至后》)之语。身患肺结核以及由于对人性异化之现实的恐惧而时时感到被撕裂的痛苦的西方现代派

---

① [意大利]卡尔维诺:《未来文学千年备忘录》,杨德友译,辽宁教育出版社1997年版,第19、5页。
② 《法国作家论文学》,王忠琪等译,三联书店1984年版,第135页。
③ 陈骏涛:《精神之施:当代作家访谈录》,广西师范大学出版社2004年版,第97页。
④ 崔道怡等编:《"冰山"理论:对话与潜对话》上册,工人出版社1987年版,第107页。
⑤ 崔道怡等编:《"冰山"理论:对话与潜对话》下册,工人出版社1987年版,第741页。

小说大师卡夫卡，曾在日记中写道："我将不顾一切地、无条件地进行写作，这是我为自身的生存所进行的战斗"；"我被疯狂的时代鞭打之后，用一种对我周围每个人说来是最残酷的方式进行写作，这对于我是地球上最重要的事情"；"这样的创作对于我将是一种奇妙的解脱和真正的生活"。① 也许正是与这样一种自我解脱动机相关，卡夫卡才会留下遗嘱，让他的朋友在他去世之后将他的手稿及作品全部焚毁。患上严重哮喘，不能出户，身陷孤独的普鲁斯特，也这样表示过：写作是他生活的一切，写作是他"同自我的紧急的至关紧要的约会"。② 长篇巨著《追忆似水年华》，便正是他卧病期间的一部显示自我生命存在之作。中国病残作家史铁生也曾这样谈过自己的创作动因："写作就是要为生存找一个至一万个精神上的理由，以便生活不只是一个生物过程，更是一个充实、旺盛、快乐和镇静的精神过程。""与其说人是在发现着无限的外在，毋宁说人是借外在形式证明自己无限的发现力。无限的外在形式，不过是人无限的内在发现力的印证罢了，这是人唯一可以得到的酬劳。"③ 另一位中国当代作家邱华栋的体会是："作家在写什么，可能恰恰是因为不喜欢它，写恶梦是为了逃离恶梦。"④ 与之相关，当读者面对杜甫的"万里悲秋常作客，百年多病独登台"（《登高》）、"飘飘何所似，天地一沙鸥"（《旅夜书怀》）之类诗作时；面对福克纳的《喧哗与骚动》，博尔赫斯的《交叉小径的花园》、卡夫卡的《变形记》、《城堡》，普鲁斯特的《追忆似水年华》，史铁生的《务虚笔记》、《我与地坛》等小说、散文时，首先为之所动的亦非愉悦性的审美价值，而是令人困扰的人生境况，苦闷孤独的心灵，以及对人生命运的沉思，或是作品中透射出的冷凄却又不屈的生命精神等等。

在以上诸多个案中，不论某一作家的整体动机，还是某一作品的具体创作意图，并没有首重"审美价值"，都难以见出韦勒克与沃伦所说的"审美目的"的"原动力"。是这些诗人、作家不懂文学艺术的特点吗？是他们违背了文艺创作的规律吗？但谁又能否认他们在文学史上的重要地位呢？谁又能否认他们作品的重要意义呢？

---

① 叶廷芳：《现代艺术的探险者》，花城出版社 1986 年版，第 183、182、185 页。
② 涂卫群：《普鲁斯特评传》，浙江文艺出版社 1999 年版，第 148 页。
③ 史铁生：《自言自语》，广东旅游出版社 1992 年版，第 117、154 页。
④ 林舟：《生命的摆渡》，海天出版社 1998 年版，第 234 页。

三、由社会需求看审美价值

如果审美价值是文学的首要价值、根本价值的话，那么，在一般读者的阅读欣赏活动中，或许也应该是以美感享受为首要需求的；在人类的文学研究、文学批评以及文学评奖之类活动中，也是应以审美价值为首要尺度的。而事实显然又并非如此。

由一般读者的需求来看，人们喜欢阅读文学作品，大概主要有以下动因：

一是为了消闲娱乐。消闲娱乐中固然可以伴生愉悦感，但文学阅读过程中的消闲娱乐并不就是审美。其理由是：第一，人类的消闲娱乐方式有许多种，文学阅读只是其中之一。另如下棋、打扑克、聊天，甚至观看街头吵架等，都可使人得以消闲娱乐。即以阅读而论，非文学性的历史揭秘、案件实录、科学考察之类著作，也可使人得以消闲娱乐。总不能说所有这些消闲娱乐都是出于"审美动机"吧？而何以文学阅读中的消闲娱乐就是出于"审美动机"了呢？第二，文学阅读中的娱乐很大程度上是因作品中悬念丛生的故事，性格奇异的人物，人物的生活秘密，或作者内心世界的坦露等，满足了人的本能性的猎奇心理以及窥私欲望。而要得到此类满足，同样并非文学阅读一途。如果为了猎奇，史书上的宫闱秘事，某某名人的死亡之谜，关于不明飞行物、尼斯湖水怪之类的目击报告等等，或许要比文学作品更具吸引力；如果为了窥私，人物自传、日记、书信之类，也要比文学作品更具可信性。上述阅读也不能说都是为了"审美"吧？而具有同类效应的文学阅读，为什么就是"审美"了呢？

二是为了认识世界，了解人生。一个人的亲身阅历总是有限的，总渴望了解无限广阔的身外世界；人虽然是有智慧的，但对自己的人生却常感困惑。文学作品中展现的大千世界与芸芸众生，正可以为人们在了解身外世界方面提供便捷的方式，在了悟自己的人生方面提供一定的参照。尤其是小说，"可以帮助人们看到他们正在探索，正在渴望的东西。小说展现了人们的梦想而又超越了人们的梦想，小说为人们的想象打开了新的天地。小说使人更清楚地看到自己，看到别人，也看到自己的未来。在小说中，人们就像在镜子中一样看到了社会，就像在水晶中一样看到了社会的未来。它引导人们看到了自己的灵魂，重新领略了童年的敏锐，预先品尝了老年的悔恨和无奈。"① 因此，又正如法国作家杜亚美所说的："只有那种不单是供我们消遣，而更主要的是能帮助我们认识生活，解释世界的长篇小说，才真正值得我们感兴趣。"② 美国作家弗克兰·诺里斯也在相近意义上讲过："如果小说只是消闲的手段，只能帮助人消磨无聊的夜晚，或冲淡铁路旅行的寂寞，而不更多，那么，看小说的风气就一天也难以维持下去。"③ 而从性质上来看，文学作品在能够使人认识世界，了解人生方面的吸引力，显然是与读者的求知欲相关，而非审美动机。

三是为了自己的成长与发展。或意在丰富自己的文化素养，提升自己的人格品位，或是为了提高自己的语文水平与写作能力等等。而欲达此类目的，阅读政治、经济、哲学、道德、历史以及其他相关理论著作，也会同样有效。且，即使仅就文学阅读而言，这类学习、修养之类意图，本身也是与"审美"不相干的功利动机。

由文学研究与文学批评来看，与德国学者尧斯"文学的历史是一种美学的接受和生产的过程"④ 之类论断不相吻合的是，至今，不论在什么国家，似乎还没有一部专以审美价值研究为主旨的文学史。在我国，经由对旧有文学史"政治挂帅"模式的反思，虽有不少学者主张要加强对"审美视角"的重视，或在理论上首重了"审美视角"，但在实际研究方面的成效并不明显。如陈思和在其主编的《中国当代文学史教程》的前言中强调："中国 20 世纪文学史的构成也相应的具有三个层面。首先，它是以现代汉语来表达现代中国人的感情及其审美精神的文学。"但不论是由陈思和所申明的作为这部教程关键词的"民间文化形态"、"民间的理想主义"、"共名与无名"中所包含的"民主性的精华和封建性的糟粕交杂在一起"、"道德理想主义"、"多种声音的交响共同构成一个时代多元丰富的文化精神整体"⑤ 之类意旨，还是

① ［美］万·梅特尔·阿米斯：《小说美学》，傅志强译，燕山出版社 1987 年版，第 91 页。

② 《法国作家论文学》，王忠琪等译，三联书店 1984 年版，第 103 页。

③ 崔道怡等编：《"冰山"理论：对话与潜对话》上册，工人出版社 1987 年版，第 36 页。

④ 童庆炳、马新国主编：《文学理论学习参考资料新编》下册，北京师范大学出版社 2005 年版，第 2754 页。

⑤ 陈思和主编：《中国当代文学史教程》（前言），复旦大学出版社 1999 年版。

由具体章节的内容来看，这部"重写"的文学史，关注与探讨的重心仍是文学作品中的思想文化价值。以具体作家作品的批评研究为例，不论说不尽的西方的莎士比亚，还是说不尽的中国的《红楼梦》，在众多的著作与论文中，说不尽的也并非审美价值，而主要是其社会思想文化价值。

从各类文学评奖活动中，也许更能看出社会对文学价值的需求。正是由文学评奖活动来看，许多得享盛誉、为世所重的作品，亦往往首先是因其关注人类生存、探索真理、理想追求、促进人性提升等方面的社会功利价值，而非主要是因其审美价值。如在诺贝尔评奖委员会关于获奖作家的评语中，多见的正是："赞扬他的文学作品中的高尚的理想主义和他在描写各种不同人物时所具有的同情和对真理的热爱"（罗曼·罗兰）；"由于他那富于灵感的诗歌以精美的艺术形式展现了整个民族的精神"（叶芝）；"由于他的伟大的民族史诗式的作品"（莱蒙特）；"由于她那些为理想主义所激发的著作，明晰而透彻地描绘了她所生长的海岛生活，并以深刻而同情的姿态洞察了人类的共同问题"（黛莱达）；"以对真理的大无畏的热爱与敏锐的洞察力，表现了人类的种种问题和处境"（纪德）；"由于他在他的小说中剖析了人生的戏剧，对心灵的深刻洞察和紧凑的艺术"（莫里亚克）；"由于他重要的文学创作，以明澈的认真态度阐明了我们时代的意识问题"（加缪）；"由于他的著作具有丰富的思想，充满自由的精神和对真理的探索，已经对我们时代产生了深远的影响"（萨特）；"由于他的诗作具有自然力般的作用，复苏了一个大陆的命运与梦想"（聂鲁达）；"他的作品中融合了对人性的理解和对当代文化的精湛分析"（索尔·贝洛）；"用多样化的风格，描绘了一个普遍存在的荒诞意识中的神话，以阐明人类的境况"（戈尔丁）。① 在上述这些赞词中，集中可见地展现了"高尚的理想"，表现了"对真理的热爱"、"对人类共同问题的洞察"、"对人性的理解"等等，显然不是审美价值，而是文化精神价值。

在文学界，我们还会发现这样一种现象，当一位作家欣赏另一位作家同行，力图从中得以借鉴时，为之动心的也常常是其作品的内在精神魅力，

---

① 《诺贝尔文学奖颁奖演说集》，毛信德等译，百花洲文艺出版社1991年版，第142、184、193、202、353、394、439、493、570、619、698页。

而不是审美价值。雪莱这样谈过阅读别人作品的感受："我们读到当代最著名的作家的作品时，对于他们字里行间所燃烧着的电一般的生命不能不感到震惊。他们以无所不包、无所不入的精神，度量着人性的范围，探测着人性的秘奥。"① 米兰·昆德拉曾这样评价过为他敬重的一些作家："在巴尔扎克那里，他发现了人在历史潮流中的根柢；在福楼拜那里，他探讨了以前不知道的日常生活的领域；在托尔斯泰那里，他集中注意于人类行为和决定中非理性因素的侵入；在普鲁斯特那里，他探讨的是难以捉摸的过去；在乔伊斯那里，他探究的是难以捉摸的现在。"② 日本作家大江健三郎这样赞赏过鲁迅："在这一百年间的亚洲，最伟大的作家是鲁迅。"大江健三郎推重鲁迅的主要原因是："能够在非常短小的篇幅内，融入非常厚重的内涵和犀利的观点，这很了不起！"③ 由此亦可进一步看出，一位作家的成功，依靠的并非主要是审美价值的创造，而是其作品中隐含的丰厚的文化精神。

在理论上得到高度推重的文学审美价值，在社会实际需求方面，竟是如此的空泛失据，这就不难理解，为什么人们在谈论文学批评的审美标准，或评析文学作品的审美价值时，会常见如下的混乱：将审美价值混同为艺术价值，将"美的观点"混同于"艺术观点"。

克罗齐即曾径直宣称："审美的看法始终只关心表现是否恰当，这就是说，它是否美"，因而"'历史的艺术批评'与'审美的批评'是一样的：我们用哪个词都行，因为这两个词都会纯粹出于便利的原因而各有其特殊的用法"。④ 中国学者敏泽先生也这样讲过："审美的功能，可以说是文学价值系统的核心、基础，或者说是一切其他形式的文学价值的安身立命之所。""而文学的审美功能，主要的表现就是文学艺术作品的艺术性，或者说它的强烈的艺术吸引力、感染力，或者说它的兴感怡悦的特性。"⑤ 在我国，人们在论及文学批评的审美标准时，常以恩格斯在致拉萨尔的一封信中提出的"美的观点"为根据。但"美的观点"的具体所指是什么，却几乎没人说得清楚，

---

① 伍蠡甫主编：《西方文论选》下卷，上海译文出版社 1979 年版，第 56 页。

② ［捷克］米兰·昆德拉：《贬值了的塞万提斯的遗产》，艾晓明译，《文艺理论研究》1990 年第 1 期。

③ ［日］大江健三郎：《小说的方法》，王成、王志庚等译，河北教育出版社 2001 年版，第 294 页。

④ ［意大利］克罗齐：《美学原理·美学纲要》，朱光潜译，外国文学出版社 1983 年版，第 103、286 页。

⑤ 敏泽：《论文学价值的形式及体系》，《文艺研究》1995 年第 2 期。

在我们的有关教科书中，基本上是将其等同于"艺术观点"的。事实上，由恩格斯在那封信中评价拉萨尔的剧本《济金根》时所使用的"情节的巧妙的安排"、"韵律"、"恶劣的个性化"、"个性刻画"、"剧本的形式"之类术语来看，恩格斯所说的"美学观点"，本身确系"艺术观点"。但这样一来，"美的观点"即"艺术观点"，或如克罗齐、敏泽等人的看法那样，"艺术批评"也就是"审美批评"，"文学的审美功能，主要的表现就是文学艺术作品的艺术性"，文学作品的审美价值，不也就等于艺术价值了吗？那么，所谓文学的审美价值，还存在吗？

也许正是与"审美标准"本身的模糊不清相关，人们在论及具体作品的审美价值时，也往往将其与其他价值搅在一起。如王国维在评论《红楼梦》时，一方面大谈其"壮美"、"优美"、"解脱"之类的"美学价值"，同时又将美学价值与伦理价值扯为一体，认为其"美学上最终之目的，与伦理学上最终之目的合。由是，《红楼梦》之美学上之价值，亦与其伦理学上之价值相联络也"①。如此一来，又究竟何谓《红楼梦》的审美价值呢？

更为值得注意的是，有的学者，在论及文学作品的审美价值之类问题时，陷入了自相矛盾之窘境。如英加登一方面强调"文学的艺术作品不是为了增进科学知识"，而是提供"审美价值"，并承认审美"是一种愉快的经验"；又辩称："在任何一种经验即使是纯理智经验中，我们也发现'令人愉快'或'令人不快'的东西。所以，指出审美经验中有一种享受因素或快感，既没有告诉我们这种经验本质的东西也没有告诉我们独特的东西。"② 既然"快感"不说明"独特的东西"、"本质的东西"，为什么又将"愉快的经验"与"审美价值"联系在一起呢？英加登还曾断言："有些文学作品，例如小说，根本就不能以审美态度来读，因为它们不能使我们产生原始审美情感。"③ 既然"小说"不能以"审美态度"来阅读，不能使人产生"原始审美情感"，这不又等于说"小说"没有"审美价值"了吗？

---

① 王国维：《王国维学术经典集》上册，江西人民出版社 1997 年版，第 62 页。

② [波兰] 罗曼·英加登：《对文学的艺术作品的认识》，陈燕谷、晓未译，中国文联出版公司 1988 年版，第 196、199（注 2）页。

③ [波兰] 罗曼·英加登：《对文学的艺术作品的认识》，陈燕谷、晓未译，中国文联出版公司 1988 年版，第 231 页。

四、文学审美价值的生成

在文学作品中，究竟有无独立意义的审美价值呢？何谓文学作品的审美价值呢？

这里首先需要明确的是：审美价值不等于艺术价值。在这方面，英加登的见解是正确的，艺术价值与审美价值，是两种性质的价值，艺术价值存在于作品本身，而审美价值在艺术作品中则是"以一种潜在状态呈现出来"的，是"审美具体化"的产物。艺术价值，只是"一种手段、一种工具的价值，如果条件许可的话，它有能力使审美价值呈现出来"①。德国接受美学理论家伊瑟尔的看法与之相近："文学作品具有两极。我们可以称之为艺术极和审美极。艺术极是作者写出来的本文，而审美极是读者对本文的实现。"②这类见解，应当说是更为符合实际的。事实上，在孤立的文学作品（文本）中，是无所谓审美价值的。所谓审美价值，只能是审美主体（读者）由文本中的某些因素引发而生成的愉悦性情感性判断。

关于审美价值的生成规律，许多学者也已越来越清楚地认识到："审美有两个方面，它们是不可分割的：客观的（物象的）与主观的（情感的）。审美是以所接受的物象的特征与接受者意识的特质之相互作用来实现自身的。换句话来说，在审美场域，既存在着一种独特的体验，也存在着那类体验的客观前提，物象之特定的特征。"③文学作品的审美价值，当然也是这样一种"审美场域"的产物。

在由文学阅读活动构成的"审美场域"中，能够引发审美体验的"客观前提"及"物象特征"的，当然不可能是文学作品中的全部因素，也不可能仅是艺术因素。根据为更多人所认同的"美感是一种以喜爱、快乐、愉悦之类情感为心理特征的精神满足"来看，在文学作品中，能够引发审美体验

---

① [波兰] 罗曼·英加登：《对文学的艺术作品的认识》，陈燕谷、晓未译，中国文联出版公司1988年版，第11、303—304页。

② [德] 沃·伊瑟尔：《阅读行为》，金惠敏等译，湖南文艺出版社1991年版，第25页。

③ [俄] 瓦·叶·哈利泽夫：《文学学导论》，周启超、王加兴、黄玫、夏忠宪译，北京大学出版社2006年版，第11页。

的因素主要体现在这样两个方面：一是作品中所呈现的某些切合了人类理想愿望的风物人情，二是适宜了人类的命理需求，能够激发人的生命活力的形式因素。

以文学作品所呈现的风物人情而言，诸如"明月松间照，清泉石上流"之类的自然环境；《桃花源记》中那种平静安逸、避免纷争的社会生活环境；孙悟空、诸葛亮、贾宝玉、安娜、简·爱等或嫉妖如仇，或智慧过人，或不肯屈从于命运，或追求人性自由的人物形象；《西厢记》、《牡丹亭》中所展示的"有情人终成眷属"的故事；狄更斯的《大卫·科波菲尔》、关汉卿的《窦娥冤》所展示的"善有善报，恶有恶报"的故事等，由于满足了人们向往平安温馨、超越现实、自由自在、生活美满、公理正义之类的愿望，自然更易产生以精神愉悦与心灵快慰为特征的美感。相反，污秽丑陋之物，邪恶奸诈之人，或凶残血腥之场景，就不易产生美感。

以文学作品的艺术形式来看，最易生成美感的因素主要有：第一，能够达到刘勰所说的"声转于吻，玲珑如振玉，辞糜于耳，累累如贯珠"，"异音相从"，"同声相应"①之境的行文韵律。这类韵律之所以易生美感，刘勰在《声律》篇中早有论及："夫音律所始，本于人声者也。声合宫商，肇自血气。"既然声合宫商，源于血气，自然为文时的音律，只有合于宫商，才能顺应人的命理，才能让人感到欣悦。相反，如果拗字拗音，音律不谐，就会有违人之命理，就会刺耳难听。第二，鲜活、生动、奇特，能够激发读者生命活力的文字。在现实生活中，由于所见所闻的重复，人们的感觉常常陷入麻木，生命意趣寂寥，而当读到"闲静时如姣花照水，行动处似弱柳扶风"（曹雪芹《红楼梦》）；"野旷天低树，江清月近人"（孟浩然《宿建德江》）；"天堂放弃了它的全部财产。/一切都飘下来了/神的家里空空荡荡"（王小妮《我看见大风雪》）这样一类文字时，会眼前一亮，会心旷神怡，会生命振奋，会美感顿生。而其实，上述作品中出现的仍不过是寻常可见的柔静女孩、野树江月、大雪飘飘之类，之所以生成美感，主要是因别致的文字组合，激发了人的想象，振奋了人的生命活力之故。而这也正是文学作为语言艺术的本原性魅力所在。第三，离奇曲折的故事情节。人生离不开悬想与向

---

① 刘勰：《文心雕龙·声律》。

往，人的一生就是在悬想与向往中展开的。大到宇宙未来、国际局势，小到个人的婚恋、谋职、升迁，如果一切都像人造卫星的运行轨道那样，是预定好了的，是清清楚楚地摆在每个人面前的，没有了任何的悬念，也不需要有什么向往，人生大概也就了无意趣了。在文学创作中，同一件事情，如果平铺直叙，由开头即可让人料知结局，必会使人厌烦，而只有设法制造起伏，巧妙设计"悬念"，才能令读者欲罢不能，喜闻乐见。其中原因，亦正在于后者能够通过"悬念"与"向往"，唤起人的生命意趣，合乎了人类自身的生命活动规律。

文学审美价值的生成，实际上，当然还要复杂得多。不论作品中所呈现的某些切合了人的理想愿望的风物人情，还是作品中适宜了人的命理需求的形式因素，尚只是美感生成的条件，并不意味着美感生成的必然性。要在读者那里生成美感，还要看读者自身以及作品内在因素的组合等相关条件。仅以作品本身来看，某些内容因素是否易生美感，还要看艺术表现的效果。一首诗歌中，如果字拗音拗，音律不谐，那就必会如同法国新古典主义理论家布瓦洛在《诗的艺术》中所说的，即使"最有内容的诗句、十分高贵的意境，也不能得人欣赏"①。这当然也就不可能生成美感了。某些形式因素，是否易生美感，又与其内容相关。以阅读实践来看，当作品内容所引发的丑、悲、惨、恐之类情感压倒了作品形式给人的快感时，其形式因素恐也很难生成独立意义的美感。如由前面列举的王粲《七哀》诗中所展现的悲凄场景、米勒《北回归线》中展现的污秽场景、莫言笔下出现的"活剥人皮"的恐怖场景来看，作者赋陈描写的艺术技巧，不能说不高，但这类描写本身却很难生成美感，原因即在于：在这类场景中，有着更为强盛、更易激起读者悲凄、恶心、恐怖之类感受的力量，艺术技巧激发美感的作用也就遭到掩抑了。

五、文学价值的多元复合

不论是由切实的阅读经验，还是由作家的创作动机；不论由社会对文学

---

① 北京大学哲学系美学教研室编：《西方美学家论美和美感》，商务印书馆 1982 年版，第 82 页。

的价值需求，还是由文学作品审美价值的生成规律，均可以看出：将审美价值视为文学艺术的根本价值、首要价值，或将审美视为文学的最高属性，都是令人怀疑的。由于文学作品的审美价值，只能是"审美场域"的产物，因此，甚至文学作品本身，亦并不具有独立意义的审美价值。那么，文学艺术的价值又究竟何在呢？文学艺术的特殊价值到底是什么呢？

作为语言的艺术，文学当然有自己的特殊价值。正是依据读者在文学阅读活动中的复杂体验，这特殊价值，与其谓之"审美"，不如说是"感人"。即其特殊价值是：通过特定语言符号组合中蕴含的形象，感人肺腑，动人情怀。"感人"，其实也正是"审美"这一术语的本来含义。众所周知，在被称为"美学之父"的鲍姆嘉通那里，对"美学"的界定即是"研究感性知识的科学"。① 英国当代文艺理论家伊格尔顿，也正是从"美"的"感性"本义出发，曾经这样正确地指出："'审美'这个术语所开始强化的区别不是'艺术'和'生活'之间的区别，而是物质和非物质之间，即事物和思想、感觉和观念之间的区别"，关注的是"全部的感性生活——诸如下述之类：爱慕和厌恶，外部世界如何刺激肉体的感官表层，令人过目不忘、刻骨铭心的现象，源于人类最平常的生物性活动对世界影响的各种情况。"② 具体到文学，也早已不乏由"感人"角度强调其特征的见解。托尔斯泰的看法是："不但感染性是艺术的一个肯定无疑的标志，而且感染的程度也是衡量艺术价值的唯一标准。"③ 鲁迅先生亦曾这样讲过："文学和学说不同，学说所以启人思，文学所以增人感。"④ 这感，当然可以是美感，也可以是丑感、痛感、悲感、怒感、惧感等等；体现出来的，可能是审美价值，也可能是审丑价值、审悲价值、审恐价值等等。而不论是令人产生对美的向往，还是令人产生对丑的厌恶；不论是给人"悲"的苦痛，还是给人"恐"的震撼，只要能够诱人耽读，且能使人得以人生的、社会的、宇宙的精神滋育，这就够了，就值得肯定。能够给人美感的作品有价值，能够给人痛感、怒感、悲感

---

① 北京大学哲学系美学教研室编：《西方美学家论美和美感》，商务印书馆 1982 年版，第 142 页。

② ［英］特里·伊格尔顿：《美学意识形态》，王杰等译，广西师范大学出版社 1997 年版，第 1 页。

③ 童庆炳、马新国主编：《文学理论学习参考资料新编》中册，北京师范大学出版社 2005 年版，第 1693 页。

④ 童庆炳、马新国主编：《文学理论学习参考资料新编》上册，北京师范大学出版社 2005 年版，第 8 页。

的作品, 同样有价值, 甚至可能更有价值。因此, 实在没有必要一定以"审美价值"作为评价作品的重要标尺或首要标尺。

在人类的文学活动中, 过分强调社会功利性, 固然会束缚其发展, 但过分强调"愉悦"、"快适"之类特征的审美性, 也同样不是文学的福音, 因为这不是抬高了文学, 而是看轻了文学; 不是扩大了文学的领地, 而是匡拘了文学的视野。如果重在以"愉悦"性的审美为尺度, 那么, 诸如卡夫卡的《变形记》、萨特的《恶心》、贝格特的《等待戈多》, 以及中国当代作家莫言的《檀香刑》一类的作品, 恐怕就很难给予公正的评价了, 甚至很难被视为文学了。

对于这样一种因过分推重"审美价值"而可能导致的对文学的危害, 实际上, 一些机敏的西方学者, 也早就有所洞察, 且提出过警示。克罗齐就曾这样指出过"美学享乐主义"的弊端:"把艺术降低为简单的、愉快的幻象, 感官的陶醉, 就等于把产生这种幻象和陶醉及其他的实践活动置于道德目的之下。这样, 艺术就没有了自身的尊严。"① 德国哲学家卡西尔在《人论》中, 也曾对桑塔耶纳"美是娱乐性的快感"之类观点深表怀疑, 认为"如果这就是艺术的目的, 我们就一定会说, 艺术在其最高的成就上并没有达到它的真正目的。'娱乐的要求'可以用更好更容易得多的手段来满足。认为伟大的艺术家们在为这个目的而工作——米开朗琪罗建造圣彼得大教堂, 但丁或密尔顿写诗, 都只是为了娱乐而已——那是不可能的。他们无疑都会赞成亚里士多德的名言:'为消遣计而努力和工作那是无聊的和十足孩子气的。'"② 即如曾断言一部成功的诗或小说是由"审美目的这一原动力吸引在一起"的韦勒克与沃伦, 在其合著的《文学理论》中, 也有过如此审慎的提醒:"当某一文学作品成功地发挥其作用时, 快感和有用性这两个'基调'不应该简单地共存, 而应该交汇在一起。文学给人的快感, 并非从一系列可能使人快意的事物中随意选择出来的一种, 而是一种'高级的快感', 是从一种高级活动、即无所希求的冥想中取得的快感。而文学的有用性——严肃性和教育意义——则是令人愉悦的严肃性, 而不是那种必须履行职责或

---

① [意大利] 克罗齐:《美学的历史》, 王天清译, 中国社会科学出版社 1984 年版, 第 6 页。
② [德] 恩斯特·卡西尔:《人论》, 甘阳译, 上海译文出版社 1985 年版, 第 203 页。

必须记取教训的严肃性；我们也可以把那种给人快感的严肃性称为审美严肃性，即知觉的严肃性。"① 韦勒克与沃伦之所以强调要注意"快感"与"有用性"的交汇，强调"审美严肃性"及"高级的快感"等，显然也是意识到了"愉悦"性的审美观对文学整体价值的轻视。

与过分地不无片面性地推重审美价值相比，下述见解，应当更为符合人类文学活动的实际：捷克结构主义者穆卡罗夫斯基认为，应将艺术作品定义为"一个十足的非美学（外在的）价值的集合体，确切地说，它就是这个集合体而已"；一部艺术作品的价值"只不过是非美学价值之间相互关系的动力整体的一种简单表现而已"。② 苏联学者斯托洛维奇在《审美价值的本质》中强调："艺术具有多方面的本性，它既认识世界，又唤醒人的良知，还使人们的心灵接近，也赋予无可比拟的享受。"③ 事实上，一部作品，特别是一部内容丰富的长篇小说，其中必会凝铸进作家关于政治的、道德的、审美的乃至宗教的、经济的等复杂的感受与思考，因而当然应是多元价值的复合，故而像《红楼梦》这样的伟大作品，才会有"中国封建社会的百科全书"之称。

近些年来，在我国文学理论界，钱钟文、童庆炳、畅广元等学者力倡文学的"新理性精神"、"文化诗学"、"文化建构"之类的研究方法与理论视野，亦显然是与意识到了新时期以来中国文学理论界过分偏重文学审美价值的偏颇有关。钱钟文先生认为，文学艺术虽无力拯救世界，但它可以在一定程度上调整现实生活的平衡，因此，"当今的文学艺术，要高扬人文精神。要使人所以为人的羞耻感，同情与怜悯，血性与良知，诚实与公正，不仅成为伦理学讨论的问题，同时也成为文学艺术严重关注的方面"。④ 童庆炳先生指出，"一段时间以来，我们的文学批评囿于语言的向度和审美的向度，被看成是内部的批评，对于文化的向度则往往视而不见，这样的批评显然局限于文学自身，而对文本的丰富文化蕴含置之不理，不能回应现实文化

---

① [美] 韦勒克、沃伦：《文学理论》，刘象愚等译，三联书店 1984 年版，第 20—21 页。
② [加拿大] 马克·昂热诺等主编：《问题与观点：20 世纪文学理论综述》，史忠义、田庆生译，百花文艺出版社 2000 年版，第 379—380 页。
③ [苏] 列·斯托洛维奇：《审美价值的本质》，凌继尧译，中国社会科学出版社 1984 年版，第 14 页。
④ 钱钟文：《钱钟文文集》，上海辞书出版社 2005 年版，第 312—313 页。

的变化。"主张要将"内部研究和外部研究贯通起来"，认为"既重视文本作品的语言，也重视文本的文化精神蕴含"的"文化诗学"，才"是一种全面的理论"。① 童庆炳先生进一步这样强调了"文化诗学"方法论上的特点："它不囿于文学的自律，而从语言、神话、宗教、艺术、科学、历史、政治、伦理、哲学等跨学科的文化大视野来考察一切古今中外的文学、艺术问题。不必拘于学科性的限制，而从'视野融合'中来诠释文本和问题。"② 畅广元先生则从阅读接受的角度，强调文学的价值是一种基于文化精神的文化建构价值，认为："古往今来的一切优秀的作品，都是在为人们提供多种形态的人生图像，并希望人们将其与自己的经验世界相比较，从中悟出人'应该是'的生存方式和生存状态。这些不同形态的人生图像，虽是作家个人创造的，却寓含着特定时代的文化价值，即文化精神。""文学阅读与文学交往，是以文学作品与读者的内在世界为对象的群体文化建构活动。"③ 这些理论主张，无疑更有利于促进人类文学艺术的发展。

值得注意的还有，某些特别重视审美价值的作家，也在审美价值的追求方面注意留有了充分的余地。如重视小说语言美的中国作家汪曾祺，在强调"写小说就是写语言"的同时，又宣称"小说的语言是浸透了内容的，浸透了作者的思想的"④。西方唯美主义的代表人物王尔德，在宣称"艺术家是美的作品的创造者"，"一切艺术都是毫无用处的"同时，又说"思想和语言是艺术家艺术创作的手段"⑤。汪曾祺与王尔德这里所说的"思想"，所实现的当然已不可能是美的价值了。

自 20 世纪 90 年代以来，中国文学似乎越来越陷入颓势，重要原因之一，恐正在文学价值追求方面的迷茫。由于"为政治服务"之类功利观曾经严重地影响了 20 世纪中国文学的发展，故而在当今文坛上，不论在创作主张还是理论观念方面，人们有点讳言"政治"了，甚至对文学的社会功利价值也不以为然了。谁要是多予强调，谁似乎就会被视为不够"文学"了，甚

①　童庆炳：《文化诗学——文学理论的新格局》，《东方丛刊》2006 年第 1 辑。

②　童庆炳：《植根于现实土壤的"文化诗学"》，《文学评论》2001 年第 6 期。

③　畅广元：《文艺学的人文视界》，首都师范大学出版社 2001 年版，第 62—63 页。

④　童庆炳、马新国主编：《文学理论学习参考资料新编》上册，北京师范大学出版社 2005 年版，第 208—209 页。

⑤　孟庆枢、杨守森主编：《西方文论选》，高等教育出版社 2007 年版，第 237—238 页。

至是观念保守了。谁强调"纯文学",谁注重审美价值,谁似乎就更理直气壮了。这样地从一个极端走向另一个极端,只能说明中国文学界仍然缺乏真正的主体意识。我们应该认识到:在中国现当代文学史上,曾经有过的"为政治服务"之类的"功利论"过失,并非"政治追求"、"功利追求"本身所致,而主要是与"政治"与"功利"本身的性质有关,是与诗人、作家"政治追求"、"功利追求"的外在性相关。即在我们的文学史上,特别是当代文学史上,许多诗人、作家的政治追求或其他功利追求,并非源之于个人的主体意志,而是不得不听命于外力的结果,这本身就有违以自由为本质特征的文学创作的规律。而且,在外来的某些"政治功利"中,曾经存在着诸如"人性论"的禁区,只能"以阶级斗争为纲"、只能"塑造完美无缺"的工农兵英雄形象之类戒律,这当然也只能扼杀文学的生命了。在中外文学史上,诸如屈原、杜甫、白居易、雨果、巴尔扎克、托尔斯泰、拜伦、萨特、大江健三郎等许许多多诗人、作家的辉煌成就足以证明:不论在何时代,是何国度,一位诗人、作家,如果是出于个人的主体选择,而且其选择是顺应历史进步与人类文明要求的,那么,即使义无反顾地追求"政治功利",不仅不会影响其创作,而且同样可以创作出世界一流的作品。

(原载《文史哲》2008 年第 3 期)

美的本体否定论

一、美学研究该从哪儿出发

美，到底是什么？面对外在事物时，人类为什么会产生美感？对于此类问题，虽已经过人们数千年来的冥思苦索，而至今依然还是一个个不易说清的难解之谜。从严格意义上讲，美学，甚至实在还难以称得上是一门逻辑严谨的理论科学。许多美学著作、文章，虽然对"美的本质"、"审美活动"之类问题分析论述得头头是道，而实际上，往往很难经得住轻而易举的诘问，连美学家们自己也叫人感到常常是处在一种自我困顿状态。我以为，造成这种局面的原因之一在于，美学家们的思维指向有误，没有确立能够真正形成美学科学的正确出发点。

纵观中外美学史可见，美学家们的出发点主要有以下四种：

1. 从客观理念出发。即从某一预设的先验原则出发去阐释美和美感现象。如古希腊时代的毕达哥拉斯学派认为："数的原则是一切事物的原则"，"整个天体就是一种和谐和一种数"，美自然也合于这个原则，"美是和谐与比例"。[①] 后来，深受毕达哥拉斯学派影响的柏拉图，其整个美学观念也都是以客观存在的理式（或译为理念）为核心的，认为这样一种本源于"理式"的美，是永恒的，不生不灭，不增不减，也不随人而异。中世纪的普洛丁、

---

① 北京大学哲学系美学教研室编：《西方美学家论美和美感》，商务印书馆 1980 年版，第 13 页。

圣·奥古斯丁、托马斯·阿奎那等人，则进而将美归之于无所不能的神（上帝）。托马斯·阿奎那就曾如此断言："事物之所以美，是由于神住在它们里面。"① 另如影响巨大的黑格尔所说的"美是理念的感性显现"，也是这样一种由先验理念出发的产物。

2. 从个体经验出发。这可以以英国经验主义哲学家培根、霍布士、洛克、休谟等人为代表。与理念派相反，他们不相信先验思辨的东西，而是特别注重个体的审美经验、感性认知。如休谟的见解是："美并不是事物本身里的一种性质。它只存在于观赏者的心里，每一个人心见出一种不同的美。这个人觉得丑，另一个人可能觉得美。每个人应该默认他自己的感觉，也应该不要求支配旁人的感觉。"② 日本学者今道友信的看法是："所谓美，不是视觉上的美丽，而是由心里产生出的一种光辉。也就是说，美是一种精神的产物。"③ 这类看法，便是在个体审美经验基础上提出来的。

3. 从审美现象出发。即注重从某些具体的人类美感产生的实例入手，总结归纳出某种美的判断。例如关于人的美，古希腊哲学家德谟克利特认为："身体的有力和美是青年的好处，至于智慧的美则是老年所特有的财产。"④ 尼采则特别强调过"健康，完善而方正的肉体"的重要性，认为"没有什么比衰退的人更丑的了"⑤。这类结论，显然即是基于对人之美的感知体察。狄德罗则从荷拉士悲剧中"他就死"一语在不同语境中会产生不同的感觉效应之类现象出发，提出了"美在关系"说；车尔尼雪夫斯基也是在总结许多审美现象的基础上，得出了"美是生活"的结论。

4. 从经典出发。即从先哲的某一理论见解出发，推演出某种美学观念。如在我国美学界，李泽厚主要是以马克思《1844年经济学哲学手稿》中"对于人来说，一切对象都是他本身的对象化"一段话为根据，得出了"美是人的本质力量对象化"的结论。朱光潜先生则依据《手稿》中"对于不懂音乐的耳朵，最美的音乐也没有意义"的另外几句话，坚信美是主客观的统

① 北京大学哲学系美学教研室编：《西方美学家论美和美感》，商务印书馆1980年版，第66页。
② 北京大学哲学系美学教研室编：《西方美学家论美和美感》，商务印书馆1980年版，第108页。
③ ［日］今道友信：《关于美》，鲍显阳、王永丽译，黑龙江人民出版社1983年版，第174页。
④ 北京大学哲学系美学教研室编：《西方美学家论美和美感》，商务印书馆1980年版，第17页。
⑤ ［德］尼采：《悲剧的诞生》，周国平译，三联书店1986年版，第322页。

一。周来祥先生不同意李泽厚、朱光潜等人的观点，别树一帜，认为"美是和谐"，也强调，这"并非无稽之谈，而是根据马克思《1844 年经济学哲学手稿》提出来的"①。周先生还在另外的文章中多次表明："我们应当从马克思《1844 年经济学哲学手稿》出发"，去探讨美的本质。蔡仪先生虽然不同意某些据《手稿》得出的美学结论，坚信美在客观说，但他的出发点，依然亦是马列经典中关于意识反映存在的论断。

由上述四种出发点得出的美学见解，虽然都有一定道理，但又均难以廓清美学之谜。

以第一类见解来看，世界上有些给人美感的事物，可能合乎一定先验理念，但往往不具普适性。宇宙万物中，合乎"黄金分割"的比例，或对称、和谐之类事物固然能够让人产生美感，不符合什么"黄金分割"之类比例，也说不上对称和谐，同样给人美感的事物，不也随处可见吗？如杂乱无章的花丛、倚斜的树木、不规则的池塘等，不是也可以让人产生美感吗？太阳、月亮之类的美，与比例、对称、和谐之类又有什么关系呢？黑格尔所说的那个作为美之成因的"理念"，则因其玄虚莫测，也是难以用来解释人类的审美活动的。至于柏拉图所说的那个作为美感本原，是灵魂在迷狂状态中忆及的"理式"，今天看来，就更是一种不无荒唐意味的神秘主义的玄想了。

以第二类见解来看，人类的审美活动的确呈现出突出的个体主观经验性，但如果过分强调这类主观因素，则只能是"人各其美"了，事物的美与不美，也就只能是听凭于审美者个人的主观感受了。这样一来，自然也就无所谓美，无所谓不美了，"美"大概也就没什么"学"的意义了。从学理上讲，如果这样过分地肯定个人的主观感受，也只能陷入相对主义，或像休谟那样陷入不可知论了。

第三类看法，由于重视了具体的审美现象，应当说是更为切合实际的，也更具可信性的，但相关学者，由于缺乏对审美现象产生的复杂因素的深入探索，得出的结论常常显得空泛无当，亦仍然经不住另外一些事例的反证。如同样一位"健康、完善而方正"者，也不一定会像尼采认为的那样，人人觉得美。相反，身体衰弱者，也不一定人人都会以为丑，"病如西子瘦三分"

---

① 　周来祥：《论美是和谐》，贵州人民出版社 1987 年版，第 121 页。

的林黛玉不是也有不少人喜欢吗？对此，英国18世纪的美学家博克就有过不同的看法："在女性方面，最高的美往往带有脆弱和不完善的意味，女人们很体会到这一点，因此她们学着咬舌头说话，走起路来摇摇欲坠，装弱不禁风甚至装病。"[①]狄德罗的"美在关系"说，本是极具创见性的，但也因未能进一步探究"关系"与"美感"生成之间的内在机理，而不易说明何以面对同样的"关系"情境，也不见得人人都会生出"美感"。至于车尔尼雪夫斯基的"美是生活"之说，就更是有点儿大而无当，不着边际了。车尔尼雪夫斯基认为，由于恐惧死亡，人们总会感到活着到底比不活好，故而"美是生活"。按此论断，常常陷入饥寒交迫的乞丐、无家可归的流浪者乃至监狱中囚徒的生活，也都应当是美的了，那么，人类的生活，还有什么美与不美的区别呢？车尔尼雪夫斯基虽然有过进一步的解释，谓"依照我们的理解应当如此的生活，那就是美的"[②]，但这"我们的理解"，能代表所有其他人的理解吗？而且，这"应当如此"的标准又是什么呢？

　　第四类看法，虽然自信坚持了最正确的世界观和方法论，遵奉的是马克思主义唯物论的基本原理，而实质上，却是从根本上违背了马克思主义一切从实际出发、实事求是的基本认识规律的，仍不过是从理念出发。这种出发点的思维前提是：马克思主义的经典论著中，早已存在着不容置疑的关于"美"的原理，后人的任务只在于发掘、张扬，或为之进一步寻找、补充相关证据而已。果真如此，美学之谜不就十分易解了吗？

　　关于美学的研究方法，有学者指出："在科学中，从具体到抽象这个阶段，是作为辩证思维的史前期存在的……从感性的具体到概念的抽象就成了辩证思维的起点。从具体到抽象这个阶段在科学著作中是不出现的，科学体系一开始就是最抽象的概念，前段的终点，正是辩证思维的起点。"并列举了细胞对于生物学、元素对于化学、商品对于经济学为例说明，提出了"美学只能从美的本质开始"的论断。[③] 作为一般的学科形成规律及思维方式，这看法是对的、合乎事实的，但问题是，美学又毕竟不同于化学、生物学、商品学之类学科。作为生物学逻辑起点的细胞，化学起点的元素，经济学起

---

①　北京大学哲学系美学教研室编：《西方美学家论美和美感》，商务印书馆1980年版，第120页。

②　北京大学哲学系美学教研室编：《西方美学家论美和美感》，商务印书馆1980年版，第242页。

③　周来祥：《论美是和谐》，贵州人民出版社1987年版，第61—63页。

点的商品，都具有一定程度的实存性、可见性以及普遍认可性，而力图作为美学逻辑起点的"美的本质"，却是至今谁也说不清楚的，虚无缥缈的，不可捉摸的。作为美的本体存在，也是无法与细胞、元素、商品之类相提并论的。在我看来，在美学领域，作为辩证思维史前期的从感性具体到概念抽象这一过程，似乎尚不存在，或谓还远没有完成。因此，美学研究还无法像生物学、化学、商品学从细胞、元素、商品开始那样，从"美的本质"开始去研究。与之相关，美学研究的当务之急也就并不在于由美的本质推演出一套美学体系，而是在于必须首先进行在一般科学中可以不出现，而在美学中必须进行的从感性具体到概念抽象的工作。而我们的许多美学家则恰恰相反，在缺乏史前期研究的基础上，从马恩那里找到一种观点，作为美的本质，然后从生活中选取有利于自己观点的论据予以填充，对不利于自己观点的审美事实则置之不顾，或予以牵强解说。所以，在我们的美学界，也就出现了这样一种颇为奇怪的现象，本是依据同一部马克思的《手稿》，或同是依据马列的有关经典论述，却派生出了彼此不同、争论不休、各以为是的美学派别。

作为一门独特的人文科学，正因美学中尚乏类乎经济学、生物学那样一个明确的逻辑基点，以及由感性具体到概念抽象的史前过程，从具体的审美现象出发，也许才是美学研究的正确出发点。当然，这里所说的审美现象，是不同于德谟克利特、托马斯·阿奎那、狄德罗、车尔尼雪夫斯基等人所看到的审美现象的。历史上的德谟克利特等人所着眼的审美现象，尚只是客观存在的外在事象，本文所强调的审美现象，是指人类美感活动的生成过程及其相关的内在复杂机理。在这方面，狄德罗所注意到的审美现象，应当是更具启发意义的。狄德罗的伟大之处在于：已在审美现象中意识到了人类美感产生的极为重要的随机性特征。但也许是因特定时空条件的局限，使狄德罗没有来得及放开眼光，从客体对象和主体心理内在复杂机制的交互关系中，从历史的演进过程中，全方位地、在五维空间（时间、长宽高构成的宇宙空间、心理空间）中把握审美现象，而终于没能更为令人信服地揭开美学之谜。今天，科学的发展，特别是给予传统认识论以巨大冲击的皮亚杰发生认识论，以及物理学领域的"测不准原理"、其他有关心理学研究成果等，为我们提供了更为有力的理论资源与思想方法，我们可以沿着这一正确的出发点前进了。正是从这里出发，我们首先便可以发现这样一个事实：科学认知意义上的具有普遍效应的美的本体，原本就是不存在的，存在的只是人们面对外在事物时产生的带有强烈主观色彩的"美感"。

二、"美"，欺骗了"美学家"

当我们深究人类审美活动的具体现象时，会极易产生这样的疑问：美在何处？谁见过"美"的本体？例如，给人类带来光明的太阳是美的吗？从《后羿射日》的神话中，见出的只能是中国远古先民对空中烈日的仇恨，莎士比亚也曾讥讽过"至尊的眼媚悦着山顶"的太阳的"瑕疵"（《莎士比亚十四行诗》第三十三首）；春天是美的吗？在老舍笔下人物的心中，"春"却是个凉的死的东西（《月牙儿》）；在南唐后主李煜眼中的"一江春水"，也恰是自己内心"几多愁"的外化。黄金是美的吗？马克思曾肯定过其"天然的光芒"之美，莎士比亚却诅咒过其"使黑的变成白的，丑的变成恶的"之类罪恶；竹子是美的吗？苏东坡曾云："可使食无肉，不可居无竹。无肉令人瘦，无竹令人俗。"杜甫却曾咬牙切齿地说："恶竹应须斩万竿。"窈窕淑女是美的吗？而中国的唐代人，不是曾以体态丰腴为美吗？金发碧眼的白种人是美的吗？在另外一些民族的视野中，大概就不一定了，正如黑格尔所说："一个欧洲人不会叫一个中国人乃至非洲霍腾套特族人喜爱，因为中国人的美的概念和黑人的不同，而黑人的美的概念和欧洲人又不同。"[①]就其普泛性而言，黑格尔说的大致上是符合事实的。

相反，苍蝇是丑的吗？荷马在他的史诗中，不是曾用苍蝇形容过士兵的勇敢吗？毒蛇、蝎子是丑的吗？但，有美学学者曾经辩称"说它们是美的又何尝不可呢？"[②]狼是凶残丑恶的吗？匈牙利著名诗人裴多菲，曾经写过一首赞美狼之坚韧、视死如归的《狼之歌》；骷髅是丑的吗？西班牙人却喜欢用来作为友好和亲爱的象征，许多食品、工艺品、儿童玩具，都被做成了骷髅的形状；粪便是丑的吗？在文艺复兴时期尼德兰著名画家勃吕盖尔的名画

---

① ［德］黑格尔：《美学》第一卷，朱光潜译，商务印书馆 1996 年版，第 55 页。

② 栾栋：《美学的钥匙》，陕西人民出版社 1983 年版，第 116 页。

《绞刑架下的舞蹈》中，为了表达人民对侵略者的蔑视，作者特意在左下角，画了一个脱下裤子解大便的人；臧克家的《泥土的歌》中有句云："开春了，满村大粪香……"恐怕也没人有办法证明臧克家的审美感受是错误的。李泽厚曾经指出："为什么废墟能成为美？为什么人们愿意去观赏它？因为它记录了实践的艰辛历史，凝练了过去生活的印痕，使人能得到一种深沉的历史感受。"① 废墟当然有可能给人美感，但也是更易给人丑感、悲凉感乃至是恐惧感的，因为它首先是人类不幸、人类灾难的记录。如果这废墟是由战争造成的，那么，同时还是人类罪恶的记录。同一对象，作用于不同的主体时，或同一主体在不同的时空条件下，既可以产生美感，也可以产生丑感，如此一来，就对象本身而言，是丑的还是美的？

至于文艺作品欣赏过程中，各丑其丑，各美其美的现象，就更加纷纭复杂了。同一个作家，同一部小说，同一件艺术品，常常被甲说得天花乱坠，也可以被乙说得一无是处。在西方文学史上，司汤达的《红与黑》，是被尊奉为现实主义小说的奠基之作的，但有不少读者并不欣赏。雨果就曾轻蔑地说："我试着读了一下，但是不能勉强读到四页以上。"② 巴尔扎克、左拉的小说为许多人喜爱，法国新小说派作家罗伯－格里耶却曾表示："巴尔扎克，左拉，他们使我昏厥。《人间喜剧》从我手中滑落。"③ 有研究者这样赞扬海明威："通过无动于衷而达到激动，通过不加解释而得到解释，通过疏远冷漠而得到关怀。"但也有批评家指责说："海明威的作品不仅缺少思想深度，而且缺乏感情，他的主人公仿佛都是些冥顽不灵的呆子。"④ 即使对于《红楼梦》、《浮士德》这样级别的世界杰作，也有人大不以为然。据《胡适口述自传》第十一章唐德刚注五中透露，胡适就说过："《红楼梦》不是一部好小说，因为它没有一个 plot（故事情节）。"1960 年，他在致苏雪林信中曾进一步表示："我写了几十万字考证《红楼梦》，差不多没有说一句赞颂《红楼梦》的话。"因为"在见解上，《红楼梦》比不上《儒林外史》，在文学技术上，《红楼梦》比不上《海上花列传》。"阿根廷著名作家博尔赫斯亦曾这

① 李泽厚：《哲学美学论文选》，湖南人民出版社 1985 年版，第 468 页。
② 龙协涛编著：《艺苑趣谈录》，北京大学出版社 1984 年版，第 491 页。
③ 何帆等编：《现代小说题材与技巧》，中国文联出版公司 1989 年版。
④ 董衡巽编选：《海明威研究》，中国社会科学出版社 1980 年版，第 151、139 页。

样评价过《浮士德》："对于德国人和奥地利人来说，《浮士德》是一部了不起的著作；对于别的民族来说，它是最著名的引起厌倦的方式之一。"① 王羲之有中国的"书圣"之称，唐代诗人韩愈则不以为然，其《石鼓歌》中即有"羲之俗书趁姿媚"之语；张怀瓘在《书议》中也认为王羲之的字"有女郎才，无丈夫气，不足贵也"。怀素的《自叙帖》有"天下第一草书"之称，苏东坡则谓"怀素书极不佳，用笔意趣乃似周越之险劣。此近世小人所作也，而尧夫不能辨，亦可怪矣"（《跋怀素帖》）②。同一文学艺术作品，作用于不同的主体，在不同条件下，既可以得到赞赏，产生美感，也可以遭到鄙视，产生丑感，那么，就对象本身而言，是丑的，还是美的？美的本体何处寻？

早在 18 世纪，德国诗人歌德在与爱克曼谈及美时，曾经发出过这样一番感慨："我对美学家们不免要笑，笑他们自讨苦吃，想通过一些抽象名词，把我们叫作美的那种不可言说的东西化成一种概念。美其实是一种本原现象，它本身固然从来不出现，但它反映在创造精神的无数不同的表现中，都是可以目睹的，它和自然一样丰富多彩。"③ 歌德当年虽是即兴而言，但至今听起来，恐仍不无振聋发聩之感。如果我们切实结合具体的审美现象予以探究，的确不难意识到，作为一种实存之物，美是从来没有出现过的；作为本体意义的美，本来就是子虚乌有的；是"美"，欺骗了"美学家"。这实在是"美学"的悲剧：为了探讨从来没有出现过、原本并不存在的"美的本体"，竟不知耗费了历代多少学者的心血！

三、美的潜因的载体不等于美

由人类的美感生成现象入手可知，事实上，在人类所面对的现实生活中，客观存在的只是具有美的潜因的载体，并不存在类乎认知关系中存在的美的本体。迄今为止，诸多关于美的本质之类问题的看法，与两千多年前的柏拉图相比，之所以没有根本性突破，关键原因便正在于这一基点的迷

---

① 高尚、陈众议编：《博尔赫斯文集·文论自述卷》，海南国际新闻出版中心 1996 年版，第 8 页。
② 水采田译注：《宋代书论》，湖南美术出版社 1999 年版，第 21 页。
③ 《歌德谈话录》，朱光潜译，人民文学出版社 1978 年版，第 132 页。

误。柏拉图曾经指出，美"应该是一切美的事物有了它就成其为美的那个品质，不管它们在外表上什么样，我们所要求的就是这种美"①。显而易见，柏拉图当年虽然意识到了美的复杂性，但认为美的本体还是存在的，并将其误作类似认知关系中存在的客观本体，这就是他所说的"理式"。后世论及美的学者，大多基本上就是沿着柏拉图这条思维轨迹进行的，结果，虽然诸说繁多，却没有一说能够令人信服地完满揭示"美"的奥妙，基本上仍不过是当年的柏拉图"美是善"、"美是恰当"之类似是而非、含糊其辞的猜测。结果，不管多么权威的面孔，不管多么庄严的论证，都不堪人们从审美事实发出的一击。比如，美是客观存在的典型事物吗？那为什么"典型的猴子、鳄鱼苍蝇、蛔虫……通常都认为不美呢？"② 美是人的本质力量的对象化吗？那么，"假如有一个小孩子攥黄土做游戏，把泥巴捏成一个像人一样的东西，面对着自己的'作品'，他会高兴地笑起来，因为这个粗糙的泥人是他的本质力量的感性显现。但是，他的这种'类的创造'能不能得到社会的普遍承认呢？"③ 另如月亮之类的自然之美，又怎样体现了人的本质力重？是体现在人类对月亮之类的知性掌握这样的本质力量吗？然而，事实则是，美国的阿波罗号宇宙飞船抵达月球之举，是充分可见人的本质力量了，人类对月亮知性掌握的程度无疑是大大提高了，但当人类知晓了月亮是太空中一个没有生命的死寂星体之后，那原有的月亮之美，大概只能是减弱了，而不是增加了。

其实，当初柏拉图所谓美的"品质"决定美的思维轨迹，本身就是错误的。错误在于：用一般认知规律来思索美的问题，认为美感是美的本体的反映，美的本体存在显然又是由美的"品质"决定的。而实际上，人类美感意识的产生远非如此简单，美感与对象之间并不存在直接对应关系，不是简单反映，而是一种类乎化学性质的复杂"反应"关系，是一种生成转化关系，是在一定条件下，对象所含的某些潜在因子与人的主观意识发生精神"反应"化合而生成的结果。显然，有可能生成美感的"潜因"决不等于美的本体，也不等于柏拉图那个客观性"品质"。如果是客观性"品质"，应该

---

① ［古希腊］柏拉图：《文艺对话录》，朱光潜译，人民文学出版社 1963 年版，第 192 页。
② 《文艺报》编辑部编：《美学问题讨论集》（四），作家出版社 1959 年版，第 2 页。
③ 夏放：《美学简论》，山东人民出版社 1984 年版，第 38 页。

不管是谁，也不管在什么情况下，都能反映生成"美感"。"美的潜因"则不同，可以生成美感，也可能生不成。那么，这美感究竟是如何生成的呢？我认为主要取决于以下两个因素，第一，对象自身"美的潜因"与其他因子的组合比例；第二，主体面对客观对象时的随机性心理条件。

实际上，大千世界中的万事万物，自身是无所谓美丑的，只不过是一些"美的潜因"与"丑的潜因"并存的统一体。"美的潜因"即对人类的有益性因素，"丑的潜因"则是对人类的有害性因素。比如长江黄河，既有提供水源、航运及渔业条件之类"美因"，又潜藏着洪灾水患之类"丑因"；毒蛇猛兽，既有可能危及人身安全之"丑因"，又有人类所向往的强健勇敢，或为人类提供物质生活满足、药材之类"美因"。如果暂不计其他条件，仅就观照对象本身而言，人类之所以产生"美感"或"丑感"，往往是取决于对象自身负载的"美因集合"与"丑因集合"之比值。比值越高，美感生成的渠道往往会越是畅通，对象会在更大范围内、更高程度上给人以美感。反之，比值越低，美感生成渠道会越是阻滞，会越不易给人以美感。如一口池塘，虽存在着滋生蚊蚋，甚至有可能淹死人的丑因，但更为突出的则是可以养鱼、可以生长荷花、可以给人清凉感之类的美因，故而更易给人美感。如蛆虫、苍蝇、粪便之类，或许亦不乏生物科研、可为庄稼提供肥料之类有用于人类之"美因"，但与其肮脏、臃肿、滋育病菌之类的"丑因集合"相比，比值自然极为低下，因此，即使在非常条件下，也不易产生美感。如雨果《巴黎圣母院》的加西莫多，虽然外貌丑陋，之所以仍能让人生出美感，正是缘其道德价值的"美丑集合"可以压过身体残疾方面的"丑因集合"之故。试想一下，如果加西莫多生一双蛇眼，青面獠牙，垂着滴血的红舌，外貌丑陋可怕到令人难以接受的程度，其"丑因集合"也就压过了"美因集合"，那么，不论有着怎样的善行，恐也很难令人生出"美感"了。歌德在与爱克曼谈及美时，曾经举过这样一个例子："达到结婚年龄的姑娘，她的自然定性是孕育孩子和给孩子哺乳，如果骨盆不够宽大，胸脯不够丰满，她就不会显得美。但是骨盆太宽大，胸脯太丰满，也还是不美，因为超过了符合目的的要求。"[①]歌德这里所说的"超过了符合目的的要求"，亦可

---

① 《歌德谈话录》，朱光潜译，人民文学出版社1978年版，第134页。

谓"丑因集合"压倒了"美因集合"。一位姑娘体型的"美因集合"与"丑因集合"，由于呈现出这样一种"反压倒"状态，故而也"就不会显得美"了。由此类事例可进一步看出，某一事物，要生成人的美感或丑感，关键在于其隐含的"美因集合"压过"丑因集合"，还是"丑因集合"压过"美因集合"。我国晋代哲人葛洪曾经意识到："西施有所丑而不能减其美者，美多也；嫫母有所善而不能救其丑者，丑笃也。"①葛洪这里意识到的，也正是这样一种压倒性原则。

然而，尽管如此，我们仍不能认为凡是"美因集合"压倒"丑因集合"的对象就是美的本体，就一定会令人生成美感。因为"美因集合"压倒"丑因集合"，还只是表明对象负载的美感潜能较强，较易上升为美感而已，并不具备美感生成之普遍性与必然性。美感的产生，还要取决于随机性极强的主体心理条件，尤其要受到与情感因素相关的主体心理活动方面注意与忽略规律的支配。如一般人会感觉美的一朵玫瑰花，对于一位花粉过敏患者而言，也会因情感屏障，对其"美因"茫然不觉，而呈现为一种心理忽略状态。相反，对其致人不适之类"丑因"，则有可能呈现为注意心态而对其生出厌恶之感。在一般人看来，一丛死寂之状的衰草也许不美，但在一位心花怒放者眼里，也可能为其色泽或造型所吸引，而感到美不胜收。可见，美感生成与主体心态之间的密切关联。美感生成的这一规律，归结起来，可如下所示：

除了一般的注意与忽略之外，"美感"或"丑感"产生时，还要伴随着对象"潜因"在情感作用下的膨胀过程。随着情感度的不断增高，这种膨胀有时候甚至会创造奇迹，从而使"美因集合"压倒"丑因集合"或"丑因集

---

① （晋）葛洪：《抱朴子》。

合"压倒"美因集合"的对象，向互为相反的方向转化。如毒蛇、蝎子之类，缘其"丑因集合"压倒了"美因集合"，一般人本是难以感到美的，但有人之所以真诚地力争其"美"，原因就在于他的注意力集中到了"用全蝎等药物作成的'玉真散'是医治面部神经麻痹、口眼歪斜的良药。用蛇肉可治无名肿毒、皮肤瘙痒、浑身癞疮等病"①。这样一来，因情感作用膨胀了蛇蝎"医病"之类有用之"美因"，也就使之转化为主体意识中"美因集合"压倒"丑因集合"的对象了。在文艺作品中，如裴多菲《狼之歌》中对狼之坚忍不拔的毅力与视死如归精神的歌颂，臧克家在《泥土的歌》中之所以称颂"大粪香"，道理同此。

"美因集合"压倒"丑因集合"的对象不一定产生美感，而由于情感膨胀作用，"丑因集合"压倒"美因集合"的对象却照样可以产生美感，据此正可进一步证明，"美感"是存在的，而独立于人的主体之外的所谓"美"（美的本体）是不存在的。"美"的独立本体不存在，却硬要去探讨所谓"美"的本质，这显然是不可能的。

在人类社会生活中，"美"无疑是一种价值判断，但对其价值构成予以分析可以看出，这样一种价值判断，实质上是一种虚拟性假借性判断，并非一种独立价值判断，其中隐含着的是另外某些表层或深层的实质性价值内涵。即人类意识中所谓美的事物的价值，是由另外一些潜在价值转化构成的。具体来看，这些潜在价值，大致上可分为有意识的表层价值与无意识的深层价值两类情况。

有意识的表层价值，通常与对象美因中的实用功利因相对应。一般而言，社会形态的事物多体现为这类情况。社会上的好人是美的，是因人们在产生"美感"判断的同时，意识到的主要是他们心地善良，见义勇为，乐于助人之类的人格品行，或对社会作出的某些方面的贡献；盗贼、流氓、杀人犯是丑恶的，则是因为他们有着扰乱社会、伤害他人之类的邪恶行径。高速公路、长江大桥是美的，也首先在于人们清醒地意识到了它们对于人的实用意义。

无意识的深层价值，往往与对象美因中的人性开放因相对应，自然事

---

① 栾栋：《美学的钥匙》，陕西人民出版社 1983 年版，第 116 页。

物的美便往往体现为这类情况。人类社会中的每一位成员，无一例外，不可抗拒地都要受到这样两种胁迫：人生必死的自然规律与一定社会制度的规范。在这"规律"与"规范"的胁迫下，渴望"自由"与"长生不老"的本能欲求受到了严酷压抑。虽然，"万岁更相送，贤圣莫能度。服食求神仙，多为药所误"的现实，使人类清醒地意识到"长生不老"是不可能的；你既然成了人类社会的一员，你的言谈举止就必须按人类的规范，不顾一切的"绝对自由"，是不可能的。但在潜意识中，"长生不老"、"绝对自由"之类渴望又会时时存在。因此，当外界事物的某些因子与这类潜意识渴望相吻合时，便会产生一种虚幻实现的满足感、欣悦感。比如，自然山水为什么令人产生美感？关键原因就在于那种远离尘嚣、社会规范淡弱、能够给人虚幻性自由满足的"自然"形态。相反，如果在漓江两岸排满了喷灌机，在黄山建起炼钢厂，将其强行纳入社会规范，破坏了人们所向往的恬淡、闲适、幽静的自由空间，则漓江、黄山之美也就不复存在了。《论语》中载，满怀政治抱负的孔子，在与弟子们谈论人生理想时，居然不满于子路、冉有、公西华诸弟子的政治抱负了，却赞同点（曾皙）那"莫春者，春服既成，冠者五六人，童子六七人，浴乎沂，风乎舞雩，咏而归"的超尘出世之想，流露出的正是这位仕途坎坷的夫子，希求摆脱社会规范的人性愿望。陶渊明"久在樊笼里，复得返自然"（《归田园居》）；杜子美"我生性放诞，雅欲逃自然"（《寄题江外草堂》）等，表达的亦是同类情感。王朝闻先生在《黄山观石》一文中说过：华山的"千尺幢"，或"苍龙岭"，要比黄山的"小心坡"、"鲫鱼背"奇险得多，有趣得多，但"我也说不清，为什么经过了'文化大革命'之后上黄山，比'文化大革命'之前上华山，使我觉得有不能自抑的高兴。"作者特别表明："我想，借此肯定了自己的体力，不是我游黄山格外高兴的主要原因。"那么，主要原因是什么呢？我想，这显然便是：十年浩劫对人性的严酷摧残，进一步唤起了作者潜意识中向往如同山水那样不受社会束缚，可以自然自在的本能性欲求。这种自然自在欲求属于深层价值形态，故而一下子又是"说不清"楚的。另如一棵千年古树为什么会比一棵普通的树更易唤起人的美感，重要原因恐也在于：那似乎挣脱了生老病死之类自然规律的胁迫，拥有久远生命活力的老树，满足了人们潜意识中能够"长生不老"的愿望。

当然，自然形态的事物，有时也可见出一定功利性质的表层明晰价值内涵。如果说孔夫子"吾与点也"的赞叹中，包含的只是对自然山水的开放性的虚幻满足，那么他在《雍也》中所讲的"智者乐水，仁者乐山。智者动，仁者静；智者乐；仁者寿"，流露出的则是明晰的表层性的价值欲求。孔夫子这里提到的"水"之美，关键在于其"动"，在于合乎了"智者"敏于事功，捷于应对的"动"性；"山"之美，则关键在于其"静"，合乎了"仁者"阔大宽厚、巍然不动的"静"性。孔夫子还赞颂过松柏，也是出于与人格精神有关的"岁寒知松柏之后凋"的明晰意识。同是赏花，宋人周敦颐由莲花中看到的"出淤泥而不染，濯清涟而不妖，中通外直，不蔓不枝，香远益清，亭亭净植"（《爱莲说》）之类，也分明是一种明晰向往的人格之美。

同样，在某些社会形态的观照对象中，有时也可见出深层价值内涵。如西方人在一些喜庆活动中，喜用蜡烛照明，意在增加点"浪漫味儿"。为何这样就有了"浪漫味儿"？这"浪漫味儿"为何就美？其中，或许不乏神话或宗教方面的原因。但我想，烛光的昏黄，轻烟的缭绕，构成的梦幻般的气氛，更便于人们自由畅想，会使人不自觉地暂时忘却强烈电灯光线照耀得一清二楚的社会规范以及尘世的喧嚣，使人的身心可得以更好的放松、休息和享受，而这便又正是烛光所带来的"浪漫"气氛中所隐含的一层重要实质性价值内容。比如一件出土的远古年代的器具，即使不从考古之类的直接功利价值出发，也能让人产生一种美感，这便正是因为人们从它的久远不灭性中，可以感受到一种人生长存的虚幻满足。在现代人的视野中，一般来说，牙牙学语的孩子、青春焕发的少女，要比满脸皱纹的老者或病弱不堪者更加为人喜爱，这也是因为，在人们的潜意识中，会从儿童和少女那里，得到一种生命的活力感，未来岁月的长远感，人性开放欲求会得到暂时性安慰。而老态龙钟者、病弱不堪者，更易唤起的则是一种行将就木、穷途末路的压抑感。

能够产生"美感"的对象中所包含的表层与深层两部分价值内容，在文学艺术作品中更为突出。关于文艺作品的社会作用，人们一般概括为认识、教育、美感三个方面。在这样一种分类中，认识、教育之类作用，即乃文艺作品中的表层价值内容，而美感作用，则主要体现为一种深层价值。故而认识、教育之类作用可予以清晰的表述，而喜怒哀乐的情绪感染作用，想象空间之于人类心灵的抚慰作用，往往就很难一下子说得清楚了。

同"潜因论"一样，"价值论"同样存在随机性条件下才有意义的"压倒性原则"。在一定条件下，任何对象总是正价值与负价值的同一体，只有事物的正价值压倒负价值时，才易让人产生美感。在 20 世纪 50 年代中国的美学大辩论中，有人反驳美的客观论道：一座美的山头，被敌人占领之后，为什么就不再感到美了？这其中恰巧可以见出价值方面的压倒性原则。在正常情况下，山峰的高大挺拔，本可以构成人性开放的深层价值内容，而被敌方占领之后，恰好相反，高大挺拔成为敌方的有利条件，那么，就对方而言，本来的人性开放正价值，也就转化为危及自身的负价值了，当然，在对方看来，也就不可能再是美的了。有人力争蛇蝎之美，或许也正是因为他曾得到过或者亲自见识过蛇蝎之益，因此相对于他这样的独特个体而言，蛇蝎的医用价值也就压倒了诸如眼睛可怖、皮肤潮冷、尾巴尖毒之类有害于人性开放的深层负价值了。就人体健康角度而言，雨果《巴黎圣母院》中的那位敲钟人加西莫多，聋、哑、驼背、跛脚，无论如何不能说是美的，是大自然对人性的严酷摧残，是加西莫多形象本身的负价值，但整体形象却又叫人产生美感，原因便是人物心灵良善，合于读者心理欲求的正价值压倒了外形残损的负价值之故。而克洛德的方正脸盘、端正五官、衣冠楚楚，本应是美的，但却令人厌恶，则又正是因人物自身心灵丑恶的负价值压倒了外形可人的正价值之故。

从"词义学"、"发生学"、"字源学"等角度，我们可进一步看出美的价值判断的假借性，以及"美的本体"的虚幻性。

从词义词性来看，"美"是形容词，只是用来表达人们对事物的情感性评判的，本身并不具实存性，在现实生活中，找不出如同一般名词那样的客观对应物。众所周知，我国学术界广泛应用的"美学"一语，是源之于由日本学者中江兆民等人对德国学者鲍姆嘉通"aesthetica"一语的翻译。而"aesthetica"是鲍姆嘉通借用希腊语词根创造的一个概念，本义为感性学。鲍姆嘉通所说"感性学"的研究对象，本来是指不同于逻辑学研究对象"可理解事物"的"可感知事物"。而"感性学"转化为我们语境中的"美学"之后，"可感知事物"也自然就变成"美的事物"了。"可感知事物"与"美的事物"，所指显然是大相径庭的。"可感知事物"当然是客观实在的，而"美的事物"则就难以找到客观所指了。

　　从字源学来看，在汉语语汇中，不管"羊大为美"还是"羊人为美"，亦不论是与物质需求有关，还是缘其巫术目的，都可以看出"美"这个字起源时与人类的实用价值关系。也许正是与"美"字的本源意义有关，至今，在许多情况下，仍然可以看出"美"与"善"在意义方面的明显叠合。如酷热中来一阵凉风，或饿了吃点东西，人们都会不由自主地用"美"来表达其感受。北京有一种萝卜，因为爽甜可口，名字就叫"心里美"。李泽厚先生曾把这个层次上的"美"称之为表现"感觉愉快的强形式"，将英雄人物之美，称之为"伦理判断的弱形式"。而不管"强"形式还是"弱形式"，其共同特征便亦正是"美""善"意义的叠合。这种叠合，在诸如"美德"、"美味"、"美酒"、"美言"、"美好"之类现代汉语语汇中，可以更为清楚地看出来。在西方文化中，美和实用、美和善，也往往是紧紧相连，难以离分。比如在古希腊神话中，美神阿芙罗狄蒂，同时又兼是爱神，又是象征丰饶多产的女神。在西方美学史上，许多学者，也正是将美与善统而论之的。亚里士多德即曾明言："美是一种善，其所以引起快感正因为它是善。"①康德在论及美的本质时，则更是曾经直截了当地在"美""善"叠合意义上断言"美是道德的象征"。

　　然而，在许多语言环境中，的确又存在着"美"与"善"、"美"与"实用"概念的不同。那么，在人类文明史上，两种含义是从什么时候开始分化、因了什么而产生分化的呢？有人作过统计，在《论语》中，"美"字共出现14次，其中有10次与"善"同意，但毕竟又有4次不同，毕竟又有"尽美矣，未尽善也"这样差异含义的使用。我以为，孔子这里使用的表面看来意义不同的"美""善"二字，从实质上讲，并无根本区别。区别只在于"美"是一种更为宽泛的实际价值判断，"善"则是一种表层实用功利判断。之所以"尽美"，正是因为对象不仅拥有一定成分的表层实用价值，同时又隐含着具有人性开放的深层价值。但因特定条件的局限，主体只注意到容易见出的实用功利价值，而忽略了深层人性开放价值，因此错误地又是可以理解地感到"未尽善"了。如果我们看不到这层意思，那么，那个"尽美"的判断本身就是不可思议的。如果不存在另外有关的价值内容，"尽美"

---

① 北京大学哲学系美学教研室编：《西方美学家论美和美感》，商务印书馆1980年版，第41页。

判断只能是建立在虚幻基础上的空中楼阁。

从人类文明史来看，"美"概念的这种虚幻性独立，是伴随着人类主体意识的觉醒与社会组织的日趋完善而形成的。

四、人生幸福与审美向往

自从人类从动物中分化出来，具有主体意识之后，便开始了对人生幸福的追求。何谓人生幸福？亚里士多德的看法是，幸福就是"不受阻挠的活动"；但丁说"人类最自由的时候，就是它被安排得最好的时候"，[①] 日本文艺理论家厨川白村在《苦闷的象征》中认为"冲动的生命，跃进的生命，除此以外，人生还有什么意义呢？"这些看法都是很实在的，有道理的。由人类的实际生活追求可知，人生所谓自由幸福，最通常的要求是活得好一些、久一些。但随着人类主体意识的觉醒，与这两种要求相应的社会与自然两重枷锁，也套到了人类的颈项上。

所谓活得好一些，具体来说，就是不论在衣食住行、言谈举止，还是消遣娱乐方面，都能随心所欲。然而，人区别于动物的根本标志是其社会性，如同亚里士多德所指出的，人天生是政治的动物，人不可能以单独的个人方式而存在，人总要处在一定的社会规范之中，总要受到一定的束缚。实际上，与绝对自由相对立的某些束缚，恰像是动物迈进人类门槛必须交纳的"入场券"，是人之为人的无可奈何的必然性代价，没有一定的规范与束缚也就没有了人类世界。因此，可以说，社会规范这道枷锁，几乎是随着人类的产生便由人类自己锻制而成了。

随着人类主体意识的觉醒，生死概念也日趋明朗化起来。从死去的动物及同类那里，人类逐渐明确体验到了生命是有限的，人生是短促的，并日益产生了对死亡的恐惧。英雄即如曹孟德者，亦曾发出过"对酒当歌，人生几何"的哀叹！可见第二重枷锁（自然法则）对人类心理造成的无形压力。

如何才能从上述两重枷锁中得以解脱？人类找到的第一条途径是以天堂地狱为核心的宗教。如基督教、佛教、中国的道教及其他许多宗教学说中，

---

① 全增嘏主编：《西方哲学史》上册，上海人民出版社 1983 年版，第 359 页。

大都存在着灵魂不灭，人死后可以升入天堂，可以得到永生之类的想象。宗教往往都是以此来诱导人们要安于现实的苦难，甚至主动地放弃欲望，忍受苦难，以换取来世永生的自由。这样一类宗教观念，自然可使人类的心理获得某种程度的平衡，得到一种挣脱了社会与自然两重枷锁束缚的虚幻满足。而在这样一种可从宗教中得以心灵慰藉的情况下，人类是不可能产生独立的审美意识的。比如自然美，就不大可能在这样一种情况下进入人类的视野。

如果我们比较研究一下中国人与欧洲人对自然美发现的不同历史，便可以更为清楚地看出这一点。从对自然美的发现来看，中国人要远比欧洲人早得多，原因就正是在于以灵魂不死为核心的宗教意识，在中国一直没有取得像在西方那样君临一切的地位。中国古代的主体统治意识是儒教，而儒教创始人的孔子，本身就是一位无神论者，他对鬼神的看法是"祭如在，祭神如神在，吾不与祭如不祭"，"未能事人，焉能事鬼"，"未知生，焉知死"。孔子这些为人熟知的言论，从根本上看，便是对鬼神观念的直觉否定。而这种思想，在中国人意识中是有深刻影响的。中国古代皇帝，虽然自称"天子"，但他们本人及许多百姓心里都明白，这只不过是一种统治手段罢了。陈胜起义时，假造"大楚兴、陈胜王"的神谕，就是一个很有力的证据。正因如此，在中国的知识层，神的观念并没有真正确立。曹操"盈缩之期，不但在天；养怡之福，可得永年"（《龟虽寿》）的彻悟；古诗十九首中"服食求神仙，多为药所误。不如饮美酒，被服纨与素"（《驱车上东门》）之类的慨叹，表达的也正是这样一种无神论的清醒理性意识。

而在欧洲则大不相同，从宙斯神氏谱系的产生，到基督教神学受到尊崇，到最高权力化身教皇的出现，以及漫长的中世纪宗教神学统治，均标志着西方宗教观念的强固。即使经过文艺复兴之后，西方许多学者，甚至一些自然科学家，仍是坚定的上帝存在论者。到了18世纪，即如莱布尼茨这样具有唯物主义意识的天才思想家，还曾真诚地以"前定和谐"理论论证过上帝的存在。即如培根，也曾宣称过自然科学有助于宗教神学。在西方思想领域，上帝观念的真正动摇，是在经历了唯物主义哲学家霍布斯、怀疑论者培尔、坚定的无神论者梅叶等人的反叛，特别是启蒙运动的激烈冲击才出现的。

正是这种不同的神灵、宗教意识背景，决定了中西对自然美发现的差异。在中国的《诗经》中，便可以看到许多关于自然景物、花鸟虫鱼的描写。而在荷马的《伊利亚特》中，"对事物的审美评价有四百九十三次，对人和神的评价有三百七十四次，而对植物世界的审美评价才九次"①。在我国，早在魏晋时代，就已出现了卓有成就的山水诗人谢灵运；而在西欧，至18世纪，英国湖畔诗派的出现，才标志着诗歌领域对山水美的特别注意。在中国绘画史上，早在晋代，山水之类自然景物就已得到高度重视，比如顾恺之的作品等；而在欧洲，直至文艺复兴时期，自然风景在绘画中还仅仅是作为背景出现的。直到19世纪，当英国画家特纳首次从大自然取材，画了一幅海洋风景《加莱防波堤》时，还曾因题材新颖，引起过轰动。②另如体现自然美的园林艺术，在中国魏晋时代也已出现；而在欧洲，至18世纪后才真正兴盛起来。

西方人，之所以18世纪之后才真正发现自然美，重要原因便正是，随着启蒙思潮影响的深入，人们终于逐渐认识到天堂地狱、灵魂不死之类的虚妄性，人类渴求摆脱两重枷锁束缚的心理陷入了新的危机。正是在这个时候，山水之类不受束缚的自然开放形态，相对的永恒存在性，及时地涌进了人们的视区，适逢其时地填补了由于宗教失望造成的心灵空虚。中国人的宗教意识淡弱，故而中国人能够更早地找到这种宗教的替代物。有人在论及中国古代自然园林的价值时指出："一部分性灵未泯的士大夫们，要想逃出这张罗网（指无所不在的君权统治——笔者），自在地喘一口气，就向往'帝力'所不及的自然中的生活。花园是这种生活的象征，所以模仿自然，造得曲曲折折。"③这类分析，揭示的正是自然形态的对象对人类的深层价值，不过概括还不全面。其实，不只是一般的士大夫们，即使位至极尊的慈禧太后，不是也曾入居颐和园吗？社会主义时代的公民，不是也以游赏公园为乐吗？这恰好说明，除了"帝力"、社会规范以外，还有全人类共同面临的生老病死之类的胁迫。这种胁迫，虽然是任何人都难以抗拒的，但因毕竟不像别的胁迫那样直接，不是时时出现在人们眼前的，因此，长此以往，便已转化为潜意识状态，不太为人自觉了。

通过这样一种远距离观测，我们可以更容易追寻到美和善的关系，即

---

① 伍蠡甫编：《山水与美学》，上海文艺出版社1985年版，第100页。

② [美]托马斯等：《大画家传》，刘叫毅、唐伯祥译，四川人民出版社1983年版，第179页。

③ 《文艺报》编辑部编：《美学问题讨论集》（四），作家出版社1959年版，第24页。

在宗教（泛义的）占据主导地位时，人们所谓美的事物，更多的是指那些具有直接功利因的事物，即善的事物。因此，在这个时候，美善在更大范围中呈现为叠合意义。宗教观念动摇之后，人类的人性开放寄托于自然物和其他某些事物时，在人们称之为美的事物中，才更多了一些没有眼前直接功利（善）的事物。从西方美学史来看，便正是自文艺复兴运动以来，随着对宗教神学的反叛，美感的超功利性、无目的性，形式与美感的关系之类不同于"美就是善"的见解，才日渐兴盛起来。在文学艺术领域，不同于宗教神学的功利目的，更具独立价值意义的作品才越来越受重视。对此，尼采的判定是切合实际的："宗教消退之处，艺术就抬头。"① 当然，不论在什么情况下，在人类的审美活动中，"美"与"善"又是难以截然分开的。不论直接功利因，还是人性开放因，对人类而言，说到底，又都是"善"，因而这种分离，很大程度上只不过呈现为层次、距离远近不同而已。事实上，如果没有任何可以追寻到的"善因"，断不会产生美感。正如鲁迅先生所说："美的愉悦的根柢里，倘不伏着功用，那事物也就不见得美了。"②

正是从人性开放，企望挣脱两重枷锁这样一个远距离观测的角度，我们也会更容易看清"共同美"的奥秘。显而易见，人类之所以会产生一定程度的"共同美感"，正是因为两重枷锁是不分时代、阶级、尊卑的，也是不论社会主义制度还是资本主义制度的，是一视同仁地在迫压着地球上的所有人的。

综上所述，可以看出，纯自然美、形式美是不存在的。任何一个引起美感的对象，总能追寻到它的表层或深层的价值内涵，而这种价值内涵，当然不能简单地认为就是美的价值。所谓美，只不过是凌驾于某些价值实体之上的一种假借性、虚拟性称谓。

上述关于人类美感生成的规律，大致可用以下公式表示：

$$载体\binom{美因、}{丑因} + 心态\binom{注意或忽略}{情感膨胀等} + 时、空$$

$$\Longrightarrow {\uparrow}{美\atop 感}{\downarrow} \quad 或 \Longrightarrow {\uparrow}{丑\atop 感}{\downarrow}$$

$$丑（沉淀）\qquad\qquad 美（沉淀）$$

---

① ［德］尼采：《悲剧的诞生》，周国平译，三联书店 1986 年版，第 177 页。

② 《鲁迅全集》第 17 卷，人民文学出版社 1973 年版，第 19 页。

也许正是与"美"之判断的虚拟性与假借性有关，尼采曾经怀疑："对一个美学问题如此兴师动众，也许压根儿就是荒唐透顶。"① 维特根斯坦也认为美学研究本身就是愚蠢的，因为在他看来，包括"美是什么"这样一类"形而上学"的命题或问题，"与其说是虚假的，不如说是无谓的。因此，我们根本不能回答这一类的问题，我们只能确定它们荒谬无稽的性质"②。这些看法是发人深省的。当然，我们又应意识到，"美"毕竟与人类生活有着密切的关联，作为一门学科的必要性又应当是无疑的，问题的关键在于：要立足于人类美感生成的实际，确立正确而有效的思维指向。

五、美学思维轨迹的辨正

"美是难的。"从两千多年前柏拉图的这类慨叹中可知，柏拉图虽然宣称美感源之于"理式"，同时似乎也已模糊地意识到了美感是美的反映这样一条思维轨迹的不通，但在此后的美学史上，却没有引起人们的足够重视，不知有多少人仍在继续沿着这条轨迹探寻。诸如朗吉弩斯"美是各部分综合成的整体"，笛卡尔"美是一种恰到好处的协调和适中"，夏夫兹博里"美是和谐和比例合度"，博克"美是物体中能引起爱或类似情感的某些性质"，雨果"美是一种和谐完整的形式"，车尔尼雪夫斯基"美是生活"等见解，都没有跳开柏拉图式的思维轨迹。在中国当代美学界，这一思维轨迹被进一步简单化了，如蔡仪先生认为"美是客观的"；吕荧先生认为美是"社会存在的反映，第二性的现象"③；李泽厚先生认为"美感是美的反映"④；朱光潜先生虽然意识到了美感产生的复杂性，提出了"美的条件"论，但有时候也往往是在将"美的条件"等同于"美"，又讲过"美是引起美感的，这个事实大概没有人会否认"⑤ 之类的话。而事实正如本文如上分析的：美感不是美的反映，而是在特定条件下，"美的潜因"生成反应之结果，是另外某些价值实体转化

---

① [德]沃尔夫冈·韦尔施：《重构美学》，陆扬、张岩冰译，上海译文出版社 2006 年版，第 3 页。

② 全增嘏主编：《西方哲学史》下册，上海人民出版社 1983 年版，第 631 页。

③ 《文艺报》编辑部编：《美学问题讨论集》（二），作家出版社 1957 年版，第 195 页。

④ 《文艺报》编辑部编：《美学问题讨论集》（二），作家出版社 1957 年版，第 222 页。

⑤ 《文艺报》编辑部编：《美学问题讨论集》（二），作家出版社 1957 年版，第 24 页。

而成的一种情感判断。在美学研究中，追究所谓本体意义的"美"，其实是毫无意义的，而只有对象的实体价值、潜因比例以及在随机条件下反应为美感的各种因素，以及关于美感生成规律的探讨，才具有真正切实的意义。

在此理论基础上，再去审视中国当代美学史上的一些论争，便可以看得更为清楚一些。

蔡仪的客观派美学认为"美是客观的"，美"不依赖于鉴赏的人而存在"，正确的结论应该是：对象负载的美的潜因、实体价值是客观的，是不依赖某一审美主体而存在的。但载体本身，却很难说美或不美，只是多因、多价值的统一体而已。蔡先生没有深究到这一层，没有进一步析解对象的内在结构，所以，当人们仅以常识性的"情人眼里出西施"之类难题相诘时，便难以回答了。蔡仪先生坚信"自然美在自然本身"，如果是从"美的潜因"着眼，这"在自然本身"是有道理的，但遗憾的是：由于蔡仪先生没有进一步讲明是自然物本身的何种属性、哪些因素决定了人类美感的产生？在美感产生过程中，人的心理状态、主体意识及外在条件又是如何的？于是，其见解，也就只能停止在真理的门槛之外了。

以吕荧先生为代表的主观派美学认为："美是人的社会意识，它是社会存在的反映，第二性的现象。"[1] 这类看法虽被人们批评为主观唯心论，其实，与蔡仪的客观论并不冲突。因为吕荧先生所说的这个"美"，实际上是指"美感"。正如朱光潜先生意识到的，在吕荧这儿，"美就是'美的观念'、'美的概念'、'美的意识'、'审美观'"[2]。"观念"、"概念"、"意识"之类，当然是第二性的了，因而也就一点儿也没有违背马列主义的唯物论。而且，就"美感"而言，吕先生的"主观论"是有道理的，同样是接近了审美现象的部分真理的。他的缺陷在于，只顾及了"美感"产生过程的一极，没有进一步注意到对象本身潜在的生成美感的客观原因以及所必需的随机性条件，同样将问题简单化了，当然又只能是片面的了，是不能解释纷纭复杂的美感现象的。

与客观派、主观派的见解相比，朱光潜先生的理论无疑更为接近事实。李泽厚在批评朱先生时讲道："朱光潜同志的看法就在根本上否定了生活美的

---

[1]　《文艺报》编辑部编：《美学问题讨论集》（四），作家出版社1959年版，第24页。
[2]　《文艺报》编辑部编：《美学问题讨论集》（四），作家出版社1959年版，第21页。

客观存在，认为生活本身中只有'美的条件'而没有美。"① 我以为这正是朱先生的过人之处。朱先生强调"科学的反映与意识形态式的反映之间"有重要区别，提出了"美的条件"这个具有重要科学意义的概念，认为美感是在对象隐含的美的条件基础上生成的。② 朱先生这个"美的条件"，与本文中所讲的对象的实用功利因是基本一致的。他这样说过："适合生理要求的引起快感的东西对于美是起作用的，他们正属于我所说的美的条件'"，"'善'的东西（包含有用的和有益的）对人类是能起很大作用的，它也正属于我所谓'美的条件'。……还不能看作美学意义的美。"遗憾的是，朱先生同样没有沿着这条线索进一步追寻下去，却匆忙地得出了美是主客观统一的结论。这个结论本身只是说明了"美感"的实现特征过程，至于对象自身"美的条件"有何特征？内部结构如何？在怎样的情况下才能生成美感？均不得而知。也许正是与缺乏深究有关，朱先生的一些具体表述，又往往是有点含混的。比如朱先生又曾这样讲过："美是客观方面某些事物、性质和形状适合主观方面意识形态，可以交融在一起而成为一个完整形象的那种特质。"③ 这里所界定的"美"，似乎又等同于美的条件（特质）了，而不再是主客观统一的结果了。

　　李泽厚在中国的美学研究领域是作出了重大贡献的，尤其是对于审美过程中的"心理积淀"之类的具体问题，作出了发人神智的精辟论述。然而，他关于美的本质的解释，亦存在着与其他派别相同性质的片面性。在反驳朱光潜先生的美学主张时，李泽厚认为"一个事物能不能成为审美对象，光有主体条件还不行，还需要对象上的某些东西，即审美性质（或素质）。即使艺术家可以在一般人看不到美的地方发现美、创造美，甚至把现实丑变成艺术美。但是无论人的主观条件起多大作用，总还要有一定的客观根据，和一定审美性质相联系，最终还是不能脱离客体一定的审美性质的"④。李泽厚这里所说的"审美性质"、"客观根据"之类，与朱光潜先生理论中那个"美的条件"、本文中所说的"美的潜因"是基本一致的。按照这个意思，含有"客观根据"、"审美性质"的"客体"，当然还不就是美的本体，也不

① 《文艺报》编辑部编：《美学问题讨论集》（三），作家出版社1959年版，第40页。
② 《文艺报》编辑部编：《美学问题讨论集》（三），作家出版社1959年版，第44页。
③ 《文艺报》编辑部编：《美学问题讨论集》（三），作家出版社1959年版，第40、44页。
④ 李泽厚：《哲学美学论文选》，湖南人民出版社1985年版，第468页。

可能像在认知过程中那样，一定会反映生成美感。但李泽厚却违背了这样一个逻辑事实，反而认为"美感是美的反映"，"美是第一性的、基元的、客观的；美感是第二性的，派生的，主观的。"①这里，李泽厚显然又自相矛盾地将"美"视为一般反映论意义上的美的本体了。

可见，李泽厚对美的思考虽更为深入细致，但与其他学者相同，亦未能继续沿着客体生成美感的"客观根据"、"审美性质"这样一类有价值的出发点，向着"客体"的内部结构透视，以及对美感生成时主客体之间的复杂关联进行分析，而是折转身来，从马列经典中寻找根据，得出了"美是人的本质对象化"，是"人化的自然"、"自然的人化"，"是人类制造和使用工具的劳动生产，即实实在在的改造客观世界的物质活动""才是美的真正根源"之类结论。②而这显然已经脱离开他自己所说的"对象上的某些东西，即审美性质（或素质）"，主要是从主体方面看问题了。这种理论，不仅难以解释大量的自然物产生美感的现象，即使社会化事物，也讲不清何以同是"人化"对象，有的易生美感，有的不易；同一对象，何以有人易生美感，有人难生美感；即使同一个人面对同一个对象，在不同的时空、心态条件下，为什么又会有不同程度的审美感受。

李泽厚似乎也已意识到自己理论的内在不足，在后来的一篇文章中，曾有点儿沮丧但却严肃地说："究竟什么是美呢？随着时代的发展变迁，美的范围和对象愈益扩大，也愈难回答了，虽然我希望以后能做一个回答，但是，我想要着重告诉你的，却正是它的难以回答。"这和柏拉图"美是难的"几乎是同一种口吻。绕了个大圈子，最终还是又回到了两千多年前柏拉图的那个结论。又说："美学不应是封闭的体系，而应该是开放的课题。那么美是什么和美在哪里，你就自己去探索、体会、寻求、创造吧。"③更明显流露出对自己观点的丧失信心和自我怀疑，这倒称得上是一种可贵的正视实际的科学态度。

此外，"美是自由"、"美是和谐"之类立论，或者触及了美感的某种特征，或是涉及了客体实用功利或人性开放方面的部分因素，但因大而宽泛，

---

① 《文艺报》编辑部编：《美学问题讨论集》（二），作家出版社 1957 年版，第 222 页。
② 李泽厚：《哲学美学论文选》，湖南人民出版社 1985 年版，第 464 页。
③ 李泽厚：《哲学美学论文选》，湖南人民出版社 1985 年版，第 440 页。

同样难以证明具有独立意义的美的本体的存在。

　　上述我国的一些持不同见解的学者，曾有过长期的互不相让的论辩与纷争，其实，他们的根本特点却是一致的，都自信是坚持了马列主义，是以唯物主义反映论为思维方法的；都相信"美感"是来自于一个美的独立本体。正如蔡仪先生曾经如此理直气壮地讲过的："承认美是客观的，承认客观事物本身的美，承认美的观念是客观事物的美的反映，就是和唯物主义一致的，而这种论点就是唯物主义美学的根本论点。"① 他们的失误也是共同的，即都没有深入主、客体内部，分析主体美感生成时的心理活动规律及客观载体的内在基因、价值结构等等。他们的理论分歧，只是由于各自片面的着眼点，以及对名词概念把握使用的不同所致。

　　总之，我的看法是，在美学研究领域，只存在美感，并不存在科学认知意义的美的本体。而美感又决不简单地类同一般认知现象，不是美的独立本体的直接反映，而是在随机性条件下，对象隐含的美的基因的复合生成，是某些实体价值的情感转化，这或许可以称之为美感的本质吧。而美的本体不存，美学界长期重视的"美的本质"之类探讨，也就有点儿无的放矢了，到底是不会有什么意义的。

（原载《山东师范大学研究生论辑》1986 年第 1 期，中国人民大学

报刊复印资料《美学》卷 1986 年第 7 期收录）

---

① 《文艺报》编辑部编：《美学问题讨论集》（二），作家出版社 1957 年版，第 195 页。

康德论"自由想象"

——读《判断力批判》

  在欧洲美学史上,自 17 世纪至康德以前,与其哲学格局相应,一直存在着大陆理性主义和英国经验主义两大派系的纷争。两派分别守住"目的论"和"经验论"的一极,却都没有真正揭示出审美现象的特质。审美的确离不开功利目的,但像理性派那样,只注重从理性范式去套论审美事实,将"美"和"善"完全等同起来,这无疑也就等于取消了审美的独立品格;审美当然也离不开个体经验,但像经验派那样,唯个体经验是从,最终只能导致不可知论。正是面对两派传统美学的偏颇,康德提出了自己的美学主张,企图廓清迷雾,建立真正科学的美学体系。康德首先承认,审美本身是一种愉快,但这愉快,既非经验派所说的个体官能快感,也非理性派所主张的是由客体"完善"造成的主体满足,而是由客体无目的或像似无目的的特征作为诱引唤起的一种偶合性的目的感,是主体在一种没有任何明晰利害观念和理性前提束缚的自由自在的想象活动中得到的愉快。康德正是以"自由想象"作为理论基点,凌空切入,指判是非,更为深刻,也更为准确地揭示了人类审美活动的独特规律及其艺术的本质。因此,可以说,了解了康德"自由想象"的概念,也就等于找到了索解以艰涩著称的康德美学奥秘的钥匙。

一

　　康德的《判断力批判》包括两大部分，即"审美判断力的批判"和"目的论判断力的批判"。可以明显看出，康德的"审美判断"，是在与"审目的判断"对比基础上提出来的。康德解释说"前者我们了解为通过愉快或不快的情感来判定形式的合目的性（也被称为主观的合目的性）的机能，后者是通过悟性和理性来判定自然的实在的（客观的）合目的性的机能"①。我们可以理解为，后者是一种"实"判断，前者实际上是一种"虚"判断。因为在具体论述中，康德所讲的前一种主观合目的性审美判断，其实只是一种情感作用下的自由想象判断。

　　何谓想象力？康德把它界定为是一种"先验诸直观的机能"。认为在审美活动中，正是这种先验直观机能，"通过一个给定的表象，无意识地和悟性（作为概念机能）协合一致，并且由此唤醒愉快的情绪，那么，这对象就将被视为对于反省着的判断力是合乎目的的。"②康德这里说得非常明了，正是由于想象作用，对象的某些表象特征才无意识地契合了某些悟性概念，使人误以为对象是合目的的，从而产生愉快，导致一种审美判断。如果没有这种想象的中介作用，表象特征与悟性概念之间就永远是一种割裂状态，不可能生成人类的审美判断。或者可以说，没有想象就没有审美。由此可见想象在审美中的地位。

　　如果仅仅指出这一点，还不能真正揭示审美活动的特征。因为想象在人类意识活动中具有十分普泛的性质，科学认识、生产活动同样离不开想象。只有审美想象的个性品格才能决定审美想象的独立存在。康德想象理论的重大贡献正在于此。他拿审美活动和人类其他的认识活动加以比较，进一步指出："只从事于认识的想象力是在悟性的约束之下受到限制，以便切合于悟性的概念。但在审美的企图里想象力的活动是自由的。"③因此，准确地概括应该是，在康德看来，"无意识地和悟性协合一致"而引起的"自由想

---

　　①　[德] 康德：《判断力批判》上卷，宗白华译，商务印书馆1984年版，第32页。
　　②　[德] 康德：《判断力批判》上卷，宗白华译，商务印书馆1984年版，第28页。
　　③　[德] 康德：《判断力批判》上卷，宗白华译，商务印书馆1984年版，第163页。

象"，才是审美活动的本质特征。康德的一系列美学观点，几乎都是从这里生发开来的。

在《美的分析》中，康德从质、量、目的、情状方面分析了美感产生的四种契机。这四方面的特点，都是以"自由想象"为标志的。

从"质"来看，康德认为，美感是一种快感，但决不同于官能快感（康德称之为"快适"），也不同于"依着理性通过单纯的概念使人满意"的快感（康德称之为"善"），而是另外一种不夹杂任何利害关系和概念前提的愉快。快适与善，要受到某种欲求、需要和悟性概念的制约，面对的是一个叫人"偏爱的对象"，"一个受理性规律驱使我们去欲求的对象"，而这样的对象，"是不给我们以自由的，不让我们自己从任何方面造出一件快乐的对象来的。"① 这种不自由的快感当然不是美感。所谓美感是一种"无利害关系的和自由的愉快"②，即"既没有官能方面的利害感，也没有理性方面的利害来强迫我们去赞许"，"关键是系于我自己心里从这个表象看出什么来，而不是系于事物的存在"。③ 康德这里讲的当然就是"自由想象"，这种"自由想象"才标志着真正的美感。美感之所以为人类所独有，就在于人类较动物具有独特的"自由想象"能力。动物只能享受官能刺激的快感，而不能享受自由想象的美感。

康德以上的表述，确是给人极为强烈的主观唯心主义的印象。事实上，长期以来，我们也正是据此视康德为唯心主义而加以否定的。其实，康德所说的"不系于这事物的存在"指的仅是与快感和概念明晰相关，干扰了主体自由想象的"存在"。康德并没有彻底否定客观"存在"与"自由想象"之间一定的内在联系。只不过相对主体而言，这种"内在联系"处在"无意识"状态，"自由"，因此而生罢了。

从"量"来看，康德认为，审美判断是一种单称判断，但又不同于快适之类的纯单称判断的个体性特征，审美主体却在相信着某种普遍性。康德是这样解释的：在审美愉快中，因为是完全自由的，主体找不到任何私人性条件作为愉快的根据，"因此必须认为这种愉快是根据他所设想人人共有的

①　[德] 康德：《判断力批判》上卷，宗白华译，商务印书馆1984年版，第47页。
②　[德] 康德：《判断力批判》上卷，宗白华译，商务印书馆1984年版，第46页。
③　[德] 康德：《判断力批判》上卷，宗白华译，商务印书馆1984年版，第41页。

东西。结果他必须相信他有理由设想每个人都感到此愉快。他将会这样谈到美,好像美是对象的一种性质而他的判断是逻辑的。"① 通过"设想"、"好像"之类用语,我们能意识到,在康德看来,美感的这种"量"的普遍性,只是审美主体的一种"误以为"、一种"设想"而已。美感活动之所以有这样一种"量"的子虚乌有却又令审美主体相信的可传达性、普遍性特征,归根结底,还是由于审美活动不以愉快条件,概念前提为根据的"自由想象"特点所决定的。

从目的来看,康德认为,审美活动体现为"无目的的和目的性"。目的总是与利害、概念相关联的。有目的的判断当然就成了不自由、非审美的实用功利判断。因此,康德强调审美的"无目的性"。这"无目的"显然仍是与"自由想象"相连的。但如果表象没有任何内在的与主体情绪偶合的"合目的性",就不可能令主体动情,想象无法飞腾,美感也就无从产生,因此,康德又强调"合目的性"。当然这种"合"必须是一种主体并不自觉、随机性极强、无损于"自由想象"的巧合。但无论如何,康德这里是顾及了美感产生的客观条件的,并不像人们所误解的是一个地地道道的唯心主义者。

从"情状"来看,康德认为,正是由于主体误以为"共通感"、普遍性的存在,美才被当作"一种必然的愉快的对象"。其道理与从"量"看美感的普超传达性相同,同样是植根于审美活动中的"自由想象"特征。

在《崇高的分析》中,康德同样是以"自由想象"为逻辑起点展开论述的。如果说,在"美的分析"中,"自由想象"主要体现为一种"面积感"(在诸表象特征中的自由偶合),在"崇高的分析"中,则主要表现为一种"体积感"。用康德的话说,在崇高中,审美愉快"不是在对象那里(因它可以是无形式的)的一种愉快,而是在于想象力自身的扩大"②。高山大海,宇宙星空之美,就正是因为它们本身的体积之大,唤起了主体"一个超感性能力的感觉",使"想象力"可以在广阔的空间中自由自在地无限膨胀,而这正是崇高对象导致审美愉快的根源。

---

① [德]康德:《判断力批判》上卷,宗白华译,商务印书馆 1984 年版,第 48 页。
② [德]康德:《判断力批判》上卷,宗白华译,商务印书馆 1984 年版,第 88 页。

二

"自由想象"何以与美感发生机缘？在《判断力批判》中，康德主要是从主体论出发，从生理学的自由运动的生命活力以及主体精神欲求的"心灵扩张"等方面，作出了切合审美特点的深刻说明。

从生理学角度来看，生命活力的自由运动是人的天性追求。自由运动才能体现健康的生命，生命的乐趣也只有在自由运动中才能领略到。人类的自由运动大致可分为肉体运动和精神运动两种。鉴赏活动中的自由想象之所以能够上升为美感，根据康德的论述，我们可以归纳为两方面的原因。第一，审美活动中的"自由想象"，本身当然就是一种合乎人类天性要求的精神自由活动。正因这种精神的自由愉快既不同于受欲求束缚的"快适"，又不同于受概念支配的"善"的满足，因此，令人感到美不可言。康德曾经举例说："花是自由的自然美。一朵花究竟是什么，除掉植物学家很难有人知道。就是这位知道花是植物的生殖器的人当他对之作鉴赏判断时，他也不顾到这种自然的目的。"① 显然，如果顾及花的自然目的，植物学家的意识活动只能在不自由的限定通道上进行；仅把花看作植物的生殖器，这就不可能展开自由想象，花之美也就不可能成为花之美了。第二，这种精神方面的自由想象活动还可以导致人体器官的内在自由运动。康德以"谐谑"为例说："如果那假象（笔者按：即谐谑唤起的一种自由想象）化为虚无，心意再度回顾，以便再一次把它试一试，并且这样的通过急速继起的紧张和弛缓置于来回动荡的状态：这动荡，好像弦的引张，反跳急激地实现着，必然产生一种心意的振动，并且惹起一与它谐合着的内在的肉体的运动"。② 康德称这种"不受意志控制"的运动，可以引人精神兴奋，有一种"适于健康运动的效果"，自由想象的美感也由此而生。可以想见，如果导源于一种强制性，运动越久，会越加感到精神疲乏，感到人性自由的被摧残，当然也就谈不上有益健康、精神兴奋，更谈不上美感了。

---

① [德]康德：《判断力批判》上卷，宗白华译，商务印书馆1984年版，第67页。

② [德]康德：《判断力批判》上卷，宗白华译，商务印书馆1984年版，第181页。

康德认为，在这一点上，艺术美与自然美是完全相通的。艺术鉴赏时，如果没有这种自由，就不可能有真正的审美。因此，他作出如下的结论："没有这自由就没有美的艺术，甚至于不可能有对于它正确评判的鉴赏。"①

正是缘此，康德认为，一切美的评价、美的创造，都应以对于自由想象的展开利与不利为准则。他曾具体指出："在娱乐园里，室内装饰里，一些有趣味的家具里等等，强制的合规则性应尽可能地'避免掉'。"②艺术创作中"形式上的合目的性"，应该显得像是自然的产物，"不受一切人为造作的强制所束缚"。只有如此，才能诱发审美主体"自由想象"的产生，得到审美愉快的享受。

与之相关，康德曾经揭示过社会生活及艺术欣赏中这样一个有趣的秘密，"一个女人是俊俏、健谈、规矩"，但说不上美；某些艺术作品，尽管指不出毛病来，但却很难让人发生兴趣。什么原因呢？康德认为关键是"没有精神"。康德这里所说的"精神"，其实正是指那种能够唤起鉴赏者想象力的特征。只有对象具备了这种特征，才能把主体的"心意诸力"推入跃动之中，展开一种自由想象活动。显然，所谓把"心意诸力"推入跃动之中，其实就是指想象力的振起。所谓"没有精神"的对象，也就是指对象本身缺少那种把"心意诸力"推入跃动、引发主体自由想象的特征。所以，康德非常重视这一点，他说："精神（灵魂）在审美的意义里就是那心意赋予对象以生命的原理。"③

自由想象除了满足人的自由本性的生命活力，引发美感之外，还由于它扩张了人的精神境界，让人感到了主体价值的崇高，从而产生美感。比如崇高的对象之所以能够产生美感，原因就在于主体的"无能""发现着这同一主体意识到它自身的无限制的机能"。即主体欲求把握巨大的对象，这就引发了主体精神的无限扩张。正是在自由想象的心灵扩张中，主体感到了自己的价值，在自我肯定中感到审美的满足。艺术的重要魅力之一也正在此。康德指出："某些艺术形式不是构成一个被给予的概念自然的表达，而只是作为想象力的副从的诸表象。"这些表象不应该是"概念里面的逻辑的

---

① ［德］康德：《判断力批判》上卷，宗白华译，商务印书馆1984年版，第203—204页。

② ［德］康德：《判断力批判》上卷，宗白华译，商务印书馆1984年版，第181页。

③ ［德］康德：《判断力批判》上卷，宗白华译，商务印书馆1984年版，第159页。

状形词"，而应该是造成想象力的机缘，它可以扩张想象力于自身无数倍之上，诱引主体展开面向无穷领域的眺望。① 正是在这种生气勃勃的自由驰骋中，主体价值得到肯定，不自觉地产生审美愉快。否则，表象只是概念意义的"逻辑的状形词"，读者没有任何自由想象的余地，心灵受到拘禁，得不到"扩张"，人的自我价值得不到肯定的机会，艺术作品当然也就不可能令人感到美。所以，康德曾经指出，"在一切艺术里诗的艺术占着最高的等级（它的根源几乎完全有赖于天才而是极少通过规范的指导，或受范例的指引），它扩张人的心情，通过它使想象力自由活动"②。

康德这种"心灵扩张"、"自由运动"的观点，具有极大的历史进步意义。这种观点是基于对人的主体价值的高度肯定，对人性的开放要求之上的。而这种肯定和发现，是在欧洲发展史上，宗教神学基本破产之后，人类思想文化革命的必然结果。

人类社会几乎从一诞生开始，每个社会成员便随之具有挣脱肉体和精神束缚的天性要求。但长期以来，宗教性质的虚幻满足，"灵魂不死"、"天堂之美"之类的说教，麻木了人类的心灵。可以断言，在这样一种情况下，人类不可能有真正的审美活动，更不可能提出"心灵扩张"、"自由想象"之类的审美见解。只有在经过启蒙运动、文艺复兴，宗教神学基本破产，人的地位确立之后，才有可能站在人的角度，真正揭示类审美活动的奥秘。而康德的美学理论，正是在这样的文化背景中出现的，这就使之具备了一定的进步的历史根基。

康德本人，虽然主张神、灵魂的存在，但他同时表示，神、灵魂不死，都是无法证实的，只是为之实践道德活动具有最高的指导原则，可以"假定它们的存在"③。因此，从根本上讲，康德是一名无神论者。正是因为康德看穿了宗教领域内人性解脱的虚幻才使他能够以进步的眼光，从心理分析角度，探索审美活动中以"自由想象"为特征的精神揭示自然美与艺术美的奥妙。

---

① 　[德] 康德：《判断力批判》上卷，宗白华译，商务印书馆 1984 年版，第 161 页。
② 　[德] 康德：《判断力批判》上卷，宗白华译，商务印书馆 1984 年版，第 133 页。
③ 　朱光潜：《西方美学史》下卷，人民文学出版社 1979 年版，第 351 页。

三

在我国美学界，康德美学曾长期处于被质疑、被批判的地位。有学者认为："康德完全取消了审美对象的内容对审美判断的作用，认为自由美决不能涉及内容意义，而只与纯粹的形式有关。"这就"深深地陷入了形式主义的泥潭"。① 包括《判断力批判》的译者宗白华先生，也曾有过如下的判断："康德把认识活动和审美活动划分为意识的两个不同的领域，因而阉割了艺术的认识功用和艺术的思想性，而替现代反动美学奠下了基础。"② 另外，康德还被认为是忽视或否定了文艺作品思想内容的"艺术游戏论"的始创者。我们觉得，所有这些，都是值得重新探讨的。

在论及自由美时，康德的确这样强调，美是不涉及功利关系，不以理性目的为前提的。他也干脆这样说过："美本来只涉及形式"，但他同时又明确声称"但从这里不得出结论说，既然它是作为纯粹的判断而给予的了，就不能有兴趣和它结合在一起"。③ 只不过这种结合是间接形成的。由此可见康德这里所说的形式，是否近于英国现代美学家贝尔那个"有意味的形式"？

另外，康德明确指出，自然美产生的重要特点是无目的的合目的性。历来的批判目光似乎只注意了"无目的"而忽视了"合目的性"。其实，康德这种揭示是有道理的。自然之所以为自然，就在于它的"无目的"的呈现性。但在具体审美活动中，又往往体现了某种合目的性特征。所谓"合目的性"，是指自然物的某些外在特征，巧合地满足了人的某种心理愿望，唤起了自由想象，从而令人感到愉快和满足。当然，这种"巧合"并非不可解释。康德令人信服地揭示道：在这种情况下，"自然界至少要标示或给予一暗示，它内在自身里含有着任何一个理由，承认它的诸成品对于我们的摆脱了一切利益感的愉快有着一种合规律的协合一致"④，比如"百合花的白色导引我们的心意达到纯洁的观念，并且按照着从红到紫的七色顺序，达到：

① 汝信、夏森：《西方美学史论丛》，上海人民出版社 1980 年版，第 129、126 页。
② 宗白华：《艺境》，北京大学出版社 1987 年版，第 249 页。
③ [德] 康德：《判断力批判》上卷，宗白华译，商务印书馆 1984 年版，第 140 页。
④ [德] 康德：《判断力批判》上卷，宗白华译，商务印书馆 1984 年版，第 145 页。

（1）崇高；（2）勇敢；（3）公明正直；（4）友爱；（5）谦逊；（6）不屈；（7）柔和等观念。"很明显，这里看到的，倒是内容与形式的统一论。当然，这内容不像一般艺术品，是创作主体的有机构成，而是更多地体现为象征比附性。用康德的话说：只是在人类看来"大自然好像含有一种较高的意义"①。

正因这种"好像"性，康德进一步深刻指出，"暗示"与升华之间并没有必然联系，这种关联只生于"我自己心里从这个表象看出什么来，而不是系于这事物的存在"②。百合花之"白"，你可以升华为"纯洁的观念"，也可升华为别的。这种"对象和主体诸机能的相合致是偶然的"③。对象正因有其"合目的性"，所以才会令主体动情，产生审美想象，又正因其无目的性，这种"合"只是"偶然"的巧合，所生的审美想象才呈现为"自由想象"特征。自然物正是因了这样的特点，满足了人类的自由天性，从而叫人产生美感的。

如果大自然也像某些低劣的人工艺术那样，规劝训诫的理性内容横拦在前，强制性地让人接受，那势必与人类的自由天性发生冲突，使欣赏者不愿自由亲近，美感当然无从产生。相反，如果自然物本身没有任何能够唤起想象力的"暗示"，不与人类发生任何潜在功利关系，同样不可能使人感兴趣，很难进入审美范畴。康德所谓"合目的性"，实际就是指客体负载的这种"暗示"的被感应。由此可见，仅就其美学观而言，康德是立足于唯物立场之上的。且从本质上看，是一种运动的、辩证的美学观，而非静止孤立的形式主义的。他的"无目的的合目的性"的命题，是用辩证的语言，对自然美深刻而又精辟的揭示。

如果康德把这种自然美的"无目的的合目的性"机械地挪用到艺术美，这或者可以看作康德的浅薄，或许不枉形式主义的指责。但，康德并非我们所想象的那般粗率，对艺术美，他作出了与自然美截然不同的界分。

康德从来没有否认艺术创作的目的性，而是刚好相反，认为"艺术永远先有一目的作为它的起因"④，"天才作为艺术才能是以一个关于作品作为

---

① ［德］康德：《判断力批判》上卷，宗白华译，商务印书馆1984年版，第147页。
② ［德］康德：《判断力批判》上卷，宗白华译，商务印书馆1984年版，第41页。
③ ［德］康德：《判断力批判》上卷，宗白华译，商务印书馆1984年版，第29页。
④ ［德］康德：《判断力批判》上卷，宗白华译，商务印书馆1984年版，第157页。

目的的概念为前提的"①，但这概念不能直接表现，这直接表现的结果只能是"应用艺术"、"机械性的有意图的艺术"②，而应"不仅是在表现出一规定的概念里实现着那预定的目的，更多地是在表达或表现审美的观念里显示出来——这些审美观念具含着对此目的的丰富的素材——因而使想象力在它的不受规则束缚的自由活动里仍能对我们表出它对于表现那给予的概念是合目的的"③。康德这里强调的，归结为一句话，就是：艺术要审美地表现目的，即要让读者在自由想象中感悟到目的，而不是强制性地直接显露给读者。请看他更为明确的论述：

> 所以美的艺术作品里的合目的性，尽管它也是有意图的，却须像似无意图的，这就是说，美的艺术须被看作是自然，尽管人们知道它是艺术。但艺术的作品像是自然是由于下列情况：固然这一作品能够成功的条件，使我们在它身上可以见到它完全符合着一切规则，却不见有一切死板固执的地方。这就是说，不露出一点人工的痕迹来，使人看到这些规则曾经悬在作者的心眼前，束缚了他的心灵活力。④

在艺术的真知灼见方面，这倒是颇近于我国古代"不着一字，尽得风流"的美学境界，这与恩格斯关于"倾向应该从情节和场面中自然而然流露出来"的主张也是相通的。

"无意图"和"像似无意图"，这便是康德用简约的语言对自然美与艺术美作出的界分。艺术美的"像似无意图"，决不等于自然美的"无意图"。意思只是说，"意图"应与审美表象天衣无缝地结合在一起，让人看上去，"必须好像是无意的，自由自在相会合着，否则那就不是美的艺术"⑤。显而易见，康德这种关于艺术的要求，同样是根源于他关于审美判断中的"自由想象"基本特征的。艺术虽系人工的有目的的创作，但必须像自然事物那

---

① ［德］康德：《判断力批判》上卷，宗白华译，商务印书馆1984年版，第164页。
② ［德］康德：《判断力批判》上卷，宗白华译，商务印书馆1984年版，第198页。
③ ［德］康德：《判断力批判》上卷，宗白华译，商务印书馆1984年版，第164页。
④ ［德］康德：《判断力批判》上卷，宗白华译，商务印书馆1984年版，第152页。
⑤ ［德］康德：《判断力批判》上卷，宗白华译，商务印书馆1984年版，第168页。

样，呈现出一种"像似无目的"性，才能具备令人亲近的品格，才能诱使主体介入，才能产生"自由想象"的美感。

与之相关，康德认为，"天才"的重要标志之一就在于能够"使想象力在它的不受规则束缚的自由活动里仍能对我们表出它对于表现那给予的概念是合目的的"①。"想象力和悟性"的结合，才是"构成天才的心意能力"。②关于艺术批评，他同样主张要"按照想象力和概念机能相一致的合目的性的情调来评定"③。

综上所述，可以看出，不论对自然美还是艺术美，不论关于艺术天才还是艺术批评，康德都是一个内容和形式的统一论者。何以见出"单纯形式""阉割了艺术的认识功用和艺术的思想性"呢？

当然，在《判断力批判》中，我们也的确可见这样的论述："美的艺术是一种意境，它只对自身具有合目的性，并且，虽然没有目的，仍然促进着心灵诸力的陶冶，以达到社会性的传达作用。"④ 这倒是很可以作为康德是一个纯形式主义艺术论者的证据。然而，我想，康德这里提到的实际只是艺术的某一类情况，比如诸如抒情的山水诗，风景画，便不易找出作者的明确目的性，倒是往往合于自然美那种"无目的的合目的性"特征。只是康德没有分类说明，容易使人产生误解。

至于康德是忽视或否定了文艺作品思想内容的"艺术游戏论"者，更是缺乏充分根据的。关于此，我们以为，朱光潜先生的评判是真确的："康德把自由看作艺术的精髓，正是在自由这一点上，艺术与游戏是相通的。"⑤康德并没有把艺术完全简单地等同于游戏。

四

康德从主体论角度发表的关于审美活动中的"自由想象"见解，对于

---

① [德] 康德：《判断力批判》上卷，宗白华译，商务印书馆 1984 年版，第 164 页。
② [德] 康德：《判断力批判》上卷，宗白华译，商务印书馆 1984 年版，第 163 页。
③ [德] 康德：《判断力批判》上卷，宗白华译，商务印书馆 1984 年版，第 191 页。
④ [德] 康德：《判断力批判》上卷，宗白华译，商务印书馆 1984 年版，第 151 页。
⑤ 朱光潜：《西方美学史》下卷，人民文学出版社 1979 年版，第 383 页。

我们理解"美",理解艺术的本质,无疑是有重要启发意义的。

康德美学的重要意义首先在于,通过阐明对象的"暗示"性,通过揭示"自由想象"的主体审美活动特征,通过描述"美感"产生的随机现象,蕴含了一个极富现代意义的命题:即具有普遍效应和科学认知意义的美的本体是不存在的,存在的只是带有某些"暗示性"(类于朱光潜先生那个极有美学价值的"美的条件"的概念),有可能在主体审美的动态活动中产生美感(由于偶合感应)的客体对象。孤立地、静止地看,这些对象无所谓美或丑。从这个意义上来说,以"自由想象"为核心的康德美学,预示着现代美学的突破。

其次,长期以来,在美学领域,"自然美"、"形式美"、"共同美",一直是纠缠不清,令美学家大伤脑筋的问题。康德以"自由想象"为契机,以普遍人性为前提,作出了极富辩证意味的"无目的的合目的性"的哲学概括,具有较强的雄辩色彩。美学领域在这方面的研究,至今似乎并没有超出康德多少。不少人依据马克思的《手稿》,从"人化自然"角度解释"自然美",但却不能令人信服地解释许多诸如"月亮"之类未经人化的自然物之美,远不如康德从精神开放以及生理、心理角度的分析更内在、更合乎实际一些。

另外,在我们中国的古典美学中,"清水出芙蓉,天然去雕饰","不落言鉴,不涉理路"(即含蓄)一直被作为重要的美学信条,但何以"天然去雕饰"就美?何以"含蓄"就美?都缺乏深刻的理论说明。其实,所谓"天然",所谓"不落言鉴,不涉理路",即康德所说的"像似无意图"的。只有"像似无意图",主体才得"自由"介入,才能展开"自由想象",从而感到审美愉悦。康德这样解释,是有一定信服力的。

"自由想象"的重要理论意义还在于,可以帮助我们从"纯粹"的角度,弄清艺术与非艺术的本质区别。在我们的艺术观念中,总是片面强调艺术作品的理性内容,表现出一种急功近利性,曾导致了大批"直奔主题"、"图解式"作品(即类乎康德所说的"应用艺术"、"机械艺术")的出现,降低了艺术作品应该独具的谁也不可替代的艺术价值(即审美价值)。从这个意义上来说,康德以"自由想象"作为纯粹美感特征的理论,对于我们不无某种程度的"矫枉"作用。

当然,任何理论,一旦到了纯粹的程度,能够更明了更深刻地说明某些问题时，也往往容易导致另一种片面性。康德以"自由想象"作为纯粹的美感特征，这就势必导致对大量的"社会美"的否定。比如英雄人物之美如何解释呢？作为一名哲学家，他当然不会无视这种现象，所以他又把美分为"自由美"与"附庸美"两种。他说，所谓"附庸美"，是"以这样的一个概念并以按照这概念的对象底完满性为前提"①。像这种美，就很难用"自由想象"的"自由美"特征来概括。这就使得康德美学理论缺乏一种更高层次的理论规范，留下了无法统一的矛盾。

康德是在对于快适、美、善三种愉快形态的割裂分析的基础上发现"自由想象"这个纯粹美的秘密的，康德的矛盾也即产生于此。康德认为，纯粹美感是不带任何功利目的的，是与善没有任何关联的。然而，实际上，在"自由想象"的背后隐藏着的，诸如康德分析的有利于心灵扩张、人性开放，有利于内在器官运动和身心健康等等，同样是一种功利价值，只不过与"善"、"快适"的功利价值相比，前者是潜在的、远层次的，后者则是近层次的，能够明晰意识到的。所以前者呈现为像似无目的的，后者则目的明确，只是性质和表现形态不同，但在本质上都是一种"善"，在价值论的标尺下，是可以统一而论的。

也只有从价值论的角度，才能解决康德"自由美"和"附庸美"的对立。"自由美"与"附庸美"都是美，只不过前者是以远层次的潜价值为根据，后者则以近层次的显价值为根据；前者以"自由想象"为特征，后者则往往是伴随着理性概念进行判断的。

也许正是因为割裂分析方式，使康德的某些分析是牵强生硬的。他认为美感先于快感产生而为美，快感先于美感产生则非美，只是单纯的快感。这个说法一直被许多人作为区分美感与快感，美与非美的重要标志。其实，在具体现象中，美感与快感是很难分先后的，总是同时产生。比如欣赏一件艺术品时的愉快享受，你很难分清哪是快感哪是美感，更无法区分先后，因此才呈现为一种"欣赏直觉"状态。以官能享受而言，比如品味美酒，味觉快感的同时，"美感"（如果这里也可以称为美感的话）也就同时产生了。艺术享受与一般物质享受的区别只在于：艺术享受更多地通过视、听感官，实

---

① ［德］康德：《判断力批判》上卷，宗白华译，商务印书馆1984年版，第67页。

物享受，更多地通过其他身体器官。但从大脑反映过程来看，都是先经感官接受信息刺激，然后输入大脑，产生感觉，程序是一样的，眼耳与口舌一样，自身并不能产生"意识"。我们显然不能认为，口舌不经大脑，自己先产生一种快感，然后再输入大脑，再化成美感；或者说，耳目可以不经大脑，自己先生美感，再输入大脑，化成快感。如果这样，"先快感而后美感"，或"先美感而后快感"或许可以成立。

也许同是因为这种割裂式分析，使康德的理论缺乏一种现代人的整体观念。他认为百合花之白的暗示可以引起人的纯洁观念。其实决不如此简单，其中还包含着许多复杂因素。何以同是白色，白色的蛆虫就很难引起人纯洁的观念而生美感呢？就不能引发人的"自由想象"呢？这在康德的理论中寻不出答案。

此外，康德关于艺术美须妙俏自然的"像似无目的性"，似乎只可用来说明某些传统作品。像 20 世纪以来大量出现的荒诞离奇、抽象变形、故意不像自然，现代、后现代艺术，本身就已宣告着"目的性"特征，但却很难否定其审美价值，对此又该如何评判呢？这里，我们当然不能苛责没有看见过大量现代、后现代艺术的康德。

在康德之前，由于宗教神学对人的本体地位的侵掩，人们不可能真正揭示美的奥妙。康德得利于启蒙运动、文艺复兴之后人的主体地位确立的历史条件，当然也凭依个人的天才创造，康德才说出了被黑格尔称赞为"关于美"的"第一句合理性的话"①。德国著名马克思主义理论家弗兰茨·梅林，也曾在《美学初探》中高度肯定了康德的美学贡献，认为从历史上看，康德在美学方面的研究，"是一项破天荒的业绩；古往今来的美学把艺术说成是对自然的平板的模拟，或者把它看作哲学的一种婉转的形式，而康德却在德国（它的跃跃欲试的资产阶级独自面临美的艺术的跑道），以一种深思熟虑的、正因此而有点矫揉造作的、但却富于自由而远大的前景的体系，证明艺术乃是一种人类固有的原始的才能。"②按翻译过梅林《美学初探》的中国诗人绿原的看法，在梅林心目中，康德几乎是"美的唯一发现者与阐释者，连

---

① ［德］黑格尔：《哲学史讲演录》第四卷，贺麟、王太庆译，商务印书馆 1978 年版，第 299 页。

② ［德］梅林：《美学初探》，绿原译，见《文艺理论译丛》（二），第 17 页。

德国古典美学之集大成者黑格尔都不在话下。"① 这些评价，无疑都是很值得深思、很值得重视的。由于历史和个人意识的局限，康德的理论中自然也不无疏漏和偏颇，但将其轻易判定为唯心主义、形式主义，乃至现代反动美学的滥觞，显然是不公正的，有违康德美学的本来面貌。

（原载《社会科学战线》1987 年第 1 期，中国人民大学
报刊复印资料《外国哲学研究》1987 年第 2 期收录）

---

① ［德］梅林:《美学初探》（译者前言），见《文艺理论译丛》（二），第 2 页。

审美想象论

　　人类何以会有审美活动？美的本体究竟是什么？文学艺术的审美价值又是如何形成的？长期以来，这一直是人类为之困扰的美学之谜。其实，如果我们仔细剖析一下具体审美现象，便不难发现，所谓审美活动，不过是一种自由想象活动；所谓美的本体，不过是一种诱发人们自由想象的媒介物；而审美价值的实现过程，则不过是人们借助特定媒介，经由自由想象，得到人性开放和自我价值肯定的过程。而要真正说清这个问题，还必须首先从人的本性追求入手探讨。

一、人性自由与两大枷锁

　　自由，是人类的本原性欲求。与自由相关，生成了人类的两大欲望，一是渴望冲破生命机理的局限而健康长寿，二是向往生活的富足而随心所欲。但在这两个方面，毕竟又是有限度的。作生命个体，终有一死；作为社会的一员，总要服从社会的文明规范。因此，几乎伴随着基于自由本性而产生两大欲望的同时，人类也意识到了无法挣脱的两重枷锁的束缚。

　　随着意识的觉醒，人类痛切地感到了死亡的存在，萌生了对生命有限的不安。在动物那里，我们可以看见一种对于生死现象漫不经心的态度。一只鸡看到另一只鸡的尸体，会继续逍遥自在地觅食；一头猪看见屠床上另一头破膛的猪体，也会漠然不为所动。而在人类社会中，由于意识到死亡就是自我生命的永恒消失而形成了对死亡的悲哀与恐惧，生出了关于人生短暂的哀叹。古往今来，有多少诗人、作家、圣哲先贤，甚至曾为之而捶胸顿足、战栗不安。法国诗人龙沙这样写道："岁月去匆匆，更嗟人易去，倏忽不移时，人已眠新墓。"另一位外国诗人的感叹更为揪人肺腑："死神的残酷无情绝不和一般相等；你徒然向他哀求，那残忍者掩着耳只当作不听不闻，任凭我们去号哭。"（马莱伯）在中国历史上，英雄即如曹孟德者，亦曾发出过"对酒当歌，人生几何？譬如朝露，去日苦多"的慨叹！怎样才能打通生死界限，长生不老？秦始皇曾经遣人东海寻仙，魏晋曾流行过服石炼丹。然而，"服食求神仙，多为药所误"，至今依然是"万岁更相送，贤圣莫能度"，"人生天地间，忽如远行客"，"古今将相在何方？荒塚一堆草没了"。这种对于死亡的焦虑与不安，便是由不可抗拒的自然法则铸成的钳制着人类向往自由之本性的第一重枷锁。

人类之所以成为人类，之所以不再是动物，即在于创造了自己的政治、道德、伦理之类的文化规范，以及维护社会安全与稳定的法律制度等等，因此，无论什么人，要在现实生活中达至完全的随心所欲是不可能的。即如奴隶时代操有他人生杀预夺之权的奴隶主，即如封建时代拥有至高无上权力的帝王，也会由于担心"天谴"或臣民造反而有所顾忌。据此可见，几乎是随着人类的产生，社会规范这重枷锁也同时由自己锻制而成了，仿佛是我们的远古祖先由动物迈进人类门槛时必须交纳的"入场券"。这重枷锁，对于不同人群的束缚虽有程度之不同，但从性质上来说，所有的人都无可奈何。法国思想家卢梭有句名言："人生来就是自由的，却无不处于枷锁之中。"① 所揭示的正是人类所处的这样一种尴尬处境。

实际上，有史以来，人类所从事的一切实践活动，无一不是为了挣脱自然与社会这样两重枷锁的束缚。一部人类社会发展史，如果从更高层次上予以概括，其实也就是一部人类挣脱两重枷锁束缚的历史。在这力图挣脱的历史长河里，我们可以看到庄重的、酷烈的、变态的甚至是荒唐可笑的纭纭众相。

中国的老子主张，"常使民无知无欲。使夫智者不敢为也。为无为，则

---

① ［法］卢梭：《社会契约论》，杨国政译，陕西人民出版社 2004 年版，第 1 页。

无不治"（《道德经》）；庄子则进而提出"绝圣弃知，大盗乃止；摘玉毁珠，
小盗不起；焚符破玺，而民朴鄙；掊斗折衡，而民不争；殚残天下之圣法，
而民始可与论议"（《胠箧》）；世界各国，古代历史上不断爆发以烧杀抢掠为
主导手段的农民起义，现代历史上则时常可见不惜以破坏工厂、捣毁机器来
反抗剥削的工人造反，当今之世，不同地区或国度的人类，也还在一直进行
着形形色色的革命、改革、改良等等。所有这些主张与行动，无一不体现
了人类对社会枷锁的抗争。正是由于这些抗争是源于人类向往自由的本性，
故而尽管有些虽是愚昧对文明的反叛，却还是更多地获得了历史的肯定，并
久远地震撼着人类的心灵。古希腊哲学中的昔勒尼学派认为，纯粹的快乐是
不可能的，人生的完满幸福是达不到的，生还不如死，只有死后才是幸福的
至境。与之相类，庄子妻死，鼓盆而歌，以喜代悲，这其实不过是一种企
图以"死亡"换取"永恒"的阿Q式的对自然枷锁的变态反抗。而在曹操
"神龟虽寿，犹有竟时；腾龙乘雾，终为土灰。老骥伏枥，志在千里；烈士暮
年，壮心不已。盈缩之期，不但在天；养怡之福，可得永年。幸甚至哉，歌
以咏志"的慷慨悲歌中，我们感受到的则是另外一种既正视现实，尊重规
律，但又不甘屈服于自然枷锁束缚的积极庄重的反抗精神。

二、人性解放的基本途径

纵观历史长河，我们可以发现，人类寻到的更具普遍效应，亦能够更
大限度地造福于人类的人性解放途径主要有以下三条，即科学的、宗教的与
审美的。

所谓科学途径，主要是指人类通过实践活动改造自身生存环境与生活
条件方面的探索，具体包括改造自然与改造社会两个方面。在现代社会中，
人们之所以一般地将科学分为社会科学和自然科学两大部类，其根据或许就
正是在于：社会科学的主要任务在于寻求人类减轻或摆脱社会枷锁束缚的方
式，而自然科学的任务则主要在于寻求减轻或摆脱自然枷锁束缚的方式。

正是为了摆脱和减轻社会束缚，人们首先考虑的是找到一种公正合理
的社会制度，建立一种自由完美的国家政体。我们在陶渊明的《桃花源记》
中，在柏拉图的《理想国》中，在康帕内拉的《太阳城》以及莫尔的《乌托

邦》中，看到的便正是人类在这条道路上留下的探寻轨迹。马克思和恩格斯正是沿着人类的这条思维轨迹，进一步提出了共产主义的设想。根据预想，共产主义实现的标志是：消灭了国家和阶级，消灭了等级差别，物质极大丰富，人们可以各取所需。归结到根本上，实际也就是：取消或大大减少社会枷锁的束缚，使人的自由本性得到更为充分的实现（或者用马克思的话说，叫作人性的彻底"复归"）。此外，我们看到，古往今来，有多少志士仁人，为了反抗奴役和压迫，为了打碎不合理的社会制度，或挺身而出，率众起义；或力陈己见，上书变革。正是在这样一种顽强不屈、世代相继的追求与奋斗过程中，人类在不断挣脱着社会枷锁的束缚，在不断赢得人性的开放。

在自然科学领域，自古及今，人类也一直在孜孜不倦地探求着。不论对外在的自然事物，还是对自身的生命构成，人类都在不断发现着内在的奥妙，在逐渐建立并完善着医学、化学、生物学、生态学、优生学、营养学等众多的自然科学体系。所有这些，也都有效地保障了人类物质生活水平的提高、人类机体的健康和人类寿命的延长，在挣脱自然枷锁的束缚，在获得更高程度的生命自由方面，发挥了巨大的作用。

宗教，从实质上讲，是人类较早发现的另一条在精神天地中获得自我解放的重要途径。从起源来看，宗教便是主要植根于人类挣脱自然枷锁的欲望。远古时代，面对洪水猛兽，春秋代序，人类感到了生老病死的胁迫，内心受到了沉重的压抑，时时处于惊恐不安之中。正是基于对于大自然的这种无能为力，人类的原始宗教产生了。正是为了首先满足生死解脱的欲望，我们可以发现，不论自成体系的基督教、佛教，还是带有强烈主观随意性的东方式鬼神崇拜，都是以灵魂不死作为信仰之核心的。在《旧约》中，有多处提到死者灵魂要去的某个地方——"舍奥里"；佛教修行的最高目的也是在于追求超脱生死的所谓涅槃境界；中国的道教同样宣扬通过修炼、行善，可以白日升天，化为神仙等等……正是在这肉体虽然消尽、灵魂可以长存的虚幻境界中，人类可获得一种超越生死的解脱。

随着社会生产力的发展，人类抵御自然的能力虽然有所提高，但迄今为止，人类并没有从根本上祛除生死规律造成的心灵困扰。而且，随着社会制度的出现，这种困扰由于增添了社会束缚的成分而有增无已。所以，即使在科学技术和物质文明高度发达的现代人类生活中，宗教势力不仅未能因欧洲的"文艺复兴"之类的清算运动而消亡，而是依然活跃在世界的各个角落，在许多地区甚至有日渐兴旺之势。这便是因为，人类不可能彻底挣脱自然与社会双重枷锁而导致的心灵苦闷，借助虚幻缥缈的宗教世界，毕竟可得以彻底解脱的虚幻性满足。

宗教之后，人类寻得的又一条重要的精神解脱途径即是审美。从起源来看，这样一种审美解脱首先表现在对自然对象的欣赏方面。

随着人类主体意识的不断觉醒，人们毕竟又会程度不同地意识到，难以实证的所谓天堂地狱，化佛成仙，灵魂永恒之类，不过是一种自我欺骗。在此意识中，人类当然会本能地寻求新的精神解脱方式。而正是在此情况下，山川草木、花鸟虫鱼之类的自然景物，及时涌进了人类的视域。人们为自然景物那种远离尘世、避开社会规范的"自然闲适"特征，或相对的永恒存在性所吸引，并于不知不觉间融入其中，借助一种忘却尘世束缚的想象境界，得到一种个性解放的愉悦和满足，这便是我们所说的审美解脱方式。我国古代画家宗炳所谓山水具有"畅神"价值，王羲之所谓"游目骋怀，足以极视听之娱"，指的便正是自然风物的这样一种解脱作用。

显然，在宗教与神话的迷雾到处弥漫的时候，这种审美解脱方式是不可能出现的。历史也表明，这种方式的出现要比宗教方式晚得多，是在宗教神话之类遭到质疑之后才真正独立出现的。文学艺术自身审美价值的确立，同样是在宗教神话基本破产之后。而所谓艺术审美价值，从狭义上而言，也便正是一种与自然审美相同，能够超越现实功利的个性开放与自我解脱价值。

在挣脱两大枷锁束缚，争取人性解放的漫漫长途中，科学的、宗教的与审美的三条基本途径，发挥作用的性质和程度当然是不一样的。其中与社会实践相关的科学途径，无疑是最具实际效应的。有史以来，人类正是经由政治、经济秩序的不断变革，经由对大自然的改造与探索，赢得了自身生命的不断解放。而宗教的途径，不仅是虚幻的，且只能在宗教信仰者那里才能产生效应。审美途径，虽与宗教途径相同，给予人类的也是一种个性开放的虚幻满足，但却以其更具普适性与精神自由的纯粹性，而发挥着无可替代的作用。

三、审美价值即想象价值

审美如何会产生人性开放价值？审美活动又是如何满足了人类挣脱两大枷锁的欲望？我认为，从实质上来看，这是由审美活动的自由想象性所决定的。

美在何处？谁见过"美"的本体？大量的审美现象告诉我们，作为具有普遍效应，类乎认知意义的美的本体，是根本不存在的。存在的只是带有强烈主观色彩的美感。而某些对象之所以能够激起人们的美感，其实质是，在某种五维空间的随机条件下，对象的某些潜在因子激发了主体自由想象的结果（参见《美的本体否定论》一文）。虽然，凡是引起自由想象的过程不一定都是美感产生的过程，但凡美感的产生却一定要伴随着自由想象活动。比如月亮有时候会成为美的对象，归根结底，就在于它那种地老天荒，永世长存，逍遥自在，漫步长空的外在自由特征与人的某种特定心态的契合，诱人进入了一个不受社会规范，不受生命规律制约的理想天地；在于借助月球表面的朦胧图案，令人联想到那些关于月宫、嫦娥、玉兔、桂树、吴刚之类美妙想象的神话传说，而暂时忘却了尘世的烦闷和苦恼。并不像有的美学家所断言的，在于所谓"人的本质力量的对象化"。而且恰恰相反，美国的"阿波罗号"宇宙飞船登上月球，可谓体现了人的本质力量，但在发现了月亮的阴森死寂之后，不但没有增添月亮之美，反而会因那些美妙神话的破灭而令人大失所望；会为月亮的即将失去自由，即将为人类社会规范所浸染而隐隐不安；会使原本极易给人美感的月亮蒙上一层阴影。康德在《判断力批判》中曾经举过一个有趣的例子："一个女人是俊俏、健谈、规矩"，但却说不上美。康德认为这关键是因为"没有精神"。① 康德这里所说的"精神"，其实正是指那种能够唤起人们想象力的特征。只有对象具备了这种特征，才能把主体的"心意诸力"推入跃动之中，展开一种想象活动，然后，才会不由自主地感到对象之美。也许正因如此，国外美学界有人这样断言："美学的基本问题不是别的，就是形而上学的存在问

---

① ［德］康德：《判断力批判》上卷，宗白华译，商务印书馆 1984 年版，第 159 页。

题……被转移到了想象的平面上","美学必须是一种想象的本体论。"① 德国哲学家卡西尔在《人论》中也这样指出:"'一切美都是真'。但是美的真理性并不存在于对事物的理论描述或解释中,而毋宁是存在于对事物的'共鸣的想象'之中。"②

正因审美活动中的想象特征,对象引发美的程度往往与对象引发想象力的程度成正比。一件锈迹斑斑的出土文物,虽然当初并非为审美而制作,却可以引起人们浓厚的审美兴趣。相反,如果将其饰彩磨光,虽然仍不乏一定的审美价值,却已与原物无法比拟了。道理就在于,正是斑斑锈迹,可以导引欣赏者的目光,穿过遥远的岁月,陶醉于关于远古先人刀耕火种,艰难创业,或者风嘶雷鸣、征战搏击的自由想象之中。而饰彩磨光之后,也就丧失了把主体想象力导向远古的因子,使审美目光只能停留在习以为常的现实生活的层面上了,所以,也就不可能产生强烈的美感了。自然形态的山水能够给人美感,是因其远离人间喧嚣的静寂与安逸,可以诱人想象,使之进入一种忘却尘世束缚的人性开放境界。

艺术的审美价值,也正是这样一种建立在"忘却"心态基础上的自由想象价值。在理智的现实生活中,人们永远无法彻底排除在意识或潜意识中由于两大枷锁所致的个性压抑的苦闷。而在艺术欣赏活动中,却可以借助特定艺术媒介的诱引,展开自由想象,忘却现实,进入一种艺术幻境,从而使压抑得以暂时的缓解和排遣。恩格斯在《德国的民间故事书》一文中曾经这样描述过:"民间故事的使命是使一个农民做完艰苦的日间劳动,在晚上拖着疲惫的身子回来的时候,得到快乐、振奋和慰藉。使他忘却自己的劳累,把他的硗瘠的田地变成馥郁的花园。民间故事书的使命是使一个手工业者的作坊和一个疲惫不堪的学徒的寒伧的小屋变成一个诗的世界和黄金的宫殿,而把他的矫健的情人形容成美丽的公主。"③ 恩格斯这里所描述的德国民间故事书的价值,也就是我们所说的审美想象价值。

人们平常所说的所谓文艺的净化价值、陶冶价值、审美愉悦价值,在

---

① 引自美国学者迈克斯·贝姆《文学的美学》,张文江译,见《文艺理论研究》1984 年第 3 期,第 103 页。

② [德] 卡西尔:《人论》,甘阳译,上海译文出版社 1985 年版,第 215 页。

③ 《马克思恩格斯论艺术》第四卷,中国社会科学出版社 1982 年版,第 401 页。

很大程度上，也正是指文艺作品所具有的引发自由想象，令读者心理的压抑和苦闷得以缓解和排遣的价值。人工雕琢之作之所以不美，就是因其人工味的强制色彩，阻绝了读者自由想象的产生；直白浅露之作之所以不美，就是因为无须想象介入，即可一目了然，使读者得不到展示自由想象的机会；朦胧晦涩之作之所以同样难以产生美感，是因为读者无法从容地寻到进入自由想象之境的导向，这不仅不可能得到个性开放的满足，相反，还有可能增加个性被压抑、被蔑视、被封闭的苦闷。这样的作品，当然也只能招致读者的嫉恨与不满。

也许正因审美价值依赖想象而存在，所以，我们可以发现，古往今来，凡把握住艺术本质特征的真知灼见，几乎无一不是从极大限度地诱发自由想象这一点来要求艺术的。恩格斯主张"倾向应该从情节和场面中自然而然流露出来"，而不应特别指点出来；康德认为，艺术虽然不能没有目的，但看起来，"却须像似无意图的"。在我国古代文论中，"不着一字，尽得风流"、"言有尽而意无穷"、"咫尺千里"等等，也一直被视为最高超的艺术境界。所有这些主张，说到底，也就是为了减少限制，最大限度地调动人们艺术欣赏过程中的想象力。对此，莱辛在《拉奥孔》中曾经有过清楚的说明。莱辛认为，空间艺术的高妙境界在于"富于包孕性的顷刻"，这"顷刻"便正是指激情达到顶点之前，"可以让想象自由活动的那一顷刻"。因为"到了顶点就到了止境，眼睛就不能朝更远的地方去看，想象就被捆住了翅膀，因为想象逃不出感官印象，就只能在这个印象下面设想一些较软弱的形象，对于这些形象，表情已达到了看得见的极限，使它不能向上超越一步"[1]。莱辛的偏颇在于，他主要看到了空间艺术的这种特征。实际上，时间艺术又何尝不须如此呢？更为遗憾的是，莱辛只是发现了这种原则，但却没能从人的本性深度说明这种能够唤起自由想象的境界缘何而美妙。而在我们看来，其美妙就正是在于可以促成"忘却"心态，使审美主体借助自由想象，得以个性开放的虚幻满足。

---

① ［德］莱辛:《拉奥孔》，朱光潜译，人民文学出版社 1979 年版，第 18—19 页。

四、审美想象的特征

在挣脱两大枷锁，获得人性开放方面，审美想象与宗教、科学途径具有某种相通性，但与宗教和科学途径相比，审美想象又有自己的本质特征，具体表现在：

（一）暂时性。科学解放途径是贯穿人类社会始终的漫长征途，它是一个随着生产力的提高，人性开放程度不断得到提高的过程。宗教解放途径，对于虔诚的宗教信徒而言，也是具有长时效应的。而审美想象所带来的人性开放，却只体现于暂时性的审美活动中。当审美主体离开特定审美空间，从自由想象中醒悟过来之后，两大枷锁的压抑将会重新袭上心头。

（二）虚幻性。科学之途是一条具有实际效应的途径，即通过探索自然及改造社会，人类物质生活和精神生活水平可以得到实际可见的提高。而审美想象中的解脱则纯是一种虚幻性的满足。在空空如也的四壁房间中，人们总会感到莫名其妙的不适，添加几张风景之类的画片便会感到安适惬意得多。道理便在于，四壁空墙截住了人们的想象思绪，给人造成潜意识中的锁闭感。而画片内容则可在不知不觉中，把人的想象力引进广阔无限的空间，令人虚幻地感到自由本性的某种开放和满足。一部文学作品，其成功的重要标志是，描写真实生动，形象呼之欲出，但也只能是想象性的"如见其人"、"如闻其声"、"如临其境"而已。表面看来，审美想象的这种虚幻性与宗教信仰中的虚幻想象相近，实际上是有根本区别的：由于宗教想象是根源于愚昧基础上的荒谬信仰，所以，在信仰者那里，那虚幻是作为真实来相信的，并且将个人的幸福，诚惶诚恐地寄托于这种幻境。审美活动就不同了，一般来说，不论审美者如何沉溺其中，总会意识到那是一种虚幻的、并非实存的假象。这假象与人生的实际幸福或苦恼并无直接关联。所以，这审美想象才具有自由自在的愉悦品性。

（三）超越性。指超越于科学解脱又不同于宗教追求彻底解脱的特征。这种超越主要是建立在"审美忘却"的心理基础上的。

"忘却"，在心理学范围内即遗忘，主要是指主体对某些局部的、个别的客观事物的忘却。这种遗忘，有的或可永远不再忆及。"审美忘却"则是指在特定审美时空中，主体由于全力沉浸于自由想象的虚幻满足，对于包括主体在内的整个客体世界的暂时性忘却。"审美忘却"又不同于"宗教忘却"。"宗教"性质的忘却现实，是以自我强制的理性信仰为心理机制的，而"审美忘却"则是由于对象的特定因子与某种主体情感的协调一致激起审美想象而导致的"物我两忘"，正如英国19世纪著名散文家威廉·赫士列特在《论出游》一文中所说的："我走出城市恰恰是为了忘掉城市，以及那里的一切……出游之妙处端在自由，纯粹的自由，以便思想感觉、行动，一称心意。我们之所以出游，主要在于摆脱一切之障碍，一切之不便，在于置自我于不顾……"在当今西方，有人创建了旨在"解除文明社会的一切压力"的地中海俱乐部，在作广告的小册子中径直写道：这里"不用依照时间表过日子，因为没有钟；也不用遵循什么预算单，因为没有钱"。"地中海俱乐部能解除文明社会的一切压力。"① 这些做法与言论中，无疑透露出某种义愤与偏激，甚至消极逃遁的情绪，但其根源却正在于"人类不能忍受太多太多的现实"。② 人们希望在大自然的怀抱中，在自由自在的审美天地中，调养为现代生活扰乱的心机，维持精神的平衡，获得超越现实的个性开放。

文艺作品中的审美价值，也往往表现在这种超越现实的个性开放方面。恩格斯在论及某些表达爱情痛苦的诗篇时，曾经这样说过：读这样的诗，在比较深刻的人那里，"会产生个人的病痛和苦恼，但那只是为了溶化在周围的壮丽之中，获得非常愉快的解脱"③。恩格斯这里提到的"解脱"，便正是我们所说的"审美想象"的超越性特征。

（四）趋新性。在人类物质实践活动的想象中，除了某些方面的科学探索、发明之外，大量的想象活动（诸如机械生产之类）是重复进行的。劳动过程中的疲惫，便往往是与这重复想象造成的精神疲惫相关。在宗教活动中，由于宗教目的的严肃性和专一性，由于宗教教义的神圣不可改变，其想象也必然是封闭保守的、枯燥乏味的。而审美想象就大不相同了，审美活动之所以是一种"美感享受"活动，就在于它既不同于可以造成精神疲惫的重

---

① 引自美国学者保罗·弗塞尔《论田园诗的持久性》一文，顾大僙译，见《文艺理论研究》1984年第2期。

② 艾略特：《焚烧的诺墩》。

③ 《马克思恩格斯论艺术》第四卷，中国社会科学出版社1982年版，第399页。

复想象，也不同于枯燥保守的宗教想象，而是一种以追新趋异为特征的自由自在的想象活动，是由于对象潜在因子的新鲜刺激而产生的一个创造性想象的过程。如果失去了这种不由自主的创造性，想象也就不再是审美想象了。内容与形式的创新，之所以被人们视为文艺创作的基本要求，就正是为了满足审美想象的这种追新趋异的创造性。

通过与宗教想象、科学想象的比较可见，审美想象的整体品格即自由。它的趋新性本质上就是一种非外力束缚的自由创造性；它的超越性追求的实际也是摆脱两大枷锁束缚的自由想象的满足；它的虚幻性与宗教虚幻想象的本质差异也是在于其自由性；它的暂时性也是以自由想象的终始为标志的。在审美活动中，正是审美想象的这种自由品性，虚幻地满足了人类追求自我解脱与个性开放的愿望，所以，引发想象的对象本身，在人们心目中，便被误以为是所谓"美"的对象了，自身便具有所谓审美价值，整个想象活动，也就成了所谓"审美活动"。这一切，实际都不过是"自由想象"的结果。

五、审美在人性解放中的地位

在人类挣脱两大枷锁的历史长河中，与科学解放途径相比，审美想象的暂时性、虚幻性与超越性、趋新性，虽然缺乏实际效应，甚或不乏消极色彩，即使与宗教的效应时间相比，其暂时性也多少显得有点儿琐屑。但在人性开放的三条基本途径中，审美想象却有着不可替代、不可忽视的重要价值。

在人类漫长的历史演化过程中，宗教解脱的确曾经有效地陪伴了人类的幼年，抚慰过人类幼年时代惊恐不安的心灵。而且不可否认，即使至今，也依然还在发挥着一定程度的精神解脱作用。宗教意识中的天堂仙境、极乐世界，的确也具审美活动的虚幻想象特征，人类也可从中得到一定程度的开放性满足，但因在这想象世界中，有着"上帝"、"神"的至高无上的尊严，则同时也会使人的自由本性受到压抑。因此，归根结底，在宗教想象中，人的自我个性只能被否定。而且，随着现代科技的日益发展，这种宗教解脱功能也必将日趋衰弱。

在科学解脱途径中，与物质相关的实践活动，虽然也伴随着想象，但因物质条件的制约，这种精神活动往往被限定在狭小的空间中，且会交织着精神锁闭的潜意识痛苦。审美想象则截然不同了，那是一种不以任何理性概念为前提，不与任何利益兴趣相关联的自由想象活动，可以神驰八极，心游万仞，无孔不入，无微不至。人的心灵可以得到无限扩张，人的自由本性可以得到无限开放。

社会物质活动显然可以更为实际地、直接地促进人性开放，但有时候，也会同时造成与精神开放相敌对的景况。比如在科技高速发展的现代社会条件下，人们的物质生活水平大大提高了，但其精神苦闷却有增无已。其原因便正在于，社会的进步，生产的发展，也往往伴随着社会规范的加剧。政治、经济、文化的各种制度更加严密化与复杂化，会使人们感到更为严重的社会束缚。

此外，就整个历史长河来看，人类所作的全部努力，只能无限地接近自由，却不能最终获得绝对的、彻底的自由。随着现代医学条件的发展和物质生活水平的提高，人类的寿命可以日趋延长，但却不可能像幻想的那样永生不息；随着精神文明的积累和社会历史的进步，人类社会可以逐渐减少束缚，但却无法彻底摆脱任何社会规范。因为人们虽然"自己创造自己的历史，但是他们并不是随心所欲地创造，并不是在他们自己选定的条件下创造，而是在直接碰到的、既定的、从过去承继下来的条件下创造"①。

正是基于社会发展过程中人类遇到的这种尴尬局面，康德在其哲学体系中，偏激地把审美看作人类由必然王国通达自由王国的唯一桥梁。受康德影响较深的席勒也曾进而激昂地声称："人们在经验中要解决的政治问题必须假道美学问题，因为正是通过美，人们才可以走向自由。"②康德、席勒等人，忽视甚或否定了其他社会实践对人性开放的作用，其主张虽有片面性，但他们却在一定程度上发现了真理，是他们首先较早地充分意识到了审美价值之于人类的作用。

具体来看，在人类挣脱两大枷锁的过程中，审美想象价值主要体现于以下三个方面：

---

① 《马克思恩格斯选集》第 1 卷，人民出版社 1995 年版，第 603 页。
② ［德］席勒：《审美教育书简》，冯至译，上海人民出版社 2003 年版，第 21 页。

自我肯定价值。人总是希望肯定自己，认为自己有能力，各方面健全。因为只有如此，才能强化自己的生命意识、强化挣脱人生枷锁的能力与意志。而审美活动中的自由想象过程，就是一个自我价值得到肯定的过程。当你看到齐白石的"蛙声十里出山泉"想象到画面之外另一个群蛙喧闹的天地时，当你读着白居易的"犹抱琵琶半遮面"想象创造出琵琶女的神态相貌时，潜意识中，你会不自觉地产生一种对自己大脑的功能、个人价值的满足感、自信感。这正如王朝闻在论及欣赏时指出的"对客体的发现也是对主体的肯定"①。正是借助这种自我肯定，在审美想象中，人类才会感到一种挣脱了两大枷锁的满足和愉悦。

精神平衡价值。正是与人类的自由本性相关联，人类的心理耐不住外力造成的紧张与焦灼，耐不住两重枷锁的长期压抑。经久的忍受只能导致疯狂的病态，甚或使之借自杀以解脱。而审美想象，正是在这方面起到了人们也许并不怎么自觉的调节精神平衡的作用。比如当人们面对相对永恒、远离社会规范的自然风物时，经自由想象，可以不自觉地感悟到一种"物与我皆无尽也"的精神调节、体验到一种自由自在的精神满足，在不知不觉中，减缓和冲淡由两重枷锁而导致的心灵的压抑与苦闷。

行为支配价值。这种价值具体又可包括两个方面，一是人格的自我完善，一是以理想为基础的积极抗争。在审美活动中，由于以虚幻想象、以超脱现实功利为心理特征，因此，通过艺术的或现实的各种审美渠道，可以淡化人的私欲追求，可以纯化人的道德情操，可以促进人与人之间的互相理解与尊重，从而实现各自的人格完善。我们很难设想，一个迷恋于山水诗、花鸟画的人会是一个嗜杀成性、无恶不作的歹徒；相反，社会罪犯往往是缺乏艺术情趣和审美教养的粗俗愚昧之辈。郭沫若在论及文艺价值的文章中曾举过这样一个有趣的例子：日本的一位妙年尼姑，一夜遇盗，被缚之柱上。尼姑不能反抗，便很超然地唱出一首和歌，竟也引起了强盗们超然的情感，解下尼姑，自行逃去。②这例子也许有些极端，但超然物外的自由想象能够引人向善却是不可否认的。此外，在审美活动中，伴随着人性开放出现的，必

---

①　伍蠡甫主编：《山水与美学》，上海文艺出版社 1985 年版，第 163 页。

②　参见《沫若文集》第十卷，人民文学出版社 1959 年版，第 85 页。

定是五彩纷呈的人生憧憬的影像。主体由憧憬幻象回到现实之后，诱于美妙想象，必将不满于现实，并会由此转化为改造现实的实践行为。人类社会便正是在这样一种理想追求与实践行为的交互作用下不断前进，从而逐步实现人性的彻底复归。

审美想象，就是这样，或直接使人类得以个性开放的虚幻满足，或间接促进人性的实际复归。人类的全部审美活动，归根到底，就是赖此得以存在发展，得以确立自身的独特价值的。

又正是由此可以看出，从本体意义上来看，审美活动决不是一般意义的人类认识活动，而主要是一种情感作用下的自由想象活动。但迄今为止，在我国美学界，不少学者无视这一点，仍在简单化地套用反映论原理，套用一般的认识规律，来析解人类审美活动的奥妙，到头来只能是缘木求鱼，难以切近真理。

（原载《人文杂志》1989 年第 1 期）

美学思维指向辨正

美学，作为一门"学"，当然应该能够首先回答这样一类常识性的问题：人在面对外在事物时，为什么会产生美感？面对同一事物时，为什么有人会产生美感，有人无动于衷，也有人则可能以之为丑？相同性质的意识活动，为什么此类是审美，彼类就不是审美？若依此检视，不难发现，中国当代美学，虽诸说繁多，热点频仍，且自信都是坚持了马克思唯物主义的正确立场与方法，但大多恰恰不够"唯物"，往往不能有效地回答上述常识性问题，有的甚至远离了这类问题。

以最具影响力的以李泽厚为代表人物的"实践美学"来看，由实践推导出的"美是人的本质对象化"，是"人化的自然"、"自然的人化"之类见解，正是因其不能有效解释"何以同是'人的本质力量对象化'的产物，有的易生美感，有的不易"而难以自圆其说。连李泽厚本人，也不得不在一篇文章中曾经这样无奈地表示："究竟什么是美呢？随着时代的发展变迁，美的范围和对象愈益扩大，也愈难回答了，虽然我希望以后能做一个回答，但是，我想要着重告诉你的，却正是它的难以回答。""美学不应是封闭的体系，而应该是开放的课题。那么美是什么和美在哪里，你就自己去探索、体会、寻求、创造吧。"① 绕了个大圈子，最终还是回到了两千多年前柏拉图的"美是难的"那个结论。

---

① 李泽厚：《哲学美学论文选》，湖南人民出版社 1985 年版，第 440 页。

　　以力图超越以李泽厚为代表的"旧实践美学",看起来更具学术活力的"后实践美学"与"新实践美学"的有关见解来看,虽然论者都自信更唯物主义了,更马克思主义了,但同样无助于常识性美学问题的回答。"后实践美学"的论断是:"审美是超越现实的自由生存方式和超越理性的解释方式。"① 对此,薛富兴先生由常识出发进行的驳难当是有力的:"审美诚然可以是'超越的',但'超越的'不一定就是审美的。比之于满足于食色之性的物质性活动,审美之外,人类的科学、伦理、哲学、宗教等其他观念文化活动,难道不都是一种超越性活动吗? 难道审美这一追求感性精神愉悦的活动比宗教对人类的终极性关怀还更有超越性吗?"② "新实践美学"的主张是:"美是对象化的情感"、"审美活动是人借助于人化对象而与别人交流情感的活动"。③ 这类看法,更是经不住常识问题的考问:诸如厌恶之情、痛恨之情也都是可以对象化的,也都是可以借此而形成情感交流的,也是美的吗?"后实践美学"与"新实践美学"的学者之间,也正是依据常识,这样相互驳难过对方。邓晓芒反驳杨春时:"审美的确是'一种'超越性的活动,但并非'所有的'超越性活动都是审美。"杨春时反驳邓晓芒:"邓先生认为只要是情感的顺利传达和宣泄就是自由感,就是美感,那么无论是少女对爱情的执着,还是守财奴的贪欲,甚至婴儿饥饿时的啼哭,都是美感的表达,都是审美活动。如此抹杀审美意识与现实意识的本质区别,否定审美意识的自由性,把二者的区别说成是能否顺利表达、宣泄问题,这样的美学岂不成了生理学?"仅据他们自己之间难以说服对方的相互驳难即不难看出,不论"后实践美学"还是"新实践美学",虽有新的思路,却并无实质性的学术进展。其根本原因,或许又正如他们双方相互判定的:"'后实践美学'还完全没有摆脱李泽厚所设定的概念框架。这种致思方向与李泽厚何其相似!"(邓晓芒);"所谓'新实践美学'与'旧实践美学'并没有本质的区别,它们都以实践哲学为基础,以实践作为美学的基本范畴"(杨春时)。④ 事实上,在

① 杨春时:《走向"后实践美学"》,《学术月刊》1994 年第 5 期。
② 薛富兴:《"后实践美学"略论》,《东方丛刊》2005 年第 1 期。
③ 邓晓芒:《什么是新实践美学——兼与杨春时先生商讨》,《学术月刊》2002 年第 10 期。
④ 均见邓晓芒《什么是新实践美学——兼与杨春时先生商讨》,《学术月刊》2002 年第 10 期;杨春时:《实践乌托邦批判》,《学术月刊》2004 年第 3 期。

思维指向上，他们双方的确都在不自觉地重蹈李泽厚的误区，即仍然脱离人类美感活动的具体事实，仍不过是在围绕"实践"、"生存"之类抽象概念兜圈子，故而其见解，也就仍然经不起常识性问题的检验了。

如果我们回到常识，不难意识到，在人类的现实生活中，"美"其实是一个并不怎么复杂的问题：世界上原本就不存在"美"这样一种事物，存在的只是人在面对某一事物时产生的"美感"或"丑感"这样一种伴随着情感活动的价值判断。柏拉图当年费尽心思的追寻早已证明，要在世界上找到谁都认可的"美的事物"是不可能的。"美的事物"无存，事物本身自然也就无所谓美的属性，因此，作为一门学问的"美学"，研究的主体对象应该是"美感"，而不是子虚乌有的"美"、"美的本体"、"美的本质"之类。被称为"美学之父"的鲍姆嘉通，之所以将"美学"界定为"研究感性知识的科学"①，道理或许正在于此。

与"美感"这一主体研究对象相关，最具实际意义的美学问题应该是"美感生成"规律，而不是我们的美学中一直在探讨的什么"审美"、"审美活动"规律之类。由于"美"不具客观存在性，更非客观存在物，"审美"中所要"审"的"美"，当然也就无从谈起。故而从根本上说，"审美"这一术语本身就很值得怀疑。世上原无客观存在性的"美"，你"审"什么？"美"实际上是人对事物的一种感觉判断，"审美"，不就成为"审感觉判断"了吗？而这又怎么理解呢？在这方面，我倒是十分赞同杜卫先生在《走出审美城》一书中的质疑："'美'为何物，恐怕没人能够说得清楚，而在这个意义上讲审'美'，就更是云里雾里了。"②

从西方美学史来看，某些更为令人信服，也更为切近美学常识问题的见解，正是"美感"论、"美感价值论"、"美感生成论"等等，而非"审美论"、"美的本体论"之类。如休谟认为："美并不是事物本身里的一种性质。它只存在于观赏者的心里，每一个人心见出一种不同的美。""事物确有某些属性，是由自然安排得恰适合于产生那些特殊感觉的。""美与价值都只是相对的，都是一个特别的对象按照一个特别的人的心理构造和性情，在

---

① 刘小枫主编：《人类困境中的审美精神——哲人、诗人论美文选》，东方出版中心 1994 年版，第 1 页。

② 杜卫：《走出审美城》，东方出版社 1999 年版，第 168 页。

那个人心上所造成的一种愉快的情感。"并举例说，一个圆的美，不在圆本身，而是"圆形在人心上所产生的效果，这人心的特殊构造使它可能感受这种情感。如果你要在这圆上去找美，无论用感官还是用数学推理在这圆的一切属性上去找美，你都是白费力气。"[1]深受休谟影响，被黑格尔称颂为"说出了关于美的第一句合理的话"的康德，在美学领域的重大贡献，也是关于"美感"（即《判断力批判》中的"审美判断"）的研究，以及对"无目的的合目的性"这一"美感"生成原因的揭示。克罗齐认为："美不是物理的事实，它不属事物，而属于人的活动，属于心灵的力量。但是从此可知，物理的东西和物理的事实本来只是帮助人再造美或回想美的，经过一些转变和联想，它们本身就被简称为'美的事物'或'物理的美'了。既已说明这是简称，我们也就不妨用它。"[2]美国现代美学家桑塔耶纳也认为："美是一种积极的、固有的、客观化的价值。或者，用不大专门的话来说，美是被当作事物之属性的快感。"[3]与我国当代美学中从大而无当的"实践"、"生存"之类概念出发而形成的见解相比，休谟从客体属性与人的心理相互作用角度提出的"美"是"事物属性"引发的"特殊感觉"，康德从客体特征与主体"意志"偶合角度提出的"美"是"无目的的合目的性"的判断，克罗齐所说的"美"是"物理事实"经由"转变和联想"的结果，桑塔耶纳所说的"美"是一种价值，美不过是"被当作事物之属性"这样一些重在探讨"美感"、"美感价值"及"美感生成"奥妙的论述，倒是可以更为有效地回答"美感何以产生"、"美感何以因人而异"之类的美学常识问题。

　　在中国当代美学领域，我以为最值得重视的还是朱光潜先生的类似见解。朱先生力倡"科学的反映与意识形态式的反映之间"是有重要区别的，认为美感是在对象隐含的美的条件基础上生成的。朱先生承认"美的条件"，但否定客观意义的美，他曾解释说："适合生理要求的引起快感的东西对于美是起作用的，他们正属于我所说的'美的条件'"。"'善'的东西（包含有用的和有益的）对人类是能起很大作用的，它也正属于我所谓'美的条

---

① 北京大学哲学系美学教研室编：《西方美学家论美和美感》，商务印书馆1980年版，第108—109页。
② 北京大学哲学系美学教研室编：《西方美学家论美和美感》，商务印书馆1980年版，第291页。
③ 北京大学哲学系美学教研室编：《西方美学家论美和美感》，商务印书馆1980年版，第285页。

件'。……还不能看作美学意义的美。"① 这类否定"美"的本体存在而强调
"美感"生成的论述，无疑也要远比那些"美的本质论"更为切合人类"美
感活动"的实际。

近些年来，有不少学者痛切地感到，中国当代美学已经陷入了困境，
甚至面临着"存亡二元选择"②。季羡林先生甚至认为，应该"退出死胡同，
改弦更张，另起炉灶，建构一个全新的美学框架"③。这类看法，也许过于偏
激，但我们的美学研究，的确已呈现出生机窒息、日渐沉寂之势。那么，问
题的根源何在呢？按季羡林先生的看法，是因为："中国美学家跟着西方美
学家跑得已经够远了，够久了。越讨论越玄妙，越深奥，越令人不懂。而且
眼光只限于视觉之美与听觉之美，不敢越西方学者雷池一步。给美不知下了
多少定义，给美学也不知下了多少定义。然而这些定义都是有局限性的，仍
然局限于西方美学家的框框中。"④ 我认为这诊断是不准确的，问题不在于跟
着谁"跑"，关键还要看"跑"的方向（即美学研究的思维指向）是否正确。
合乎真理的思维指向，是无所谓东方西方的。中国当代美学中当然存在着盲
目照搬西方某些观点的弊端，但诸如休谟、康德、克罗齐、桑塔耶纳等人更
为切合实际的"美感"论，在中国当代美学中又有多大影响呢？可以相信，
如果更加重视一下这类见解，中国美学的面貌大概不至于此。正是从"思维
指向"入手，我认为，有这样两个原因，在影响着中国当代美学的发展。

第一，"唯心主义"的心态禁忌。

长期以来，与政治评判相联系的"唯物主义"与"唯心主义"，一直是
中国学界划分"真理"与"谬误"的根本原则。谁被说成是"唯心主义"，
也就等于是反马克思主义，就有可能被断送在主流学术界的学术生命，甚
至有断送"政治生命"之虞。故而在学术讨论中，"唯心主义"也常常被用
来作为击败对方的"杀手锏"。在美学领域，否认"美的本体"、"美的客观
性"，强调"美感"、"美感经验"，就比较敏感，就极易招致"唯心主义"之
类的责难。朱光潜先生认为"美的条件"不等于"美"，美在心与物的关系，

① 《文艺报》编辑部编：《美学问题讨论集》（三），作家出版社 1959 年版，第 40、44 页。
② 呼延华：《美学转型，转向何处》，《中华读书报》1997 年 4 月 16 日。
③ 季羡林：《美学的根本转型》，《文学评论》1997 年第 5 期。
④ 季羡林：《美学的根本转型》，《文学评论》1997 年第 5 期。

因此要重视对"美感经验"的研究，这本是极有道理的，但在 20 世纪 50 年代的美学大讨论中，遭到的便正是"唯心主义"的重压。李泽厚有一篇批评朱光潜的重头文章，副标题就是"兼论朱光潜的唯心主义美学思想"，文章中写道："这种唯心主义，包括朱先生的自我批评在内，都从哲学根源和政治意义上揭开了它的反科学反人民的理论本质和阶级本质。"① 在这样的政治定性下，朱光潜先生当然也就没有退路了，只能尽快改弦更张，由"审美意识论"转向"审美实践论"了。也许正是与这类批判相关，在中国学者心目中，对唯心主义雷区的惊恐，似乎逐渐衍化为一种类乎"集体无意识"的心态禁忌了。表现在"美学"研究方面，这就是：学者们总要设法找到"唯物主义"的根据。人类的"实践活动"、"人的力量"，当然是最为恒久也最无懈可击的客观事实了，用以论美，当然也就可以最大保险系数地避开"唯心主义"之嫌了。这或许正是李泽厚为代表的"实践美学"长期占据主流地位的原因之一。但在这方面，美学家们恰恰又忽视了另一学术常识：概念的内涵越大，往往越是无法说明特定学科的问题。人类的"美感活动"当然与其"实践活动"相关，但人类的政治、经济、道德、宗教等，又有哪一方面不与"实践活动"相关呢？"实践"创造了人类社会的一切，但并非一切都能叫人产生美感。"实践美学"，正是在这样一个常识性问题上坠入死结。

　　"文革"结束之后，时代的政治环境虽已大有改变，但"唯心主义"的心态禁忌似乎并没有随之彻底消除，如在邓晓芒反驳杨春时的《什么是新实践美学》一文中，即可看到这样的论述："实践首先是一种'客观现实的物质性的活动'，不承认这一点，就会陷入康德、黑格尔式的唯心史观。"② 不知邓先生在写下这样的文字时，思考过没有：就算康德、黑格尔的思想是我们所说的"唯心史观"，而这"唯心史观"竟一无是处吗？以康德而论，在论述"美感"生成时，他曾明确强调："自然界至少要标示或给予一暗示，它内在自身里含有着任何一个理由，承认它的诸成品对于我们的摆脱了一切利益感的愉快有着一种合规律的协合一致。"并举例说，比如"百合花的白色导引我们的心意达到纯洁的观念"③。康德这里所说的诸如"百合花的白

---

① 李泽厚：《美学论集》，上海文艺出版社 1980 年版，第 20 页。
② 邓晓芒：《什么是新实践美学——兼与杨春时先生商讨》，《学术月刊》2002 年第 10 期。
③ ［德］康德：《判断力批判》上卷，宗白华译，商务印书馆 1964 年版，第 145、147 页。

色"之类的"自然界的暗示"，指的显然即是"美感"产生所需要的外在事物的"客观条件"（类乎朱光潜先生所说的"美的条件"）。在康德看来，正因这类条件，偶合了人的某种心理愿望（即"合目的性"），令人感到愉快和满足，"美感"才产生了。康德对"美感"产生时的外在客观条件的充分肯定，与"唯物主义"不也相通吗？这类更为切近人类"美感"活动实际的见解，与其"唯心史观"又是什么关系呢？事实上，在西方美学史上，我们会发现，倒恰恰正是前面提及的休谟、康德、黑格尔、克罗齐、桑塔耶纳等这样一些被我们定性为"唯心主义学者"的见解，更为令人信服。相反，有许多被我们视为"唯物主义"的学者，其美学见解，"唯物"是"唯物"了，但往往不堪一驳。如亚里士多德认为"美是一种善，其所以引起快感正因为它是善"①，这显然是混淆了"美学"与"伦理学"的界限。狄德罗认为："对我们来说，却有两种美，一种是实在的美，一种是见到的美"；别林斯基认为："在活生生的现实里有很多美的事物"；车尔尼雪夫斯基认为："真正最高的美正是人在现实世界中所遇到的美。"② 他们共同认定的是：客观现实中存在着美的事物，如前所述，在现实生活中，我们能找到如同"认知对象"那样可以得到普遍承认的客观的"美的事物"吗？能举出这样的例子来吗？

　　"唯心主义"当然是错误的，但"唯心主义"与"唯物主义"，用之于界分"认知判断"才更具科学性，如果不加区别地套用于"美感判断"，则分明是陷入了又一个常识性误区："美感判断"不同于"认知判断"。"美感判断"虽然也是人类的一种意识，但其形成方式却不同于"认知判断"。"认知判断"是反映性的，故可有"唯物"、"唯心"之别。"美感判断"是生成性的，既与客观事物的条件相关，也与人的主观意愿、情感以及与动物相通的某些方面的生理机制相关，即"美感"绝非美的独立本体的直接反映，而是在随机性条件下，对象的某些基质与人的潜在欲求偶合而生成的情感性价值性判断。这样一种判断，就不易简单化地以"唯物"、"唯心"论了。正因"美感"是生成性的，所以，古今中外，不论怎样回答"美是什么"，都能找到一些证据，都会得到一些人的赞同，但又不可能像"反映性"的知识

---

　　① 北京大学哲学系美学教研室编：《西方美学家论美和美感》，商务印书馆1980年版，第41页。
　　② 北京大学哲学系美学教研室编：《西方美学家论美和美感》，商务印书馆1980年版，第134、220、248页。

那样鲜有争议。在我们的美学研究中，如果不对这类问题进一步反思，不进一步打破"唯心主义"的心态禁忌，要有所突破，恐怕是很难的。

第二，注重以马克思言论为依据的"经典情结"。

在我国，占据主流地位或渴望占据主流地位的美学主张，共同特征是：总是力图在马克思主义经典著作中寻找理论根据，而不是重在以人类"美感"活动的实际为根据。如李泽厚为其"实践美学"找到的理论根据是：马克思《1844年经济学哲学手稿》中所说的"对于人来说，一切对象都是他本身的对象化"；主张"美在客观"、"美是典型"的蔡仪先生，更是坚信自己的理论最符合马克思主义认识论原则，且亦曾依据《手稿》中关于美的规律的见解，认为"美的规律即典型的规律"；主张"美是主客观的统一"的朱光潜先生，也曾以《手稿》中"对于不懂音乐的耳朵，最美的音乐也没有意义"的另外几句话作为根据。这样一种以马克思的言论为理论依据的思维指向，在我国美学界，至今仍十分盛行。如杨春时先生在论证"审美超越"时，认为重要根据是马克思在《资本论》第三卷中讲过的："自由是精神领域的问题，它只有超越现实领域才有可能。"有意思的是，目前正在力图创建"生态美学"的学者，也从马克思《1844年经济学哲学手稿》中找到了根据，宣称："从学理上讲，马克思在《1844年经济学哲学手稿》所预期的自然主义与人道主义相结合的共产主义理想，也正是生态美学追求的人与自然和谐共存的理想。"马克思建立在"自然之复活"基础上的对人与物关系的理解，"往往不为实践美学和生命本体论美学的提倡者们重视，但它预示着生态美学可能是21世纪最具成长性的美学形态之一。"① 马克思主义无疑是伟大的，马克思本人的许多见解是正确的，但马克思的言论中是否包含着如此丰富的美学资源，就不能不令人生疑了。而且，由此而生的美学观竟如此大相径庭，乃至完全对立，就更是令人困惑了。且不论到底谁更符合马克思主义，我们仅从研究方法、思维指向来看，这样一种各取所需，过分倚重理论信条的做法，本身就不符合从实际出发的马克思主义基本原则。更为严重的是，在这样一种注重以马克思言论为依据的"经典情结"中，似乎隐含着这样一个前提：马克思是绝对正确的，仿佛句句是真理，因此，只要在马

---

① 刘成纪：《从实践、生命走向生态》，《陕西师范大学学报》2001年第3期。

克思的言论中找到根据，就会立于不败之地。而这样的思维前提，本身即有违马克思主义唯物辩证法的常识，就不利于美学的进一步发展。

美学，本来是与现实生活密切相关的。在鲍姆嘉通的"美学"构想中，即是将"美学"分为"理论美学"与"实用美学"两部分的。"理论美学"的意义应该是：揭示"美感"这一"感性知识"生成的奥妙，总结"美感生成"的规律，丰富人类的"美学"智慧；"实用美学"的意义应该是：能够在生产、生活、建设及文学艺术活动等方面，指导人们按照美感生成的规律行事，以便使人们得到更多的美感体验。如果"理论美学"陷入困境，"实用美学"的发展当然也就是不可能的了。在我国，只要看一下那些毫无个性、千篇一律的城市格局、乡村规划、建筑设计，看一下那些缺乏"美感生成基质"的门头设计、广告画面、产品包装，看一下那些力图挑战人的生理极限的"行为艺术"、"垃圾诗歌"之类，大概就不难意识到，我们的"实用美学"贫乏衰落的程度。这种状况表明，我们那些看似高深的"理论美学"，并没有对现实生活产生多少"实用性"的影响。这是否又恰可在一定程度上证明：我们的"理论美学"，正是因其思维指向的错误，本身就已越来越脱离实际了呢？

中国当代美学，虽然存在着严重缺憾，但断言中国当代美学已经完全走进了死胡同，恐也不符合实际。如近些年来，一些学者正在倡导的"科学美学"，就很值得重视。被视为"科学美学"代表性成果的汪济生的《美感的结构与功能》（学林出版社1984年版）、鲁晨光的《美感奥妙和需求进化》（中国科学技术大学出版社2003年版）等著作，关注的重心正是对"美感"及"美感生成"问题的研究。另如吴炫、颜翔林等学者旨在颠覆传统的"美的本体论"而提出的"否定主义美学"、"怀疑论美学"等，也独具见地。上述学者的探讨，虽然也还存在不少问题，但在打破"唯心主义"心态禁忌，走出马克思主义"经典情结"，注重从常识出发等方面，其意义是不应低估的。沿此思维指向，中国当代美学或许才有可能真正焕发生机。

（原载《江西社会科学》2007年第12期）

张竞生的美育思想

在中国现代文化思想史上，张竞生似乎是一个不怎么光彩的名字，甚或为正人君子所不齿。最早知道这个名字，是缘之于鲁迅先生的这样一段话："在医学上，'妇人科'虽然设有专科，但在文艺上，'女作家'分为一类却未免滥用了体质的差别，令人觉得有些特别的。但最露骨的是张竞生博士所开的美的书店，曾经对面呆站着两个年青脸白的女店员，给买主可以问她'《第三种水》出了没有？'等类，一举两得，有玉有书。可惜美的书店竟遭禁止。张博士也改弦易辙，去译卢骚《忏悔录》，此道虽有中衰之叹了。"[1] 鲁迅先生的话中不无讥讽意味，由此给我们的印象是：这位开书店的张博士是一位不怎么正经的文人。实际上，年轻时曾加入同盟会，积极投身过孙中山领导的革命活动，曾为蔡元培聘为北大教授的哲学洋博士的张竞生，是一位有激情、有胆识、积极乐观，赤诚率真的学者。尤其在美育研究方面，张竞生是卓有贡献的。在 20 世纪的中国美学史上，最早倡导美育的是王国维与蔡元培，但从实践角度，更为系统地思考美育问题的，则是张竞生。早在 20 世纪 20 年代，张竞生就在《美的人生观》、《美的社会组织法》及主编的《性史》等著作中，结合当时中国的实际，从宏阔的文化视野出发，以诗人般的激情，从人生观、政府观、社会组织观等多方面提出了实施美育的具体主张。其中的许多见解，至今看来，仍让人怦然心动。但遗憾的

---

① 鲁迅：《三闲集》，人民文学出版社 1973 年版，第 130 页。

是，在我国目前的美育研究方面，对张竞生似乎还是不怎么重视的，在许多美育论著中，甚至很少见到张竞生的名字，这不仅是对张竞生本人的不公，也是对历史的不公。

一、美的人生观

张竞生美育的核心目的，是人生的美。而在张竞生看来，要实现人生的美，每个社会成员都应承担责任，都要首先确立"美的人生观"。张竞生解释说，"美的人生观"既不是匡拘人的精神自由的"狭义的科学人生观"，又不是背离科学的神秘派、直觉派的人生观，也不是忽视物质享受的儒道释之类的人生观，而是"科学性"与"创造性"相结合的人生观。张竞生这里所说的"科学性"，主要是就合于人的身心健康的生命科学而言的。他所说的"创造性"，是指在追求物质性创造与享受的同时，亦注重于精神自由与诗意想象的美的满足，如同他自己所说的："人间与宇宙间之美不一而足，全凭我人去创造与享用。我们对于美的责任在使人间与宇宙间的现象皆变为'美间'的色彩，在使普通的'时间'变为我人心理上的'美流'，在使一切之物力，变为最有效用的'美力'。"张竞生认为，具备了这样一种"人生观"，即使当我们面对"丑恶的物质生活"时，也能"求出一种美妙有趣的作用"；即使处于"疲弱的精神生活中"，也能"得到一个刚毅活泼的心思"。① 张竞生进而指出，美的人生观，不是一个虚幻的概念，而是一个可以用之于行为的系统。在张竞生关于"美的人生观"的论述中，最值得注意的是以下几个方面。

1. 美的生活观

张竞生所说的"美的生活观"是指，在衣食住行、言谈举止等日常生活方面，都应遵循美的原则。张竞生指出，正是在这些方面，中国人存在着许多不合于美的陈规陋习。如衣服不应仅是为蔽体而更应是为美丽而穿的，但当时中国男人的长衣马褂、大鼻鞋、尖头帽之类，形成的是拖泥带水鳖步

---

① 《张竞生文集》上卷，广州出版社1998年版，第28页。

滑头的腐败样子；女装则缘其分割零散，竟使本是美的女体变成了大冬瓜；儿童装束则因与成人无别，使孩子成了"老成人"的怪形状；有的富人，虽丝绸绫缎，但穿得满身臃肿，污迹遍处，令人作呕。为此，张竞生提出了衣饰改革的主张：为改变拖长衣的病夫状态，男子应采用漂亮的学生装；女性则采用"衣裳连合"的内衣与"改良古装"而成的外衣，以便使身体的美处与风韵都能显示出来。在吃饭方面，张竞生提出应学习西方人的分餐制，以改变中国人既不卫生，又易造成抢食菜肉的同桌共食的毛病；同时倡导注重吸味与吸气的"内食法"，以改变囫囵吞下，响声不断，既不利于消化，又不文雅的陋习。在居住方面，张竞生主张应改变中国人阴沉昏暗的住所结构，并具体提出应将北京的四合院改为半圆式的南向化，以使空气流通，光线充足，让居住者得到以"天地为庐"，与"万物为友"的自然美的陶冶。张竞生将此称之为"外居法"，并以诗意的语言描述了"外居法"的妙处："夏时，日则休息于广廊之中，夜则睡卧于露台之上。耳闻万籁齐鸣，眼见众星罗列。枕上虫声唧唧即是催眠的音乐。月色晶莹，晨光稀微，即为张眼所见的图画。若在冬天，拥火围炉，尚有可亲爱的日光来相慰藉。于身体则免为风雪所侵凌，而精神上且与自然相交接。总觉得我不是一人零丁住在屋内，屋不是孤独放在自然之外。人与屋与自然相合而为一，时时刻刻彼此无不声息相通。"① 另如吐口水、挥鼻涕、大便习惯、卫生带、胎教、墓葬、道路、游泳、散步等与人的日常生活相关的方方面面，张竞生都从科学性与创造性相结合的美育原则出发，进行了详细论述。

2. 美的性爱观

在中国人的传统观念中，性活动的主要目的是传宗接代，其行为本身往往被视为是丑陋淫秽的，是不宜公开谈论的。张竞生则公开宣称，性生活的目的决不在于生男育女，也不在于片刻的生理快感，而是人生美好的精神享受，且是有利于促进男女双方健美，免却夫妻不和，减少狎妓之类社会丑恶现象的重要方式。而要达到这样的目的，也必须按照美的原则进行，即亦应实施科学性与创造性相结合的至善至美的方法。为此，张竞生曾不顾社会

---

① 《张竞生文集》上卷，广州出版社1998年版，第52页。

的非议，大胆主编了《性史》一书，借助公开征集到的材料，对中国人当时性生活中普遍存在的缺乏快感之类缺陷进行了分析，有针对性地提出了改进方法。张竞生还进一步指出，世界上一切最宏大的事业正是由一种变相性力所造成的，美的性生活的另有重要目的就在于"使性力变为最有出息的功效"①。为此，他主张要及早地对青少年进行正面的性教育，以便使他们在结婚之前，能够将兴趣引向更有益的事情；成年之后，也要尽量推迟性生活，因为"愈能迟缓其生殖器的接触，愈能增进男女彼此浪漫的才思，热烈的情怀"②。即使在可以进行性生活的条件下，也要注意节欲，要学会男女不经肉体的接触，不必劳形疲神，只凭语言、表情、神色的"意会与神通"，就能使爱者与被爱者销魂失魄，就可达到游神于六合的妙境的"神交法"。这样，当然也就更有利于其他一些宏大事业的创造。

在当今性学已大为普及，性观念大为开放，以及弗洛伊德的"升华说"已广为人知的情况下，张竞生的见解也许已算不上什么了，但在20世纪初叶的中国，能够提出这样一些主张，无疑还是要冒极大风险的，是需要极大学术勇气的。事实上，张竞生的恶名，很大程度上便正是缘之于他对性行为、性高潮以及女性的"第三种水"之类的探讨。当时，中国人的文化观念尽管已经由五四新文化浪潮的洗练，但像张竞生这样堂而皇之地谈论性问题，还是难以为大多数人所接受的，因此而遭到误解，甚至被视为低级下流也就难免了。而实际上，张竞生的态度是严肃的、真诚的，即如梁漱溟这样的儒家学者，当时亦曾有过这样的评价：他的《性史》之类，"内容猥亵，很遭物议。我虽亦认为给社会的影响不良，然却谅解其人似与下流胡闹者有别"③。而且，我们还应该承认，张竞生在性科学的研究方面，是有重大贡献的。比如他关于女性性生活过程中的"第三种水"的发现，即早已为德国著名妇科专家格莱芬堡等人所证实；他主编的《性史》，与美国学者金西等人的《男性性行为》、《女性性行为》等同类著作相比，也早了20多年。遗憾的是，当格莱芬堡等人的研究成果引起中国人的注意时，当金西等人的著作成为中国性学领域的热门读物时，却很少有人知道张竞生早就有过同类的发

---

① 《张竞生文集》上卷，广州出版社1998年版，第82页。
② 《张竞生文集》上卷，广州出版社1998年版，第78页。
③ 梁漱溟：《忆往谈旧录》，金城出版社2006年版，第53页。

现，早就有过同类的研究成果。所有这些，不只是对张竞生本人的不公，同时也是中国学术界的悲哀。

3. 美的生育观

在谈到人口控制及优生优育时，中国人常常想到马寅初的先见之明，而很少有人知道，在 20 世纪的中国历史上，最早提出这一主张的实际是著名社会学家陈长蘅。陈在 1918 年出版的《中国人口论》中，已将人口"孳生过繁"视作中国贫穷落后的重要原因，并提出了晚婚、优生节育的主张。此后，极力宣扬、呼吁实施这一主张的，大概就要推张竞生了。1920 年，留法归来的张竞生，干的第一件要事就是向当时的广东省省长陈炯明建议实施节育，以提高人口素质。在 1925 年出版的《美的人生观》中，张竞生更为明确地强调："一国的强盛不在人口的繁多，而在其有相当的人口后，使他们多多有了人的资格。试思我国现在虽有人数，但无人的效率，以致十人或百人费了许多食粮而所做的工作抵不过一人之多，如此人口愈多而愈贫与愈弱。"① 因此，必须实行节育及优生优育，张竞生还从更为宏阔的全球视野出发强调：人类的根本冲突就在于人口的膨胀，为此，各国应联合行动，制定人口限额，研究避孕方法。为了做到优生优育。张竞生还进而提出了诸如"须父母到极强壮的时期，与有良好的身体后才可产生。又要各量其力确能使多少儿女得到极高的教养程度，而后去定其产生多少的数目"之类具体意见。并建议"如因要小孩而交媾时，当于山明水秀的地方，惠风和日的时节"，要在"青草之上，大峰之下，上有白云的飘渺，下有流水的潺鸣"的自然环境中。② 在张竞生描绘的这样一幅充满诗情画意的生育图景中，实际上也是包含着科学成分的。中国古人早就有过夫妻不宜于大寒大暑、狂风暴雨之际同房之类的经验总结，现代生育科学也早已证明环境与孩子的健康之间是有密切关系的。

马寅初在和平建设时期提出的节制人口的主张，未能得到新中国的政治家们的认同，且为之而惨遭批判，张竞生在需要消耗大量人口的动乱年代

---

① 《张竞生文集》上卷，广州出版社 1998 年版，第 189 页。
② 《张竞生文集》上卷，广州出版社 1998 年版，第 81—82 页。

提出此说，就更是只能遭人冷眼了。对此，张竞生曾经愤愤不平地说："我于三年前看见我国人猪狗似的繁育，为父母者仅知射精受孕，无教无养，以致孩子男成为盗，女变为娼。那时尝极力提倡生育限制法，大受社会的咒骂。不一年间美国山格夫人来华提倡同一的论调，前时骂我的报纸竟一变而为欢迎山格夫人的主张了。实则我的学理比山格夫人的高深得多。但我被侮辱，伊享盛名，所以不同的缘故，因为伊是美国的女子，我是中国的男人！"① 透过张竞生的愤怒，我们除了又一次体味到中国人文化心态的拘促之外，又不能不为张竞生庆幸：如果不是遭人唾骂，新中国成立之后的张竞生，大概仍会进一步宣扬自己的主张，那样，身为广东省文史研究馆一个小小馆员的张竞生，其命运可能要比身为北大校长的马寅初还要悲惨。

4. 美的职业、科学与艺术统一观

职业、科学、艺术，通常被视为三个独立的社会生活领域，张竞生则从美育角度出发，强调三者应是密不可分的，是合三而一的，即职业要做到科学化、艺术化；科学要做到职业化、艺术化；艺术要做到职业化、科学化。张竞生认为，职业只有以科学为辅助，才能不断提高效率；职业只有通过艺术的帮助，才能使产品美丽和奇巧，执业者也会缘其美的创造而视劳动为快乐。科学只有顾及职业性应用，才能学理精密，效力宏大；科学只有艺术化，从事科学研究者才能灵心妙眼，见微知著，富有创造性。艺术只有职业化，才能使人类生活的方方面面皆成为艺术；艺术只有科学化，才能于学理上有准绳，实用上能普及。总之，在张竞生看来，只有做到三者统一，职业、科学、艺术，于理想上才是美的，于实用上，才是"用力少而收效大"的。② 否则，若"以职业为职业"，一切职业都将是苦恼的，可厌的，"学商者必定为市侩，学政治者必是一个官僚，学军人者必是一个武棍"；③ 若"以艺术为艺术"，艺术将难免破碎虚无的弊病；若科学家仅知科学之实用，那"他们不但是科学的门外汉"，还将可能是"美的科学的大罪人"。④ 在他的

---

① 《张竞生文集》上卷，广州出版社1998年版，第81页。
② 《张竞生文集》上卷，广州出版社1998年版，第73页。
③ 《张竞生文集》上卷，广州出版社1998年版，第68页。
④ 《张竞生文集》上卷，广州出版社1998年版，第31页。

这些论述中，虽然有着强调了艺术的实用性之类偏颇，但无疑却包含着值得大加揄扬的现代意义的思想光辉。他将职业提升到美的境界来认识，以及具体提出的"一个工程师，应是一个审美的工程师"、"种田，也要种出审美的境界"等主张，叫人联想到马克思在《1844 年经济学哲学手稿》中讲过的：到了共产主义时代，人可以使自然界失去"自己的纯粹的有用性"，彻底消除自我异化，使人类社会成为"人同自然界的完成了的本质的统一"之类论述。① 他强调科学与审美的统一，认为如果失去了美的导引，科学家将可能成为"大罪人"等有关论断，对于遏制当今已经导致了全球生态恶化，刺激了人欲膨胀，以及发明制造了大规模杀伤性武器等不顾人文价值与其他后果的"科学主义"弊端，仍具重要的警示作用。

　　为了实现"美的人生观"，在上述实体性美育的基础上，张竞生又进而从人的思维方法与主观精神角度，提出了"美的思想观"、"美的心理观"与"美的宇宙观"等主张。张竞生认为，偏重于归纳、经验、理智、实证的科学方法是呆板的，且是难以穷尽大千世界的；偏重于演绎、描想、意志、假设的哲学方法则常常是空虚的，想入非非的。与之不同，"美的思想"则是以科学方法为基础，以哲学方法为依归，以艺术方法为调制的，由此而进入的是一种高妙的"顿悟"之境。正是在这样一种"顿悟"状态中，才能生出更美满，更具建设性与创造性，也更合乎人性欲求的精神成果。如法之于佛陀，道之于老庄，以及传意达神的艺术境界等等，便是人类"美的思想"的结晶。他所说的"美的心理观"是指：人们要通过极端化情感，激发极端的智慧，达致极端的志愿，以实现人性的扩张。他所说的"美的宇宙观"是指：要以美的目光面对空间、时间、物力等，以使宇宙成为美的宇宙。张竞生这些见解的核心出发点是：对人的主体创造性与自由本性的充分肯定，是对人类更高的智慧境界的向往。他的这类美育思想，也是站在人类思想史的某些制高点上思考问题的。

---

① 马克思：《1844 年经济学哲学手稿》，人民出版社 1985 年版，第 81、79 页。

二、美的政府观

在中国近代社会发展史上，打破旧有政体，重建政府机构，实现现代社会的转型，一直是许多进步的社会改革家、政治思想家关注的重要问题之一。早在 1898 年 1 月 29 日，康有为在著名的《外衅危迫分割至急宜及时发愤大誓臣工开制度新政局折》（即《上清帝第六书》）中即曾提出将清政府的旧式部寺改为法律局、度支局、学校局、农局、工局、商局、铁路局、邮政局、矿务局、游会局、陆军局、海军局 12 个局的主张。在推翻帝制之后的历史背景上，张竞生无疑表现出了更为开阔的政治视野，他曾更为系统地设计过政府及相关机构。尤为值得注意的是，在张竞生的设计中，前所未有地强调了政府机构的美育功能，即政府应是"美的政府"。张竞生认为，人类社会的政治体制有三种形态，这就是历史上的"鬼治"、现在的"法治"与未来的"美治"。认为"鬼治可以吓初民的无知，但不能适用于近世。法治可以约束工业的人民，但极有妨碍聪明人的自由发展"[①]。而只有他所说的"美治"，才能使人们得到物质与精神的幸福，才是人类未来理想的政治体制。

请看他关于"美的政府"的设想：

国家的最高权力机构是"爱美院"，"爱美院"是由全国各地经过平等竞赛选出的"五后"（即女性的美的后、艺术的后、慈善的后、才能的后、勤务的后）、"八王"（即男子的美王、艺术王、学问王、慈善王、勤务王、技能王、冒险王、大力王）组成。政府行政机构分为国势部、工程部、教育艺术部、游艺部、纠仪部、交际部、实业与理财部、交通与游历部等 8 个部。政府首脑及所辖 8 部均须对"爱美院"负责，"爱美院"有弹劾政府官员的权力，以此来保证"美的政府"职能的实行。

为了促使"美的政府"中的官员能够切实为人民效力，张竞生异想天开地具体设计了这样的监督环节：每年的国庆庆典上，自总统及国务员及一切官吏，都要身着朴素的佣人服装，以公仆的样子，站立在一个极狭窄的棚

---

① 《张竞生文集》上卷，广州出版社 1998 年版，第 184 页。

中，恭敬地接受坐在对面一座极华丽的厅上身穿大礼服的人民代表的评判。人民代表分坐三排，先由左排代表发言，列举公仆们一年来的政绩，代表人民向政府示谢；继而右排代表发言，直陈政府一年来工作中的过失，代表全国人民予以责备；然后由中排代表宣布："公仆，方才二方代表所说甚是，我们国民希望你们从今日起，努力向善，补救过失。明年此日，你们如有政绩，才来此地再会，若不争气，请速引退，免受国民的惩罚，勉哉公仆！"最后，由大总统代表公仆团向人民代表团行三鞠躬礼，并致辞如下："高贵的主人啊！承示训饬，敢不敬命，从兹努力，无负重托。"张竞生又将这样的国庆节，称之为"美的国庆节"。

张竞生还从他的"美治"观出发，进而详细论述了他所提出的政府机构中的"8部"之职能。如国势部，其基本职能是培育美好的国民佳男美女。为此，国势部应下设"官媒局"、"避孕局"与"官医局"，以分别承担国民婚姻时身体条件的检查与婚姻介绍、结婚后的避孕管理及国民的疾病治疗，保证人口的健康等职责。教育与艺术部的职能是：在学校的各科教育中贯彻艺术的方法，督促实施情感教育、性教育等，以培养学生的创造才能与健全的人格；同时负责对社会的各行各业进行艺术教育，使一切国民皆成为有艺术性的工程师和办事人。游艺部的职能是：主管赛会、庆典，为不同年龄段的人举办各种娱乐活动等，以培养人们健美的情趣。纠仪部的职能是：制定和主管婚丧嫁娶、宴客聚会时的各种礼节，以消除粗俗与丑陋的言行。交际部的职能是：主持办好国内的"交友节"，并设法加强与世界各国人民之间的情感交流，以便使天下的一切人都成为朋友。即如工程部、实业与理财部、交通与游历部这样一些实际功能很强的机构，在具体工作中，也都要首先从美育目的出发。如工程部在路政建设、城市规划、建筑设计等方面，首先要考虑到审美效果；实业与理财部在掌管工农业生产时，不论安排作物种植，还是建立工厂，还是设计产品，也都要首先从美趣出发，注意环境保护，讲究审美效果；交通与游历部，不仅要负责创造方便的交通条件，更要首先考虑到便于国民的游历名山大川，同时还要负责组织各种游历活动，以便使人们能够得到更多的审美享受。

张竞生所说的"美治"，即是这样一种以美的标准组成最高权力机构，在诗情画意的境界中评判国家公仆，乃至完成权力交接之类重大国事活动的政治；所有国家机构，都要首重审美职能，以美作为首要目标的政治。张竞生不是职业政治家，也不是专门的政治学家，他由"美治"观出发设计的"美的政府"，美的国庆节之类，听起来似乎太像童话了，太天真烂漫了，但又并非完全是信口开河，其中的价值取向，是立足人类现代精神之根基的。由张竞生的论述可见，他在政治方面向往的是真正的"人民当家做主"，他是在本原意义上使用"公仆"与"国民"的概念的，是站在现代民主政治立场上思考问题的。他的向往，也正是中国近现代先进知识分子梦寐以求的。明末清初的著名启蒙思想家黄宗羲在《明夷待访录》中即曾提出，学校除培养人才之外，还应是评论朝政的机构，每月初一，皇帝与大臣应像弟子那样，来学校听取"祭酒"对朝政的批评与建议。张竞生关于"美的国庆节"的设计中，似乎即不无黄宗羲之主张的影子。他所设想的那个"爱美院"，在政治功能方面，也很像是中华民国元年制定的《临时约法》赋予其议决法律、质询政府官员甚至弹劾总统等最高权力的参议院。曾经投奔孙中山，出任过南方议和团秘书的张竞生，毕竟是经受过民主革命大潮的淬炼，其美育思想中，实际上是涌动着进步的政治激情的。他的关于"8部"职能的设想中，虽不无虚浮空泛、脱离实际之处，但他从美的功能角度所强调的"避孕"、"性教育"、"环境保护"、"产品的设计美"等等，亦是充满了人文关怀、生态保护之类现代意识的。

三、美的社会组织观

与"美的政府"相配套，张竞生还提出了"美的社会组织"的设想。

关于"美的社会组织"，张竞生认为有两个重要准则，一是人人得以平等地保护与分配的公道，二是发挥个人才能，满足个人意愿的自由。公道需要一定的社会组织做保障，但社会组织的某些缺陷又有可能侵犯个人的自由，"有时，愈有组织的社会，愈使个人不能得到真正的自由，这个毛病是它的组织不善，外面上似有公道的现象，底里乃是一种假公道的实状，个人的自由当然免不了为这样社会所牺牲。"① 在张竞生看来，不论古代的各种宗

---

① 《张竞生文集》上卷，广州出版社 1998 年版，第 239 页。

教团体组织、近代的法制国家组织，还是西方的民主国家组织以及当时苏联的国家组织，都存在着组织不善的毛病，都没有处理好公道与自由的关系，故而都还不是真正的好组织。为此，张竞生提出了他认为理想的美的社会组织模式，主要有以下几个方面。

婚姻关系方面的"情人制"。张竞生认为人类原有的一夫多妻制、一妻多夫制、一夫一妻制，都是不完善的，而主张代之以"情人制"，即男女之间，均应以自由松散的情人关系相处。即使自愿结为夫妻者，也应相互视为情人。其理由是：第一，"爱的真义不是占有，也不是给予，乃是欣赏的。"①而这样一种相互之间的美的欣赏，只有在情人之间才能得以长期保持。第二，爱离不开美，只有美才能得到爱。一位男子要在情场上获胜，就不能不发愤，不能不注意美的外貌，不能不注意性情的提高；女性出于竞争，也会保持衣饰及住室之美。因此，"爱与美乃属情人制下的双生儿，一个社会如能行情人制，自然能得到爱与美的创造与进化。"②总之，在张竞生看来，对于整个社会美的进步而言，"情人制"会产生至关重要的作用。

法律制度方面的"共法互约制"。共法，是指大家都认可的某些法规，这些法规中，不应包括某些强人执行的具体条文，而只是一些粗略的规则。互约，是指由当事人根据自由意志，互相商定，就某些具体事务双方确立的契约。处理人际纠纷时，关键是看哪一方违背了自己同意的契约。比如关于婚姻法，只应做如下规定："凡由男女两方情意相投而结合者就享有夫妻的权利与义务"，这就是"共法"。至于怎样结合，应具备什么条件，均由当事人自己商定，这就是"互约"。这样，人们之间的行为，既有可供遵守的法规，又最大限度地保障了个人的自由。

社会体制方面的"共权分能制"。"共权"是指权力归全体人民共有；"分能"是指具体的权力行施交由政府的有关机构承担。在这方面，张竞生高度肯定了孙中山权能分离的主张，即选举权、罢免权、创制权、复决权归人民；行政、立法、司法、考试、监察等权归政府。这样，人民与政府各有自由，又相互制约，即"权"归人民，政府无法专制；"能"属政府，人民

---

① 《张竞生文集》上卷，广州出版社 1998 年版，第 151 页。
② 《张竞生文集》上卷，广州出版社 1998 年版，第 153 页。

也不可掣肘。

人际关系方面的"共情与专智"。共情，是指在博爱意义上，人与人之间当皆如情人，这实际上是张竞生将男女之间的"情人制"扩大至全社会而形成的看法。专智，是指智慧创造方面的个人性，思想方面的自由性等。张竞生认为，只有共情，才能保证共法、共权的实现，才能造成社会成员之间的互相亲爱；只有强调理智的私有，才能保证"人人立异，日日创新，无一抄袭，无一重复"，才能形成五光十彩、千姿百态的繁荣局面。而这样的社会，当然就会"极呈其文化的长进了"。①

张竞生从"公道"与"自由"两大准则出发论述"美的社会组织"，不能不说是抓住了人类社会的根本问题。自由是人性的本原欲求，也是人生的理想境界，但如果完全强调自由，人的本能势必泛滥成灾。所谓公道，其实也就是对他人利益的兼顾，是对自由的必要限制。正因着眼于根本性的社会问题，张竞生据此设计的"美的社会组织"，也就具有充分的合理性。与之相关的那些具体模式，对于人类社会的发展而言，也就具有重要或者可能的实践意义。由中国当前社会生活中正在发生的某些方面的变革中，我们即可实际感受到张竞生理论的实践价值。我国目前社会生活中开始出现的"试婚"现象，即颇类乎张竞生所向往的"情人制"。而已为许多社会学家所肯定的"试婚"现象的积极作用，也正是张竞生所分析的"情人制"体现的作用。在我国目前的法律制度建设中，某些方面实际也已体现了他所主张的"共法互约"原则。其"共权分能制"，也正是我国目前体制改革中正在追求的。另如张竞生所说的"专智"，与近些年来呼声较高的"知识产权"之类亦颇有相通之处。张竞生从美育角度提出的上述设想，在我国的现实生活中，也许来得太迟了些，但毕竟已经开始出现了。

四、一位不该被忽视的思想家

在中国现代史上，像张竞生这样自由洒脱，海阔天空，敢想敢说的思想家是不多见的，仅这一点，张竞生的存在就是不该被忽视的。张竞生对人

① 《张竞生文集》上卷，广州出版社 1998 年版，第 245 页。

生、政府及社会组织的某些方面的设计中，自然不无偏颇，如他所主张的40岁前的男子，30岁前的女子不可有孩子，从现代优生学的角度来看，就是不科学的，是不利于人口素质提高的；他更为偏激地提出的"享夫妻的幸福者切不可有儿子"之类，也是不利于社会正常发展的。他的"美的政府"之类设计中，有着脱离实际的乌托邦色彩。但张竞生美育思想中体现出来的多方面的积极意义、进步意义，又是值得我们珍视的，应予正确评价、充分肯定的。

第一，张竞生是一位注重美育实践的思想家。

早在20世纪初，王国维在论及教育宗旨时就明确提出了"美育"、"美育主义"的主张，但王国维只是提出了问题，并没有切实深入的探讨。此后，蔡元培进一步力倡美育，且已较早对道路、公园、墓地、育婴院之类社会生活设施的美育功能有所注意。但蔡元培在谈论美育时，对实际生活中的美育问题，大多尚不过是简略提及，主要强调的还是艺术教育。在1912年2月11日写下的最早倡导美育的《对于新教育之意见》一文中，蔡元培便是将美术、音乐等视为美育的主导形式的。他曾明确地指出："记美术家及美术沿革，写各地风景及所出美术品，美育也"；"唱歌，美育也"。[1]1917年4月8日，他在北京神州学会的演说词（即著名的《以美育代宗教说》一文）中，主要论述的也是诗、画、小说、建筑之类的美育价值。在写于1922年6月《美育实施的方法》一文中，他虽提出了家庭美育、学校美育、社会美育三个方面，但他所说的家庭美育与学校美育的主要方式仍是艺术教育。在论及社会美育时，他首先推重的亦仍是美术馆、美术展览会、音乐会、剧院、影戏馆之类艺术设施的建立。艺术活动中的美育功能当然是重要的，但这样的美育视野还是狭窄的，而只有将美育作为一种更高层次的文化策略贯彻到人类实际生活的各个方面时，才能更好地实现以美育人的目的。张竞生正是这样做的，他那涉及饮食起居、性爱、政府、社会组织等人类社会生活方方面面的美育观，有的虽然不太切合实际，但主观上都是着眼于实践的。正是着眼于实践，他甚至曾在请教成衣匠的基础上，按照自己的美育理想，亲自动手为中国女性设计过美丽大方的连衣裙、衬裤、睡帽等。在注重美育

---

[1] 《蔡元培全集》第二卷，中华书局1984年版，第136页。

的实践方面，张竞生也许是受到了蔡元培已经有所注意的美化生活环境的影响，但他的美育实践视野，显然要比蔡元培开阔得多、系统得多，也深入得多了。

20世纪80年代以来，随着中国社会的变革，美育作为一个重要问题，再度受到美学界、教育界的重视，并已为教育部纳入与德育、智育、体育并重的教育方针。但就目前状况来看，有关研究成果，大多仍不过在空泛地谈论美育的本质，美育的意义，美育是情感教育还是艺术教育等等。由于缺乏更为切合实际的可行性探讨，故而尽管呼声很高，成效并不明显，正如有的学者所指出的："与德、智、体等其他几育相比，美育的可操作性较差。"① 而事实上，与一般的美学问题及教育问题不同，美育的关键恰恰在于"可操作性"，即美育的研究，应重在为人类设计具体可行的美的生活方式，并积极创造条件予以实施。否则，只是进行所谓的理论探讨，美育恐怕永远只能是空中楼阁。而正是在实践方面，张竞生提出的许多主张，对于我们当今的美育建设来说，仍具深刻而重要的启示意义。

第二，张竞生是一位富有建设性的思想家。

· 美育，就其本质特征来看，就应是建设性的。美育的根本目的，就是要把人类的生存环境、人的活动以及人本身都建设成美的存在，让人以美的、诗意的方式生活、工作、学习。但在20世纪的中国历史上，由于破坏旧体制，清除旧文化一直是左右社会进程的主旨，故而更为显赫的是革命与批判浪潮的奔腾喧嚣，在建设方面往往顾及不足。据此，我们会益发感到张竞生美育思想的珍贵。

张竞生早就清醒地意识到："反抗就是力量，建设更是力量。所以反抗固然是适意，建设更是适意的事情。"② 与之相关，张竞生的言论中虽也包含着对丑与恶的否定，但他不满足于只是批评破坏，而更重视"建设与实行上的研究"。在他的美育思想中，从"美的政府"、"美的社会组织"的建立等大问题，到吐口水、拭鼻涕、卫生带的改进、衣服的款式与色调等日常生活琐事；从人的外在形体、行为方式，到思想方式、心灵世界等，便均是立足

① 曾繁仁、高旭东：《审美教育新论》，北京大学出版社1997年版，第39页。

② 《张竞生文集》下卷，广州出版社1998年版，第88页。

于建设的。而且，他的那些富有建设性的美育主张，有不少仍极为切合中国当今现实生活的需要。比如，近些年来，随着我国社会观念的发展，"性滥"以及由此而造成的危害，已成为一个严重的社会问题。作为治理手段，有关方面一直注重的仍不外是道德批判及以法惩处，如能辅之以张扬张竞生从美育目的出发所大力倡导的重在建设的"情人"理论，也许会更有成效。

第三，张竞生是一位富有现代意识的思想家。

张竞生的美育思想中，有两条重要的现代价值标尺，这就是民主与科学。这固然首先是得力于他留法期间亲身感受到的西方现代文明的熏染，同时也分明是兴盛于中国本土的五四时代精神影响的产物。

以人为本，反对专制，呼唤民主，是伟大的五四精神的精髓之一。张竞生所提出的美的生活观、性爱观、生育观、政府观、社会组织观等，便正是立足于与五四时代精神相呼应的民主自由与人性解放的。他曾猛烈批判当时的政治对人的思想的束缚，大声疾呼思想自由。他说"所谓思想自由，若非政治许以自由，其势也难得到好成绩。在此层上，我国宪法虽有规定，但无异等于空文。彼有势力者，固然忌他人的敢言，但防口甚于防川，迟早必有溃决的一日。且思想不自由，则人民必成愚蠢，仅为敌人的资助而已，其于有势力者，徒见国势衰弱，终也同归于尽了。故以势力阻止思想自由，禁者也不见有利，反不如任其开放，较为彼此有得。"① 正是从人性解放与自由平等观出发，张竞生一直特别重视在当时极具反封建意义的提高妇女地位问题，公然宣称"理想的社会，必要以新女性为中心"②。他曾勇敢挑战传统，在游学归来之初担任金山中学校长时，力主实现了男女同校；在论述"爱美院"的组成时，他曾特别强调女子应倍于男子；在谈及"交际部"的构成时，他主张要多选派美丽而有情感和才能的女子出任大使、公使、领事等外交人员；在上海创办的"美的书店"时，他曾开风气之先，最早聘用了女店员。

张竞生美育思想的科学性表现在：他的一系列见解，是努力从科学出发的。他是以卫生、医学保健为基点探讨"美的衣食住行"的，他是以性科学

---

① 《张竞生文集》上卷，广州出版社1998年版，第325页。
② 《张竞生文集》上卷，广州出版社1998年版，第253页。

为基点探讨"美的性爱观"的，他是以政治学、法律学为基点探讨"美的政府"、"美的社会组织"问题的。显然，只有像张竞生这样，以科学为基点，才能进一步看清美育与人类社会生活的关系，也才能更好地实施美育。

第四，张竞生是一位卓有远见的思想家。

张竞生美育思想中涉及的许多问题，当时虽不曾为人重视，有的甚至为人讥讽，但如今看来，人们不能不叹服张竞生的超前性、远见性。他立足于生育美提出的节育主张，已在我国长期实施；他所提出的性行为美、环境美、产品设计美等等，目前也已深受重视。此外，张竞生关于美育的论述中，另有一些与现实相关、极富远见的重要主张，尚有待引起人们的注意。比如张竞生曾经提出：教育权应与行政权分离，"各省教育厅当直接统属于中央的教育部，一切人选及事务不准省长干涉，并应同时有各省的教育基金免受政界权力所动摇。但中央教育部的组织，应有特别的权力，其部员以负有教育的名望者为主，不能听任一班官僚所把持。"① 因为教育是一项专业性很强的工作，与一般的政府职能是大相径庭的。如果任凭一班外行人操纵教育，必将害国害民。张竞生这里虽是就当时的教育状况而言的，但注意一下他的这类见解，对于我国目前的教育改革，自是不无裨益的。

张竞生的美育思想之所以受人冷落，甚至为人误解，很大程度上，恐正是与其超前性有关。相对于他所处的具体社会环境而言，张竞生是有些背时的。在民族危亡、生存危机、外族入侵的情况下，在一个以破坏旧的社会体制为主旨，注重以武力进行革命的时代，张竞生却在大谈"美的生活观"、"美的性爱观"、"美的生育观"之类问题，招致非议也就是可以理解的了。长期以来，在讳言民主政治的历史背景下，张竞生那类极富民主理想的"美的政府"之类主张，也注定了必遭尘封的命运。目前，在经济效益作为第一价值追求的时代氛围中，张竞生所提出的诸如路政建设、城市规划、作物种植、工厂建立、产品设计等都要首先顾及美趣的主张，也还不大可能引起有关方面的真正重视。

然而，分明又正是缘其超前性，可使我们进一步看清张竞生思想的独特价值。他那不曾拘泥于眼前现实，大胆指点江山，擘画未来，洋溢着政治

---

① 《张竞生文集》上卷，广州出版社1998年版，第250页。

激情的"美的政府"、"美的社会组织"之类，体现的正是张竞生这样一位曾经追随孙中山投身过民主革命的进步知识分子的社会责任感；他那奇思异想、洒脱无羁、勇于开拓的学术品格中，涌动着的正是追求独立自由的五四时代精神。他的某些美育设想，也许永远不可能得以实现，但隐含的启示意义本身就有价值。正是由于这些原因，当我们拂去历史的尘埃之后，在张竞生发表于 70 多年前的言论中，仍能感受到一种生机勃勃的活力。可以相信，随着中国社会的不断进步，张竞生的许多思想主张，必会闪现出新的光彩。

（原载《浙江师范大学学报》2005 年第 1 期，谭好哲主编、首都师范大学出版社 2006 年版《美育的意义：中国现代美育思想发展史论》一书收录）

论文艺思想的生成方式

　　文艺学，与政治学、经济学以及其他自然科学不同，往往表现为两种价值取向：一是实用功利性，二是自足过程性。即一方面是为了探讨人类文艺活动的规律，用之于推动文学艺术的发展；同时，文艺学思想，往往本身也是一种文化创造，是一个民族文明与智慧程度的重要标志，是人类精神空间的开拓，有着培育人类文化人格的巨大潜能。① 而正是在这方面，中华民族是为人类作出了卓越贡献的，辉煌的中国古代文艺思想遗产，至今仍在世界上产生着深刻的文化影响。但 20 世纪以来，我们却远远地落后了，正如孙绍振先生所痛陈的："一百年来，文论交流变成了西方文论的独白，中国文论仅仅是洗耳恭听，充其量，不过是西方文论微弱的回声。"② 荷兰学者弗克马与易布思在合著的《二十世纪文学理论》中论及中国的情况时，也这样论及，只有"革命现实主义和革命浪漫主义相结合"算是中国理论家的创造；能够称得上文艺思想流派的只有一家，这就是"毛泽东文艺理论"。这评判也许过于苛刻了些，但显然又并非毫无道理，在百年来的中国文艺理论史上，真正属于我们自己的原创性思想成果的确不多；真正创立了独立体系、能够与世界对话的现代理论家更是难以列举。令人尴尬的是，即以被弗克马等人论及的"两结合"及"毛泽东文艺理论"来看，也不是中国文艺理

---

① 参见拙文《试论我国文艺理论研究的价值取向》，《文史哲》1995 年第 5 期。
② 孙绍振：《从西方文论的独白到中西文论对话》，《文学评论》2001 年第 1 期。

论家的创造，而是本源于政治家。20 世纪 80 年代以来，中国文论界虽然新潮迭涌，但大多仍不过是对西方现代文论的阐释与传播。面对这种局面，圈子里的许多人，已经越来越深刻地感到了一种无话可说的悲哀。造成这种局面的原因当然是复杂的，本文拟从文艺思想的生成方式入手，予以探析。

一、文艺思想生成的基本方式

概览古今中外，我们可以发现，人类文艺思想的生成主要有以下 6 种基本方式。

1. 哲学衍化式

这种生成方式的主体是哲学家，其文艺思想，实际上是他们自己哲学体系的组成部分。在我国历史上，孔子的"兴、观、群、怨"，"乐而不淫，哀而不伤"；孟子的"知言养气"，"充实之为美"；老子的"大音希声，大象无形"；庄子的"得意忘言"等涉及文学艺术的见解，便正是其儒家、道家哲学思想的衍生物。在西方文论史上，柏拉图的"理式说"，亚里士多德的"摹仿说"，康德的"游戏说"，黑格尔的"美是理念的感性显现"，尼采的"日神精神"与"酒神精神"说，柏格森与克罗齐的"直觉表现"说，海德格尔"诗意的栖居"，萨特的"艺术是对自由的召唤"等文艺主张，亦无一不是其相关哲学体系的必然构成。这类文艺思想的特征是：有的虽然不无偏颇，或者玄妙莫测，但缘其是来自某一宏阔的哲学体系，故而常常呈现出大气磅礴、凌空高蹈之势，有着一般文艺思想无法企及的启人神智，开拓艺术空间，构架理论体系的重要作用。

2. 学科派生式

具体又可分为两种情况。一是生成主体本是其他领域的学者，文艺思想不过是其所从事的专业研究的副产品。如古希腊毕达哥拉斯关于艺术形式的美是"和谐统一"说，即本原于他对数学的研究；弗洛伊德、荣格等人的"精神分析文艺理论"，则是派生于他们所从事的精神病学研究；英国的弗雷泽、赫丽生等人，本来从事的是人类学研究，但他们对人类原始习俗中的巫术仪式以及与艺术起源之间关系的探讨，竟也无意中开创了文学人类学的先河。二是有的文艺思想家，自觉借助其他学科的视角，提出了新的文艺见解。如我国齐梁时代的沈约，由音韵学出发，创建了对中国诗歌产生了巨大影响的"声律论"；唐代的皎然、宋代的严羽等人，则借助于禅学提出了"但见情性，不睹文字"、"妙悟"之类诗论；在西方，法国作家夏多勃里昂由基督教神学出发，提出了文艺的神秘美见解；史达尔夫人、泰纳等人，则由社会学视野出发，形成了实证主义文论；什克洛夫斯基、雅克布逊等人为代表的俄国形式主义文论，瑞恰兹、艾略特、燕卜荪等人所代表的英美"新批评"，则主要是得益于语言学视角；美国的米勒特、肖沃尔特等人的女性主义文艺思想，则是得益于政治学、女性学视角。这些由其他学科派生的新的文艺观，不仅深化了人们对文艺现象的认识，也从多方面丰富了人类的文艺思想，促进了文学艺术的发展。

3. 创作体悟式

这一生成方式的主体是诗人、作家、艺术家。在人类文艺思想史上，有许多重要见解，实际上是一些有成就的诗人、作家、艺术家对自己创作经验的体悟与总结，如曹丕的"文以气为主"（《典论·论文》），陆机的"诗缘情而绮靡"（《文赋》），白居易的"诗者，根情，苗言，华声，实义"（《与元九书》），苏东坡的"出新意于法度之中，寄妙理于豪放之外"（《书吴道子画后》），贺拉斯以"合理"、"合式"原则为核心的古典主义文论，达·芬奇的"第二自然"说，歌德所主张的"艺术家既是自然的主宰，又是自然的奴隶"，济慈的"消极能力"说，雪莱诗是"想象的表现"说，托尔斯泰的文学是"情感工具"论，左拉的"自然主义"，波德莱尔的感应系统理论，亨利·詹姆斯对作家主观经验的强调，王尔德的唯美主义等等。考之中西文论史，这类出之于创作体悟的文艺见解，占据了十分重要的位置。事实上，真正有成就的诗人、作家、艺术家，很少不同时具有个人理论创见的。这类见解，有时候虽然不过是只言片语，不成系统，但因立足于坚实的创作根基，便决定了其独到的理论价值。

4. 文艺批评式

这一生成方式的主体是批评家。这里当然不是指那些只会从预定的艺术规则出发，机械地裁判作品高低的平庸批评家，而是指那些能够通过对文艺作品或文艺现象的独特体察分析，能够敏感地发现其中蕴含的新的审美趋向、新的文艺模态、新的创作生机的卓越批评家。如我国古代文论史上的钟嵘，正是通过对许多诗人诗作的品评，于《诗品》中提出了"滋味说"；刘勰正是通过对大量作家作品与创作过程的概括分析，在《文心雕龙》中提出了"神思"、"风骨"、"才略"等一系列见解，建构了完备的中国古代文论体系；近人王国维，亦是在研究许多具体作品的基础上，在《人间词话》中提出了"境界说"；俄国的别林斯基、车尔尼雪夫斯基等人，亦正是通过对冈察洛夫的《奥勃洛摩夫》、《大雷雨》等作家作品的分析，提出了系统的现实主义文艺理论；巴赫金则是通过对陀思妥耶夫斯基小说的研究，提出了"复调"理论；萨义德的"东方主义"文艺观，很大程度上也是立足于对《简·爱》、《黑暗的心》等这样一些西方作品独具只眼的分析批评基础上的。这类文艺思想，由于缘之于对作品本身的独特发现，对文艺现象的密切关注，故而既有切合文艺实践的功用性，又有思想增殖的超越性。

5. 借题发挥式

这种方式，多见于专业性的文艺理论研究者。其生成特征是：研究者善于机敏地抓住前人某些富有生长潜力的理论范畴，加以推演增扩，或是在前人某些见解的基础上，予以深化提升，从而开创出新的理论空间，或创造出新的理论体系。如弗莱博大精深的"神话——原型批评"，便是在弗雷泽等人的"巫术仪式"及荣格的"集体无意识"、"原始意象"之类理论范畴的基础上，同时又吸收了英国"象征哲学"的营养，综合开拓的产物；伊瑟尔、尧斯等人开创的接受美学，实际上是对萨特的"召唤结构"、茵加登的"纯意向性客体"、伽达默尔的"阐释学"的继承与发展；英国当代文艺理论家伊格尔顿的"审美意识形态理论"，也主要是对马克思的"意识形态"范畴予以扩充发挥的结果。这类文艺思想的意绪，虽已见之于前人学说，但原来或是只露端倪，尚不为人注意；或原系它山之石，本与文艺无关，而经由文艺理论家的借题发挥之后，常是新意盎然，自成天地。

6. 现实激发式

这一生成方式的主体主要是那些富有社会责任感的作家、学者、思想家或政治家。其生成特征是：由于某些社会现实问题的激发，文艺活动受到特别重视，甚至被视为推动社会变革，促进历史进步的重要方式，新的文艺见解，由是随之而生。我国明代李贽的"童心说"、公安派的"性灵说"，即是受当时处于萌芽状态的资本主义自由与个性意识的激发，反对封建道统的产物；清末梁启超等人提出的"诗界革命"与"小说革命"论，则更是直接源之于他们当时改良社会的政治目的。在西方，文艺复兴时期锡德尼的"诗人是君王"、"诗人是学术之父"说，亦是与批判抗拒当时依然强盛的宗教神学目的相关的；启蒙运动时期卢梭的"返回自然"观，则是缘之于对资本主义私有制导致的虚伪、奴役、战乱等现实的不满；以马尔库塞、阿多尔诺、本雅明等人为代表的法国社会批判学派所倡导的"新感性"、"反艺术"等主张，亦主要是为了抵御资本主义工业文明条件下人被"异化"的现实；法国当代著名思想家利奥塔，也正是由于受到后工业社会条件下，在科技、教育、艺术、语用方式等方面出现的"元叙事"合法性危机的激发，提出了现实主义审美追求已经失效，艺术应重在传达对"不可言说"的认识之类的后现代主义文艺主张；目前正在世界范围内兴盛发展的生态美学、生态文艺学之类，也正是一些文艺家、思想家为拯救业已面临的全球性生态恶化而提出来的。这类文艺思想，由于与特定时期的社会现实问题密切相关，因此，往往会具有掀起时代波澜的强劲生命力，会在人类文艺理论史上闪射出更为夺目的光芒。[①]

上述开列的 6 种方式，当然只是就其主导趋向而言的。实际上，有许多文艺思想成果，往往是多种方式综合生成的。如别林斯基、车尔尼雪夫斯基等人的现实主义文论，既是来自于他们的文学批评，同时，也是与他们的革命民主主义立场分不开的；法兰克福学派的文艺观，既是源之于他们对奴

---

① 这里列举的"现实激发式"，是 2000 年 8 月在北京师范大学举办的一次关于文艺学发展的小型学术讨论会上，笔者发言之后，由童庆炳先生补充提出的，在此，特向童老师致谢。

役人的现代科技理性的不满，同时，也是对马克思"异化"学说的进一步发挥；利奥塔等人的后现代主义文艺观，既是由于后工业时代许多社会现实问题的激发，同时，也是与现象学、存在主义、解构主义等其他哲学思潮的影响有关的。

二、文艺思想生成方式的阻梗

正是依据文艺思想的生成方式，对照检讨一下 20 世纪以来的中国文艺学，其缺乏创造性的症结也许就会看得更为清楚了。

重要原因之一即是：近百年来，在我国，一直缺少真正意义上的哲学家。我们虽然可以举出诸如梁漱溟、冯友兰、金岳霖、贺麟这样一些在哲学界颇有影响的人物，但他们毕竟未能创立卓有建树、能够拓展人类精神空间的哲学体系。更准确地说，他们大多似乎还只能算是哲学学者，而非哲学家（如冯友兰先生就曾比较切合实际地自称主要是哲学史家）。这些学者，也许本来不无成为有成就的哲学家的可能，但后来，当他们大多被批判为"唯心主义"，不得不用"洗脑"、"脱胎换骨"之类代替了独立的哲学思考之后；当本是难以穷尽的人生哲学被极度简化为"改造世界观"、"提高阶级觉悟"之类信条之后；当本是纷纭复杂的认识论哲学由"意识反映存在"的铁定原则统辖之后，他们应有的哲学创造，他们要想成为有建树的个体哲学家，也就不可能了。这些中国现当代哲学界的翘楚人物尚且如此，其他人就可想而知了。在如此的哲学格局中，哲学衍化的文艺思想生成方式，当然也就无从谈起了。

第二，就学科派生方式来看，主要有两方面的原因阻遏了文艺思想派生的可能。一是学科之间壁垒森严，缺乏沟通，难以互动。迄今为止，在我国的研究机构及高等院校中，不仅文理之间依然泾渭分明，本应是互通的文史哲之间，亦仍各自为战。二是与文艺学有着密切关联的某些学科，如心理学、社会学、人类学等，在 20 世纪的中国，虽早有学者介入，但却未能得以兴盛发展。先是因为长期的社会动荡与战乱，新中国成立后的情况则是：心理学一度被判定为"伪科学"，费孝通、吴文藻、潘光旦等社会学家、人类学家纷纷被打成了右派，故而在相当长的一段历史时期内，这些学科在我国基本上是销声匿迹了，这自然也就堵死了由其派生文艺思想的通道。另如语言学，虽在发展，但由于我们长期尊奉的是斯大林"语言工具论"的指导原则，其研究往往过分集中在对古代语言的音义考释以及关于现代语言的应用方面。结果是，在我们国家，不仅没有人能够像西方的符号学派那样将语言学提升到哲学的高度予以探讨，甚至很少有人能够像俄国形式主义学派那样从文学艺术的角度关注语言。显然，正是与之相关，在我国原来的许多文学理论教科书中，虽明确地强调文学是语言的艺术，但在相关章节中，除了简洁洗练、准确生动之类普通语言规则的罗列之外，关于文学语言自身的论述几近空白，这也就更谈不上由语言学生发出独成系统的文艺学思想了。

从第三种方式来看，在中国现当代文学史上，除了以鲁迅、郭沫若、茅盾、老舍、沈从文为代表的第一代作家，缘其学养深厚及特定的时代氛围，能够结合自己的创作体验，探讨思考理论问题，有其思想贡献之外，后来的一代代作家，与其知识结构的日趋窄狭，文化视野的日趋封闭，以及政治批判的波翻浪涌、独立思考遭到压抑有关，大多很少涉及理论问题，更慎于谈论自己的创作主张。另一个严重问题是：从五四时代一直到新时期的中国文学，由于在思想观念、审美趋向、艺术形式、创作技巧、表现手法等方面，多是对西方各种文学思潮与创作形态的借鉴与模仿，个性化创造不足，因此，即使诗人、作家们论及自己的创作经验，也往往难有新意。如我们的许多诗人、作家，也曾联系自己的创作追求，大谈诸如"人道主义"、"现实主义"、"象征主义"、"典型人物"、"典型化"、"心理时空"、"语言还原"之类见解，有的也曾在中国的文学艺术界引起过这样那样的反响，但这些看法，大多不过是舶来品，不具思想的增殖意义。

从第四种方式来看，中国的现当代文学批评虽然一直比较活跃，但占据主导地位的正是那种从某些预定原则出发的削足适履式的批评，甚至是打棍子、扣帽子式的政治批判。虽也出现过李健吾这样注重感悟作品的批评家，但李健吾先生的感悟，常常停留在一般人生体验的层次上，批评的理论化不足，所以其中也就同样缺少思想性的创造；虽也出现过力图从作品的内在构成出发，从主体性角度建构个人文艺理论体系的胡风这样的批评家，但因不为社会主流意识形态所容，胡风不仅未能遂其雄心，反而因此而长期罹难。1998 年，在《北京文学》第 10 期发表的那份《断裂：一份问卷和五十六份答卷》中，一些青年作家情绪激愤地宣称：当代文学评论并不存在，存在的只是一伙面目猥琐的食腐肉者，他们的艺术直觉普遍为负数（韩东）；批评家是一帮势利的家伙，干不出什么事情（楚尘）；最好的文学批评都是作家写的（朱文）。用语虽然不无偏激，但的确在一定程度出揭露了中国当代文学批评缺乏真知灼见的弊端。可以想见，20世纪中国文学批评的这样一种局面，要有理论的创造与发现，也是很难的。

从第五种方式来看，由于自五四时代开始的中国新文学，一直深隐着反叛传统文化的主旨，故而借古代文论之"题"予以发挥的方式，在一定程度上是遭到了抑制的。本来，孟子的"以意逆志"、钟嵘的"滋味"说等见解中，早已潜含着对作品与读者之间接受关系的注意，而我们却没有人能够像德国的伊瑟尔、尧斯等人那样，在这样一些相关见解的基础上，发挥出独成一派的"接受美学"思想。五四时期大量涌进的外来文艺思潮，虽为中国文学理论界的"借题发挥"提供了丰富资源，也因战乱等时代原因，使理论家们难以进行潜心的思考探索。新中国成立后，由于长期的厚今薄古及闭关锁国，可"借"之"题"则已少得可怜。由于戒律森严，即使有"可借之题"，也往往难以"发挥"。比如在以继承与发展马克思主义为重要思想文化原则的我国，本应更具备从马克思主义的某些命题出发，创建新的文艺思想的可能，但在我们曾经有过的动辄得咎的政治背景下，理论工作者除了小心翼翼地阐释马克思主义经典之外，"发挥"的念头恐怕压根儿就不敢产生。这大概就是为什么尽管周扬早在50年代就已提出了"建设中国特色的马克思主义文艺学"的口号，此后也一直受到高度重视，但在长达半个世纪之后，至今仍未见到令人满意的成果的重要原因。更为令中国文艺理论界汗颜的是：在不是以马克思主义为主流意识形态的英美国家，倒是出现了伊格尔顿、杰姆逊这样卓有贡献的西方马克思主义文艺理论家。80年代以来，随着改革开放，历史无疑又一次为中国的文艺理论工作者提供了"借题发挥"的大好机遇，但某些潜在的思想禁忌以及社会转型期的纷扰，仍在遏制着文艺理论创造的可能。比如，在有的学者提出的"中国古代文论的现代转换"的主张中，本来是包含着从中国古代文论中"借题发挥"的良苦用心的，但在当今浮躁的文化氛围中，却很少有人能耐下性子，在发掘古代文论中富有生长性的理论范畴的基础上，潜心于新的思想创造。故而至今看来，这"转换"仍尚停留在一般性的口头呼唤上。

从第六种方式来看，我们的许多理论工作者，往往脱离现实，学术眼光迟钝，更习惯于从书本到书本，更热衷于在一些大而无当的问题上兜圈子。固然，由于 20 世纪的中国，在政治、经济、文化诸方面，先是趋苏，后是借鉴欧美，社会发展及社会问题本身的滞后，从而导致了我们由现实激发而生成独特的文艺思想的困难。但中国毕竟不同于苏联，也不同于现代欧美，毕竟是存在着大量与民族文化渊源、历史背景、现实条件相关的值得文艺理论工作者分析研究的特异之处。如 80 年代以来，西方现代、后现代文化思潮在我国的快速传播，虽有其促进思想解放、打破旧有观念的积极意义，但在我们这样一个缺乏现代、更缺乏后现代基础的国家，其效应显然又是大大不同于西方的，弊端已历历可见。而在我们的理论界，除了用西方的尺度予以更多的肯定之外，又有多少结合中国的实际提出的独立见解？更为值得反思的是，有些问题，我们的理论家本来应该比欧美学者的体验更为深刻，也理应更为敏感，如兴盛于美国的后殖民主义文化与文艺思潮，也许最应该产生于我们这样一个曾长期遭受帝国主义列强欺凌，改革开放后仍不得不忍受科技文化的不对等交流之苦，且一直是在号称坚持马克思列宁主义的第三世界大国，但我们又有谁比西方学者更早地意识到呢？在诸如此类问题方面的缺乏创见，恐怕就不是仅仅用政治束缚之类的外在客观原因能够解释的了。

正是由于上述 6 种生成方式均陷入阻梗状态，结果是：长期以来，在我国文艺理论界，虽然表面上论争不断，热潮迭起，且从事文艺理论研究的人数大概也堪称世界之最，但却很少真正具有学术性、思想性、原创性的探讨，大多不过是对古人、前人、洋人某些文艺观点的阐释与评介，或是"鹦鹉学舌"般地重复转述那些被认为是正确的理论信条，或是奉迎时世，为某些功利性政策性的文艺口号找寻成立的理由。这种状况，不仅影响了 20 世纪中国文艺学的发展，更为可怕的是，严酷地窒息了人们的思想活力，影响了中国现代文化的发展，阻碍了社会的进步。

三、文艺思想生成方式的修复与重建

在生成方式严重阻梗的情况下，要改变中国文艺学的落后局面，促进其繁荣发展，显然是不可能的。改革开放以来，某些方面的情况虽已大有好转，但仍然深存危机。而要彻底解决问题，生成方式的修复与重建无疑是当务之急。

首先要解放哲学，尽快促成个体哲学家的诞生。哲学，不仅是一个民族智慧的最高标志，也是一个民族其他思想产生的重要源泉。一个没有独立哲学的民族，一个哲学思想僵化的民族，是没有希望的民族。我们所坚持的马克思主义哲学，是伟大的；继承与发展马克思主义，也是必要的。但马克思主义毕竟不可能一劳永逸地解决人类的所有问题，也不可能事无巨细地解决中国的全部问题。将复杂的问题简单化，将马克思主义推至极境，这本身就不是马克思主义。事实上，在人类已有的哲学成果中，有许多并不一定符合马克思主义，如中国历史上的孔、孟、老、庄，西方历史上的柏拉图、康德、黑格尔、叔本华、尼采等，大多不是至今仍被定性为"唯心主义"吗？但有谁能否定他们思想中的合理成分，有谁能否定他们在人类历史上的重大贡献，以及至今仍在产生的影响？也许正是与之有关，连列宁都曾承认"聪明的唯心主义比愚蠢的唯物主义，更接近唯物主义"。以马克思之后的情况来看，产生于西方的"现象学"、"象征哲学"、"符号哲学"、"结构主义"、"解构主义"等等，也往往与马克思主义大相径庭，但又有谁能断定它们一无是处呢？相反，正是由于这些新的哲学学派的产生，活跃了人类的思维，丰富了人类的思想，解决了人类社会的某些问题，同时也推动了人类文学艺术的发展。这样一种情况，本来应是天经地义的，而在我们这里，则仍需进一步打破思想禁忌，方有可能。

要从科研体制、教育体制及文化管理体制等方面，尽快打破学科壁垒，特别是要尽快改变中国的大专院校、科研机构中学科分类过于明细，从业者的专业身份过于固定之类弊端，以促进不同学科之间的融汇与交流。徐中玉先生在《回忆我的大学时代》中提到，新中国成立之前的山东大学中文系，不仅开设哲学、中国通史、欧洲通史等课程，还规定学生必须选一门理科课程，这是有道理的。狭窄的知识结构，又如何可能形成文化创造所需要的阔大视野呢？又怎么可能由其他学科得到启发，生出新的思想（包括文艺思想）来呢？此外，要设法加快心理学、社会学、人类学等其他相关人文学科的发展，为"学科派生式"的文艺思想的生成提供条件。应该承认，近十多年来，我国的"文艺心理学"、"文艺社会学"、"文学人类学"等等，已经取得了一定成绩，但在相关学科本身尚不发达、不同学科之间相互隔膜的情况下，有关学者只是外在地借用其他学科的名词术语，或是简单套用其理论原则，也终究是难以自成气候的。

在新时期以来的中国当代文坛上，一大批占据主导地位的中青年诗人、作家，在文学创作的同时，于理论探讨方面也是作出了重要贡献的。他们中有不少人，既是诗人、作家，同时又是学者或理论家。但总的来说，出自于他们之手的真正有创见的理论成果同样不多。与战争年代及新中国成立后成长起来的许多"工农兵"出身的诗人、作家相比，他们的文化层次虽然高得多了，多是大学毕业乃至拥有了硕士之类学位，但因"文革"延误及教育体制方面的某些缺陷，使其知识结构与文化视野仍有很大局限；他们虽然赶上了思想解放、创作活跃的大好时机，但因更多地接受了外来文学思潮与创作技巧的影响，艺术素养不够浑厚。这就需要中国当代诗人、作家，广览博取，进一步丰厚自己的艺术人格与文化人格。只有如此，才有可能在创作出优秀作品的同时，又有独到的理论创造。

中国当代的文艺批评家们，应有意识地挣脱平视甚或仰视批评对象的一般批评立场，而从心理上将自己提升到理论家的高度，以实现批评的理论化。具体来说，应改变那种先入为主、自外向内的单一裁判式、比照式批评，而强化自由介入、由内向外的发散式、创造式批评。文艺批评，当然离不开某些预定的规则，但如果仅仅停留于既有规则与理念，其批评就只能是技术性的、低层次的，而不可能具有思想的创造性与学术的增殖性。而只有像王国维那样，像巴赫金那样，既潜入作品的内部，又摆脱某些既定规则与理念的束缚，将个人在作家作品中的独特发现予以理论的提升，才能大有作为，才能促进文艺思想的不断增殖。

中国当代的文艺理论工作者们，迫切需要总结"方法论"方面的经验，即在研究前人的理论成果时，不是仅仅注意其具体见解，更要重视对其生成方式的借鉴。要学会像弗莱由"象征形式"、"原始意象"到"神话原型批评"，伊瑟尔、尧斯等人由"召唤结构"、"阐释"到"接受美"，马尔库塞、阿多尔诺等人由"异化"到"反艺术"、"新感性"那样，能够从前人已有的学说中，机敏地捕捉住某些富有理论弹性的范畴，借题发挥，积极开拓，大胆创造。而要做到这一点，首先需要调整我们自己的文化心态。要警惕：自近代以来，由于中国文化的弱势处境，已经形成了中国学人不自觉的自卑意识。这种自卑心态的可怕之处是：极易臣服他人，盲从权威，思想萎缩。在我国的文艺理论生成方面，"借题发挥"通道的阻梗，与这样一种自卑心态是有重要关系的。此外，在"借题发挥"的生成方式中，由于所借之"题"并非仅仅局限于文艺学范围，这就需要文艺理论工作者，同样要有广博的知识结构。

在文艺学研究的出发点方面，要重提研究主体的现实责任感与历史使命感。在 20 世纪的中国文学史上，由于片面强调文学的社会功利，的确曾影响了文学艺术的发展，但力图彻底切断文学与现实及时代的联系同样是错误的。如同文学从来就不仅仅是文学一样，文艺学也不可能仅仅是文艺学本身的事，而是与整个民族的文化建设与社会进步密切相关的。文学艺术总是在对社会与人生产生着影响，在不断变化的现实中，也总会蕴含着新的文艺追求的动向、生机与活力。特别是在当今时代，随着大众文化的勃兴，以及文学的普泛化、全球化与世俗化，文学的当代意义是什么？得失何在？文学究竟该怎样发展？文艺理论工作者，如果脱离现实，就不可能发现与之相关的新问题，产生新的思想。近些年来，一些中青年文艺学者，正在走出书本，走出书斋，走出封闭的文艺学小圈子，从更为开阔的视野出发，体察社会，考辨现实，这无疑是值得大加肯定的。正是在这样的追求中，孕育着中国文艺学的希望。

导致 20 世纪中国文艺学成就低下的原因当然还要复杂得多。学术及文化思想的创造，本应是极富个人性的，既需要充分的心理空间，也需要宽松的文化环境，更需要自由的社会氛围。但在 20 世纪的中国历史上，这些条件常常是不具备的，或是不够充分的。实际上，不论是哲学家的贫乏，某些人文学科的落后，还是作家、批评家、理论家知识结构的不足、文化视野的局限、思想观念的滞后，都是与更深层次的文化环境与社会机制有关的。因此，要促进中国文艺学的发展，除了对上述 6 种生成方式予以修复与重建之外，还必须同时加快整个社会体制的改革。否则，如果仅仅着眼于文艺思想的生成方式，恐怕仍是难以大有作为的。

此外，由上述 6 种生成方式可见，一个民族，一个国家，文艺思想的发展与繁荣，不只是文艺理论工作者的职责；文艺学成就的低下，也不应仅仅归咎于文艺理论工作者，还要有赖于哲学家、作家、评论家及其他人文科学工作者的共同努力。

（原载《文学评论》2003 年第 1 期）

学术人格与 20 世纪中国文艺学

文艺学，是人类思想文化建设的一个重要方面，是一个民族才华与智慧的结晶。但当我们回首 20 世纪的时候，不能不感到窘迫与尴尬。正如季羡林先生这样慨叹的：“西方文艺理论体系，同自产业革命以后发展起来的科技方面进步一样，主宰着当今世界上文艺理论的走向，大有独领风骚之势。”“反观我们东方国家，在文艺理论方面噤若寒蝉，在近现代没有一个人创立出什么比较有影响的文艺理论体系，王国维也许是一个例外，没有一本文艺理论著作传入西方，起了影响，引起轰动。”[①] 季先生是说真话的，这里说出的是一个许多人心里明白，却缺乏勇气正视的事实。与思想活跃，流派众多，大家迭出的 20 世纪西方文论界相比，我们能够摆得上桌面的成果实在不多。对此，每一位有民族自尊心的中国文艺理论家，是不能不为之赧颜不安的。对此局面，长期以来，我们往往更习惯于追究时代战乱、极左思潮之类的社会原因，却似乎忘记了这样的事实：在时代背景与社会历程极为相近的同一个世纪里，人口远比我们少得多的苏联，仍向世界奉献出了什克洛夫斯基的“形式主义”、巴赫金的“复调理论”、卡冈的“艺术形态学”、维戈茨基等人的“文艺心理学”等重要成果。实际上，20 世纪的中国文艺学之所以陷入困境，除了某些社会原因所导致的理论空间的狭窄、文化资源的匮乏之类外，还存在着另外一个重要原因，这便是：中国文艺学、美学家学

---

① 曹顺庆主编：《东方文化选·序》，四川人民出版社 1996 年版。

术人格的退化与病变。

一、学术人格的体现

在本世纪的中国文艺理论界，实际上并不缺乏富有理论素养与学术根底的人才，在宗白华、朱光潜、冯雪峰、周扬、胡风、钱钟书、李泽厚等人身上，我们均可以看到这种素养与根底。但遗憾的是，却没有人能够成为堪与同时代西方许多文艺理论家相抗衡的理论大师。即以代表了 20 世纪中国文论最高成就的宗白华、朱光潜、钱钟书、李泽厚等人的著述来看，也是不尽如人意的。宗先生对某些美学、文艺学问题的洞察是深邃的，却没有留下一本自成系统的理论专著；朱光潜先生是中国文艺美学、文艺心理学的开山者，但新中国成立之后，除了在翻译研究西方美学方面的贡献之外，似乎再也没有更多深刻系统的理论创见，其"主客观统一说"，实际上也并没有超出狄德罗与康德；钱钟书先生的《谈艺录》、《管锥编》等，无疑是中国当代学术史上的辉煌高峰，但其中毕竟也缺少原创性的思想体系；李泽厚在美学方面的"实践观"，也主要还是对马克思主义基本原理的进一步阐释，其"积淀说"，在文化视野方面，倒不如荣格的"集体无意识"更为宏阔。这种境况，除了外在的社会历史原因之外，便不能不说与其学术人格方面的某些局限有关。

学术人格，首先是指能够立足于学术本位，敢于坚持真理，不为现实得失所扰，不为名纲利索所羁，乃至不惜为之献身的殉道精神。人类历史上的许多伟大理论成就，正是源之于这样的主体人格。刘勰正是在远离世俗尘嚣的定林寺完成了一代名著《文心雕龙》；李贽正是以"头可断而身不可辱"的人格精神，提出了反叛儒家道统，至今仍为人看重的"童心说"；康德正是在终生没有离开哥尼斯堡的苦行僧式生涯中，创建了他的学术伟业；叔本华与尼采，亦均是在不为世人理解的孤寂中度过了冥思苦索的一生。在 20 世纪的学术史上，中国知识分子中当然亦不乏这样的人格。如被人称为中国 20 世纪下半叶第一文化良知的马寅初，当"新人口论"遭到批判时，有人曾劝他写一份检讨，马寅初的回答是："吾爱吾友，吾更爱真理，为了国家和真理，应该检讨的不是我马寅初！"并公然声明："我虽年近80，明知寡不敌众，自当单枪匹马出来应战，直到战死为止，决不向专以力压服，不以理说服的那种批判者们投降！"① 在史学领域奉行"自由之思想，独立之精神"的陈寅恪；在政治经济学领域的顾准，也都表现了这样一种可贵的人格风范。在文艺学领域，我们当然也可以举出敢于向中央直接进言的胡风，以及敢于公开站出来为胡风辩护的美学家吕荧这样刚烈不屈的学者。正是这样一些学者，为中国知识分子争回了一些面子，为我们的历史增添了一些亮色。然而，在我们这样一个人口众多的国度，在漫长的历史岁月中，像马寅初、陈寅恪、顾准、胡风、吕荧这样的学者毕竟是凤毛麟角。

　　而且，如果以更高的学术人格标准衡量，在我们的文艺理论家中，即使在胡风这样可敬的人格中，也仍存在着一定的不足。胡风对当时文艺状况的批评，虽然表现了追求真理的勇气，但其中也分明夹杂着"怀才不遇的怨愤"，正如一位当代学者所指出的："胡风的罹难固然因了他坚持真理坚持自我的品性，同时也因了他急于投身权势集体以图建功立业的欲望。"② 贾植芳先生亦曾在相近的意义上更为透彻地分析过胡风悲剧的文化根源："如果说，中国农民并未摆脱掉封建皇权思想，革命成功有'杀到东京快活一番'以至轮流做皇帝的念头，那中国知识分子又何尝没有择良木而栖，投向新朝，分得一官半职的思想？连大名鼎鼎的革命诗人柳亚子在建国初期都有'无车弹铗怨冯谖'之说，何况一些自认为有功于革命的小知识分子？"③ 也许正是由于这种潜在的文化人格局限，使胡风这样一位渴望学术民主、言论自由的文艺理论家，当年也曾以非学术的逼人态势，指责好友冯雪峰主持的《文艺报》向资产阶级思想投降、向反动的胡适思想投降、向朱光潜这样一个"为蒋介石法西斯思想服务的人"投降。这样一种局限，自然也使胡风的言论中多了些肤浅的怨愤不平之气，从而影响了更为深邃系统的、超越性的学术思想的创建。

　　真正的学术人格，不仅要独善其身，而且还要有思想锐气，即应从一位知识分子应有的正义感与社会责任感出发，不避凶险，敢于抗拒邪恶，勇于探讨与社会进步密切相关的敏感问题。由于文艺与政治及社会现实的密切

---

① 朱健国：《不与水合作》，文化艺术出版社 1999 年版，第 251 页。
② 摩罗：《耻辱者手记》，内蒙古教育出版社 1998 年版，第 56 页。
③ 贾植芳：《狱里狱外》，上海远东出版社 1995 年版，第 45 页。

关联，自然也需要这样一种人格精神。而在我们的文艺学、美学家中，虽然不乏独善其身现实人格，但却很少马寅初、顾准那样的精神斗士。在批判风潮汹涌的 20 世纪 50 年代，宗白华先生能够以超然的智慧，固守着心灵的净土，诚然可贵，但这样一位学养深厚的美学大家，自新中国成立直到 1956 年，居然不曾公开发表过一篇理论文章，又不免令人为之慨叹；从一些人的回忆中可知，钱钟书先生本是一位喜欢特立独行，敢于抨击时世的人，而在新中国成立之后，则深居简出，力避思想锋芒，像是变了一个人，正如他自己后来回忆"文革"时所反思的："或者（就像我本人）惭愧自己是懦怯鬼，觉得这里面有冤屈，却没有胆气出头抗议，至多只敢对运动不很积极参加。"[1] 在新中国成立后冷峻的学术环境中，洁身自好，避离现实，这也许是知识分子能够找到的最佳生存方式，且做到这一点，已大可敬佩，但这与更高境界的学术人格相比，毕竟还是有距离的。在这样一种人格境界中，要成为伟大的文艺思想家，自然也是很难的。

学术人格，还应体现为学术韧性，即无论在怎样的逆境中，仍能执着求索，潜心以求，在思想创造的天地里安身立命，而不是悲观失望。苏联的一些文艺理论家，虽与我们有过相似的政治背景，陷入过与我们相同的严酷困境，但他们照样卓有建树，在很大程度上，便正是凭依这种学术人格。创建了"复调"理论的巴赫金，亦曾有过并不亚于许多中国学者的不幸：只因参加过一个自发的学术团体，便被关进了集中营，并被判处流放 6 年。后来虽被获允进萨兰斯克师范学院教书，处境却依然十分艰难，不仅政治上一直未获平反，学术成果不能发表，生活条件也极为恶劣，夫妻二人曾不得不栖身于一座废弃的监狱。但这一切却没有磨灭巴赫金的学术雄心，仍坚持埋头著述。终于，这位终生不曾成为教授、不曾成为苏联作协会员的人，却以无法掩灭的理论光辉，成了具有重大国际影响的文艺理论家。形式主义文论的代表人物什克洛夫斯基，由于对十月革命的误解曾经遭到追捕，但在逃亡途中，竟一直未曾停止《情节是一种风格现象》的写作。就是这位有着政治前科、后来再度遭到缉捕的人，出于对学术的赤诚，竟在苏联文坛上公开提出了被视为违背了马克思主义文艺观的形式主义见解。卡冈的《艺术形态学》，

---

[1] 钱钟书：《干校六记·小引》，见《杨绛散文》，浙江文艺出版社 1984 年版，第 72 页。

也是在冒着反马克思主义的政治风险中写成的。相比之下，我们的理论家，无疑缺乏这样一种能够于逆境中坚持学术探求的精神，故而当寒潮退尽，时代复苏之后，除了控诉历史的过失，或诉说自己的冤屈之外，却没有一个人能够拿出独立思考的学术成果，以填补荒谬时代的理论空白，以证实自己学术人生的价值。

二、学术人格的退化

实际上，20 世纪的中国文论史，曾经有过一个良好的开端，这便是令人向往的五四时代。与个性解放的时代浪潮相关，五四时代曾经出现过从多角度独立思考文艺问题的局面，如郭沫若、成仿吾等人曾强调文学是非功利的生命反映；茅盾、田汉等人提出过"新浪漫主义"的文学主张；周作人提出了"人的文学论"；许地山则从佛家教义出发，提出文艺要为全人类服务，等等。在这些新的思绪中，无疑隐含着文艺理论生长的因子：如郭沫若等人的"生命反映"论，或许有可能衍化为中国的表现主义学派；周作人的"人的文学"论，或许可以发展为中国的人道主义文学观；茅盾等人的主张，或许可以扩展为中国的新浪漫主义学派；许地山富有宇宙意识的文艺观，或许有可能进一步形成现代意识的宗教美学。但遗憾的是，随着中国社会政治斗争的日趋尖锐，民族生存危机的爆发，中国的文艺学走向很快发生了转折，即由多角度的探索归拢为一统化的"工具论"主张。与之相关，在文艺学、美学家那里，我们更多看到的是个性意识的日趋淡漠，学术人格的日渐退化。

其一，由独立的文艺学目的，转向了非学术的政治功利目的。特别是随着革命文学论的高涨，五四时代，那些一度思想活跃的文艺学、美学家们，大多很快放弃了关于文学艺术的独立思考，而自觉不自觉地转向了"文艺工具论"。睿智即如鲁迅者，亦未能跳出这种匡拘。关于文艺本身的独立性，鲁迅本来是清醒的，他于 1927 年在上海暨南大学的一次演讲中犹这样说过："我以为革命并不能和文学连在一块儿，虽然文学中也有文学革命。但做文学的人总得闲定一点，正在革命中，那有功夫做文学。""以革命文学自命的，一定不是革命文学，世间那有满意现状的革命文学？除了吃麻醉药！"① 长期以来，鲁迅的这类言论，一直被视为转变为马克思主义世界观之前的产物，但恰是在这样的言论中，我们可以看出鲁迅关于文学艺术的独立思考。但同许多人一样，鲁迅并没有能够恪守这样一种独立的学术视角，而是发展为后来的绝对化地强调文艺的阶级性等等，从而影响了鲁迅更为阔大的理论视野的形成。

其二，由宽容的学术人格，转向偏激的批判人格。学术思想，本应是在宽容的学术氛围与尊重不同意见的自由讨论中形成发展的，但在 20 世纪的中国文论史上，我们更多看到的则是一种剑拔弩张、非此即彼的偏激局面。特别是一些自信是从"革命立场"出发的理论家，几乎是容不得任何不同声音的。梁实秋只因主张"伟大的文学乃是基于固定的普遍的人性"，反对将文学仅仅视为革命斗争的工具，即被指斥为"资本家的走狗"。胡秋原在《勿侵略文艺》一文中提出："无论中国新文学运动以来的自然主义文学，趣味主义文学，浪漫主义文学，革命文学，普罗文学，小资产阶级文学，民族文学以及最近民主文学，我觉得都不妨让他存在，但也不主张只准某一种文学把持文坛。而谁能以最适当的形式，表现最生动的题材，较最能深入事象，最能认识现实把握时代精神之核心者，就是最优秀的作家。"这类本是不无道理的见解，亦被指斥为反对革命的文艺观。胡风所强调的作家要有"主观战斗精神"，即文学创作既要依据现实生活，又要重视主体创造，本是合乎马克思主义能动反映论的；他对当时片面强调民族形式的不同意见，也不过意在维护五四以来的新文艺传统。但所有这些，亦均被简单化地判定为抗拒毛泽东同志的《讲话》，遭到了另外一些革命文艺理论家的严厉指责，并由此埋下了胡风后来人生悲剧的种子。在文艺学领域，为了追求真理，对错误理论予以实事求是的批判当然是必要的，但在我们的历史上，常常见到的不是这样的学术性批判，获胜一方也往往不完全在于是否占有了真理，而在于是否具有政治方面的压倒对手的优势，在于是否得到了占据主流地位的政治力量的肯定。这样的结果，自然只能导致非学术的批判人格的膨胀，而使真正的学术人格受到压抑，从而加剧学术人格的退化。

---

① 鲁迅：《集外集》，人民文学出版社 1973 年版，第 98、100 页。

其三，文化视野日趋褊狭。从人类的文化思想史来看，任何一种有价值的学说创造，往往离不开阔大的文化视野。只有在一个阔大的文化视野中，理论家们才能建立自己的学术人格，才能自由选择思考的切入点，见人所未见，发人所未发。缘其与哲学、政治学、社会学、人类学等其他许多学科的密切关联，文艺学的发展，自然更需要文化视野的开阔。中外历史上那些卓有成就的文艺理论家，正是凭依开阔的文化视野，自多角度切入，创建了有价值的文艺学学说的。中国古代的沈约，正是由语言形式角度切入，创建了诗歌声律论；严羽则是借鉴佛学智慧，创建了禅学诗论；李贽、袁宏道等人则从反道统的人性哲学出发，提出了"童心说"、"性灵说"等。以20世纪的西方文论来看，正是由特定的哲学观切入，萨特创建了存在主义文论，茵格尔顿等人创建了现象学文论，巴尔特、格雷马斯等人创建了结构主义文论等；正是由语言学切入，形成了俄国形式主义、英美新批评；由精神病理学切入，形成了弗洛伊德、荣格的精神分析文论；由人类文化学切入，形成了弗莱的神话原型批评等等。显然，正是缘其切入角度的不同，使得这些学者能够从不同侧面，提出了各各不同的文论见解，丰富和推进了人类对文艺现象及其活动规律的认识。相比之下，反观20世纪的中国文论，我们不能不痛切地感到，由于各种复杂原因，在长期的历史进程中，我们的文艺理论家们，日渐丧失了五四时代那样一种无所顾忌的文化眼光，而越来越集中统一到了革命的、政治的，甚至是阶级斗争的视域之内。这般视野拘谨的学术人格，又怎么可能有独特的思想创造？

三、学术人格的病变

至于新中国成立以后，由于文坛上不时出现的政治性批判浪潮，由于随时担心被指责为唯心主义，被戴上反马克思主义的帽子，中国的文艺学、美学家们表现出来的，已不仅仅是独立的学术人格的缺失，而是更为严重的人格病变。概而言之，主要表现为以下三类情况。

第一类：小心翼翼，步趋时势。

活跃于新中国文坛上的许多理论家，虽然自信忠诚于革命事业，实际上没有了独立思考。大多理论文章，或小心翼翼地阐释马列文论的某个观点，或设法为某个特定时期的文艺政策、为某位领导人的文艺主张寻找成立的根据。即使探讨某一学术性课题，中国文论家们在著书立说时，也往往广征博引政治方面没什么把柄的前人、名人或革命领袖人物的言论做挡箭牌，以加强自身的保险系数。在这样的研究中，理论家们付出的只能是缺乏文化增殖的重复性、无效性劳动，而很少基于学术人格的独立创造。更有不少人，则习惯于从政治需要出发，响应号召，步趋时势，以批判别人代替了自己的理论思考。而这些人，到头来，大多往往又遭到别人的批判。

第二类：言不由衷，心态错乱。

最常见的情况是：一是违心地宣扬阐释难以自圆其说的文艺主张。如新中国成立后一直主持党的文艺领导工作的周扬，虽曾不断强调作家必须从党性、政治性出发从事创作，并直接组织领导了文艺界的一次次批判运动，但他也曾私下里多次对张光年哀叹："我们是在夹缝中斗争啊！"① 在政治形势松动的情况下，他也曾表示对以行政命令领导文艺方式的不满，认为正是这种方式"助长了创作上概念化、公式化的错误倾向"②。甚至讲"说到领导，现在当然是党在领导，党有没有领导得好？我看没有领导得好，真正的领导一定要是内行。"③ 从这些言论中不难推知：周扬在公开场合的许多言论，至少与内心世界并不完全一致。新中国成立之初，茅盾在论述文艺为政治服务时曾讲："如何能使一篇作品完成政治任务而又有高度的艺术性，这是所有的写作者注意追求的问题。如果追求到了，就能产生伟大的作品。如果两者不能得兼，那么，与其牺牲了政治任务，毋宁在艺术性上差一些。当然，严格而言，这句话是不太科学的……"④ 明知不科学，却又要强调，可见茅盾的心态亦曾陷入怎样的错乱。二是违心地批判别人。在新中国成立后不断兴起的文艺批判浪潮中，积极投身其中的人，虽然绝大多数不明真相，但也确有心里明白是非，只是为了自保，为了表现政治上的进步，而违心服从者。巴金在晚年的《随想录》中即曾坦承：在批右派时，就绝不是出于自愿，之所以违心行事，是因政治上的幼稚与自私动机，"我相信别人，同时也想保全

①　《李辉文集》第四卷《往事苍老》，花城出版社 1998 年版，第 281 页。
②　周扬：《为创造更多的优秀的文学艺术作品而奋斗》，《文艺报》1953 年第 19 期。
③　《周扬文集》第 2 卷，人民文学出版社 1985 年版，第 508 页。
④　茅盾：《目前创作上的一些问题》，《文艺报》第 1 卷第 9 期，第 8 页。

自己"①。蓝翎先生在回忆录《龙卷风》中也曾痛心忏悔：只是为了显示自己进步，即曾歪曲事实，在《文艺报》上发表文章批判自己实际上内心敬佩的老师吕荧；后又与李希凡一起，多次奉命写作，违心地批判过自己的老师冯沅君、领受过教益的冯雪峰等人。五四时代，鲁迅曾愤怒地揭露中国人是麻木的"看客"，可悲的是，经过多少年的革命之后，活跃于新中国文坛上的一些批评家，已经不止是"看客"了。三是违心地进行自我批判。在50年代，凡来自国统区或海外归来的作家、学者，很少有人不曾有过这样一番脱胎换骨的自责过程。至"反右"及"文革"期间，迫于压力而违心地进行自我批判，就更是一种随处可见的现象了。

第三类：见风使舵，卖友求荣。

贾植芳先生在《狱里狱外》中写道：当他因胡风一案牵连被捕受审时，审讯员曾拿出厚厚的三个日记本，"逐条念了几段，包括年、月、日、时和谈话内容。我那时还年轻，他念过几段后，我都会马上对号入座地查找到打小报告的人的姓名。至于他们所记的我的谈话内容，有的是我说的，有的是他们添油加醋地写上的。原来，在我周围有不少当面是人、背后是鬼的大小'知识分子'！"②贾先生这里写出的只不过是"背后栽赃"的情况，而在我们的历史上，冠冕堂皇地见风使舵，卖友求荣，落井下石者，不是也大有人在吗？当某人被视为有问题，遭到批判时，不是马上就会有人（包括原来的朋友）"反戈一击"，将私人信件、个别场合的谈话等等，当作证据，公之于众，致使被批判者成为"铁证如山"的反党、反社会主义分子吗？而这些人，虽然可以找出诸种理由安慰自己的良心，但在心灵的角落里，又总隐藏着抬高自己、保全自己之类的个人目的，因此又往往要伴随着来自良知的谴责。这种心理病变，显然更不仅仅是一般的学术人格问题了。

四、学术人格的漠视

随着改革开放，我国目前的学术生态无疑已大为改观，已为学术人格

---

①　巴金：《随想录》，三联书店1987年版，第328页。

②　贾植芳：《狱里狱外》，上海远东出版社1995年版，第99页。

的建立提供了前所未有的条件。但在文艺学领域，关于学术人格与学术创造之间的关系这一重要问题，至今仍未引起人们的高度重视。从近些年的情况看，许多人的注意力似乎主要集中于这样两个方面：结合自己的实际，建构中国特色的马克思主义文艺学体系；注重民族传统，实现中国古代文论的现代转换。将马克思主义的历史唯物主义与辩证唯物主义作为研究文艺问题的方法论原则，将联系实际作为研究文艺学问题的立足点，这当然是应予重视的。但如果注重的仅仅是上述具体的文艺学研究方略，而漠视学术人格的建立，将仍然难以真正促进文艺学的发展。而且，即以上述方略本身来看，其科学性与实践可能性也还需进一步探讨。

马克思主义思想方法的科学性，马克思主义文艺观的独特价值，自是不可否认的，但要建立一套独具中国特色的马克思主义文艺学体系，问题就比较复杂了。究竟什么是中国特色？又该怎样把"中国特色"纳入到马克思主义文艺学体系之中？就某些具体问题而言，中国文艺学当然有自己的独到之处，比如中国古代汉语诗歌讲究平仄对仗，意象组合可以违背语法逻辑，小说注重白描手法等。据此进行的理论探讨，当然会迥异于西方文论，但这些具体问题与马克思主义之间又有什么必然联系？中国传统文论确有自己的一套重要理论范畴，诸如"风骨"、"意象"、"意境"等，但这些范畴，是否也包含着与其他民族相通的文艺智慧？如果存在着沟通，那便意味着普遍意义的公理之存在；既是公理，又何以见出中国特色？实际上，真正科学的理论是应具有通约性的，准科学的文艺学虽不同于一般科学，但其公理性怕也是不可否认的。也许正是与之相关，我们虽不曾听到西方有人强调建立什么"英国特色的文艺学"、"美国特色的文艺学"之类，但却正是在这些国度里，产生了许多为我们所注目的文艺学思想。

关于中国传统文论的"现代转换"，同样也还是一个混乱不清的问题。如有的学者主张："古代文论的现代转换就是对古代文论进行现代阐释，也就是把古代文论翻译成当代学术思想文化话语。"[①] 这种见解的理论前提显然是：中国古代文论中已经包含着成功的文艺学思想，只因语言的阻隔，难以被人认识，只要加以现代话语的转换，就能出现与西方文论相抗衡的理论体

---

① 钱中文等主编：《中国古代文论的现代转换》，陕西师范大学出版社 1997 年版，第 365 页。

系。说来说去，还是要靠老祖宗吃饭，这又怎么可能有新的创造？也有人把王国维、周作人等人视为比较成功的"转换"的实践者，但在具体论证时又强调：王国维"对传统的阐释已经融入了现代的眼光与方法，所构设的潜在理论体系充斥着现代式的批评理论思维。"周作人"善于寻找中国传统批评与西文现代批评的某些契合点，是在更高层次上将现代批评与传统批评会合、重铸"①。显然，这样的"转换"，倒不如说是中西结合更合道理。事实上，在当代文艺学界，成就突出者，也正是得力于这样一种结合，而不是什么"转换"。比如王元化先生的成就是引人注目的，而他的理论资源正是来自中西两个方面，具体来说，主要是黑格尔与刘勰的哲学、文艺学思想。我们应当注意的倒是：历史发展到今天，世界不同民族之间的文化实际上已经发生了相当程度的交流。以文艺观来看，中西方虽然存在着重表现与重再现的差异，但在西方，至少自康德创立"审美表象"以来，其文艺学传统已经与中国的表现传统暗合。至于后来克罗齐的直觉表现主义、海德格尔的存在主义美学等，在理论的系统性与深刻性方面，甚至已超过了中国传统中的"表现"论，那我们还有什么优势可言？

文艺学，就其功能与特性而言，除了与文艺实践有关之外，更为重要的当是人类精神生命空间的不断开拓，是从独立的学术人格出发进行的多方面精神探索。但在上述方略中，分明隐含着这样不利于文艺学发展的思维指向，即价值目标的唯一性与理论体系的终极性。某些强调古代文论现代转换的理论家，意欲建立的似乎也是一个一劳永逸、别无他求的文艺理论体系，如有的"转换"论者预计：到"下个世纪的 30 至 40 年代之间""中国现代文论体系的真正建构"即可完成。那么这之后呢？文艺学是否就可以万事大吉了呢？据这位预测者讲："当我们完成了这项历史性的转换任务之后，就会构建出崭新的异常活跃的百花齐放、多元并存的现代文论格局。"②既然有了这样一个"大功告成"的体系，又怎来"百花齐放、多元并存"的格局呢？此外，就目前情况看，这种"转换"的阵阵呼声，似乎给人一种中国文艺学正在进行集体性视野转移的印象，这又多少叫人联想到中国人多年习惯

---

① 钱中文等主编：《中国古代文论的现代转换》，陕西师范大学出版社 1997 年版，第 130 页。

② 钱中文等主编：《中国古代文论的现代转换》，陕西师范大学出版社 1997 年版，第 153 页。

的不论什么事情总喜欢一哄而起的风气。事实证明，在这样一种"大呼隆"式的学术风气中，只能是众人参与的表面空论多，源之于真正学术人格的切实研究少。

上述值得警惕的趋向，实际上仍是长期以来一直在束缚着中国学术文化发展的"民族本位、功利本位、集体本位"以及"一统化思维"这样一些近乎"集体无意识"的观念在当今文艺学领域中的体现。也许正因仍困扰于这样的观念，在我们当前的文艺学领域，仍然少见潜心以求、遗世独立的学术人格，仍然少见真正有价值的理论成果。虽论文如潮，专著迭出，但又有多少真正具有文化创造的意义？有多少能够真正成为人类的精神财富？

五、学术人格的重建

中华民族，是一个勤劳智慧的民族，在文艺学方面，同样创造过历史的辉煌。20 世纪中国文艺学局面的困窘，也显然不是由于我们的文艺学、美学家们缺少才华与勤奋，而主要是因理论空间的日趋缩小、文化资源的不断遭到排斥，以及与之相关的学术人格的退化与病变所致。相比而言，随着时代的进步，前两者还是容易改变的，而与深层次的思维模式、心理积淀相关的学术人格的矫正，则要付出更为艰巨的努力。故而在已经过了 20 年改革开放的今天，我们的理论空间虽已相当阔大，文化资源也越来越丰富，而学术人格却仍未走出退化与病变的阴影。因此，为了促进中国文艺学的繁荣与发展，自觉地重建学术人格，便不能不成为当前中国文艺理论家们的首要任务。

就目前情况来看，重建学术人格，需要中国的文艺学、美学家们，要进一步认清文艺学本身的价值所在，进一步明确自己的社会职能。近些年来，随着社会民主化程度的提高，以及意识形态问题的趋于淡化，文学艺术已极大程度地挣脱了政治的束缚，正在回归自身；随着政治学、经济学、人类学、社会学等其他许多重要学科的迅速崛起，大众的文化兴趣有了更多的选择空间，文艺问题自然也就不可能像原来那样易于惹人视听了。可以想见，在这新的历史条件下，仍力图仅凭一篇文艺理论文章，便可造成大轰大嗡的声势，便会在一个 10 多亿人口的国度里掀起波澜的情况，已几乎是不可能了。这种自由开放的文化氛围，无疑标志着中国社会的巨大进步，也是饱受压抑的中国人孜孜以求、渴望已久的。但由于长期形成的从政治出发、从中心地位出发的思维定式，在这新的时代氛围中，有不少文艺理论家反而感到无所适从了。过去，尽管有着诸多禁忌，但有时仅凭某种胆识或机遇，即可提出某个引起公众关注的话题。而今，在禁忌逐渐消除的情况下，胆识与机遇已不再那么重要了，至于其他富有开创性的艺术命题，也不是轻易就可提出的。于是，许多人灰心丧气了，迷茫彷徨了。实际上，这又正是学术人格匮乏的表现。

文艺学，就其根本特性而言，本来就是人类社会文化与精神生活的一个普通分支，主要是关于文学艺术自身发展规律、价值构成规律的探讨，以及人类精神生命空间的开拓，即既不该被视为祸患之源，也很难凭此即可安邦定国。历史事实正是如此。不论古今中外，那些卓有贡献的文艺学学说，大多并非显赫于一时，也很少直接产生过多大的政治效应。如陆机的《文赋》、刘勰的《文心雕龙》、严羽的《沧浪诗话》等，似乎并不曾在历史上造成过什么轰动，也不曾掀起过什么政治波澜，但却正是这些著作，构成了中国古代文艺学的重要支柱。在西方历史上，真正建立了重要文艺学、美学体系的，也多是不曾置身于历史舞台中心的康德、黑格尔、克罗齐、泰纳、弗莱这样的学者。因此，在当今的中国文坛上，一位真正有志于文艺事业的理论家，应该认清时势，尽快地走出迷茫，尽快地恢复真正的学术心态，尽快在已经进步了的社会文化格局中，找到本应属于自己的位置。

其次，要进一步打破二元对立与一统化的思维指向。长期以来，在我们的思维中，一直盛行着中与西、新与旧、现代与传统、激进与保守之类非此即彼的二元对立模式。对于某种理论主张，往往不是深入分析其中的真理与谬误，而是习惯于从这样一种二元对立的思维方式出发，简单判定其是非。比如在五四时代，支持白话文学就是进步的，否则就是反动的；新中国成立之后，只有现实主义理论才是正确的，非现实主义就是离经叛道的，等等。至今，在我们的文坛上，这种思维方式仍在盛行。例如西方的"后现代"文艺思潮本来是复杂的，但在一些推崇者看来，似乎只有唯"后"是从，才够得上观念变革，才够得上思想解放，否则就是落后，就是保守。这实质上仍是排他性的一统化思维方式的表现。这在一定程度上，自然只能助长中国当代文坛盲目的追风逐浪、追新猎奇之风。又正是这种风气，仍在严重地妨碍着中国文艺理论家独立人格的确立。

为了重建学术人格，在学术生态方面，也还要采取措施，进一步改革文化管理体制，鼓励和推崇个人著述精神。目前，在我国，虽然一统化计划经济体制被打破了，但在文化科研领域，似乎仍在固守着多年形成的计划管理模式。例如，每年一度，都要由主管部门层层下达科研规划，要求科研人员申报立项。在申报时，又常常要求以课题组的形式。这种计划性与组织形式，对于某些需要投入更多人力物力的自然科学及一些大规模的史学、社会学课题，或许是必要的。而对于哲学、文艺学之类更具思辨性的理论学科，就值得研究了。且不论这些预定选题的科学性如何，仅从学术规律来看，思辨性成果往往需要一种更具个人创造性的精神劳动，而这样的精神劳动，怎能被动地服从于他人的规划？又如何以课题组的形式进行机械分工？古今中外，那些产生了世界性影响的学术著作，又有几本是这样多人合作的产物？这样一种计划学术体制，显然是不利于形成独立学术人格的；这样的著述形式，怕也是很难产生刘勰的《文心雕龙》、黑格尔的《美学》这样一流的学术成果的。

（原载《文学评论》2000 年第 1 期，中国人民大学报刊复印资料《文艺理论》2000 年第 5 期收录，曾获《文学评论》编辑部 2000 年度优秀学术论文提名）

缺失与重构

——论 20 世纪中国的文学批评

　　文学批评，是文学发展的重要支柱，它不仅有其指判文学得失，揭示文学活动规律，促进创作繁荣的功能，且本身就是一种有着独立的思想文化价值乃至艺术价值的创造。别林斯基曾经强调："批评是现代灵智世界的唯我独尊的女皇"，"关于一部伟大作品说些什么这个问题，其重要性是不在于这部伟大作品本身之下的。"① 从中外文学史来看，那些一流的文学批评大师，体现出来的正是这样一种文学创作本身不可替代的意义。但在 20 世纪的中国文学史上，相对于创作而言，文学批评是贫弱的。缺乏目光敏锐，高屋建瓴，思想深刻，见解卓越，文采斐然的批评家；更没有出现像别林斯基、车尔尼雪夫斯基、勃兰兑斯这样产生了世界性影响的一流文学批评大师。许多批评文章，不仅语言枯燥乏味，苍白无力，而且往往存在着教条化、庸俗化、小集团性的无谓纷争之类弊端。更为严重的是，不时陷入了政治批判乃至人身批斗的歧途。

---

① 　[俄]《别林斯基选集》第 3 卷，上海译文出版社 1953 年版，第 575 页。

一、褊狭拘谨的批评视野

文学之于人类社会的价值当然是多方面的，但作为一个艺术门类，必须首先具备艺术价值。一部不具备艺术价值的作品，其他价值只能是空中楼阁。但在 20 世纪的文学批评中，尤其是在一些主流批评家的笔下，关于艺术价值的批评，则一直较为贫乏。著名的革命文艺理论家钱杏就曾这样强调："专门注意技巧的批评，是一种最大的错误。批评家的重要职任是用科学的方法，具体的梳理全书的中心思想，加以阐明或批驳。现代文艺批评，应该注意思想的综合与分析。"① 在具体的批评活动中，即以富有批评实绩，曾经写作发表过一系列"作家论"、"作品论"的茅盾的批评来看，在那篇较早系统论述鲁迅创作的长文《鲁迅论》中，除了肯定鲁迅"用冷讽的微笑，一遍一遍不惮烦地向我们解释人类是如何脆弱，世事是多么矛盾！"令人"不能不懔懔地反省自己的灵魂究竟已否完全脱卸了几千年传统的重担"之外，便基本上没有涉及鲁迅作品的艺术成就。在《王鲁彦论》、《丁玲论》中，肯定的也主要是作者体现于作品中的"焦灼苦闷的情调"，描写了"乡村小资产阶级的心理，和乡村的原始式的冷酷"；"负着时代苦闷的创伤的青年女性的叛逆的绝叫"，"全体的农民就革命化起来"之类社会内容。对于叶圣陶的《倪焕之》，茅盾虽也从艺术方面指出后半部写得"空浮"、"连主人公倪焕之也成为平面的纸片一样的人物"之类不足，但又主要是从其"第一次描写了广阔的世间"，"有意识地要表示一个人——一个富有革命性的小资产阶级知识分子，怎样地受 10 年来时代的壮潮所激荡，怎样地从城镇到都市，从埋头教育到群众运动，从自由主义到集团主义"之类内容方面着眼，将其盛赞为"'扛鼎'似的工作"（《读〈倪焕之〉》）。正是受制于这样的批评视野，使得茅盾面对一些具体作品时，甚至不时有"走眼"之处。比如庐隐走上文坛之初写下的表现农民遭受地主压榨的《一封信》，写军阀政府轰打请愿的小学生的《两个小学生》，写纱厂女工生活的《灵魂可以卖么?》等作品，尚是粗疏简浅的，而后来源于个人深切体验的《海滨故人》、《或人的悲

---

① 《中国新文学大系·文学理论集一》，上海文艺出版社 1987 年版，第 154 页。

哀》等作品，是更富有动人艺术魅力的，更能代表庐隐文学创作的成就。但为茅盾高度肯定的则恰是前者，认为此后的作品是令人可惜地改变了方向。

与文学创作动机方面日趋高涨的"工具论"相呼应，在后来活跃于文坛上的冯雪峰、周扬等这样一些更为专门性的有影响的批评家的笔下，亦较少见到深入细致的艺术分析的笔墨。有时即使顾及作品的艺术价值，也往往让人感到不过是一种示其全面的点缀。一位当代学者曾经这样概括周扬的批评套路："先作思想内容的批评，然后用较小的篇幅分析语言形式的特色。"且论及语言形式也不外是"大众化语言"、"农民语言"之类。① 实际上，这样一种以内容分析为主，以轻描淡写的艺术分析为其点缀的批评套路，又岂止是周扬，可以说正是 20 世纪中国文学批评的通病。

这种通病，可以更为集中地见之于我们以往众多的现当代文学史（实际上也包括中国古代文学史、外国文学史）。在这些文学史著作中，当论者在概括某一作家的创作成就时，长篇大论的多是作家"写了什么"，而谈及属于艺术性的"怎样写"时，则显得思路狭窄，语言贫乏。正面肯定的则无非是"结构严谨，线索分明，波澜起伏"；"以生动的故事情节塑造了某某人物形象"，"善于从情节发展的矛盾冲突中刻画人物"；"人物性格鲜明，语言流畅明快，生动活泼"；"细致入微地刻划了人物的心理状态"；"自然景物的描写对人物及情节发展也起烘托作用"之类千篇一律，几乎可以挪用到任何一位有成就的作家身上的套话。讲不足，也不外是"结构松散，语言过于显露"之类。

作为语言的艺术，"语言"本应是艺术分析的重心，而在我们的文学批评中，很少关于作家语言风格的分析。直至当今的批评界，虽然语言问题得到了重视，但其分析仍往往是浅尝辄止。如一位批评家这样评论范小青《裤裆巷风流记》的语言特点："作者于小说语言的运用尤为重要。无论是叙述语言，还是人物对话，都采取了口语——方言的形式。还十分注意叙述的语调、人物对话时的情态、声口，相互间思想感情碰撞、交接、交流时的反应，以及吴语区域中人们表情达意时特有的语言方式，以渲染出日常生活所具有的氛围和情调。叙述语言与人物语言的对应相谐，不仅保证了整部作品在语言上的圆融一致，也从一个方面，使我们看到了与小说人物一起生活和

---

① 温儒敏：《中国现代文学批评史》，北京大学出版社 1993 年版，第 197 页。

思考着的作者的身影与情感。"① 凡是优秀的作品，又有哪一部不注意"叙述语言与人物语言的对应相谐"？中国作家中，善用方言的又岂止范小青？因此，通过这样的分析，读者仍难真正认识范小青个人的文学语言贡献。

在 20 世纪的中国文学批评史上，我们还会注意到这样一种现象：有的批评家，本来是注重于艺术价值分析的，如 20 年代初期的成仿吾，曾这样批评冰心的《超人》：结构方面存在缺陷，其中的追忆安排得勉强，由于偏重想象而不重观察，致其作品呈现出"被抽象的记述胀坏了的模样"(《评冰心女士的〈超人〉》)；在《诗之防御战》中，对胡适、康白情、俞平伯、周作人、徐玉诺、冰心等人诗作艺术缺陷的毫不客气的批评，也是令人叹服的；对鲁迅《呐喊》的批评，用语虽然尖刻了些，但所指出的"《阿Ｑ正传》的描写虽佳，而结构极坏"、"《一件小事》是一篇拙劣的随笔"等 (《〈呐喊〉的评论》)，也是独具见地的。一直到"革命文学"运动初期，成仿吾开列出的文学公式仍然是：真挚的人性＋审美的形式＋热情＝永远的革命文学。②但随着对文学本身的现实功利目的的强调，作为"无产阶级革命文学运动"的重要宣传者之一，成仿吾先生的批评视角自然也很快集中到了作品的内容方面，而很少顾及什么"审美形式"了。结果，在这位本是富有潜力的文学批评家的笔下，此后竟再也没有写出过早期那样富有艺术眼光的批评文章。

在文学批评领域，注重于文学作品思想内容的分析，大致上可称之为"社会学批评"。"社会学批评"，本是文学批评的重要分支，在世界文学批评史上，是发生过重大作用的，曾经出现过斯达尔夫人、泰纳、别林斯基这样的批评大家。至今看来，"社会学批评"仍有着其他批评形态无法替代的重要意义。但这毕竟只是文学批评的形态之一，且毕竟存在着忽视艺术本体价值批评的局限。

而且，更为严重的是，实际上，我们的许多批评，甚至算不上真正的"社会学批评"，而是"社会学批评"的简单化。社会学批评强调，既要研究整个社会状况（具体包括政治、宗教、风俗、法律、种族等等）与文学艺术之间的关系，也要注重研究文学艺术与读者之间的相互关系。而我们的文学

---

① 金梅：《地域文化小说：〈裤裆巷风流记〉》，《当代小说评论》1988 年第 6 期，第 79 页。

② 成仿吾：《革命文学与他的永远性》，《创造月刊》1926 年第 1 卷第 4 期。

批评，更多地只是从某些政治教条、某种阶级斗争的理念，甚至某一具体的现实需要出发，简单地套裁评判作品。因为，在我们的许多批评家的心目中，日趋强化的批评理念竟是如此的明确而简单："批评家就是革命家。""文艺批评家的职任就是一个革命家的职任，批评家的任务就是促进革命的进展与成功，批评家要把握住他们的这一种伟大的使命！"①"批评家底任务，是在于他把一个艺术作品的观念，由艺术的语言，翻译成社会学的语言，以发现一个文学的现象底社会学的等价。"②"文艺批评的政治目的性，必须十分明确而坚定。如果文艺批评不注意作品的思想内容，不能辨别作品中的倾向好坏，不为创作发展的正确方向斗争，那么这种批评，就没有什么价值了。"③ 显然，这样一种对于文学作品政治性的过分强调，与真正的"社会学批评"相比，也是有相当距离的。

从批评实践来看，这样的批评视野，自然束缚了批评家的手脚，致使许多批评家，有时虽然清楚某一作品艺术方面的缺陷，但缘其内容意义的重要，却又不能不勉为其难地尽力给予高度评价。在主流批评界，我们便时常可见这样的尴尬。如冯雪峰虽然清醒地意识到，欧阳山的《高干大》，由于"表现上的艺术力量不够丰富和旺盛，使读者必须有一半要依赖于理智的分析。就是说，它还不是完全由于艺术的威力逼得你不得不感受着它的中心思想的力量的……仿佛它不是一株生在旷野间的树，而是一株砍倒了的、并已经当作木材用了的树。"同时又因作品写了一个农民共产党员为人民忘我工作的高贵品性，批判了官僚主义等有关内容，而大加赞扬道："这是一部很好的小说"，"这部小说的思想性是相当高的"，"是分明负起了政策的任务而得到了成功的作品"。关于丁玲的《太阳照在桑干河上》，冯雪峰一方面指出"作者还没有在这本小说中带来非常成功的典型人物"，同时又高度称颂"是一部相当辉煌地反映了土地改革的、带来了一定高度的真实性的、史诗似的作品"。④ 在当代批评界，我们也会看到，有人一方面赞扬一位热情歌颂党、

---

① 《中国新文学大系·文学理论集一》，上海文艺出版社 1987 年版，第 158、162 页。
② 《"革命文学"论争料选编》（上），人民文学出版社 1981 年版，第 520—521 页。
③ 《文艺理论学习参考资料》（下），春风文艺出版社 1982 年版，第 1226 页。
④ 冯雪峰：《欧阳山的〈高干大〉》、《〈太阳照在桑干河上〉在我们文学发展史上的意义》，见《雪峰文集》第 2 卷，人民文学出版社 1983 年版。

歌颂祖国的"政治型"抒情诗人的作品："诗情充沛，想象丰富，气势雄豪，意境宏阔，形成了鲜明的风格特征，显示出思想和艺术的成熟。"在同一篇文章中又指出其不足是："他的作品思想内容还缺乏应有的广度和深度。"[①] 在这些批评意见中，显然是不乏自我矛盾的：《高干大》，既然艺术力量不够丰富，缺少生机，缺少形象感染力，又怎能称得上是一部"很好的小说"？《太阳照在桑干河上》，既然没有写出成功的典型人物，又何以堪称"辉煌的"、"史诗似的"作品？既然"思想内容还缺乏应有的广度和深度"，又怎能说"显示出思想和艺术的成熟"？可以想见，在这样一种视野狭窄、自我尴尬的状态中，实在是难以写出如同别林斯基所说的不在其"伟大作品本身之下的"批评文章的。

二、理念在先的批评向度

文学批评的意义，具体说来，主要体现在两个方面，一是批评家以独特深邃的文化眼光与艺术视角，披文入情，感悟作品，然后通过理论化表述，阐发作品潜在的人生意蕴，张扬作品创生性的艺术价值；二是从某些既有理论原则出发，指出作品的成败与得失，揭示作品之于人生经验、人类文明的促进或损亏，并进而分析其社会的、文化的、人格的、创作技巧的等诸多方面的根源，以利于文学艺术及人类文明的不断进步。这样的批评，理应是一个由理论→作品、由作品→理论的双向活动过程。

关于文学活动，由于人类已经积累了丰富的经验，已经形成了比较系统的理论体系，文学批评当然可以从既有的理论出发去审视文学现象。但，同人类对其他事物的认识一样，从根本上说，文学理论是来自于文学实践的，文学本身的发展，也必将推动理论本身的创造。故而举凡世界一流的文学批评大师，往往本身也是杰出的文学理论家。苏联的巴赫金，正是通过对陀思妥耶夫小说的阅读分析，创建了"复调"理论；俄国 19 世纪的别、车、杜，正是通过具体的文学批评，建立了他们文学理论的伟业；德国莱辛的《汉堡剧评》，既是评论名著，也是理论名著；我国古代刘勰《文心雕龙》中

---

① 张俊山：《时代的"大风歌"》，《诗刊》1998 年第 10 期。

的许多重要见解，也结合对许多具体作品的批评提出的。

　　实际上，从文学批评史来看，越是独创性的作品，往往越是难以用既有的理论规范去套裁的。因为独创性本身就意味着对既有规范的反叛，如果合乎了既定规范，也就意味着在一定程度上重复了前人。由此可见，如果仅仅用既有理论套裁作品，肯定的往往只能是那些循规蹈矩的作品，或作品中那些合乎常规的方面，而真正的独创性的作品，或作品中的某些独创之处，则很容易被忽视或否定。这样一来，文学又怎么有可能发展？而在我们的文学批评中，最常见的恰恰正是这样一种只注重从既定理念出发进行的单向批评。或根据生活真实与艺术真实的关系，判定作品有着怎样的真实性；或根据文学作品的认识、教育、审美的功能系统，判定作品的社会意义与审美价值；或根据人物、情节、环境、语言、结构之类的某些艺术成规，判定作品达到的艺术高度。这样一种由理论→作品的批评向度，对于阐明作品的意义，帮助读者更好地认识作品，自然是有重要意义的。但从整体上来说，如果文学批评只是停留在这一向度，自然只能永远是文学创作的附庸，而不可能促进文学理论本身的发展，更不可能具有独立的文化创造意义。

　　比如关于鲁迅先生的名作《祝福》，本是一部内容丰富的作品，但在中国文学界，长期以来，却形成了一个公认的简单而又粗浅的评价：作品通过祥林嫂的悲剧命运，控诉了封建礼教摧残人性的罪恶，特别是神权、君权、族权、夫权这样四大枷锁对妇女的血腥压榨。这个看法至少是不全面的，也是不符合小说本身的实际的。就作品的具体内容来看，鲁迅笔下的祥林嫂之死，主要是两种力量摧残的结果，一种是自然力量，即致贺老六于死地的伤寒与叼走了祥林嫂儿子阿毛的狼；一种是社会力量，即邪恶的封建势力的代表鲁四老爷及其不自觉的帮凶柳妈。如下所示：

　　由以上图式可以更为清楚地看出：作品中的祥林嫂，实际上处在了一个

由四个关节构成的无法逃脱的死结上。我们只要取消其中的任一环节，比如：贺老六没有死于伤寒，或阿毛没有被狼叼去，或鲁四老爷给以仁慈，或柳妈给以心灵的安慰，祥林嫂都有可能是另外一种命运。而这四个关节中的病灾与狼患，却无论如何是难以和四大枷锁、封建礼教之类扯上边儿的，实在正如作品中的卫老婆子所说：叫作"天有不测风云"，是人力有时难以抵御的。这该叫作什么呢？"命运乎"？"偶然乎"？"巧合乎"？不论鲁迅先生当年创作的本意如何，作品本身，是潜藏着一种难以言喻的神秘意味的，而决不像原来一些批评家们分析得那么简单。

　　更为严重的是，在由理念出发的批评模式中，由于批评对象常常成了用来证明某些预定理念的材料，故而一位批评家，往往只要熟知了诸如"社会生活是文学艺术的唯一源泉"、"文学作品要塑造个性与共性统一的典型人物"、"除了细节的真实之外，还要真实地再现典型环境中的典型人物"、"艺术真实高于生活真实"之类既有的理论话语，就可以随便抓住一部什么作品，不经仔细阅读，甚至仅凭内容简介、故事梗概，便可以率尔操觚，进行套裁式的批评了；就可以高谈阔论，对作家指手画脚了。这类文章中的见解，自然不可能超出作者本人，甚至难以超出一般的读者。这样的批评，自然也就很难为作家与读者感兴趣了。然而，20世纪以来，特别是新中国成立以来，充斥着我们的报纸杂志的文学批评版面的，大多不正是这样的"批评文章"吗？至于那种直接从某种现实需要，从某些硬邦邦的政治教条出发的"大批判式"批评，就更是无须阅读什么作品，而仅凭作品中的只言片语，就可以"借题发挥"了，就可以"上纲上线"了，甚至就可以判定作品是"反党反社会主义"的"大毒草"了，这当然就更不属于文学批评了。

　　新时期以来，随着对西方众多文论的引进，虽然极大地拓展了我国文学批评界的理论视野，促进了中国文学批评的发展，形成了异彩纷呈的局面，但占据主导地位的仍是缺乏创造性的由理论到作品这样一种单向度的批评。即由西方的"精神分析"、"存在主义"、"现象学"、"结构主义"、"解构主义"、"女权主义"、"原型批评"、"后现代主义"之类理论观念出发，来分析评价中国当代作品。如有评论家曾这样评论张抗抗的《隐形伴侣》：作品"真正的艺术个性，它的特异和出众之处，还在于它着眼于表现人的心理和潜意识，以一种独特的语言方法成功地尝试了真正意义上的心理小说，正如张抗抗自己所说，是对超稳定的传统叙事模式进行了一次'定向爆破'。""它打破时空和编年史概念，超越时空，忽东忽西，它不注意故事的完整性，支离破碎，情节淡化；它不注重人物形象的客观描绘，而挖掘其隐秘的感性活动；它的叙述语言也不连贯和系统，而以人物的心理流程作为逻辑的依据，如此等等。"① 这样的批评文章，虽有新意，有扩展中国读者的文学视野之效，但体现出来的仍是由既成理论出发的单向度的批评，同样缺乏更高层次的理论本身的开拓与创造。

新时期以来，我们的批评界还存在着另一种单向度的批评现象，这就是追逐在某些作家或刊物的背后，被动地阐发宣扬其理论主张。80 年代，当韩少功、郑万隆、李杭育等作家提出了"寻根文学"的主张之后，于是，一大批从"寻根"理论出发的批评文章涌现于文坛；90 年代以来，当许多刊物先后打出"新写实小说"、"新状态小说"（《钟山》）、"新体验小说"（《北京文学》）、"新市民小说"（《上海文学》）、"凸凹"文学（《大家》）之类旗号之后，又有不少文学批评家追随其后，从这类"旗号"出发，评论某些作家作品了。这类"顺杆爬"式的批评文章，不仅更难以有理论本身的创造，即就批评本身而言，也大多是一笔糊涂账。比如究竟何谓"新写实"、"新状态"、"新体验"？这诸多的"新"究竟"新"在哪里，与"旧"又有什么不同？至今很少有什么文章真正说得清楚。有评论家讲：新写实把凡人常事作为关注的目标，强化环境描写，追求语言通俗化，就是"向现实生活原生态还原"（即把没有经过"本质"过滤的生活现象再度呈现出来，使他保持或更接近生活的本来面貌），而这样的"新写实"与左拉自然主义的有关主张又有什么区别呢？又比如同一位作家的作品，往往同时既被称作"先锋小说"，又被称为"魔幻现实主义"，也有人将其称为"新历史主义"。真可谓"不说还明白，越说叫人越糊涂了"。

1998 年，在《北京文学》发表的《断裂：一份问卷和五十六份答卷》中，青年作家韩东这样宣称：当代文学评论并不存在，有的只是一伙面目猥琐的食腐肉者。他们一向以年轻的作家的血肉为生，为了掩盖这个事实他们攻击自己的衣食父母。另外，他们的艺术直觉普遍为负数。这些话，未免偏

---

① 蔡葵：《〈隐形伴侣〉：对传统模式的定向爆破》，《文学评论》1987 年第 6 期，第 57 页。

激化、情绪化了些，甚或有点儿"刻毒"。然而，在我们的批评界，许多批评家的许多批评文章，缺乏对作品本身的真切体验与感悟，只是单向度地依据某些既定理念，对作品进行生硬套裁，却是随处可见的事实。

三、二极对立的批评方式

早在 1924 年，成仿吾在《批评与批评家》一文中曾经这样尖锐地指出："假装批评的形式捧自己的朋党，已成公然的秘密。有种杂志很老老实实地自认：'我们的批评成了宣传的工具，——朋友赞美朋友。'有人说现在的批评界并且把批评当作了攻击敌人的工具。这些都是不忠于文艺，混淆黑白的行为，是关心文艺上的正义的人所应当痛恶而加以抨击的。"① 成仿吾这里实际上已指出了文学批评界存在的"棒"与"捧"这样一种二极对立的弊端。遗憾的是，在整个 20 世纪的中国文学批评史上，这样一种两极化、简单化、以偏概全式的"批评"弊端，一直昌盛不衰。在这类批评文章中，被否定者，往往被说得一无是处，棍子、帽子齐来；被肯定者，则十全十美，甚至缺点也被说成优点。

在中国现代文学史上，有大批被认为缺乏革命热情，或被认为政治上有问题的作家作品，常常遭到的便是一种"棒杀"式的批评。活跃于 20 年代中期中国文坛上的"现代评论派"，本是一个成分复杂，思想观念并不同一的文学团体。其成员中，既有原创造社的成员丁西林、陈翰生等；有共产党人杜国庠、田汉、胡也频等；也有偏右的胡适、陈源；也有后来被视为敌对者的王世杰、唐有壬等；从其思想言论看，《现代评论》杂志虽然发表过不少有着反动倾向的文章，但也发表过大量诸如《人权的保障在哪里》、《三月十八日惨案目击记》、《唯物主义的警钟响了》、《什么是帝国主义》、《劳动阶级政党组织上之二种见解》之类反帝、反封建，甚至是宣传介绍马克思主义的文章。对于这样一个复杂文学团体，不仅在当时即被简单化地判定为是"帝国主义及买办资产阶级的代言人"，似乎至今仍缺乏客观的评价。至于像林纾、徐志摩、梁实秋、胡秋原、沈从文、苏雪林这样一些曾经长期遭到全

---

① 《成仿吾文集》，山东大学出版社 1985 年版，第 178 页。

盘否定的作家，更是难以尽数。即如鲁迅，也曾被判定为"是二重的反革命的人物"，"是一位不得志的 Fascist（法西斯蒂）"（杜荃《文艺战线上的封建余孽》）。

这类"棒杀"式的文章，不仅蔑视学理，而且还常常夹杂着格调低下的人身攻击。李初梨即曾出言不逊，径直骂鲁迅是一个"战战兢兢的恐怖病者"，是在文坛上乱舞的"老骑士"，其文章是"神经错乱"的"狂吠"。①这样一种以谩骂讥讽代替批评的不良文风，在当代文坛上仍有增无减。在前几年那场关于"人文精神"的讨论中，王蒙即曾以"黑驹"指称论敌。谢冕先生重复编选的 20 世纪文学经典，或许有不当之处，但像韩石山这样一类以嘲弄挖苦、贬低人格代替说理的文字："你是北大的教授，博士生导师，你睡着都比凡人醒着聪明"、"说你不学无术吗？你也著书立说。说你坏了心术，故意要惑乱学界视听愚弄广大读者吧？……我实在不敢作如是想。"则不仅有失作为一位评论家的谨严，甚至有失文人之风范。有一位董淑华在一篇杂文中将给鲁迅写信的陈仲山误为陈独秀，并对提出批评的张扬予以讥讽，其知识性硬伤及文风确应给予批评，但张扬在《文坛"牛二"》中那些以骂对骂的话，诸如："常人决不会有这种'悟性'，而且这也不叫'悟性'。这叫生拉硬拽胡搅蛮缠死不认错，是恶徒或蠢驴才会具备的特性！""不止是'昏话'而简直是在放屁了！"之类，也叫人感到实在有失一位知名作家的身份。

与"棒杀"式及"谩骂"式的批评相反，中国文学批评的另一种弊端是脱离实际的"胡吹滥捧"。有些虽然取得了较高的成就，但却并非十全十美的作品，却往往被我们的批评家捧得天花乱坠。60 年代，杨朔的散文，本来存在着明显的模式化缺陷、且不无粉饰生活意味，但却得到了不切实际的高度推崇。某些虽然达到了一定时代高度，但其思想艺术成就究竟如何尚需进一步研究的作品，竟不时得到了"史诗"性的过誉：如茅盾称赞李季的《王贵与李香香》"是一个卓绝的创造，就说它是'民族形式'的史诗，似乎也不过分"；②冯雪峰在指出杜鹏程《保卫延安》在艺术技巧和表现手法方面

---

① 李初梨：《请看我们中国的 Don—Quixote 的乱舞》，见《中国现代文学史资料汇编》上册，河南人民出版社 1979 年版。

② 李小为编：《李季作品评论集》，时代文艺出版社 1986 年版，第 7 页。

有待提高的同时，也这样高调赞扬"以这部作品所已达到的根本的史诗精神而论，我个人是以为它已经具有古典文学中的英雄史诗的精神"；① 欧阳山的《三家巷》、《苦斗》，也曾被称颂为"是一部堪称为史诗的作品"②。此类评价，至少与这些作品在后世读者心目中的地位是有相当距离的。

另有一些本来不过是迎合某种时代需要出现的作品，也往往得到了远远脱离实际的吹捧。郭沫若曾经这样称颂大跃进时期出现的新民歌："具有迥然不同的新内容和新风格，在它们面前，连诗三百篇也要显得逊色了。"（《"红旗歌谣"编者的话》）茅盾也曾附和说："现在一谈到《诗经》，许多人就肃然动容，好像它当真是'空前、绝后'了；空前呢，当然；绝后呢，不然！我看《红旗歌谣》三百首就比《诗经》强！"并情绪高昂地宣称："我国历史上的伟大作家确有辉煌的成就，他们确实是'前无古人'的，可是，在今天，我们却不能说他们是'后无来者'。我们确信，我们这伟大的时代一定要产生超过他们的诗人、作家、艺术家。我们的新民歌的诗人说要超过李白和杜甫，并不是说大话，而是自信心的表现；把这种豪迈的革命浪漫主义精神和实事求是的态度结合起来，就可以保证自信心之成为事实。让我们深刻地体会党的冲天干劲和科学分析相结合的英明指示，在过去一年文艺大跃进的成就上争取今后的更丰硕、更灿烂的成果！"③ 这样的论述与评价，即使在当时的背景下，恐怕也很难真正令人信服。

此外，在某些批评家的笔下，领袖人物的作品，往往更是被夸赞为顶峰之作，甚至书写时的笔误，也被说成是有意为之的匠心所在。1965年2月，郭沫若在《光明日报》发表的一篇诠释毛泽东诗词《红旗跃过汀江》的文章中，即这样写道："主席并无心成为诗家或词家，但他的诗词却成了诗词的顶峰。主席更无心成为书家，但他的墨迹却成为了书法的顶峰。例如这首《清平乐》的墨迹而论，'黄梁'写作'黄粱'，无心中把粱字简化了。龙岩多写了一个龙字。'分田分地真忙'下没有句点。这就是随意挥洒的证据。然而这幅字写得多么生动，多么潇洒，多么磊落。每一个字和整个篇幅都充满着豪放不羁的革命气韵。在这里给我们从事文学艺术工作的人，乃至从事

---

① 《冯雪峰论文集》下，人民文学出版社1981年版，第252页。
② 金钦俊等：《英雄垂青史，名城留佳篇》，《羊城晚报》1959年11月27日。
③ 茅盾：《鼓吹续集》，作家出版社1962年版，第121、63页。

任何工作的人，一个深刻的启示。那就是人的因素第一、政治工作第一、思想工作第一、抓活的思想第一，'四个第一'的原则，极其灵活地、极其具体地呈现在了我们的眼前。"这样的评论，自然只能为后世所诟病。

至今，在我们的批评界，廉价的颂歌与庸俗的捧场依然风行。在这类文章中，一篇本是十分平常的作品，却往往在缺乏分析论证的前提下，便被轻易地赞誉为"成功"、"深刻"之类，甚至被夸耀为"大手笔"、"重量级的作品"、"中国文学的重大事件"等等。一位初出茅庐，才写了几篇稍有影响之作的年轻人，往往也会很轻易地被冠之以"文学新星"，甚至"著名作家"。只不过小有成就而被捧为"大师"的，亦不乏其例。至于像季羡林先生那篇《三个小女孩》，固然不错，但像某批评家所说的是"一篇罕见的奇文"，是一篇"大胆，神秘，充满困惑与感应，情动于中而发抒于外"，"令人倍感惊讶"的"至性文章"①；本来不过是出自邵燕祥之手的一封普通短笺，竟被一位批评家夸赞为："这样的短札，编到《明人小品》里，也是佳作。"② 就让人径直感到有点阿谀名人之嫌了。

若按这样的"捧论"，20 世纪的中国文学史上，"一流的杰作"该是俯拾即是了。仅是最近几年来的中国文坛上，也该数之不尽了。但真正算得上优秀之作的，到底有多少，读者心里大概是最清楚的。尤其那些一度为批评界大肆吹捧的作品，少有经得住历史考验之作。相反，倒是不少被批判过，甚至被视为"毒草"的作品，成为"重放的鲜花"。

上述以"棒杀"与"捧杀"为特征，有违于科学性的二极化批评，不仅败坏了读者正常的审美趣味，无助于社会大众文学视野的开拓及创作水平的提高，更为严重的是，常常导致文坛无谓的纷争，造成了文坛不应有的混乱。

四、机械呆板的批评文体

文学批评，作为一种理论文体，其价值高低当然首先在于是否以独特

---

① 雷达：《婴儿状态与赤子之心》，《文学世界》1996 年第 6 期。
② 韩石山：《又见邵燕祥先生》，《时代文学》1998 年第 3 期。

的理论眼光，对有关作家作品作出了科学精当的评析。但真正优秀的文学批评，本身就应有文学价值，就应富有文学本身的光彩，正如李健吾先生在《咀华集·跋》中所说，批评"本身也正是一种艺术"。文学批评之文学价值的体现，除了应该是自我生命灵性的展现之外，还应表现在批评文体的个性化及批评语言的生动形象等方面。

在体式方面，中外批评家已经创造了诸如对话体、随笔体、书信体、诗话体、断想体等等，且不乏名家名作。如王国维的《人间词话》，将中国的诗话体批评发展到了一个辉煌的高峰；在西方，柏拉图是以"对话体"，创建了他的文学理论与文学批评的伟业；尼采是以自由随意的"断想"体，登上了他那个时代文学活动的高峰。以语言形式来看，在那些有成就的批评家的笔下，即使正襟危坐的批评文章，也往往写得文采飞扬，诗意浓郁。如曹丕的《典论·论文》、钟嵘的《诗品序》、韩愈的《送孟东野序》等，不仅见解精到，且本身即是情采斐然的美文；如海德格尔《荷尔德林与诗的本质》等文章中，本身就充满着一种盎然的诗意。

以20世纪中国文学批评的实践来看，有成就的文学批评家，也往往十分重视独特的文体及个性化批评语言的创造。如李健吾在活泼的随笔式的批评文体中，其语言也活泼生动，自由洒脱。他曾这样评论沈从文的《边城》："一切是谐和，光与影的适充配置，叫人看不出是艺术的，一切准乎自然。细致而不琐碎，真实而不教训，风韵而不弄姿，美丽而不做作。"（《咀华集》）胡风的批评文章虽然有着晦涩冗繁的不足，但我们仅从"主观战斗精神"、"自我扩张"、"精神的燃烧"、"力感"、"肉搏"、"精神奴役的创伤"、"原始强力"、"拥抱力"、"把捉力"、"相生相克"等这样一些独创性的理论语汇中，即可感到，胡风毕竟是一位创建了个人语体的批评家；在当代文坛上，谈笑风生，睿智机敏，文白杂糅，汪洋恣肆的王蒙的批评文章，也是富有文体创造性的。但从整体上来看，20世纪的中国文学批评，不仅体式机械呆板，较为单一，语言文字也大多干瘪生硬，枯燥乏味，且散乱芜杂，空洞无物，缺乏个性。具体而言，主要表现为以下特征。

板块组合：如系肯定性文章，通常是由思想内容、艺术特色、存在的不足三大块组成，即首先是对有关作家的创作或某一作品的内容进行复述性介绍，然后将其套入"通过……反映了……表现了……"的公式，从中得出某一肯定性的结论；继而是关于人物形象、情节结构、语言风格之类的艺术归纳；然后通过"当然"、"也还觉得不无遗憾"之类的转折语，指出其不足。如系否定性文章，通常也是由这样三块组成：介绍内容；依据现实生活中的某些材料及相关的预定理念证明其错误；然后分析其社会危害，并进而揭露其作者的用心等。这类文章的用语，也多是千人一腔，众口一词。在肯定性的文章中，出现频率最高的语汇是："时代性"、"典型性"、"力作"、"难得的优秀之作"、"有着极强的艺术震撼力"、"白璧微瑕"之类；在否定性文章中，出现频率最高的语汇则是："歪曲了"、"暴露了"、"抹煞了"、"生活难道是这样的吗？""这样的描写是真实的吗？"等等。这种公式化、板块化的评论，虽然早就令人生厌，但在我们目前的报刊上，仍是比较常见的体式之一。

复述内容，抄引原作：在这类文章中，批评家采取的是夹叙夹议的写作方式，但其中对作品内容的复述往往远远超过了关于作品的具体分析。一篇评论，如果只是为了让读者了解作品的基本内容，那干脆让读者去读原作好了，还要评论干什么？更有甚者，有些这一类的文章，在介绍原作时，干脆大段大段地抄引原文，以代替归纳与分析，这尤其见之于新中国成立前一些批评家的文章。我们只要看看《中国新文学大系·文学理论集一》选录的那些代表作，就会深切地感到这一不足。比如茅盾那篇14000余字的《冰心论》，大段抄引的冰心原作即有5000余字；穆木天那篇18000余字的《郭沫若的诗歌》，大段抄引的郭沫若诗文即有8000余字（均按印刷版面计）；胡风的《林语堂论》、许杰的《周作人论》等亦均有此不足。仅以文体而论，这样的文章就不易让读者感兴趣。

材料拼凑：在这类批评文章中，常见大量相关材料的堆砌，主要有：马克思、恩格斯、列宁、毛泽东等革命领袖人物的某些相关论断；古今中外许多经典文艺理论家、作家的言论；他人关于同一批评对象的介绍分析等。这类文章，虽然看起来旁征博引，气势不凡，实际上空洞无物，少有个人见解。此可谓新中国成立后中国文学批评最突出的文体特征之一，"文革"期间盛行的"大批判"或"大歌颂"文章，可谓这类文体的样板。

用语玄虚，逻辑混乱：这是新时期以来中国文学批评出现的文体弊端。在这类批评文章中，常见生拼杂凑或硬译照搬西人而来的诸如"正向整合"、

"叙述标示"、"抽象式叙述"、"异质解构"、"经验指认"、"彼岸世界的向往"、"物象的有序纠结"之类术语。或缘其含混不清，莫知所云，令人敬而远之；或不过是故作高深，把浅显的道理讲得复杂化了（如同有人所讥讽的"浅入深出"），为人所厌弃；或本来就是经不起推敲的装腔作势的废话。试问，只要称得上作品，哪一篇不是"物象的有序纠结"，哪一篇不是"经验指认"？脱离人生经验，那还有什么文学？"无序"，那还算什么文章？严格地说，这样的批评家，实在是尚缺乏逻辑思维与理论写作的基本训练。

五、确立真正的批评精神

作为一种独特的精神创造活动，文学批评决不是轻易可为的。作为一位批评家，必须确立真正的批评精神，即要以严肃的科学态度，赤诚的事业心，超越性的文化眼光，执着的生命意志，敢说真话的勇气，潜心以求。

一位成功的文学批评家，必须首先是文学的真正衷情者，而不是借文学谋生者。只有这样，才有可能切实关注文学，深钻细研，弄清文学活动的奥妙。而我们的有些批评家，骨子里其实并不怎么喜欢文学，却阴差阳错地从事了文学批评的职业。这些的批评家，也就很难真正地进入文学。文学界有一种说法，搞不了创作搞理论，搞不了理论搞批评。这当然是对文学批评能力的误解，但不幸的是，却在一定程度上切合了我们文学批评界的实际。正因对文学本身的隔膜，许多批评家洋洋洒洒的长篇大论，的确常常不及某一真正有感于文学的作家的只言片语更富有启示意义。

文学批评是一种思想文化的再创造，这样一种再创造，当然也不是凭空而来，而必须是建立在对具体作品潜心阅读，含英咀华的基础上的。故而何其芳曾经说过，要写一篇评论文章，不读三遍不敢下笔。朱光潜甚至说，不读五遍不敢写一个字。当今台湾有成就的批评家龙应台这样谈过自己的批评过程："我必须在灯下正襟危坐：第一遍，凭感觉采撷印象；第二遍，用批评的眼光去分析判断，作笔记；然后读第三遍，重新印证、检查已作的价值判断。然后，我才能动笔去写这篇一个字三毛钱的文章。"[1] 显然，只有经过

① 转引自温儒敏《中国现代文学批评史》，北京大学出版社1993年版，第227页。

这样的潜心研读，才能透彻地把握作品的精髓，才能作出切中肯綮的评判。更为重要的是，只有这样切实地研读作品，从实际出发，才能做到文学批评不仅是某些既成理论的运用，而是有可能跳出既有理论的匡拘，由批评上升到理论，使文学批评的过程同时成为新的文学理论的创生过程。而在我们的批评活动中，未经仔细阅读原作，便大发议论者，并非个别现象。甚至根本不读原作，只凭个人主观意愿，便指手画脚者，亦不乏其人。有的批评家自称："老眼昏花，好些年我已不看小说，不光长的，中的短的也不看。唯一的信息，只有报刊上简略的记述。"这位批评家正是根据报刊上看到关于刘震云《故乡面和花朵》、周大新的《第二十幕》、徐小斌的《羽蛇》等几部长篇新作的信息，以及这样的个人偏见："中国的四大文学名著，从严格意义上说，都不是长篇小说，只不过是众多人物的杂混，众多事件的连绵。"即信口开河，讥讽以上几部长篇新作篇幅太长，时间跨度太长。① 其见解或许不无一定道理，但既然不曾阅读原作，这些作品实际上究竟如何不得而知，其结论又怎么能叫人信服？

作为一种思想文化的再创造，决定了批评者自身必须具备广博的学养，敏锐的思想洞察力以及与政治、道德相关的高超的文化眼光。事实上，在思想能力方面，一位不能超越作家与读者的批评家，决不可能成为一流的批评家。在中国现代文学批评史上，李健吾先生的批评是独具一格、卓有贡献的，但正是缘其更侧重于对于作品的主观印象式的批评，也导致了难以"出乎其外"的局限，限制了他的理论升华。正如巴金曾经不满的："你好像一个富家子弟，开了一部流线型的汽车，驰过一条宽广的马路。一路上你得意地左顾右盼，没有一辆比你的华丽，没有一个人有你那样驾驶的本领。你很快地就达到了目的地，现在是坐在豪华的客厅里的沙发上，对着几个好友叙述你的见闻了。你居然谈了一个整夜。你说了那么多的话。而且使得你的几个好友都忘记了睡眠。朋友，我佩服你的眼光锐利。但是我却要疑惑你坐在那样迅速的汽车里而究竟看清楚了什么？"（巴金《〈爱情三部曲〉作者的自白》）显然，这样的批评，往往文学性有余，理论性不足。同理，一位缺乏与政治、道德相关的超越性文化眼光的人，也不可能敏感地把握作品的社会

① 韩石山：《妄图遏止一个可怕的趋势》，《文学自由谈》1999 年第 2 期。

价值及人性意蕴，不可能写出更有价值的批评文章。

要确立真正的批评精神，还需要批评家要有说真话的勇气，要具备一种挑战性的理论人格。在我们的文学界，实际上并不乏有识之士，真正缺乏的往往是胆略与气魄。因习惯于尊崇"温、良、恭、俭、让"、"中庸之道"、"君子成人之美"之类的传统信条，中国文人往往"话到舌边留半句"，总希望多种花，少栽刺。之于文学批评的影响便是：在我们的百年文学批评史上，除了某些政治性的大批判文字之外，在正常的文学艺术批评领域，往往是溢美之词多，批评缺陷少。特别是对于一些成就较大的作家，很少有人予以严格的挑剔。即使在一些名气颇大的批评家的笔下，也少见尖锐泼辣之作。倒是在一些不大为人提及的作家们写的批评文章中，更能见出直言不讳，却又不失公正的批评精神。如沈从文在《论郭沫若》一文中，既充分肯定了郭沫若的诗歌成就，也直言指出他的小说是失败的，其艺术水平，"并不比目下许多年青人小说更完全更好。""他不会节制，他的笔奔放到不能节制。……不能节制的结果是废话。废话在诗中能容许，在创作中成了一个不可救药的损失。""他那文章适宜于一篇檄文，一个宣言，一篇通电，一点不适宜于小说。"苏雪林在那篇《沈从文论》中，一方面大力夸赞了沈从文的艺术才华，认为沈从文尽管写了许多短篇小说，可差不多每篇都有一个新结构，不会使读者感到单调与重复；句法也短峭简练，富有单纯的美；造语也新奇而富有想象力等。同时也毫不客气地指出：沈从文那些描写苗族民间生活的小说，"许多地方似乎从希腊神话，古代英雄传说，以及澳洲非洲艳情电影抄袭而来……初读尚觉新奇，再读便味如嚼蜡了。"与鲁迅、茅盾等人那些好像一股电气震撼读者心灵的作品相比，沈从文的作品"轻飘飘地抓不着我们痒处"。显然，这样的评论，才更有益于读者与作者。

要确立真正的批评精神，当然还需要进一步营造宽松自由的批评空间，建立更加完善的学术机制。就目前我国批评界的情况来看，即既需要批评家更高程度地解放思想，也需要被批评者能够正确地对待批评。近些年来，在我国文艺界，类乎张颐武、王干与韩少功之间的"诉讼"案已屡有发生，此类问题如果处理不当，将很可能对文学批评造成新的束缚。实际上，既然米洛拉德·帕维奇的《哈扎尔词典》已经翻译出版，面对张颐武用语不慎的批评，韩少功或其他批评家完全可以将两部《词典》加以比较，以正视听；王干所批评的"友情评论"、"有偿评论"等，也完全可以通过反批评辨明是非。也就是说，此类文坛争端，本来是可以在正常的文艺批评范围内解决的，大可不必惊官动府。这类"文坛诉讼"，固然说明了中国作家法律意识的提高，且有警示批评家必须言之有据之效，但令人不安的是：只要著书作文，大概谁也不敢保证每一句话都能绝对准确无误；而且，只要批评缺点，肯定就会在一定程度上伤及作家的人格尊严，就会在一定程度上侵害了作家的名誉权。这样一来，那还有谁敢对作家说半个"不"字？为稳妥起见，那大概只有多表扬少批评了。这种不利于自由批评的局面，同样应引起中国当代文学界的警惕。

（原载《中国社会科学》2000 年第 3 期，英文版《中国
社会科学》2001 年第 4 期翻译载发，中国人民大学报
刊复印资料《文艺理论》2000 年第 9 期收录）

论文学批评的四重境界

文学批评，本应是推动文学发展的重要力量，且高境界的文学批评，本身就应是独立的思想创造。但在近百年来的中国文学史上，真正有成就的批评家寥寥可数，更找不出具有世界性影响的批评大家。那么，怎样才能更好地进行文学批评？本文拟结合相关个案，从批评境界以及与之相应的批评形态入手，聊予探析。

一、文学批评的四种基本形态

相对而言，人类已有的文学批评，大致可概括为以下四种基本形态。

1. 复述归纳式

这一批评形态的基本特点是，文章的主体是对作品情节及人物的复述介绍，虽有一定的归纳性评价，但往往是浅显空泛的、简单化的，有时甚至是情绪化的。台湾文学批评家龙应台在《文学批评不是这样的》一文中，曾经总结出这样一种小说批评模式：文章通常有三个部分组成，一是作者简介，二是小说情节的重述，三是几句赞美性的评语。而其评语，又往往"像一件大小同号的衣服，胖子瘦子都可以穿"①。龙应台这里所说的，即可谓复

---

① 《龙应台评小说》，上海文艺出版社 1996 年版，第 175 页。

述归纳式批评。龙永台举的例子是台湾批评家廖宏文的《何不秉烛游——读马森的〈夜游〉》，此文正是以作者简介与情节重述为主要内容，以"别具一格"、"独到过人"、"生动细腻"、"教人由衷地击节赞赏"之类评语作结的。

在文学批评领域，这类批评，实际上一直占有很大的比重。在 20 世纪的中国文坛上，最常见的即是这类文章，其中有不少甚至是出之于名流权威的笔下。茅盾曾这样评论王统照的长篇小说《山雨》：先是引述王统照本人的自述说明作者的写作动机，继而分类复述介绍作品中的人物，最后得出结论："全书大半部的北方农村描写是应得赞美的。到现在为止，我们还没有看见过第二部这样坚实的农村小说。这不是想象的概念作品，这是血淋淋的生活记录。"作品的缺点是："故事的发展不充分，并且是空泛的，概念的。全书最惹眼的'地方色彩'在那后半部中也没有了。""第二十五章的感伤气氛破坏了全书的一贯性。"① 茅盾的这篇评论，就未免过于粗疏浅显，因为其基本见解，并没有超出他在文章中已经征引的王统照本人"意在写出北方农村崩溃的几种原因与现象"、"后半部结束得太匆忙"之类自述。另如冯雪峰曾这样评论杜鹏程的《保卫延安》，认为这部小说"是够得上称为它所描写的这一次具有伟大历史意义的有名英雄战争的一部史诗的。即使从更高的要求或从这部作品还可以加工的意义上说，也总是这样的英雄史诗的一部初稿。""以这部作品所已达到的根本史诗精神而论"，是"可以和古典文学中不朽的英雄史诗（例如《水》、《塔拉斯·布尔巴》、《战争与和平》等）比较的。"② 冯雪峰先生的评论，虽然视野宏阔，可惜其"宏论"之下的分析也是空泛的。文中除了对作品内容与人物的复述介绍，以及反复出现的"伟大力量的合奏"、"革命战争的伟大精神"、"革命英雄主义精神"、"大无畏精神"、"庄严伟大的奋勇前进的力量"、"党中央和毛主席的英明领导"之类情绪化的赞美之词之外，对于《保卫延安》究竟何以够得上"史诗"之作，到底哪些方面能与《战争与和平》之类名作相比，读者终不得而知。且既然说是"史诗"，为什么又说是"史诗的初稿"？"史诗"作品的标准到底是什么？亦令人迷惑不解，只能叫人怀疑评论者本人在作出"史诗"判断时，实际上是

---

① 《茅盾论中国现代作家作品》，北京大学出版社 1980 年版，第 203、202 页。
② 《中国新文艺大系 1949—1966 评论集》，中国文联出版公司 1994 年版，第 132、144 页。

底气不足的。

目前，在我国的某些文学刊物（如在国内文学界影响颇大的《作品与争鸣》等）中发表的评论文章，大多亦属此类情况。这一形态的批评，尤其已越来越广泛地见之于报纸、广播，以及新兴的互联网之类媒体。由于这类批评的快捷性、及时性与大众性等特点，已有"传媒文学批评"或"大众媒体批评"之称。

2. 体悟阐释式

这类批评，不重价值判断，更注重的是对作品的语义、技巧、情感、意味及整体内涵的个人化体悟、理解与阐释。如倡导印象主义批评的法国小说家法朗士曾经宣称："关于莎士比亚，关于拉辛，我所讲的就是我自己。"[①] 符号学美学家苏珊·朗格强调："艺术的成败要通过直觉来认识，否则根本无法认识。"[②] 英美"新批评派"的理论家们主张，文学批评要运用"细读"（close reading）方法，发现语词中隐含的意义。美国读者反应批评理论的代表人物费希认为，在文学作品中，"一句话的经验，它的全部经验，而不是关于它的任何评论（包括我可能作的任何评论），才是它的意义所在"。因此，文学批评的目的就是忠实地描述阅读活动中的经验体会，"分析读者在阅读按时间顺序逐一出现的词时不断变化发展的反应。"[③] 中国现代批评家李健吾亦曾提出过与法朗士相近的见解："什么是批评的标准？没有。如若有的话，不是别的，便是自我。……犹如王尔德所宣告，批评本身是一种艺术。"[④] 这些作家、理论家所推崇的正是体悟阐释式批评。

如新批评派的布鲁克斯与沃伦曾这样评论海明威的短篇小说《杀人者》："涅克站起身来。他以前嘴里从来没有塞过毛巾。他说：'妈的，碰上什么鬼了？'他尽量摆出一副洋洋得意的样子。"嘴巴被人堵上，你在惊险小说里经常看到，但是却不会遇上；反应首先是兴奋，几乎是惊喜，至少也是显示男子气概的好时机（在此或许值得指出：海明威用的是"毛巾"这一具体

① 伍蠡甫编：《西方文论选》下卷，上海译文出版社 1979 年版，第 267 页。
② ［美］苏珊·朗格：《情感与形式》，刘大基等译，中国社会科学出版社 1986 年版，第 472 页。
③ 王逢振等编：《最新西方文论选》，漓江出版社 1991 年版，第 63、58 页。
④ 郭宏安编：《李健吾批评文集》，珠海出版社 1998 年版，第 184 页。

的词，而不是"塞嘴物"这一通称。确实，"毛巾"一词胜过"塞嘴物"一词，因为它能造成感觉印象，使人联想到粗糙的织物和它吸干唾沫使嘴膜干燥难受的作用。但是这个词能产生实感的长处被另一个长处压倒了：在惊险小说里毛巾就是"塞嘴物"的化身，在这篇小说里，惊险小说里的陈词滥调成了现实）。整个事件的写法——"他以前嘴里从来没有塞过毛巾"——使得表面看来是现实主义的细节描写起到了暗示的作用，指向最后的发现。①

主张印象批评的李健吾先生，曾这样评论巴金与茅盾的作品：巴金先生有的是悲哀，他的人物有的是悲哀，但是光明亮在他们的眼前，火把燃在他们的心底，他们从不绝望。他们和我们同样是人，然而到了牺牲自己的时节，他们没有一个会是弱者。不是弱者，他们却那样易于感动。感动到了极点，他们忘掉自己，不顾利害，抢先做那视死如归的勇士。这样率真的志士，什么也看到想到，就是不为自己设想。但是他们禁不住生理的要求：他们得活着，活着完成人类的使命；他们得爱着，爱着满足本能的冲动。活要有意义；爱要不妨害正义。此外统是多余、虚伪、世俗，换句话，羁缚。从《雾》到《雨》，从《雨》到《电》，正是由皮而肉，由肉而核，一步一步剥进作者思想的中心。《雾》的对象是迟疑，《雨》的对象是矛盾，《电》的对象是行动……茅盾先生拙于措辞，因为他沿路随手捡拾；巴金先生却是热情不容他描写，因为描写的工作比较冷静，而热情不容巴金先生冷静。失之东隅，收之桑榆，他用叙事抵补描写的缺陷……读茅盾先生的文章，我们像上山，沿路有的是瑰丽的奇景，然而脚底下也有的是绊脚的石子；读巴金先生的文章，我们像泛舟，顺流而下，有时连你收帆停驶的工夫也不给。②

中国古代文学史上的评点式批评，大多亦可归于此类，如脂胭斋如此评点《红楼梦》：

> 以顽石草木为偶，实历尽风月波澜，尝遍情缘滋味，至无可如何，始结此木石因果，以泄胸中悒郁。古人之"一花一石如有意，不语不笑能留人"，此之谓也……自黛玉看书起分三段写来，真无容针之空。

---

① 赵毅衡编：《"新批评"文集》，中国社会科学出版社 1988 年版，第 424 页。
② 郭宏安编：《李健吾批评文集》，珠海出版社 1998 年版，第 34—35、36 页。

如夏日乌云四起，疾闪长雷不绝，不知雨落何时，忽然霹雳一声，倾盆大注，何快如之，何乐如之，其令人宁不叫绝！

可以看出，布鲁克斯与沃伦通过细读，抓住关键词语，对海明威作品的体悟与阐释是精到的，有着增强读者阅读感受，加深读者印象的作用；李健吾由自己的感觉体验入手，以激情洋溢的语言与灵动的笔调，对巴金与茅盾小说的评论也是卓有见地的，有助于读者认识理解作家笔下人物的个性追求、心灵世界，以及不同创作特点等等；脂胭斋对《红楼梦》的会心评点，亦深得后人赞赏。但这类批评，又总让人觉得，灵动有余而科学评价不足；热情有余而深入分析不足；局部性体悟有余而整体性把握不足。由于缺乏对作品更为深入细致的分析评判，阅读这样的批评文章，总给人浮光掠影、浅尝辄止之感。

3. 分析评判式

这类批评的特征是，从某种理论视野出发，或依据一定的艺术规则，在阐释体悟的基础上，以清晰的语言，对作品隐含的人生的、社会的、审美的等方面的内涵与意义，对作品的成就或不足，作出明确的价值判断，并进一步探析文学艺术活动的内在规律。在 20 世纪的中国文学批评史上，王国维、李长之、龙应台、胡河清等人的某些文章，当属这一批评形态。

王国维曾经借用叔本华"生活之欲乃人生痛苦之源"的悲剧哲学观，对《红楼梦》首次作出了全然不同于已有评点派、考证派的深刻分析，认为与乐天精神相关，中国的戏曲小说，无不有乐天色彩，常见"始于悲者终于欢，始于离者终于合、始于困者终于亨"，"善人必令善终，而恶人必罹其罚"的大团圆结构，而《红楼梦》则与之相反，乃"彻头彻尾之悲剧也"。书中人物，无不与苦痛相始终，而其苦痛之源，正是叔本华所说的人性之欲；而贾宝玉之出家，见出的正是值得肯定的解脱之精神。王国维正是据此，称颂《红楼梦》是写出了"人类全体之性质"的"宇宙之大著述"。①

李长之这样评论过巴金的《憩园》："它的内容犹如它的笔调，太轻易，

---

① 　吴无忌编：《王国维文集》，燕山出版社 1997 年版，第 224 页。

太流畅，有些滑过的光景。缺的是曲折，是深，是含蓄。它让读者读去，几乎一无停留，一无钻探，一无掩卷而思的崎岖。再则他的小说中自我表现太多，多得让读者厌倦，而达不到本来可能唤起共鸣的程度。"对鲁迅的某些作品，李长之也曾给予过尖锐的批评。他认为《头发的故事》、《一件小事》、《端午节》、《在酒楼上》、《肥皂》、《兄弟》等，"写得特别坏，坏到不可原谅的地步"。"有的是因故事太简单，称之为小说呢，当然看着空洞；散文吧，又并不美，也不亲切，即使派作是杂感，也觉得松弛不紧凑，结果就成了'吗也不是'的光景。"① 李长之不仅指出了鲁迅某些城市题材小说的缺陷，且进一步分析道："鲁迅不宜于写都市生活，他那性格上的坚韧，固执，多疑；文笔的凝练，老辣，简峭都似乎更宜于写农村。写农村，恰恰发挥了他那常觉得受奚落的哀感、寂寞和荒凉，不特会感染了他自己，也感染了所有的读者。同时，他自己的倔强、高傲，在愚蠢、卑怯的农民性之对照中，也无疑给人们以兴奋与鼓舞。都市生活却不同了，它是动乱的，脆弱的，方面极多，书面极大，然而松，匆促，不相连属，像使一个乡下人之眼花缭乱似的，使一个惯于写农民的灵魂作家，也几乎不能措手。在鲁迅写农民时所有的文字优长，是从容，幽默，带着抒情的笔调，转到写都市的小市民，却就只剩下沉闷、松弱和驳杂了。"②

龙应台这样批评白先勇的《孽子》：首先肯定了作品在表现父与子、灵与肉的冲突方面有着杰出的成果，对比与象征手法的运用也极为成熟。同时又指出，在这部小说中，作为叙述者的阿青，作者一方面将其塑造成一个稚气十足的少年，但这个少年在叙事时却变成了一个洞悉世事的哲学诗人。实际上，在作品的用词遣句以及语言中所透露出来的对人生的了解，"是属于作者白先勇的，不属于刚被高中开除、十八岁的阿青。两种语言的冲突分裂了阿青的个性，也因而削弱了这个角色有可信性。读者时时觉得这是作者在说话，不是阿青，阿青沦为作者传声的道具。"③ 龙应台认为，正因存在着如此严重的缺陷，《孽子》当然也就称不上是一部一流作品。

胡河清这样评论过王朔与刘震云："王朔最大的本事就在'造句'，而在

---

① 郜元宝、李书编：《李长之批评文集》，珠海出版社1998年版，第164、181、75页。
② 郜元宝、李书编：《李长之批评文集》，珠海出版社1998年版，第76页。
③ 《龙应台评小说》，上海文艺出版社1996年版，第3页。

谋篇布局上往往很粗糙，没有什么新意，经常是用一些老掉牙的故事套子，所以他的故事管不住句子。"他的造句学的是"钱钟书体"，但因国学根底太浅，"有些尖刻的话还没有功力刨到根子上。""刘震云有中国历史学家的慧眼，把中国社会中人与人的关系看得透彻得了不得，这是他的优长。但这种优势也伴随着一种弱点，就是他只懂得权力关系对人的影响，而对种种高度个人性的人性范畴，诸如潜意识、精神恋爱、本能冲动以及文化血缘的深层积淀、佛道慧根等等，基本上了解得还非常肤浅……刘震云的人物都像是一些活动权力关系网中的简单符号，从中破译不出什么复杂的文化生命信息。"①

在上述批评个案中，对于作品，批评者既有独到的体悟与阐释，但又不只是停留于此，而是力避情绪倾向的干扰，以清醒的理性思维，自觉地上升到价值判断，并对价值构成的原因、艺术创作的内在规律等，进行了深入细致的分析探讨。

4. 提升创造式

在这类批评文章中，批评家能够结合对相关作品的分析探讨，深化完善某些既有理论；或通过对作品内在奥妙的独特把握，提出新的理论范畴，乃至借此创建新的理论体系。

如关于典型人物的理论，虽早已见之于狄德罗、黑格尔、马克思等人的论著，但这并不妨碍后来的别林斯基在这方面仍有自己的重要理论贡献。别林斯基认为，典型人物是个别与一般、特殊与普遍、有限与无限、偶然与必然的统一体，如普希金笔下的奥涅金、达吉雅娜，果戈理《涅瓦大街》中的庞罗果夫等，即可谓典型人物，这些人物的特征是，"已经由专有名词化为普通名词"，即既是"独一无二"的，又是"整个阶级，整个民族，整个国家！"②从读者接受的角度来看，典型人物"都是似曾相识的不相识者"（或谓"熟悉的陌生人"）；从作家创作角度来看，典型化是基本的艺术法则，是一位作家创作个性与创作才能的标志。别林斯基这些曾经产生了重大影响、

① 《胡河清文存》，上海三联书店1996年版，第16、21页。
② 伍蠡甫、胡经之编：《西方文艺理论名著选编》中卷，北京大学出版社1986年版，第283、285页。

至今仍不乏启示意义的见解，也正是结合对普希金、果戈理等作家作品的批评研究，进一步完善与提升前人见解的结果。

在文学批评领域，也有另外一些更具才识者，在批评过程中，创造了全新的理论范畴与理论体系。如巴赫金在陀思妥耶夫斯基的小说中发现，陀思妥耶夫斯基是一位艺术形式的最伟大的创新者之一，他突破了"基本上属于独白型（单旋律）的已经定型的欧洲小说模式"，乃至欧洲美学的一些基本原则，创造了一个"复调世界"。[①] 正是在此基础上，巴赫金提出了以"对话"、"复调"、"狂欢"为核心概念的新颖独到的小说理论。赛义德亦主要是在分析批评狄更斯、奥斯汀、夏洛蒂·勃朗特、福楼拜、康拉德、加缪等欧洲作家作品的过程中，发现"在19世纪到20世纪初期的英法小说中，帝国事实的暗示几乎无处不在"[②]，得出了欧洲小说与帝国主义事业之间存在同谋关系的论断，并进而形成了影响深远的东方主义（或曰"后殖民主义"）文学理论。在中国文学史上，通常被视为文学理论成果的刘勰的《文心雕龙》，其实，从主体内容来看，也是一部杰出的文学批评著作。在这部著作中，刘勰正是在对众多作家作品的分析评论过程中，创建了完备的中国古代文论体系。

与分析评判式相比，在提升创造式批评中，虽然同样有其对作家作品的价值判断与分析，但两种批评形态之间，是存在本质区别的，这就是：前者所依据的是已有的尺度与规范，后者依据的则是批评家在分析研究作品时自己提升或创造的新的尺度与规范。从批评家的主体视角来看，前者更注重的是对作家作品本身的分析评判，后者更注重的则是理论的开拓与创造。在诸如刘勰、别林斯基、巴赫金、赛义德等这样一些世界一流批评家的论著中，体现出来的正是这样一种风貌。

二、文学批评的四重境界

以上概括的四种批评形态，虽然都有独立存在的价值与意义，但所达

---

① [苏] 巴赫金：《陀思妥耶夫斯基诗学问题》，白春仁、顾亚铃译，三联书店1988年版，第30、24页。

② [美]《赛义德自选集》，中国社会科学出版1999年版，第220页。

到的层次，对人类文学活动的影响，又是大有区别的。这里所说的批评境界，即是就批评文章所达到的意义层次与价值高度而言的。上述四种批评形态，相应而成的，正是依次由低向高的四重批评境界。

第一，传播文学信息。

这是由复述归纳式体现出的批评境界。复述归纳式批评，因其浅显易懂，观点明确，能够为更大范围的读者所接受，自然具有活跃文化生活，广泛传播文学信息之作用。但因缺乏对作品价值构成及创作成败原因的深入分析，尚无助于读者对作品的深入理解，也无助于促进作家创作水平的提高，因此还只能算是文学批评的最低境界。

在谈及文学批评的作用时，福克纳曾经讥讽道："评论家其实也无非是想写句'吉劳埃（二战期间美国兵的代名词——原注）到此一游'而已。他所起的作用决不是为了艺术家。艺术家可要高出评论家一筹，因为艺术家写出来的作品可以感动评论家，而评论家写出来的文章感动得了别人，可就是感动不了艺术家。"[1] 福克纳这里所不满的，恰合于此类批评。其实，仅能达到传播信息境界的批评文章，不仅感动不了艺术家，也是很难感动一般"别人"的。

在复述归纳式批评中，稍见高妙一点的做法是：简单比照，即将作品内容与相关的生活事理及思想艺术方面的某些信条加以比较，而后得出诸如"真实地反映了现实生活"、"写出了生动鲜明的人物形象"、"表现了何种社会意义"之类赞语。但这类文章，同样因批评者缺乏个人创见，除了传播信息之外，仍缺乏真正的文学批评价值。

至于目前时常可见的以"大捧"、"大骂"这样两种极端化方式，以制造"新闻热点"为目的的某些"传媒批评"，则不仅不具文学批评价值，其信息传播价值，也是难以体现的。

第二，丰富作品内容。

在体悟阐释式批评中，往往既有对作品意味的深入细致的开掘，亦不

---

① 崔道怡等编：《"冰山"理论：对话与潜对话》上册，工人出版社1987年版，第105—106页。

无发人深思的对作品技巧的体悟等，因此，其作用已不再像复述归纳式批评那样，止于传播文学信息了，而是能够丰富和补充作品内涵，增强读者对作品及作家创作个性的认识；由于情感化、艺术化色彩，体悟阐释式批评亦每每具有较强的可读性。但亦如复述归纳式批评，在体悟阐释式批评中，同样缺乏对作品价值构成及创作成败原因的深入分析，同样难以给予读者与作者更多的启示。李长之先生曾经指出："在日常生活中，假如有一个人说出一套话来，别人不知道他说的什么，这在说者听者是如何苦恼的事。这就需要一个人，他是能够听明白的，乃用更方便的话，也许更简要，把那说者的意思，翻译或指明给听者；于作者读者之间，批评家最低限度是也要尽了这样任务。"① 显然，李长之先生的看法是，在文学批评中，对作品的体悟与阐释是必要的，但这只能是最低限度的任务。而这样一种仅是尽了"最低限度的任务"的批评，当然仍欠缺真正的批评价值，就其批评境界而言，所达到的仍是较低的层次。

体悟阐释式批评，虽然表现出应有的独立意识，但如果像法朗士所主张的"我所讲的就是我自己"，有时也就难免脱离作品，成为随心所欲的自说自话；像李健吾先生所主张的否定批评标准，批评也就失去了客观性与公正性；像新批评及中国古代的某些评点之作那样，只是注重局部的语义、技巧的体悟与阐释，也难以从整体上判定作品的优劣。由于片面的主观化追求，在这类批评中，一部极为低劣的作品，也可能因其某些方面的长处而被阐释得天花乱坠，这自然也就丧失了文学批评之为"批评"的本质特点。

第三，探讨创作规律。

这是与分析评判式批评相对应的批评境界。在分析评判式的批评文章中，由于不仅有着对作品语义与技巧的体悟与阐释，同时亦有常人甚至是作者本人未曾意识到的价值内涵，以及有关作品成败得失之类的分析，并上升到对创作规律的探讨，因而所达到的当然是更为理想的批评境界。无论读者还是作者，都能在这样的批评境界中，得到更多的启迪与教益。

王国维关于《红楼梦》是"悲剧中之悲剧"，是"宇宙之大著述"之类

---

① 郜元宝、李书编：《李长之批评文集》，珠海出版社 1998 年版，第 380 页。

不同于前人的论述，无疑可以使读者从更高的审美价值与哲学价值层次上理解这部文学名著的非凡之处，并意识到文学创作的更高要求。李长之对鲁迅某些城市生活题材的小说的尖锐批评，不仅为读者提供了观察鲁迅作品的另一种眼光，更为重要的是，通过冷静的学理分析而得出的关于鲁迅创作得失原因的论断，有着总结创作规律，促进创作水平提高之类重要意义。像龙应台那样，对白先勇《孽子》中主人公个性分裂的批评；像胡河清那样对王朔小说的"缺乏新意"，对刘震云小说缺乏丰富文化内涵之类的分析，则不仅有助于读者正确认识相关作品，对作者本人也必定是会大有启发的。可以相信，面对这样的批评，即使对批评深表反感的里尔克、福克纳这样的作家，恐怕也难以否定其独立价值。中国当代的文学批评，如果能够达到这样的境界，即如言辞偏激的韩东、朱文等人，大概也不会将其说得一无是处了吧。

但在分析评判式批评中，由于批评家所依据的文学理念与价值尺度等，尚不具本人的提升性与创造性，因此也就制约了这类批评境界的进一步提高。如在李长之、龙应台、胡河清等人的批评文章中，所依据的仍不过是人所共知的文学作品应该真切生动，应该更富有人性的历史文化内涵，人物性格应该有机统一之类既有的创作规则。也就是说，这些批评家的才能，很大程度上，还只是表现在他们对某些既有理念与规则的精当运用，尚欠缺从作品中提升新的理念与规则，或创造新的理论范畴与理论体系的能力。因此，这类批评，虽然有着令人信服的对作品的分析与评判，但还不能开拓新的艺术视野，还无助于推进理论本身的发展。

第四，开拓思想空间。

这是文学批评的最高境界。在与之相对应的提升创造式批评中，由于批评家已不再是从既有的理论观念出发，关注的重心，也已不再仅仅是作家作品本身，而是注重于提升某些理念与规则，或于作品中发现某些隐含的新的理论思想，因此，这样的批评成果，也已不再仅具文学批评意义，而是更具有文艺思想乃至文化思想的开拓意义。

在刘勰的《文心雕龙》，王国维的《人间词话》，别林斯基、巴赫金、赛义德这样一类批评大家的论著中，我们看到的正是这样一种境界。王国维的《红楼梦评论》虽然也是很高水平的批评著作，但其影响之所以比不上

《人间词话》，原因就在于，在《红楼梦评论》中，王国维虽有新的发现，但因其发现所依据的是叔本华的理论；而在《人间词话》中，依据的则是他自己对"意境"的独到见解，因而更具备了理论开拓价值。读过《红楼梦评论》，读者的收益只是对《红楼梦》本身认识的提高；而读过《人间词话》，人们除加深了对他所论及的作品的认识之外，又能从他"造境"与"写境"、"隔"与"不隔"；"有我之境"与"无我之境"等关于"意境"的理论见解中得到启发。同理，别林斯基对于后世的影响，除了他对普希金、果戈理等作家作品的独到分析与评价之外，又有经他于批评过程中提升完善的关于典型人物的理论。另如巴赫金的"复调结构"，赛义德的"东方主义"之类文学观念，甚至早已超越了与之相关的作家作品，而成为广为人知的独立的文学理论范畴；甚至已超越了文学现象，而具有促进人类文明发展与历史进步的更为深远的价值内涵。因此，这样的批评家，已理所当然地被人们视为世界级的思想家。

批评形态与批评境界之间，当然亦非完全对应。同一批评形态的文章，亦有优劣高下之分。如同是体悟阐释式批评，有的能够如同李健吾先生的文章那样，虽然深入分析评价不足，但对作品的切身体验，对作家创作特点的把握，是达到了高超境界的。而有的文章，则自说自话，虚浮空泛，脱离作品实际。同是分析评判式批评，有的能够如同李长之、龙应台、胡河清的文章那样，虽然是从已有的理论出发，但缘其理论运用得精当，学理分析得严谨，论断得令人信服，而体现出真正文学批评的内涵。而另有许多此类文章，在依据某种理论时，往往生搬硬套，牵强附会，甚至是削足适履。这类批评，不仅达不到相应的批评境界，甚至是不可能有什么批评价值的。在成功的分析评判形态的文章中，另一特别值得注意之处是：批评家善于运用新的理论见解与理论视角，如王国维评论《红楼梦》用的是对于当时的中国学界来说尚是新思潮的叔本华的哲学观，胡河清是从"文化血缘"的角度分析刘震云的作品。这类新理论与新视角，本身就具有启发意义，用之于文学批评，自然也就更易得出新的见解。而另有许多文章，如目前仍时常见之于国内批评界的从"反映现实生活"、"启蒙"、"异化"等角度立论的文章，所依据的理论观念虽然正确，但因其本身的陈旧，也影响了批评价值。

三、高层次批评境界的实现

由四重批评境界可知，以信息传播为主要功能，更多见之于业余作者或媒体记者的复述归纳式批评，严格地说，还算不上真正的文学批评。主要呈现为"读后感"特征的体悟阐释式批评，也因其缺乏充分的分析论证而批评意味不足。从中外文学批评史来看，那些卓有成就的批评家，至少是达到了批评的第三重境界。那些被视为一流的批评家，则是达到了第四重批评境界的。

而要达到第三重境界，一位批评家必须具备如下的素质：

要有广博的专业理论。只有如此，才能及时运用最新的或鲜为人知的观点方法，对作家作品作出超越前人的独到分析与评判。如美籍华人学者叶嘉莹先生在《从女性主义文论看〈花间〉词的特质》一文中，借用自己谙熟的西方女性主义文学理念与方法，这样评析了中国晚唐时代的《花间》词：叶嘉莹发现，《花间》词中的优秀作品，大多具有这样的特点：是一位有着很高文化修养的男性词人，在设身处地地以一个女子的口吻，抒写女性意识与女性感情，如温庭筠的《菩萨蛮·小山明灭》等。叶嘉莹认为，这类词作体现出的正是西方女性主义文学理论所说的"双性"特征。缘其"双性"特征，这类词作中的女性，不再是浅俗作品中常见的带有情欲的男性眼光中的女性，而是具有"象喻"意味，能够给人以"兴于微言"的丰富联想，具有"以道贤人君子幽约怨悱不能自言之情"的可能性。而这正是中国古代词作的独特审美价值之所在。在关于中国古代词作的研究领域，叶嘉莹先生的这类见解，自然是有创新性的。

要有深邃细腻的文学眼光。只有如此，才能洞彻幽妙，透过作品的字里行间，捕捉到作家内心的秘密，敏锐地发现作品的成败得失。如在胡河清的《重论孙犁》一文中，我们看到的正是作者的这样一种才能。胡河清注意到，孙犁在一篇散文中忆及，当年在延安的时候，领导安排邵子南与他同住，他不同意，接下来是这样一段话："领导人没有勉强我，我一个人仍然住在小窑洞里。我记不清邵子南同志搬下去了没有，但我知道，如果领导人先去征求他的意见，他一定表示愿意……我知道，他是没有这种择人而处的毛病的。"胡河清正是抓住这段文字，对孙犁的人格特征与作品意蕴进行了这样一番真正堪称是鞭辟入里的分析评判："'领导人没有勉强我'一句，是照顾领导的面子；'但我知道……我知道……'以下，则扬邵子南而抑己。这表明他的文字背后深藏着一种对人际关系的病态的敏感"，流露出的是与中国传统儒家文化人格相关的对别人的防范意识，表现了孙犁的人格分裂状态，即一半灵魂体现着对独立的要求，另一半是承袭了传统儒风的谨小慎微，谦以自牧。胡河清进一步指出，正是与其顺从性的、怨而不怒的"儒风"相关，"孙犁的文本，则几乎具备了一切'婉约派'的美学特征。他的叙述语调，是高度柔情化的"。他在《新安游记》中偶尔闪现过的"人民神圣抗战中外在与内心"交织的淋漓血光、悲壮之气，未能得以发展，从而影响了孙犁的创作高度。这样一种深入骨髓的评论，才称得上是真正的文学评论。

对于文学批评家，人们常常要求要有说真话的勇气。敢于说真话，这当然是重要的。只有敢于说真话，才能像李长之那样，即使面对鲁迅这样已享盛誉的一代大家，也敢于提出自己不同的批评意见；能够像龙应台那样，不顾人们对白先勇《孽子》的一片叫好声，从自己深入细致的分析出发，尖锐地指出其人物塑造等方面的缺陷。然而，一位成功的批评家，在具有说真话的勇气的同时，更要具备说真话的能力，即既要"有胆"，更要"有识"。而广博的专业理论、文化视野与深邃细腻的文学眼光，正是决定其"识"的基本条件。如果乏此条件，由勇气而生出的也许只能是无知妄说，胡言乱语。

而要达到第四重境界，批评家当然要有更高的素质。

一是元理论的反思能力。在能够达到第三重境界的批评家那里，表现出来的往往还是对某些既有理论与规则的信奉。而在达到第四重境界的批评家那里，表现出的则是：能够在立足于社会现实的变化，从事文学批评活动的同时，反思、修正、发展已有的理论与规则。如卢卡契、马尔库塞、阿多尔诺、本雅明等西方马克思主义批评家们，坚持的虽仍是马克思主义的基本立场与原则，用的也是马克思当年所提出的"现实主义"、"异化"之类概念，但他们在使用这类理论范畴的时候，已在其中赋予了新的内涵。如卢卡契所说的包含着人道主义精神的"伟大的现实主义"，马尔库塞等人所批判的发达资本主义条件下人的"异化"现象，与马克思、恩格斯的本原思想已有了很大的区别，已经体现出独到的思想创造性。

二是超文学的视野。如果说，在达到第三重境界的批评家那里，批评视野基本上还是局限于文学本身的话，那么，在达到第四重境界的批评家那里，其视野中已不仅仅是文学，而是社会矛盾、文化冲突、人性追求、历史进步这样一些更深层次的问题。如卢卡契、马尔库塞、阿多尔诺、本雅明等西方马克思主义批评家，之所以有新的理论开拓，便正是得益于政治的、文化的这样一类超文学的批评视野。当代欧美的一些女性批评家创建的女性主义文论，之所以会成为一种影响全球的重要文学思潮，在很大程度上也是因为，她们批评的出发点，原本就不是文学，而是男女平等的社会政治诉求。巴赫金、赛义德等人的成功，也主要是得益于他们不满现实、关心人类的进步与文明的宏阔视野。巴赫金的"复调"、"对话"理论，从产生的动因来看，即是与作者对苏联时代极权专制的社会现实不满有关。巴赫金评论陀思妥耶夫斯基道：他听到了"自己时代的对话，或者说得确切些，是听到作为一种伟大对话的自己的时代，并在这个时代里不仅把握住个别的声音，而首先要把握住不同声音之间的对话关系、它们之间通过对话的相互作用。他听到了居于统治地位的主导的思想（官方的和非官方的）；听到了尚还微弱的声音，尚未完全显露的思想；也听到了潜藏的、除他之外谁也未听见的思想；还听到了刚刚萌芽的思想、看到未来世界观的胚胎"①。这类见解，既是巴赫金对陀思妥耶夫斯基创作秘密的独到发现，分明也是巴赫金反抗极权专制，向往言论自由的心声。赛义德在论著中所抨击的"东方主义"、"后殖民主义"之类文学现象，本身也是当今时代一个世界性的重大政治问题。这样的批评，其意义与影响当然也就不仅止于文学了。

四、百年来的中国文学批评

进入 20 世纪以来，随着现代文化条件的变化，中国的文学批评，一直是比较活跃的。尤其是在三四十年代，冯乃超、钱杏邨、周扬、冯雪峰、梁实秋、胡风、李健吾、李长之、邵荃麟等一批专业性的批评家活跃于文坛，鲁迅、周作人、郭沫若、茅盾等作家也不时介入批评活动，从而形成了批评与创作的并驾齐驱之势。80 年代以来，中国文学批评更是呈现出前所未有

---

① ［苏］巴赫金：《陀思妥耶夫斯基诗学问题》，白春仁，顾亚铃译，三联书店1988年版，第135页。

的繁荣之势，各种主义、思潮、批评方法，纷涌迭现，丰富多彩。无论是出版发表的论著的数量，还是参与批评的人数，大概都可以堪称世界之最。其中，有许多批评家，显示了自己深厚的文学素养与聪敏的批评才华；有许多批评文章，也曾以独到的见解与胆识，在文坛上产生了很大的影响。但若以四重批评境界为参照，便可明显见出不足与存在的问题了，这就是：

从第四重境界来看，在百年来的中国文学批评史上，我们还找不出一位像刘勰、巴赫金、赛义德那样具有独立思想创造的批评家。即使像王国维、别林斯基那样能够提升前人理论的批评家，大概也只有一位胡风先生能够算得上。胡风在文学批评活动中所运用的现实主义理论，虽源之于他所信仰的马克思主义，但就其理论内涵来看，与本原的马克思主义文艺观已有区别。胡风所主张的现实主义的精神实质是："主观精神和客观真理的结合或融合。"其具体原则是：既反对主观公式主义，也反对奴从生活的客观主义。很明显，与马克思主义的现实主义观相比，胡风更强调作家对社会生活的主体把握能力，而马克思与恩格斯当年更重视的是现实生活之于文学创作的重要性。从文学创作规律来看，胡风所强调的主体性的现实主义，显然要高于本原的马克思主义的现实主义。但遗憾的是，后来长期沦为"罪囚"（胡风的"罪名"之一正是反马克思主义"主观唯心论"）的胡风，未能得以进一步发展自己的理论，中国文学史上，也就丧失了出现一位能够产生更大影响的文学批评家的可能。

从第三重境界来看，像李长之、龙应台、胡河清这样水平的批评家也不多见。我们虽然可以举出诸如冯乃超、钱杏邨、周扬、冯雪峰、邵荃麟以及活跃于50年代的冯牧、荒煤、侯金镜等曾经颇具权威性批评家的大名，但他们的批评文章，或因所依据的理论本身的偏颇，或因分析论证的浅陋粗疏，或因见解的主观武断，而使其虽具分析评判式的态势，却达不到第三重境界的效果。在80年代以来的中国文学批评界，迄今为止，除英年早逝的胡河清这样的个别批评家之外，能够真正抵达第三重境界的批评家亦不易列举。对于正常的文学批评而言，第三重境界，其实并不是很高的要求。如能够达此境界的龙应台的批评，并非有多么高明和深刻，能够做到的也不过是深入文本，细心体悟，发现得失，且能诉诸大胆直率，不留情面的语言。但就是此等批评，便曾在海峡两岸的文坛上引起震动，得"龙旋风"之称誉。这或许倒是正可以反证出：在我们的当代文坛上，名副其实的分析评判式批评是多么的贫乏。

从实际情况来看，中国现当代文学史上的绝大多数批评文章，也许只能归之于复述归纳式与体悟阐释式批评，即达到的尚是低层次的第一或第二重境界。这里指的当然还应是那些具有正常文学意义的批评，至于"文革"期间姚文元式的大批判文章，或目前常常见之于媒体的"起哄式"、"炒作式"、"对骂式"批评，因为算不上批评，故不在此列。

导致中国百年文学批评存在严重不足的原因，不外乎有以下几点：

缺乏对文学艺术的直觉感受能力。有不少批评者，正如韩东他们所批评的，对于文学艺术的直觉体验能力低下。这很大程度上是因为，他们骨子里并不喜欢文学。之所以介入批评，往往是出于谋生或其他非文学的目的。这样的所谓批评家，连最基本的对作品的体悟都说不上，又何谈分析评判？又何谈思想创造！

缺乏挑战性的文学眼光与独立人格。有许多批评者，更习惯于仰视作家作品，即使面对一位小有成就的作家，或尚处于习作阶段的作品，亦不吝"文坛新星"、"著名作家"、"实力派"、"力作"之类的溢美之词。面对有一定成就的作家，就更是一味地评功摆好了。这样的批评，又怎能具有独立的批评价值？

缺乏良好的理论与写作素养。有的批评家，虽不乏独立人格与批评勇气，但因理论素养不足，逻辑分析能力与语言表达能力欠缺，体现于批评文章只能是思路不清，道理不明。这一不足，甚至不时可见之于某些名气不小的专家、教授的笔下。或者呈现为另外一种情况：虽有惊人之论，却无根据支撑，给人的感觉是雷声大，雨点小。在当今的文坛上，有为某些批评家引以为荣的所谓"酷评"一路，而观其文章，存在的正是如此缺陷，即"酷"之有余，"评"之不足。

缺乏理论创造与思想创造的自觉。不少批评家，更习惯的正是从已有的文学理念、艺术规则或某些意识形态出发，由是而形成的批评文章，即使优秀之作，也只能停留在第三重境界，而不可能具有更高的理论开拓或理论创造意义，更不可能具有超越文学的思想创造性。

（原载《文史哲》2006 年第 1 期）

艺术想象本源论

　　根据内在构成机制，艺术想象是一种以表象（在观念中所保持的客观物象的形象）为本源媒介的思维活动，因而表象储存，也就成为作家、艺术家从事创作活动的基础。而对于某一创作主体来说，其表象材料又是如何生成，来自何处呢？在我们以往的理论教科书中，一直特别强调社会生活是文艺创作的源泉，乃至唯一源泉。与之相关，也一直在强调作家、艺术家要关注现实，深入生活。人类的表象生成，社会生活方面的因素当然是重要的，但视之为"唯一源泉"就值得怀疑了。除社会生活之外，最为突出的是，缘之于遗传及时刻处于变化状态的人体生理机能，亦在影响着人的表象建构。即如影响表象建构的社会生活，亦不应仅视之为个体正在亲历的客观生活本身，而还应包括不自觉预存的已有生活经验的积淀，以及得之于其他信息渠道的文化元素等。实际上，从整体上来看，人类的表象生成，应是个体的超前内激信息、超前外激信息与现场客观物象信息交互融汇，综合作用的产物。据此着眼，我们也许才能更为科学地弄清创作源泉问题，以及作家、艺术家创作过程中艺术想象活动的奥妙。

一、"中介经验"的物化

　　表面来看，人类大脑中的表象似乎只是客观物象作用于人的眼、耳等接收感官之后，留存于大脑皮层中的映像。现代认知科学已经发现，事实决不如此简单。由于人的感官决不同于镜子之类的机械构件，在反映过程中，同时还要自觉或不自觉地受到来自一个奇妙复杂的血肉之躯的生命波的冲击，受到特异的个体精神积淀的干预。因此，大脑皮层中的留存映像，就已不可能仅是纯粹的客观外象的映现。正如列宁曾经指出的："智慧（人的）对待个别事物，对个别事物的摹写（＝概念），不是简单的、直接的、照镜子那样死板的动作，而是复杂的、二重化的、曲折的、有可能使幻想脱离生活的活动；不仅如此，它还有可能使抽象的概念、观念向幻想（最后＝神）转变（而且是不知不觉的、人们意识不到的转变）。"① 在人类的艺术想象活动中，表现出来的，正是这样一种对于生活的变形反映。

卡西尔在《人论》中曾经举过这样一个例子："画家路德维希·李希特在他的自传中谈到他年轻时在蒂沃利和三个朋友打算画一幅相同的风景的情形。他们都坚持不背离自然尽可能精确地复写他们所看到的东西。然而结果是画出了四幅完全不同的画，彼此之间的差别正像这些艺术家的个性一样。从这个经验中他得出结论说，没有客观眼光这样的东西，而且形式和色彩总是根据个人的气质来领悟的。"② 在文学创作中，这类事例更是不胜枚举。同是中天明月，在鲁迅先生笔下，是个散射着寒冷光波的"铁的月亮"（《白光》）；在美国作家欧·亨利笔下，是个"迷人的妖妇"（《朋友的召唤》）；在我国古代诗人李白笔下，曾被"呼作白玉盘"（《古朗月行》）。同是写竹，郑板桥写道："此身愿劈千丝篾，织就湘帘护美人"（《笋竹》）；朱淑贞道："竹摇清影照幽窗"（《即景》）；见之于杜甫笔下的则有"恶竹应须斩万竿"。同是梅花，卢梅坡笔下的"梅雪争春未肯降"，一派争强好胜之气；在陆游笔下呈现出的则是悲凄伤感之态："驿外断桥边，寂寞开无主"；而在革命领袖毛泽东的笔下，我们看到的又是另一番面目："俏也不争春，只把春来报。待到山花烂漫时，她在丛中笑。"成了无私奉献的革命者的化身。从这些例子中可以看出，在作家、艺术家的创作过程中，构成其艺术形象的"月亮"、"竹子"、"梅花"之类的具体表象，显然已非客观外象直接映入大脑皮层的结果，而是已经渗透进了复杂的中间变量的成分。

---

① 列宁：《哲学笔记》，人民出版社 1993 年版，第 421 页。

② ［德］恩其特·卡西尔：《人论》，甘阳译，上海译文出版社 1985 年版，第 184—185 页。

当代瑞士著名心理学家皮亚杰，已从发生认识论角度，科学地揭示了由客观物象到大脑表象之间的变异活动过程。皮亚杰以充分的实证材料，否定了行为主义心理学派所谓 S—R 这样一个简单单向因果刺激→反应的认识论公式，提出了著名的"同化"理论，认为主体在认识客观事物的过程中，其感知—运动的或概念的格局将参与其间，即认识过程是一个主客体双向交互作用的过程。用公式表示，应是：

$$S \Longrightarrow R^{①}$$

正是透过这样一个修正后的公式，我们可以清楚地看出如同皮亚杰所指出的："认识既不能看作是在主体内部结构中预先决定了的——它们起因于有效的和不断的建构；也不能看作是在客体的预先存在着的特性中预先决定了的，因为客体只是通过这些内部结构的中介作用才被认识的，并且这些结构还通过把它们结合到更大的范围之中（即使仅仅把它们放在一个可能性的系统之内）而使它们丰富起来。"② 皮亚杰这里提到的"中介作用"，也就是他所说的"同化作用"。在皮亚杰看来，对于人类的认识过程，"说得更确切一些，应写作 S（A）R，其中 A 是刺激向某个反应格局的同化，而同化才是引起反应的根源"③。正因认识过程伴随着这样一个中介同化运动的过程，所以皮亚杰这样断言："所有认识都包含有新东西的加工制作的一面。"④

苏联当代著名神经心理学家鲁利亚，也已从生理科学角度提出了与皮亚杰相近的意见。他这样认为："使用工具的人从而创造出心理活动的、新的、中介的形式。……人的社会中介的经验，他的对象活动，都是其意识活动的高级机能系统产生和发展的基础。"⑤

从本质上看，皮亚杰、鲁利亚等人提出的"同化"、"中介经验"说，与

①　[瑞士] 皮亚杰：《发生认识论原理》，王宪钿等译，商务印书馆 1981 年版，第 68 页。
②　[瑞士] 皮亚杰：《发生认识论原理》（引言），王宪钿等译，商务印书馆 1981 年版，第 17 页。
③　[瑞士] 皮亚杰：《发生认识论原理》，王宪钿等译，商务印书馆 1981 年版，第 68 页。
④　[瑞士] 皮亚杰：《发生认识论原理》（引言），王宪钿等译，商务印书馆 1981 年版，第 17 页。
⑤　[苏] 斯米尔诺夫等：《心理学的自然科学基础》，李翼鹏等译，科学出版社 1984 年版，第 8 页。

列宁指出的"复杂的、二重化的、曲折的"认识论过程是相通的。文艺创作是人类的一种特殊意识活动形态，在由客观物象到艺术形象的生成过程中，当然也必会伴随着这样一种主客体交互作用的中介运动过程。也就是说，所谓艺术形象，实质是某一创作个体在体察事物过程中产生的"中介经验"的物化形式。在文艺创作活动中，这种"中介经验"也就是创作个体不同于他人的独特表象构成。正因这种独特表象构成的存在，才导致了我们前面所列举的即使面对同样的客观外物，也可以产生互不相干、千差万别的文艺作品的现象。由此可见，要想真正弄清创作个体的表象源泉及其创作活动的内在奥妙，还必须从人的社会"中介经验"入手，深入剖析"表象"的构成因子及其活动规律。

二、表象的三重本源构成

　　早在 17 世纪，法国哲学家马勒勃朗许在探讨人类的想象活动时，就曾富于启示意义地指出表象构成与内外双重信息刺激有关。他这样讲过："事物的印象先激动了身体表面的神经纤维而后传播到头脑里，这种感觉印象的后来浮现，即是出于身体的被动想象"，而"由于内刺激（比如断食、熬夜、发烧等），单单头脑里的纤维受到轻微的震荡而产生的想象，即心灵的主动想象"。① 很明显，在马勒勃朗许看来，不仅客观外物的刺激参与了人们感知事物时的表象建构，内在生理因素也同时在产生着作用。这种看法，无疑是可信的，比如同是面对低垂的柳丝，在一个健康人的眼睛里，易见春风荡漾之象，而在一病患者眼睛里，会更多些垂头丧气的意绪。据此我们会进一步清楚，人类大脑中的表象，并非仅是单一直观的外界映像的产物，而是一个多重本源联合作用的结果。

　　按皮亚杰的看法，在 S ⇌ R 这样一个人类个体意识的活动过程中，一方面是客观物象信息 S 在作用于主体的感知，同时主体 R 的预存信息（即皮亚杰所说的可为主体建构前提的"先前已有的内部条件"②）也在反作用于

---

① 《外国理论家、作家论形象思维》，中国社会科学出版社 1979 年版，第 16 页。
② ［瑞士］皮亚杰：《发生认识论原理》，王宪钿等译，商务印书馆 1981 年版，第 119 页。

客体信息。正是在这个意义上，皮亚杰认为，康德的"先验论的形式"虽有"包罗万象"之弊，但在认识论方面是正确的，是值得重视的，"这个功能上的先验论决不是排斥而是支持新结构的连续建构的理论的"①。为了便于说明问题，我们不妨把这种主体预存信息称之为超前信息。显然，如果这种超前信息全然是社会生活信息积累的话，那么，即就某一创作个体而言，我们也可以判定其创作想象的源泉只能是社会生活。但问题的复杂性在于，这种创作个体的超前信息不可能仅仅是社会生活信息。现代生理心理学指出，人类意识产生的原始因子是应激信息。超前储存信息便是应激信息激活大脑网状神经系统，输入大脑皮层的结果。鲁利亚曾正确地指出，这种激活网状神经的应激信息主要有三个来源：一是"机体的代谢过程，或者如有时人们说的，是机体的内部事务"；二是外界刺激；三是"人类意识生活中形成的远景、展望与计划"等等。②鲁利亚所说的第一个来源，即可谓我这里所说的源于生命机体的超前内在应激信息；第二来源即客观现场物象应激信息；第三个来源即可谓超前外在应激信息。这样一来，可以清楚看出，在某一特定时空中，艺术活动中的某一特定"中介经验"（即表象）的建构过程，实际上是三重信息（两重超前信息，一重现场信息）交互作用的过程。如下所示：

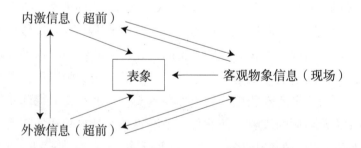

也就是说，当主体面对客观物象时，物象的现场应激信息会立即与先前积累的双重应激信息发生交流贯通。正是在这样一个三重应激信息的交流贯通中，某一特定客观物象的表象才诞生了。

---

① [瑞士]皮亚杰：《发生认识论原理》，王宪钿等译，商务印书馆1981年版，第119页。

② [苏]斯米尔诺夫等：《心理学的自然科学基础》，李翼鹏等译，科学出版社1984年版，第83—85页。

如同鲁利亚所描述的，这种"内激信息"是受制于机体代谢的生理本能意识。从人类整体来看，这种内激信息当然也只能是社会历史长期进化的产物。但作为具有特定生命周期的创作个体而言，这种得自生理机体的内激信息，却已不再是社会生活的直接产物，而是如同生理科学指出的，其本源器官是人体丘脑下部的垂体腺组织。垂体腺的分泌物经由大脑前叶后叶的分工，刺激机体的特定器官，从而导致了机体各种激素的分泌，又正是这些激素，通过一定的化学方式，刺激人的中枢网状神经，从而导致了各种内激信息的产生。① 对此，国外生理心理学界已做过许多成功的试验。比如，用乙醇胆碱或蕈毒碱注入老鼠脑中一定部位，老鼠便会产生奇渴现象；在老鼠脑中特定部位注射睾丸酮溶液，能引起老鼠的雄性活动等等。② 这种内激信息的试验在人类身上也获得了同样的效果。试验表明："当刺激外科手术病人不同的脑区时，就会引起若干自发的欲望、情感及其相应的知觉。"③ 由此可见机体内激信息与生理本能意识之间的某种关联。

生理本能意识的非社会性还表现在，其产生直接受制于原始遗传基因。美国著名社会生物学创始人威尔逊在《新的综合》中举过这样的例子：将卫生品系的蜜蜂（自己能找到感染的幼虫，并打开蜂室蜡盖，拖出扔掉）与不卫生品系蜜蜂（即没有这种杀灭病虫的卫生行为的蜜蜂）进行杂交，在第三代中，会出现三种情况：卫生型、不卫生型、折中型（只能找到病虫，打开蜡盖，不能进一步拖出扔掉）。这种遗传效应在人类身上也已获得了大量的事实根据。试验得出的结论是：人类"某种程度的形状知觉是生来就有的"，比如"把卡片呈现在1—14天大的婴儿眼前，会发现有图形的卡片比单色卡片更引起兴趣"。在婴儿面前放置各种图形时，"面孔图形压倒优势地最引起兴趣。其次是印刷品及靶心"。"鲜艳的单色圆片远远落在后边，从未成为第一个选择。没有迹象表明对图形的兴趣是第二性的或后天的。"④ 现代生理化学还进一步证明，不仅基因挟带的原始意识可以遗传，变异之后的基因意识也会遗传。试验根据是："把由训练过的动物身上抽出的 RNA 注射到未受过

---

① 参见［美］汤普森主编《生理心理学》，孙晔等编译，科学出版社 1981 年版。
② ［美］汤普森主编：《生理心理学》，孙晔等编译，科学出版社 1981 年版，第 121 页。
③ ［美］汤普森主编：《生理心理学》，孙晔等编译，科学出版社 1981 年版，第 117—118 页。
④ ［美］汤普森主编：《生理心理学》，孙晔等编译，科学出版社 1981 年版，第 307—309 页。

训练的动物身上，后者便表现出习得的行为。"① 显然，这种建基于与遗传基因有关的内激信息导致的意识，已经完全不同于来自外激信息的社会生活意识了。

当然，承认这种"内激信息"的存在，决不意味着对哲学范畴的唯心主义或二元论的赞同。因为在想象活动中，如果失去了与客体物象信息的交互作用，这种"内激信息"就不可能独立形成表象。这种肯定仅在于说明"内激信息"是表象建构过程中不容忽视的原始因子之一，只在于从表象建构的角度进一步认识到皮亚杰所说的："一方面，认识既不是起因于一个有自我意识的主体，也不是起因于业已形成的（从主体的角度看），会把自己烙印在主体之上的客体。认识起因于主客体之间的相互作用，这种作用发生在主体和客体之间的中途，因而同时既包含着主体又包含着客体。"②

由于人是社会性动物，大脑中时刻储存着双重应激信息。因此，在感触外界客观物象的时候，便一定会同时伴随着这样一种双重应激信息的刺激过程。人类大脑皮层中的表象之所以决然不同于照镜子般的机械映象，就正是因为，机械映像是一种客观平静的没有任何外来干预的产物。而人类大脑表象则是产生于内外双重信息起伏不定的感应状态之中。也就是说，在表象建构过程中，伴随着主体应激信息对客观物象外壳的融化运动。由此得到的表象，当然已不可能是客观物象的本原面目，而只能是"实践中介"作用下的三重本源的复杂构成。

三、内激信息与表象构成

与异彩纷呈、错综复杂的外激信息相比，人类自身导源于生理机制的内激信息同样是一个深不可测的信息海洋。就人类的某一个体而言，这种内激信息又可具体分为种属、性别、气质类型、个体及随机个体等许多不同层次。

首先，我们可以发现，人类作为宇宙动物系列中的一个种属，具有所

---

① [美] 舒尔茨：《现代心理学史》，杨立能等译，人民教育出版社 1984 年版，第 392 页。
② [瑞士] 皮亚杰：《发生认识论原理》，王宪钿等译，商务印书馆 1981 年版，第 22—23 页。

有成员共通性的内激信息层次。英国现代心理学家麦独孤即曾概括出人类共有的六种主要本能和原始情绪：逃跑本能和恐惧情绪，拒绝本能和厌恶情绪，好奇本能与惊奇情绪，好斗本能与愤怒情绪，自我贬抑与自我肯定本能和服从或得意情绪，抚育本能与温柔情绪。麦独孤认为，这是人类共有的与社会情绪无关的最原始的本能和情绪。[1] 瑞士心理学家荣格所说的"集体无意识"，首先亦是就人类共有的先天性的本能意识而言的。荣格认为"集体无意识"的具体构成是"原始意象"，认为人类意识中主要存在"自我"、"阴影"、"阿尼玛和阿尼姆斯"、"人格面具"四种最常见的原始意象。实质上，荣格所归纳的这些原始意象与麦独孤所概括的原始本能情绪是类似的。"自我"是指受生存本能（内驱力）驱使的自我实现意识；"阴影"是指"多种不道德的、易于动情的、令人生厌的欲望和活动"；"阿尼玛和阿尼姆斯"是指"男人或女人既显示出男性倾向又显示出女性倾向这样一种物种的原始特征"；"人格面具"是指人的自我伪装意识。[2] 从性质来看，荣格同样认为，这是一种"最深、最古老和最普遍的人类思想"，"它属于人类共同的心理历史的奥秘，而不属于个体记忆的领域。"[3] 荣格还曾进一步指出，这些"原始意象"，"不仅包括作为单独物种的人的种族的历史，而且也包括前人类或动物的祖先在内"。从来源来看，荣格断言："集体无意识，是指由各种遗传力量形成的一定的心理倾向，意识即从这种心理倾向中发展而来。"[4] 荣格、麦独孤等人所概括的这些建基于遗传基础上的本能情绪与集体无意识，也便正是我们所说的与社会意识无关的人类机体内激信息的第一个层次。

人类生命机体内激信息的第二层次是性别意识。生理学指出，男性睾丸分泌睾丸酮激素，女性卵巢分泌雌二醇激素。这两种激素与其刺激而成的男女不同生理构架，分别构成了两类性质有别的整体内激信息源，从而决定了男人与女人不同的意识倾向与行为特征。比如男性一般更为暴躁刚烈，外露顽强，富于反抗性、进取性，有着突出的"占有欲"等等。而女性一般则温柔脆弱，含蓄细腻，突出地存在着"失去感"、"我能生"、"母爱"、"依附"

①　《西方心理学文选》，张述祖等译，人民教育出版社1984年版，第133页。
②　[美] 舒尔茨：《现代心理学史》，杨立能等译，人民教育出版社1984年版，第360—361页。
③　《西方心理学家文选》，张述祖等译，人民教育出版社1984年版，第409页。
④　[瑞士] 荣格：《心理学与文学》，冯川、苏克译，三联书店1987年版，第137页。

之类不同于男性的意识特点。瓦西列夫在《情爱论》中曾列举过这样一个触目惊心的事例："在发掘被火山熔岩和灰烬所掩埋的庞贝城时发现，被烧焦了的男尸都处于反抗状态，仿佛他们是在与天抗争或试图逃避。而妇女却蜷缩着，匍匐在地上。"国外"梦学"研究的统计资料表明，女性生理周期的变化，往往会直接导致与"等待"有关的梦境。① 随着社会生活的发展，这种性别意识虽然会表现出不同的样式；随着两性之间情感交流的积累，这种性别意识也可能会发生某种程度的变化，但从根本上来讲，其性别差异永远不可能消失。因此人类之间，无论异性如何地互相学习，除了病态之外，作为整体的健全的"我能生"、"占有欲"及不同嗜好之类的性别意识还是大相径庭的。

人类明显可见的第三个内激信息层次是气质类型。心理学指出，根据气质特点，人类大致可以分为多血质、黏液质、胆汁质和抑郁质四种类型。不同气质类型会导致不同的意识特点。比如胆汁质的人易生暴躁情绪，黏液质的人易生冷漠情绪及自制和镇静意识，多血质的人愿意从事合乎实际的事业，抑郁质的人不易适应新环境，在陌生人面前易生羞愧意识等。按俄国生理、心理学家、高级神经活动学说的创始人巴甫洛夫的看法，这四种不同气质类型的划分是有道理的，分别是以不可遏止型、活泼型、安静型、弱型四种不同的高级神经活动类型为生理基础的。显然，正是这种先天性神经生理类型，构成了决定人的精神气质的内激信息层次。

个体层次是指由于不同个体生理结构而导致的内激信息。在现实生活中，我们会发现，即使同一性别、同一气质类型的人，个体本能意识也会千差万别，这便是由内激信息的个体层次决定的。从根本上讲，这种个体性内激信息是与人体遗传基因的个体性组合有关的。生理科学告诉我们，人类遗传基因包含在性染色体之中。人类男女分别有 46 个染色体，每个染色体中的若干 DNA 子又都分别是由数百万个核苷酸组成。双方随机组合时，可能出现的形式是一个大得难以想象的天文数字。因此，上至远古，横亘全球，在人类中很难找出生理构造完全相同的生命个体。又正是这种个体生理结构，导致了千差万别的个体化的人体内激信息。

---

① ［英］雅各布·恩普森：《睡眠与作梦》，陈养正译，三联书店 2005 年版，第 29 页。

此外，即使同一生命个体，在不同的年龄段，在不同身体状况与时空条件下，内激信息也会表现出性质和程度的不同。这往往主要是由于个体内在生理结构的变化与外在诱因条件的不同造成的。

正是这样一些不同层次的内激信息，综合构成了人体这个信息源。当人在面对客观物象的瞬间，机体内部总要伴随着某些层次的信息的跳跃翻腾，这当然不能不影响主体的意识表象造型。比如当人们回忆切身经历过的饥饿荒灾岁月时，会发现脑中糠菜团子的表象，会比眼前的奶油面包更为亲切，这便是饥饿内激信息曾经作用于糠菜团子的结果。而不曾有过饥饿体验的人，脑中便决不可能留存下这种性质的糠菜团子的表象。试验表明，"在看到一张女性画片时，男性被试的瞳孔比女性被试的瞳孔扩张得更多；而对于一张婴儿图片，或一张母婴图片，或一张男像，则女性被试表现出较大的反应"[1]。由此可以想见，在男性脑区留存的关于"女性画片"的表象中，或在女性脑区留存的关于"男性画片"的表象中，已不再是画片的客观本色，而显然已经分别染上了性别层次的内激信息的因素；而在女性脑区留存的关于"婴儿"、"母婴"的画片中，则分明已经染上了"母爱"、"抚育"之类的女性本能意识。即使同一主体在不同时空条件下观照同一对象时，由于机体内激信息不同层次的调配，也会留存下内涵不同的表象。比如同是花开鸟鸣的春色，在机能不足的童年时代与在机能成熟的青春时代；在病体衰弱的日子与体魄壮健时光，留存的表象也必会有种种的不同。美国著名心理学家威廉·詹姆斯曾经正确地指出过这一点，他说："我们自己有时倦得要睡，有时警醒兴奋，有时饥饿，有时饱餍，有时精力充满，有时衰竭，因此产生对物体的感觉，自然是不同的，甚至于夜间和早晨不同，夏天和冬天不同，尤其是童年壮年和老年都不同。"[2]

在诗人、作家、艺术家等具体创作个体的表象建构中，这种内激信息的作用也是明显可察的。在我国古代诗文中，哀叹人生短促曾是常见的主题。当作者们写下"人生寄一世，奄忽若飙尘"；"君不见高堂明镜悲白发，朝如青丝暮成雪"；"驱车上东门，遥望郭北墓，白杨何萧萧，松柏夹广路。

---

① ［美］汤普森主编：《生理心理学》，孙晔等编译，科学出版社1981年版，第344页。

② 伍蠡甫主编：《西方古今文论选》，复旦大学出版社1984年版，第386页。

下有陈死人，杳杳即长暮。潜寐黄泉下，千载永不寤"之类诗句时，表象中会涌动着与内激信息有关的求生本能意识。同是空中明月，在欧·亨利笔下，之所以会成为"迷人的妖妇"；同是写竹，郑板桥之所以写下"织就湘帘护美人"，其中除了社会因素之外，也分明凝进了男性意识的信息。这类意象很少见于女性作家的笔下便是有力的证明。司汤达在《红与黑》中写道：当于连初见到德·瑞那市长夫人时，他被"夫人温柔的眼神吸引住了，也忘记了一点儿羞怯，但立刻使他更惊奇的是她的美丽。于连忘记了一切，甚至忘记了他来到这儿的目的"。于连之所以会为美丽的市长夫人所吸引，甚至迷乱了自己的理性意识，这显然是内激信息在发挥作用。就创作过程而言，当然，这也是作家导源于内激信息的男性意识参与表象流程的结果。左拉的创作也许更能说明问题。据阿尔芒·拉努的《左拉传》记载：左拉的私生活是十分检点的，从他少年时曾与一位叫作冉娜的少女产生过柏拉图式的爱情到与妻子结婚之间，几乎是一片空白，没有与女性有过什么特别的接触。但在他的《娜娜》、《家庭琐事》、《萌芽》、《人面兽心》等作品中，却充满着许多赤裸裸的色情描写，而且写得那样强烈、炽热、真实，又常常写得那么美好。直到 47 岁，他与家中的女仆让娜私通，获得了真正爱情的欢乐之后，作品中的色情描写才衰微了，褪色了。其原因显然也正是与作家源于生理机制的内激信息有关。正如传记作家阿尔芒·拉努所分析的，左拉身体健壮，性发育正常，用他自己的话说："十八岁达到青春期，有了性冲动。带有几分羞涩的性欲时时在作祟，仿佛精神病人发病一样，难以自我控制。"① 但他又生性腼腆，羞于接近女性。所以，"性欲便存在于他的笔墨之中，他的性器官就是他手中的笔"②。

从整体上看，文学艺术总是会透露出一定的理想色彩，这也往往与人类的内激信息作用下的生理本能欲求相关，而非纯粹社会生活的反映。正如弗洛伊德曾经指出的："小说中的女子总是爱上男主角这个事实，绝不能看作是对现实的写照。但是，作为白日梦的必要成分，它很容易被理解。"③ 另如现实生活中并非总是大团圆，但在文学作品中，人们却总是喜欢以大团圆

① [法] 阿尔芒·拉努：《左拉传》，马中林译，黄河文艺出版社 1985 年版，第 395 页。
② [法] 阿尔芒·拉努：《左拉传》，马中林译，黄河文艺出版社 1985 年版，第 152 页。
③ [奥] 弗洛伊德：《论文学与艺术》，常宏等译，国际文化出版公司 2001 年版，第 105 页。

作为结束。许多人曾依据这类大团圆结局更多见之于中国的古代小说与戏剧而指责这是中国自足性文化的缺陷，其实，这样一种对大团圆的向往，在西方人的意识中同样普遍存在。如一些原本悲剧结局的戏剧剧本，在搬上舞台时往往会被改编为喜剧结局。朱光潜先生在《悲剧心理学》中提到，出现在西方戏剧舞台上的司格特的《艾凡赫》，即与原作不同，主人公与丽贝伽终成了眷属。从1681—1838年这150多年中，在西方舞台上上演的莎士比亚的《李尔王》，实际上也是他人的改编本。在改编后的演出本中，不仅考狄娅与爱德伽成了婚，李尔也重登王位。朱光潜先生正是据此认为，人心中都有"一种变悲剧为喜剧的自然欲望"[1]，而这样一种具有全人类性的向往大团圆的"自然欲望"，与社会文化与社会生活，似无必然联系，应当说亦系导源于人类内激信息的向往自由幸福的生命本能意识。

这里，需要进一步明确指出的是，决不能把表象建构过程看作纯是内激信息外射于客观物象的过程，而是一个客观物象信息与超前双重应激信息交互作用的双向回路过程。失去了这样一个交互作用的回路过程，客观物象信息将会失去之为信息的意义，超前内激信息也将失去化为表象的依托。否则，将导向神秘主义。

四、外激信息与表象构成

外激信息即客观外物作用于主体感官时所产生的超前储存信息。从来源看，这种信息又可分为直接与间接两类。直接来源即主体直接感到的客观外物，间接来源则是由第二信号系统的语言构成。直接来源具体还可分为两部分，一是客观物象外在的声、形、色因素，二是内在的物理特征以及与人类社会生活的关联等。

在特定表象的建构过程中，这种超前外激信息通常是以认同、联想、移情的心理活动方式，与客观物象信息产生交感作用的。在自然界，山川草木、花卉鸟兽的存在，有的甚至远较人类社会的历史还要久远，我们当然不能认为，这类自然之物本身就已存在着社会信息。但在文艺家的笔下，却出

---

[1]　朱光潜：《悲剧心理学》，人民文学出版社1983年版，第50页。

现了许多散射着人的灵性与社会信息的形象。在伊索寓言和安徒生的童话中，鸡有了"鸡哲学"（《猫与公鸡》）；鸭有了"鸭社会"（《丑小鸭》）；在高尔基的笔下，苟活的蛇与受伤的鹰之间，居然会展开一场关于生命价值的激烈争论（《鹰之歌》）；在鲁迅笔下，秋夜后园里那细小的粉红花，居然还会"在冷的夜气中，瑟缩地作梦。梦见春的到来，梦见秋的到来，梦见瘦的诗人将眼泪擦在她最末的花瓣上"（《秋夜》）。显然，这便正是由于在艺术创作的表象运动中，作者大脑超前积累的外激社会信息与客观物象信息产生交鸣感应的结果。

关于这一点，如果我们将人与动物加以比较，便可以看得更为清楚。比如同是面对一丛荷花，由于动物的外激信息仅仅来自于条件反射，是一个贫乏可怜的库存。因此，动物除了凭依条件反射，判定其可食与否之外，大脑中大约只能留下关于荷花的模糊印象。人类就大不相同了，由于认同、联想、移情之类的心理作用，大脑中关于荷花的留存表象中，将会凝结进关于花的品类、生活特征、性能之类知识信息以及与人类社会生活的关系及其主体情感评价等等。这类与动物决然不同的丰富多彩的人类脑区表象的建立，便是与人类大脑预先累积而成的信息库存的释放有关。

就动物群体而言，其模糊印象只能是千篇一律的，而人类表象则会有千差万别的不同。同是面对一丛荷花，在不谙世事的孩童表象中，会凝结进更多的玩具性质信息；在植物学家的表象中，会凝进更多的植物学知识信息；在清廉正直的文人墨客表象中，则与"出于污泥而不染"的人类品格紧密地联结为一体。这种表象的个体差异，便主要是由于个体不同的外激信息库存决定的。由此可进一步看出，外激信息在表象建构过程中的作用。

与内激信息相同，外激信息与现场客观物象之间同样是一个双向回路过程。构成这样一个双向回路的关键条件是：超前外激信息与现场客观物象信息在某一方面的暗合。若失去了这种暗合，"中介经验"的表象就不可能产生。如：假若主体没有渴望清廉纯正的超前信息积累，或者荷花不是那般的洁净可爱，那种"出于污泥而不染"的表象造型就难以产生。

文艺创作实践表明，主体表象积累越是丰厚，表象内涵越是充实，文艺创作才越具成功的可能。而要实现这样一种内涵充实、丰厚的表象积累，显然，就作者的主观能动性而言，必须努力设法扩大自己直接和间接的双重外激信息的积累。

黑格尔在《美学》中曾强调指出："属于这种创造活动（指想象——引者）的首先是掌握现实及其形象的资禀和敏感，这种资禀和敏感通过常在注意的听觉和视觉，把现实世界的丰富多彩的图形印入心灵里。"① 英国著名诗人华兹华斯也在《〈抒情歌谣集〉一八一五年版序言》中，将"感受性"放在"想象力"之前加以突出肯定。黑格尔、华兹华斯这里强调的便正是外激信息的积累，只不过注重的还仅是直接来源的外激信息的积累。实际上，由于主客观条件的限制，个人一生的直接感觉范围毕竟是有限的，而且另如历史生活之类，甚至已是根本无法直接感觉的。因此，大量的信息积累还必须通过第二信号系统的语言媒介实现。

在我国文艺界，有不少业余作者，常年浸泡在现实生活之中，不能谓之没有生活积累，却不见得一定能写出好作品。还有不少作者，第一部作品之后，往往显得江郎才尽，再也难以超越自己。从艺术想象角度来看，重要原因之一便是与间接来源的外激信息的贫乏有关。作为业余作者，由于时间及其他相关条件的限制，阅读量不足，知识视野相对狭窄，大脑中积存的更多还是直接来源的信息。这就使得在表象建构过程中，资源不足，想象力也就受到影响。且亦缺乏文化形态的超前预存信息对客观物象外壳的强力渗透，其表象也就往往显得相对单薄。在此基础上形成的作品，当然也就很难具有沉重的分量。由于某种偶然机遇，作品也有可能获得一定成功，但却不易在创作之路上长足发展。

五、表象变异与序列选择

经验告诉我们，人类大脑皮层中的留存表象并非固定不变，而是在时刻发生着变异。这种变异，从心理机制来看，就是机体内部的双重应激信息在不断变化的结果。比如有人离家多年重返故乡后，虽然村头打谷场根本没变，但所得的表象却再也没有原先那么大的空间感了。原因便是在于，由于主体"见多识广"之后，脑区信息库存发生了变化，当重新面对原来的打谷

---

① ［德］黑格尔：《美学》第一卷，朱光潜译，商务印书馆1979年版，第357页。

场时，改变之后的库存信息必会不自觉地释放，而融入"打谷场"的物象外壳之中，所以，所得表象也就必然地随之变化了。同是糠菜团子，在饥饿岁月与在富足年代，之所以会留下判然有别的表象；同是异性画片，在儿童、青年、老人的脑区中之所以会有各各不同的表象，显然也是与主体生理方面的食欲、性欲等内激信息的发展变化密切相关。

在具体的文艺创作中，这种应激信息的改变之于表象变异的作用，也是明显可见的。同是花开鸟鸣，但在杜甫的作品中，当由于被叛军所俘、羁居长安，"国破山河在"的外激信息居于主导地位时，诗人写道："感时花溅泪，恨别鸟惊心"（《春望》）；当离情别绪、人生友谊的外激信息居于主导地位时，诗人写出的是："岸花飞送客，樯燕语留人。"（《发潭州》）而当诗人处于一种平和愉悦的心境时，"花开鸟鸣"之景则又变成了另外一种面貌："黄四娘家花满蹊，千朵万朵压枝低。留连戏蝶时时舞，自在娇莺恰恰啼。"（《江畔独步寻花七绝句》）也正是由于应激信息积累的变化，同是浪涛汹涌的大海，在普希金的笔下，有时是"自由的元素"，令人"不能舍弃"（《致大海》）；有时却又变得令人"恐怖万分"，避之唯恐不及（《陆地和海洋》）。显然，这前后判然有别的爱憎态度，并非是因大海自身的改变。海还是海，波涛还是波涛，改变的只是诗人外射于大海的应激信息。

应激信息之于表象的作用，除了这种变异之外，还会决定作家表象序列的选择。

生理心理学指出，接受物象刺激的中枢网状神经结构具有某种习得选择性。"网状激活系统似乎是这样一种机关，它唤醒脑使之具有意识，并且使脑保持清醒，它指挥神经系统中信息的交通；它监测那些叩击我们感觉的无数刺激，接受我们需要感知的，拒绝无关的。"① 那么，仅就主体表象建构过程来看，当某一内激或外激信息居于激活网状系统的主导地位时，就必然会导致主体对与之相应的某一表象序列的选择。

从鲁迅的早期作品来看，构成其表象序列的主要是人与人之间冷漠关系的画面：狂人周围到处是吃人者，绑赴刑场的阿Q成了看客的好材料，祥林嫂的念叨惹起了众人的反感，孔乙己时常遭人戏谑等等。甚至对动物界，

---

① [美] 汤普森主编：《生理心理学》，孙晔等编译，科学出版社1981年版，第21页。

鲁迅特别敏感的也是它们互相残害的景象，如可爱的小鸭吞食了同样逗人喜爱的蝌蚪（《鸭的喜剧》），猫吃了小兔子（《猫与兔》）之类。而同是批判现实主义风格，在俄国作家契诃夫的表象序列中，更多的则是可笑而又可叹的"小公务员"、"套中人"、"胖子与瘦子"之类形象。这便是与不同作家的表象序列建构过程中，激活网状神经系统，引起选择的不同主导外激信息有关的。鲁迅自己说过："在我自己，总仿佛觉得我们人人之间有一道高墙，将各个分离，使大家的心无从相印。"[①]显然，正是这种来自于社会现实的外激信息，又反作用于作者的表象选择，从而形成了影响其创作想象的独特表象序列；而作用于契诃夫表象选择的外激信息，则是作者对社会底层"小人物"庸俗猥琐心理的厌恨，大脑中也就形成了别样的表象序列。

　　内激信息对于表象序列建构的影响也是明显的。比如由于女性的母爱内激信息，会诱使女性作家更容易积存那些细腻、柔弱的表象。所以在冰心这样的女性作家那里，我们会感到一种男性作家无可比拟的母爱意识。作为同一性别的不同作家个体，由于自身生理机制差异导致的内激素不同，也会导致表象序列的差异。比如由具体作品可见，在唐代大诗人李白的表象序列中，多见气势磅礴的"高山"、"大海"、"白发三千丈"、"凤歌笑孔丘"、"拔剑四顾"、"势拔五岳"之类。而在同代另一位诗人李贺的表象序列中，见到的则多是低沉压抑的"秋雨"、"寒兔"、"猩唇"、"秋眉"、"寒蟾"、"巫山"；写"云"，也多是"寒云"、"凝云"、"黑云"等等。这样一种表象序列选择的差异，固然有其一定的社会原因，但不可否认，与两位诗人作用于网状神经系统的内激信息的差异也不无重要关联。我们知道，李白体魄壮健，据魏颢《李翰林集序》载："少任侠，手刃数人。"李白自己也曾声称："十五好剑术"（《与韩荆州书》），"杀人红尘中"（《赠从兄襄阳少府皓》）。试想，这样一条血性男儿，当然不会感兴趣于那些凄凄惨惨的"秋雨"、"寒蟾"之类。相反，自幼多病、长指细瘦、27 岁即病亡的李贺，生理机体的羸弱，也必会导致自悲内激信息的产生。而又正是这种主导信息，激活了网状神经系统，会促使其感官更多专注于那些与之相应的"猩唇"、"寒蟾"之类，从而构成了脑中特异的表象序列。

---

① 　鲁迅：《集外集》，人民文学出版社 1973 年版，第 69 页。

通过表象的变异与序列选择，我们可进一步从整体建构角度看清，表象，正是由内外双重应激信息与客观物象信息交互作用的结果。

六、表象建构与人学价值

由心理学角度视之，人类对外在世界的认识过程，即是一表象建构过程。在此过程中，如果任由内在应激信息横冲直撞，在人的大脑中，充溢着的更多会是与私欲相关的表象。但若过分压抑了内在应激信息，形成的则可能多是与文化概念相关的干瘪苍白的符号化表象。优秀的文艺作品，要具有生命个性与人性深度，这样，才能使之更为充分地体现出"人的文学"、"人的艺术"的"人学"价值。而这两个方面的形成，亦可追溯到作家、艺术家的表象建构。

由于人的内在应激信息的千差万别，人们的表象构成也必会是千差万别的，由想象而生成的文艺作品，亦应原本就是个人性的产物。但许多作者，由于自我意识不足，或因教育规训、社会束缚等方面的原因，而习惯于听凭被动的意识灌输，接受既成形态的文化符号表象，这就使之在表象建构过程中，内在活力不足，这也就从想象本源方面，决定了作品生命个性的贫乏。

在中外文学艺术史上，我们会看到，许多伟大作家、艺术家，正是因其内在生命活力的强盛，以及对生命遭到压抑与束缚的敏感，而成就了自己的辉煌，如李白、杜甫、苏东坡、曹雪芹、徐渭、郑板桥、雨果、拜伦、海明威、罗丹等等。我们仅由李白的"俱怀逸兴壮思飞，欲上青天揽明月"（《宣州谢楼饮别校书叔云》）、"长风破浪会有时，直挂云帆济沧海"（《行路难·其一》）之类诗句，以及罗丹的《老妓》、《行走的人》之类雕塑作品即可窥知，在这些作家、艺术家的表象建构过程中，曾活跃着怎样汹涌的源于生命机体的内在应激信息，故而其作品外化出来的，才是他们自己独特的精神天体，才是其自我生命存在的标志，才更具有"人学"的价值。

人类，毕竟是社会性、文化性的存在，因而在其表象建构过程中，又必会存在内在应激信息与外在应激信息中的社会文化因素之间的冲突，而形成侧重于生命本能或侧重于社会文化的两大表象序列。前者以非理性为特征，后者以理性为特征。在作家、艺术家的想象过程中，两大表象序列亦必会时常处于矛盾冲突之中，或社会文化性表象遭到了生命本能表象的抵抗，或生命本能表象受到了社会文化表象的压抑。由此角度视之，文艺作品中常见的诸如痛苦、焦虑、抗争、失意之类的人性内容，正是基于创作主体大脑中两大表象序列的对立与冲突。而又恰是这对立与冲突，使文艺作品具有更为丰富深刻的"人学"内涵。因此，要创作出更为优秀的作品，作家、艺术家的想象活动，应沿着两大表象序列冲突的脉络展开。事实表明，只有在两大表象序列碰撞时炸开的火花中，才能见出人性深度，才能更生动地呈现人的真实面目，以及人类自己的某些理性花环的不合理之处，也才更有利于人类相互认识自身，有利于保障人类在宇宙生物系列中更为高级的选择。也正是这种人性的碰撞，才能使作品引起不同时代、不同民族读者的共鸣。否则，如果只是片面地注重社会文化表象，必会使复杂人性遭到掩抑，导致作品的肤浅。或如荣格那样，过分强调"诗人的创作力来源于"深不可测的"原始经验"，① 即只注重于生命本能表象的呈现，同样会弱化作品的价值。还是让我们看一看文学实践吧。

在托尔斯泰的《复活》中，真正动人心魄的并非玛丝洛娃不幸命运的展示，而是作家揭示出的聂赫留朵夫这个人物主体本能欲求与客观现实规范之间冲撞的一系列颤音。尤其是当聂赫留朵夫要占有玛丝洛娃时，那种剧烈的兽性与人性之间的搏斗，构成了全书最为精彩的一幕。人性的本原面目，人性冲突的深层内涵，在这里得到了最为充分的展示。从作家内在的想象特征来看，其中隐含的正是托尔斯泰大脑中生命本能与社会文化这样两重表象序列的矛盾冲突。另如《红楼梦》中，当然不乏封建社会日趋走向没落之类的历史启示意义，但真正动人心弦的，还是贾宝玉、林黛玉以及王熙凤诸人的主体生命欲求与社会现实之间的冲突。正是这些冲突，既在挑动着读者的心弦，又在启迪着读者关于社会、人生及人性的思考。比如读者会厌恶王熙凤的两面三刀，心狠手辣，但当看到她最后的悲惨结局时，又会禁不住一掬同情之泪。原因即在于王熙凤的"可恶"，虽有违社会文化，但她那种不可遏止的"统治欲"，那种"争强好胜"，原本就是麦独孤所指出的全人类共有

---

① ［瑞士］荣格:《心理学与文学》，冯川、苏克译，三联书店1987年版，第136页。

的"自我肯定"之类的本能意识，读者的同情正是来自于一种"兔死狐悲"式的潜意识心理影响。作品深度的"人学"价值正是在于，透过王熙凤"可恶"与"可怜"的双重性，会令读者体悟到人生及人性的真相，会有助于认识自我，使之更好地去把握自我生命欲求与社会规训之间的关系。而从作家的内在想象机制来看，不论贾宝玉、林黛玉，还是王熙凤形象，又无一不是曹雪芹来自于强盛内激信息的生命本能表象，在与社会文化表象的冲突过程中，终于为社会文化表象撞碎之后所结出的痛苦果实。

许多伟大作家、艺术家的创作实践及相关作品，可进一步证明，主体超前内在应激信息越是强烈，作为艺术想象本源的生命本能表象储存就会越加丰厚，受到既有外在社会文化表象的冲击就会更为激烈，也就更有可能产生伟大的作品。所谓"无痛苦即无文学"，"不幸的童年是天才作家的学校"，"穷苦之辞易巧，欢愉之词难工"、"文章憎命达"之类的文学箴言，揭示的或许正是这样一个道理。

（原载《文艺理论研究》1989 年第 4 期，中国人民大学报刊复印资料《文艺理论》1989 年第 6 期收录，入选浙江教育出版社 1998 年版《中国人文社会科学硕士、博士文库》）

基因科学与文学艺术

早在 19 世纪 60 年代，奥地利植物学家格里戈尔·孟德尔就已发现了生命遗传现象，创建了"遗传因子"理论。1909 年，丹麦遗传学家维尔赫姆·路德维希·约翰逊进而正式提出了"基因"概念。此后，生命遗传科学一直在深入发展。2000 年 6 月 26 日，美、英、日、德、法、中 6 国政府同时宣布：人类有史以来的第一个基因组草图完成。这个被誉为生命科学"登月计划"的研究项目取得的重大进展，以及多年来取得的其他相关研究成果，不仅促进了人类在生命构造、医学治疗、生物工程等领域的探索，在哲学、心理学、教育学、伦理学、政治学等人文学科领域，也已产生了深远影响。文学艺术，是人的生命创造，基因科学对人体自身奥秘的揭示，以及由此引发的某些文化观念的变化，自然亦有助于人类文艺学研究的深入，有助于我们更为科学地认识诸如艺术思维、艺术才能、艺术形式、艺术个性等重要问题。随着基因时代的到来，人类的文学艺术活动，也必会出现新的景观。

一、基因信息与创作源泉

关于人类的意识生成，中外哲学史上一直存在着侧重从客观外物出发，或侧重从主观心灵出发这样两条思路。前者强调物质是第一性的，认为人类的知识与观念完全是来自于实践经验，是对外在客观事物的反映；后者则认为，人类存在着与后天经验无关的先天心理结构，这类先天心理结构，也在决定着人类知识与观念的形成。前者通常被称之为唯物主义，后者则被视为唯心主义。在唯物主义看来，唯心主义是荒谬的、不科学的。尤其在我们的意识形态中，唯心主义常常是与落后、愚昧乃至反动相提并论的。波及文学艺术，这就是："社会生活是文艺创作的唯一源泉"曾一度成为绝对不容置疑的信条。而依据基因科学的已有研究成果，对唯物、唯心以及与之相关的文艺创作源泉之类命题，是需要重新思考的。

基因科学的重要发现是：除一部分病毒之外，地球上的绝大多数生物都是以脱氧核糖核酸（即 DNA）作为遗传物质，保证了其物种繁衍不绝。而在构成脱氧核糖核酸的双螺旋链条中，有一由 4 种碱基通过不同的排列组合而成、载有遗传信息与遗传功能的片段，此即为"基因"。构成与维持一个生命个体的全部基因信息，即被称之为基因组。基因组是由大约分布在细胞核的 23 对（46 条）染色体中的 5 万—10 万个基因以及与之相对应的 30 亿个碱基组成的。随着遗传密码的不断破译，科学家们已越来越确信，人类生命中所含有的遗传基因信息，不仅能够决定某一生命个体的形态体貌，也会影响一个人的体验、认知、追求及行为。在这方面，有充分说服力的证据是国外科学界关于同卵双生子的研究。美国明尼苏达大学的托马斯·保查德（Thoms Bouchard）等有关人员，在研究了 8000 多对同卵双生子与异卵双生子之后发现："分开抚养的同卵双生儿同在一起抚养的同卵双生儿的相似之处几乎一样多。""一起长大的同卵双生子的相似程度平均是 0.46，自小分开抚养的同卵双生儿的相似程度平均是 0.45。"[①] 其中，一个时常为基因科学家们引证的奇异案例是：同卵双生子吉姆·刘易斯（Jim Lewis）与吉姆·斯普林格（Jim Springer），在出生后即被分开抚养。虽然后天的生活环境不同，但39 岁重聚时，除面貌外人难以区分之外，某些行为与意识也表现出惊人的相似性：抽同样的烟，喝同样的酒，都结过两次婚，都有一个儿子，儿子的名字也近似，一个叫吉姆斯·艾兰（James Allan），一个叫吉姆斯·艾伦（James Allen）；孩提时代，都养过一条狗，且为狗取的竟也是相同的名字

---

① 〔美〕迪安·哈默、彼德·科普兰：《基因使我们存在差异》，王修芹、崔琳琳译，新华出版社2003 年版，"引言"部分第 19 页。

"托尔"（Toy）。美国国家癌症研究所生物化学实验室基因结构与调节部主任迪安·哈默（Dean Hamer）博士，正是依据这样一些类似个案及相关研究得出结论："基因不但决定了我们的长相，也参与决定了我们的行为、感情和经历。"① 关于基因与人的行为、感情及经历等方面的关联度，自然还有待于进一步坐实，但据已有研究成果，有一点已毋庸置疑，这就是：人类的某些意识，明显是与基因有关的，最为明显的是性别意识、同性恋意识、躁狂抑郁意识等等。

法国著名女权主义思想家西蒙·波娃曾在《第二性——女人》一书中断言，女人之所以为女人，"与其说是'天生'的，不如说是'形成'的"，是人类社会文化的产物。② 另一位美国当代女性主义学者凯特·米利特在《性的政治》一书中也宣称，无论男人还是女人，其心理人格都是"后天学成的"③。这类见解中所体现的男女平等的政治追求是可以理解的，但抹灭男女先天命理差异的论断则是不可信的。基因科学已有的发现是：基因，已在决定着男性与女性的差别，如男性有着女性所没有的两种被命名为 SRY 与 TDF 的独特基因，科学家们对这两种基因的描述是："SRY 基因比较特别。它的序列在不同的男体内惊人地相似：在人体内，它的序列中几乎没有点突变（也就是一个字母的区别）。从这种意义上说，SRY 基因是一个没有变化的基因，从大约 20 万年前人类的最后一个共同祖先到现在，它就没有改变过。""是 SRY 基因启动的一系列事件导致了大脑与身体的男性化。"④ "如果胎儿是男性，大约受孕 8 周后，TDF 基因就启动了，于是男女之间的区别就开始显现。为了完成其育男任务，TDF 基因又激活了另外一条抑制激素的基因，从而抑制了内部女性生殖器官的发育。该基因的第二步就是激活了一批合成睾酮的细胞，睾酮就是导致男性生殖器官形成的男性激素。"⑤ 正是

---

① ［美］迪安·哈默、彼德·科普兰：《基因使我们存在差异》，王修芹、崔琳琳译，新华出版社 2003 年版，"引言"部分第 19 页。

② ［法］西蒙·波娃：《第二性——女人》，桑竹影、南珊译，湖南文艺出版社 1986 年版，第 23 页。

③ ［美］凯特·米利特：《性的政治》，钟良明译，社会科学文献出版社 1999 年版，第 46—47 页。

④ ［英］马特·里德利：《基因组：人种自传 23 章》，刘菁译，北京理工大学出版社 2003 年版，第 115 页。

⑤ ［美］迪安·哈默、彼德·科普兰：《基因使我们存在差异》，王修芹、崔琳琳译，新华出版社 2003 年版，第 120 页。

据此可知，由于基因差异，无论怎样的"文化"，怎样的"后天学习"，男人与女人之间，还是会存在某些不可通约性的意识。有关人类社会学的调查材料，亦为此提供了佐证，如国外有科学家曾在六大洲、五个岛屿的 37 个不同文化环境中做过广泛调查，发现不论在一夫一妻制还是一夫多妻制社会中，也不论在第三世界国家还是在最富裕的国家中，某些择偶标准几乎都是一样的：男性更看重的是女性的外貌，如小巧的鼻子，性感的嘴唇，大大的眼睛，丰满的乳房等等；而女性对经济状况的关心程度要比男性高出两倍。①这一发现，也大致上合乎中国人所注重的"郎才女貌"之类。上述两性的意识差异，如果仅从社会文化角度，是难以作出令人信服的解释的。

长期以来，对于人类的同性恋意识与行为，人们往往更多的是从道德角度予以责难的。1993 年，迪安·哈默已向全世界宣布，在 X 染色体长臂端发现了被命名为 Xq28 的男性同性恋基因链接，并以可靠数据证明："在男同性恋者中，有 75% 的人带有这个基因的一种形式，而'正常'的男性中，有 75% 的人都带有这个基因的另一种形式。"② 作为一种精神异常现象的躁狂抑郁意识，其家族遗传性也早已为医学研究所证实，获得的相关数据是："如果父母中只有一人患躁狂抑郁症，那么子女患情感性疾病（抑郁症或躁狂抑郁症）的几率是 28%。如果父母都患有情感性疾病且其中一人为双极病症，那么子女患有重度抑郁症或躁狂抑郁症的比率会大幅增加，大约达到 75%。"③ 导致这样一种病态遗传的基因目前虽尚不明确，但已有多位科学家依据相关研究认为，可能与第 11 对染色体与 X 染色体有关，且"此领域的科学家大多相信迟早会发现引发躁狂抑郁症的那个基因——或者更为可能的是，基因群"④。

此外，人类诸如冒险、害羞、恐惧、抑制、避险，乃至宗教意识，也已被认为有着明显的基因遗传性。基因科学发现，一个人是否喜欢冒险，与第 11 号染色体上的一种被称为 D4DR 的遗传基因有关："冒险意识强的人的

①　[美] 迪安·哈默、彼德·科普兰：《基因使我们存在差异》，王修芹、崔琳琳译，新华出版社 2003 年版，第 126—127 页。

②　[英] 马特·里德利：《基因组：人种自传 23 章》，刘菁译，北京理工大学出版社 2003 年版，第 120—121 页。

③　[美] 凯·雷德菲尔德·贾米德：《疯狂天才》，刘建周等译，上海三联书店 2007 年版，第 181 页。

④　[美] 凯·雷德菲尔德·贾米德：《疯狂天才》，刘建周等译，上海三联书店 2007 年版，第 181 页。

D4DR 基因相对于沉默稳重者来说，在结构上更长一些，可能表现为烦躁善变，狂放不羁，后者则忠实可靠，稳重沉着。"① 美国弗吉尼亚大学的科学家们，通过对 350 对 7 岁的双胞胎进行的一项研究得出结论："害羞、恐惧和抑制行为大约有 50% 是遗传的。"科罗拉多州博尔德市的行为基因研究所的科学家们也宣布："双胞胎婴儿 50% 到 60% 的羞涩特征是遗传的。"由于恐惧，人类会产生一种避险性意识，而成年人的避险性差异，有"40% 是由基因决定的"②。在西方，自文艺复兴以来，宗教虽已遭到过激烈批判，但在实际生活中，人类的宗教感情并没有减弱。宗教与科学本应是对立的，但恰恰是在科学技术最为发达的当今美国，相信上帝者仍高达人口总数的 94%以上。人类何以会有如此强固的宗教情感？国外有几位著名的进化生物学家已经提出："在某种意义上说，有一组基因是关于信仰上帝和神祇的。"③ 美国著名社会生物学家爱德华·威尔逊（Edward O.Wilson）也曾这样分析道：人类社会中所表现出来的提倡善行、自我奉献之类宗教情怀，与动物界所具有的利他主义是相通的。动物的利他主义，本质上乃利己主义或族群主义，即某些个体的自我牺牲常常是为了保护自己族群的利益。人类利他性的宗教意识同样如此，亦与利己主义或族群主义相关联，故而"印度教鼓励多方照顾自身和亲近的亲属，但并不提倡对无亲属关系者尤其是低层贱民表示怜悯和同情"。"尽管佛教和基督教国家都大力提倡广施仁义，它们还是照样随意进行侵略战争，并以宗教的名义为自己的行为作辩护。"④ 威尔逊正是据此认为，人类的宗教意识，是动物性的利他主义，是"通过基因而得以演变发展的"⑤。

　　在诗人、作家、艺术家那里，上述诸多与基因信息有着一定关联的生命意识，自然也会成为深隐的创作源泉，也必会不自觉地渗透进其作品的

① 钱俊生、孔伟、卢大振：《生命是什么：人类基因组计划及其对社会的影响》，中共中央党校出版社 2000 年版，第 222 页。

② ［美］迪安·哈默、彼德·科普兰：《基因使我们存在差异》，王修芹、崔琳琳译，新华出版社 2003 年版，第 35、36 页。

③ ［英］马特·里德利：《基因组：人种自传 23 章》，刘菁译，北京理工大学出版社 2003 年版，第 319 页。

④ ［美］威尔逊：《论人的天性》，林和生等译，贵州人民出版社 1987 年版，第 141—142 页。

⑤ ［美］威尔逊：《论人的天性》，林和生等译，贵州人民出版社 1987 年版，第 142—143 页。

内容之中。故而古往今来，不论有着怎样相同的社会经历与文化影响，男性作家与女性作家的作品中，总会体现出诸如母爱意识与攻击欲望、喜欢柔弱与向往壮阔之类的区别。美国女性主义学者桑德拉·吉尔伯特（Sandra Gilbert）和苏珊·古芭（Susan Gubar）在其合著的《阁楼上的疯女人》中，曾经尖锐地指出，男性作家笔下出现的女性形象，常常是对女性的歪曲，不是天使就是妖妇。男性作家的这一创作缺陷，也许正是与基因所影响的不自觉的征服欲、宣泄欲、注重女性美貌之类意识有关。另如在不同时代、不同国度、不同文化背景下出现的某些有着躁狂抑郁特征的诗人、作家、艺术家，其作品中，会流露出相同或相似的焦虑、孤独、沮丧之类意识。显然，将这类超时代、超国度、超文化背景的共通意识，完全归之于社会生活，是牵强的。而由基因角度予以分析，或许才更具可信性。

在某些诗人、作家、艺术家那里，这类不自觉的源之于生命机理的意识，有时甚至会成为其作品的内容要素，直接影响其作品风格的形成。如已为世人所熟知的同性恋作家英国的王尔德、美国的田纳西·威廉斯、中国台湾的白先勇等，其作品中即均涌动着突出的同性恋意绪：王尔德在其代表作《道林·格雷的画像》中，正是以同性恋者的情怀，刻画了美男子道林·格雷的形象，并描述了几位男性主人公之间隐秘而又复杂的关系；田纳西在《欲望街车》、《奥非亚斯下凡》、《牛奶车不再靠站》等作品中，则径直对主流人群所奉行的道德信条进行了批判，深切表达了被视为"背德"的同性恋者在面对社会压迫时所感受到的人生痛苦；在白先勇的作品中，主人公也往往是有着同性恋趋向的男性，而少见对女性的赞美与爱慕。我们当然无法确证这些作家是否拥有同性恋基因，但在相关资料中，会看到这样的信息：从小学走到大学期间的王尔德，除了注重穿戴、有过与一名男生的密切交往之外，一直是勤奋学习、性情温和的好学生；田纳西·威廉斯自幼即表现出敏感内向，羞怯，性压抑，娘娘腔之类特征，连父亲都称他为"南茜小姐"；白先勇则据自己的切身体验，断定"同性恋不是一个'突变'，而是一种超文化、超种族、超宗教、超阶级、超任何人为界限、自古至今都一直存在的现象"。并明确宣称自己的同性恋取向即属此类情况，"是天生的。"[①] 由这类

---

① 《白先勇文集》第4卷，花城出版社2000年版，第555、553页。

信息可知，这些作家及作品中的同性恋意识，至少与社会文化之间的关系不大，应当正是来自于基因之类深层生命意识召唤的结果。

人类的文艺创作当然离不开社会生活，但如果仅是着眼于社会生活，我们恐难真正解释下列一类现象：如年龄相近，志趣相投，生活背景相同，连生命轨迹也惊人相似的英国浪漫主义诗人的拜伦和雪莱，其作品风格何以会判然有别？在拜伦的作品中，充满的是郁愤、孤傲与狂暴之情；而雪莱的作品则明快、乐观，多见对美好未来的向往与歌颂。对此差别，如从生命机理角度予以剖析，或许才能更为切中肯綮。与雪莱不同，拜伦出生于一个有着典型精神病史的家族，他自己曾经坦承："我的忧郁是性格上的，遗传的。"① 他曾对他的朋友布莱辛顿夫人这样申诉过自己病态的内心痛苦："我是那么易变，我轮番经历每一种事情，但哪一种都不长久——我是一个如此奇怪的善恶混合体，以至于要想描述我都很困难。"② 可以想见，在拜伦的创作过程中，这类与家族遗传相关的躁狂抑郁意识，亦必会流露其间，从而影响其作品的内容与风格。

与"社会生活是文学艺术的唯一源泉"的见解不同，弗洛伊德是将"性本能"，荣格是将"集体无意识"，弗莱是将"神话原型"视之为文艺创作源泉的。但因上述见解的玄秘莫测，难以实证，一直是遭人质疑的。而当今基因研究成果，可以说，是在一定程度上，为这些见解提供了科学支持的。实际上，弗洛伊德所说的"性本能"、恋母恋父"情结"；荣格所说的"集体无意识"、"原始意象"；弗莱所说的"原型"等等，与基因科学所指称的遗传信息，很像是同一问题的不同说法。如荣格所说的阿尼玛与阿尼姆斯原型（指男性身上隐含的女性的一面与女性身上的男性特征），改用基因理论的说法就是：男性身上有着来自母亲的女性基因信息，女性身上亦有着来自父亲的基因信息。荣格还进而认为："一旦原型的情境发生，我们会突然获得一种不寻常的轻松感，仿佛被一种强大的力量运载和超度。在这一瞬间，我们不再是个人，而是整个族类，全人类的声音一齐在我们心中回响。""这就是伟大艺术的奥秘，也正是它对于我们的影响的奥秘。"③ 这也就

---

① ［美］凯·雷德菲尔德·贾米德：《疯狂天才》，刘建周等译，上海三联书店2007年版，第143页。
② ［美］凯·雷德菲尔德·贾米德：《疯狂天才》，刘建周等译，上海三联书店2007年版，第140页。
③ 冯川编：《荣格文集》，改革出版社1997年版，第228页。

是说，不同时代、不同民族的读者，面对同一作品，之所以会有某些共同的情感共鸣，亦正是基于"集体无意识的"这一创作源泉的共通性。荣格的这类见解，也是合于基因科学的。基因科学发现，地球上所有的人类，基因的相似度为90%（此系最新研究成果，据2000年"人类基因组计划"公布的结论则为99.9%）。正是相同基因密码所包含的相同遗传信息，不仅构成了作家、艺术家创作的内在源泉，当然也是共同心理存在的内在根据。对于人们的质疑，荣格曾经辩白说："绝不能设想有所谓'天赋观念'这类东西。这一点是毫无疑问的。然而却有观念的天赋可能性，即一些产生幻想的先觉条件。它们有些类似康德所说的范畴。尽管这些天赋条件本身并不产生任何内容，它们却给那业已获得的内容以确定的形式。"[1] 荣格这里所说的"观念的天赋可能性"，"产生幻想的先觉条件"等，指的也几乎就是基因信息了。

人的生命构成是复杂的，像弗洛伊德、荣格、弗莱等人那样，将文艺创作的源泉完全归之于"性本能"、"集体无意识"、"原型"等等，自然也是片面的。但有一点应当是可信的：在人类的文学艺术创作活动中，除了社会生活的影响之外，人的内在的基因信息亦具有不可否认的重要作用。我们只有从社会生活与内在生命信息两个方面分析，才能更为全面、更为科学地认识人类文学艺术创作的源泉以及相关规律。

二、基因性能与艺术形式

基因科学的成果启示我们：基因，不仅影响了人类文学创作的源泉，某些基因的性能，也决定了人类的艺术形式或某些形式要素的生成，影响了艺术家的形式创造，维系了某些形式规则的稳定性。

作为人类艺术重要门类的文学，是由语言构成的，而人类语言形式本身的生成，即是依赖于由基因决定的"潜语法结构"。美国著名语言学家乔姆斯基、史蒂文·频克等人发现，儿童能够正确地说话，既不是父母教的，也不是从别人的说话过程中学会的，而是"天生就有事先编好的'程序'——本能，天生就知道哪些用法可能合适而哪些不合适"。乔姆斯基提

---

① 李德荣编译：《荣格性格哲学》，九州出版社2003年版，第21页。

供的证据是："在英文里，把一句话变成一个问题，我们得把主要动词放到句子的最前面去。可是我们怎么知道哪个动词应该被放到最前面呢？看看这句话：'A unicorn that is eating a flower is in the garden"（花园里有一只正在吃花的独角兽）。你可以把第二个'is'挪到最前面去，变成一个问句：'Is a unicorn that is eating a flower in the garden？'但是如果你把第一个'is'挪到最前面去，句子就不通了：'Is a unicorn that eating a flower is in the garden？'区别在于，第一个'is'是一个名词词组的一部分，这个词组在大脑里引起的意象不是随便一个独角兽，而是随便一个正在吃花的独角兽。4岁的孩子，还没有学过什么是名词词组的时候都能够很不费力地运用这个规则。他们好像就会这个规则。他们也不需要听说过或用过'A unicorn that is eating a flower'这个词组，就知道这个规则。"史蒂文·频克也通过搜集到的大量证据表明："不同语言的语法复杂程度都差不多，即使在新几内亚高地上那些从石器时代就与外界隔绝的人群所使用的语言也是如此。所有人都很小心很系统地遵守那些没有被言明的语法规则，即使是没有受过教育的人、那些说话比较'俗'、说方言的人，也是如此。大城市里黑人区的'黑人英语'，其语法规则的合理性一点不少于英国女王的英语。"① 与乔姆斯基、史蒂文·频克等语言学家的看法相近，有人类学家坚信，如果将孩子放在与社会隔绝的环境中长大，"只要给他们时间，他们或他们的后代就有可能创造和发展出一种语言，尽管他们从未学过这种语言。而且，虽然这种语言完全不同于我们所知的任何一种语言，但语言学家在与其他语言相同的基础上，也能对此种语言加以分析，并把它译成任何已知的语种。"② 问题在于，人类何以会有这种创造语言、使用语言的能力？而其他动物则无此能力？基因科学的回答是："有一些证据表明，七号染色体上的一个基因在发育中的胚胎大脑构建语言本能的过程中起了作用。"③"有特殊语言障碍的家庭恰好是一项证明，证明人类具有语言能力这一特征是由基因决定的。"④ 由于动物乏此

---

① [英] 马特·里德利:《基因组：人种自传23章》，刘菁译，北京理工大学出版社2003年版，第98、96—97页。

② [美] 威尔逊:《论人的天性》，林和生等译，贵州人民出版社1987年版，第23页。

③ [美] 马特·里德利:《基因组：人种自传23章》，刘菁译，北京理工大学出版社2003年版，第109页。

④ [德] 恩斯特·路德维希·温纳克:《基因和病毒》，朱健敏译，浙江人民出版社2003年版，第

基因，故而无论怎样训练，也不可能通过语法规则学会语言。一个狼孩回归人群之后仍会恢复一定语言能力，而一只狼，无论怎样训练，恐也不会像人一样开口说话。人类与动物的根本区别之一正在于：人类可以凭依特定基因决定的潜语法规则，具有创造语言、使用语言的能力，并在此基础上创造了以语言为媒介的文学艺术。又正是因其不同语言背后存在着由基因决定的共通的潜语法规则，故而不同种类的语言、文本之间才可以转化互译。

　　人类的文学艺术，无论怎样地发展变化，无论怎样的千姿百态，都不可能脱离空间形式而存在。康德早就指出，与"时间"相同，作为人类认知模态的"空间"，不是社会实践经验的产物，而应归之于"先验范畴"。现有基因科学的成果，也已在一定程度上证实了康德当年尚属"假想"性质的论断：人类空间能力的形成，与性染色体隐含的遗传基因有关。在这方面，动物学领域的某些观察实验，亦为之提供了佐证："例如，在暗室孵化的、对饲料还没有经验的雏鸡，啄食球状食物，经常是啄食角锥状食物的 10 倍。比起薄片来，它们更喜欢球状体。可见，它们具有一种知觉到三维性、形状和大小的天赋能力。""一只对空间广延缺乏任何经验的幼小楼燕，就可能具有视觉上的深层标准等等，因为它虽然在一个狭窄的、在里面它从不张开翅膀的洞里长大，但从它首次抛身天空的那一刻起，就完全能够估测距离，理解错综复杂的空间布置，并调节它在室外天线和烟囱之间的通道。"[①] 在人类中，这样一种空间能力的遗传，进而可由男女两性之间相关能力的差异见出，即在空间视觉能力、在匹配旋转成不同角度的图形的空间能力等方面，男性通常要强于女性。由基因科学可知，造成这种差异的原因之一即是：男女两性 X 染色体中所隐含的基因不同。[②] 据此，或许正可以从更深层次上解释：与男性相比，在女性中何以少见更富于深阔空间感的山水画大师、建筑大师、雕塑大师以及能够描写波澜壮阔场景的诗人、小说家。

　　就文学艺术中的许多具体形式要素来看，有的是具有民族性与时代性的，如中国古代诗歌中的对仗、小说中的章回结构、绘画中的散点透视；西方诗歌中的"商籁体"（十四行），小说中的框架结构、戏剧中的"三一律"、

---

37 页。

　　① ［德］福尔迈：《进化认识论》，舒远招译，武汉大学出版社 1994 年版，第 132 页。

　　② ［英］莱斯蕾·罗杰斯：《大脑的性别》，李海宁译，三联书店 2004 年版，第 32 页。

绘画中的焦点透视等等。这些形式要素，是与不同民族，不同时代的文化背景、思想观念与社会环境有关的。但另有一些形式要素则不同，是全人类共通的，是恒定不变的，如世界文学的史料证明，在缺少族群交流的古代，不同民族的音乐、诗歌都讲究节奏。而且，这一形式要素，不只突出地见之于音乐与诗歌，也体现于不同民族不同时代的所有其他艺术门类。如在小说中，情节的跌宕起伏、叙述的轻重缓急，描写的疏密相间；在绘画中，线条的抑扬顿挫、色彩的冷暖相间、景物的虚实配置；在雕塑中，块面之间的连接转折，空间的比例分割，动态与静态的组合等等，亦均体现为节奏性。

人类为什么会有对于节奏美的共同追求呢？这样一种超民族超时代的形式要素又是怎样形成的呢？对此，古希腊时代的亚里士多德曾在《诗学》中作出过回答，认为"是出于我们的天性"。最初，是那些"最富于这种资质的人，使他一步步发展，后来就由临时口占而作出了诗歌"[1]。亚里士多德当时的见解，尚不过是难以确证的经验性直觉，而当今的基因研究成果，已为之提供了科学根据。基因科学家已在人类以及真菌、细菌、青蛙、果蝇、蟾蜍和其他许多生物中发现了 6 种分别被命名为 frq、clock、period、bmall、timeless、crys 的"时钟基因"[2]，并判定，正是这些经由长期生命进化而形成的遗传性"时钟基因"，在有规律地发送着节律性信号，在决定着人体激素的周期性变化，在调节着人体温度的昼高夜低，在控制着生命机体的睡眠、盛衰及其他节律性行为。[3] 可见，由于"时钟基因"，人的生命本身就是一种节奏性存在。而这样一种节奏性的生命机理，自然要求一种与之相应的节奏性生活环境，因而也就必然性地决定了人类在艺术活动中对节奏感的向往与追求。事实证明，只有在有节律的生活环境中，人类肌体才能更好地生存发展；与之相关，也只有合于生命节奏，艺术作品才能令人身心愉悦。而这样一种由"时钟基因"决定的对文艺作品节奏感的命理需求，不就正是亚里士多德所说的"天性"吗？

在基因影响艺术家的形式创造这方面，最为引人注目的现象是：某些与基因有关的疾病，特别是精神分裂、躁狂抑郁、癫痫等等，虽然给患者造成

---

① 　[古希腊] 亚里士多德：《诗学》，罗念生译，人民文学出版社 1962 年版，第 12 页。
② 　冼励坚主编：《生物节律与时间医学》，郑州大学出版社 2003 年版，第 24—28 页。
③ 　[美] 米伦斯基：《你的遗传命运》，张铁梅等译，三联书店 2003 年版，第 85 页。

了不幸与痛苦，却也易使某些患有此类疾病的诗人、作家、艺术家，在艺术形式方面更具创造性。这种情况，正如美国著名医学家奥布里·米伦斯基指出的："许多艺术家正是在躁狂期产生了最富创意的作品，也正是因为这一原因，他们中一些人不愿意接受治疗。"① 自己曾经患有躁狂性疾病的美国约翰·霍普斯金大学心理学教授凯·贾米森（Kay Jamison）亦曾这样认为："对有些人来说此症的一个积极结果就是他们因此具有了伟大的创造性。"② 这里，我们仅以陀思妥耶夫斯基与凡·高为例，即可看出所患基因遗传性病症与他们的艺术形式创造之间的关联。据有关传记可知，陀思妥耶夫斯基与凡·高所患的均属基因遗传性精神疾病。陀思妥耶夫斯基的父亲即患有躁狂病症，其姐姐、外甥及自己的孩子，均患有癫痫。凡·高的祖父曾长期精神失常，生活要靠妻子照料；父亲有过精神崩溃的病史，弟弟提奥也终因精神病发作去世；在母亲的家族中，一位姨妈也曾患有癫痫症。

陀思妥耶夫斯基创造了为巴赫金高度赞赏的真正的"复调小说"，其突出特征是：与传统小说的叙述方式不同，作品内容不再是作家的个人独白，而是"有着众多的各自独立而不相融合的声音和意识，由具有充分价值的不同声音组成真正的复调"。其具体表现是："在陀思妥耶夫斯基的对话中，相互冲突和争论的，不是两个完整的独白声音，而是两个分裂的声音（至少有一个是分裂的）。一个声音的公开对语回答另一个声音的隐蔽对语。两个主人公与一个主人公对立，后两个主人公的每一个人又关联着前一个主人公内心对话中的相反的对语。"③ 值得注意的是，巴赫金在分析陀思妥耶夫斯基"复调小说"的成因时，除了论及作家所处时代客观上的复杂性、矛盾性和多声部性之外，还特别强调："陀思妥耶夫斯基具有一种天赋的才能，可以听到自己时代的对话"，能够听到"潜藏的、除他之外谁也未听见的思想"，"在每一种声音里，他能听出两个相互争论的声音"。④ 巴赫金没有进一步分

---

① ［美］米伦斯基：《你的遗传命运》，张铁梅等译，三联书店 2003 年版，第 324 页。

② ［美］迪安·哈默、彼德·科普兰：《基因使我们存在差异》，王修芹、崔琳琳译，新华出版社 2003 年版，第 51 页。

③ ［苏］巴赫金：《陀思妥耶夫斯基诗学问题》，白春仁、顾亚铃译，三联书店 1988 年版，第 29、349 页。

④ ［苏］巴赫金：《陀思妥耶夫斯基诗学问题》，白春仁、顾亚铃译，三联书店 1988 年版，第 135、62 页。

析陀思妥耶夫斯基何以会具有这样一种"天赋才能"，实际上，联系到陀思妥耶夫斯基本人的身体状况，我们不难想到，陀思妥耶夫斯基的"天赋才能"与自身的精神病状是有关联的。据医学结论，精神疾病常常呈现出下列特征："幻觉、幻想，行为古怪、情感淡漠、思维不连贯（及其他表现）。幻觉可以有各种表现，有的人认为他们'听到声音'；有的人听到的是连续不断的评论；也有的人与他们听到的声音交谈。"① 比较可见，陀思妥耶夫斯基能够听到"隐藏的"声音，能够听到不存在的"争论"之类的"天赋才能"，与精神病状是明显对应的。据此也就不难联想到：精神病状，至少是陀思妥耶夫斯基"复调小说"的成因之一。同理，亦正是与病态的幻觉、恐惧、躁狂之类相关，凡·高对死神、墓地、教堂之类神秘阴森物象特别敏感，使其作品的构图、造型与色彩中，均弥漫着一种阴郁压抑之气。如血红而泛黄的月亮，火焰般燃烧、盘旋而上升的丝柏和树木，昏暗而沉重的天空，扭腾旋转、有着长长阴影的教堂等等。在一般人的视野中，诸如"盛开的桃花"、"春天的葡萄园"等等，本应是明媚可喜之景象，而在凡·高笔下出现的，也是深重的蓝色的天空背景，黄褐色的地面，凝固成血块状的花朵之类。在《死去的飞蛾》中，飞蛾翅膀上的那四个凸现的斑点，看上去径直就是神经病人的两双惊恐不安的眼睛。在他那被称之为"点彩"的笔法中，神经质的色彩流动特征，亦恰合于"在精神分裂症、神经衰弱、精神衰弱及焦虑症病人那儿，光点自动反应明显大于常人"② 的病理症状。

　　20 世纪以来，西方现代派文学中影响重大的"意识流"小说，其创生亦可追溯到基因。最早提出"意识流"这一概念，并论述了"意识流"特征的美国心理学家威廉·詹姆斯，与他的胞弟——最早提出了"意识流"小说理论，并最早尝试"意识流"小说创作技巧的亨利·詹姆斯，即均患有家族遗传性的精神疾病。威廉·詹姆斯在二十几岁时，即表现出精神衰弱、恐惧忧郁的病态，并使之曾处于自杀边缘。亨利·詹姆斯本人则曾自称："黑暗的抑郁症——黑暗中的黑暗、最残忍的抑郁症"，"是他'常年的敌人与魔咒'"。③ 在后来出现的有成就的"意识流"小说作家中，也大多患有不同程

---

① ［美］米伦斯基：《你的遗传命运》，张铁梅等译，三联书店 2003 年版，第 310 页。
② 陈仲庚：《实验临床心理学》，北京大学出版社 1992 年版，第 276 页。
③ ［美］贾米德：《疯狂天才》，刘建周等译，上海三联书店 2007 年版，第 197 页。

度的精神病，如法国的普鲁斯特、英国的伍尔芙、爱尔兰的乔伊斯、美国的福克纳等等。在他们的作品中，便可常常看到对自己病态感受的描写。如伍尔芙本人在日记中讲过，她的《达罗卫夫人》就是"一种对于疯狂与自杀的研究；把神志正常的人眼中所见的世界和精神失常的人眼中所见的世界并列在一起"①。"意识流"小说的突出特征是打破传统的时空顺序，注重表现人物非逻辑、非理性的内心世界。而这类特征，与病理学上所说的精神病患者的"反映联想快速"、"思维破裂"、"言语零乱"、讲话时"上下句之间缺乏内在联系，令人费解"之类症状，② 亦恰是相通的。

　　人类的正常基因，基本上是稳定不变的，与之相关的某些艺术形式或形式要素，当然也就具有稳定性。一位中国当代学者在论及美国好莱坞电影时指出，为了保持观众的兴奋度，"好莱坞电影的规矩是：给漂亮女士以更多的镜头"。并批评"这种尊重女士的做法，并非女权。相反，它是男性中心的结果。女人的物化和自我对象化，使女人丧失了和男人同等的观看权。事实上，这样的男女概念来自'父系—理性'社会结构，来自相应的传统与教育。"③ 这位学者对好莱坞电影镜头模式化的批评是有道理的，但将这一模式化仅仅归咎于男权意识与"父系—理性"之类社会结构，就值得进一步探究了。事实上，这位学者所说的镜头"规矩"，并非仅见之于好莱坞电影，在其他各类影视作品中，也频频可见。这样的镜头"规矩"，之所以会成为一种颇具普遍性的稳定模式，除了社会文化原因之外，在更深层次上，恐亦与决定了"男性更看重女性的外貌"、"征服欲"、"攻击欲"之类不同性别意识的 SRY 基因与 TDF 基因有关。可以相信，正是由于性别基因的恒定性，即使消除了社会文化性的"男权意识"，在男性主导的电影作品中，亦仍会"给漂亮女士以更多的镜头"。

　　曹雪芹在《红楼梦》第一回中，曾经讥讽过才子佳人小说"千部一腔，千人一面"的结构模式："在作者不过要写出自己的两首情诗艳赋来，故假捏出男女二人名姓，又必旁添一小人拨乱其间，如戏中小丑一般。"这种模式，虽了无新意，但在当今的小说、电影、戏剧中，亦仍是极具普遍性的。

---

① 瞿世镜：《伍尔夫：意识流小说家》，上海文艺出版社 1989 年版，第 118 页。

② 范俭雄、张心保：《精神病学》，东南大学出版社 2005 年版，第 20—21 页。

③ 王林：《体会女权运动》，《江苏画刊》2000 年 7 月号。

不论在故事情节中有无必要，亦不论是在怎样的生活背景中，创作者总喜欢编织进一男一女加一第三者的情爱纠葛，观者亦会乐此不疲。这种模式，之所以会有如此的稳定性，恐亦是与人类的性别基因有关。由于基因差异导致了男女之间的相互吸引与纠葛，故而这类模式，也就极易触动人们的神经，会使之不自觉地沉溺其中。据此，我们同样可以相信，只要人类的性别基因不变，不论人们在理性上给予怎样的批评，这类模式化的人生戏剧，仍会在人类文学艺术的舞台上不厌其烦地反复串演下去。

正是缘之于基因的稳定性，文学艺术中的某些形式要素，是不可随意改变的。比如人类的听觉阈限大约为零分贝至 30 分贝，音乐艺术中的音低音高也就只能在此限度之内设计，过高过低都会给人以不适感，这自然也就谈不上音乐美了。另如节律，本是由时钟基因决定的人的生理欲求，因此，如果排斥节律，像某些极端反传统的后现代主义之作那样，故意在乐曲中随意插进由诸如铁丝、瓦罐、器皿所造成的噪音之类，自然只能导致听众的生理痛苦，而难以为听众所接受。同理，在诗歌乃至散文作品中，如果不顾节律，也会因有悖于人的生理时钟而失去阅读美感。中国现代新诗之所以缺乏古代诗歌那样的阅读快感，中国现代散文总体上也还不如古代散文更具魅力，仅从形式而言，节律美的不足，恐怕是重要原因之一。

从基因角度看问题，我们或许还可以得到这样的启示：文学艺术的发展，形式创新是必需的，但这创新，又是应有一定限度的。这限度就是：不能打破基因所决定的人类的生理接受能力，否则，就会损伤艺术应有的美感，乃至毁灭艺术本身。

三、基因形态与艺术才能

中国古人早就认识到，冥冥中存在着一种看不见的力量在主宰着人的命运，在决定着人的某一方面的才能。如汉代思想家王充有言："百夫之子，不同父母；殊类而生，不必相似；各以所禀，自为佳好。"（《论衡·自纪》）在我国，这类见解也一直是被视为"先验论"、"唯心主义"予以批判的。在现代教育理论中，关于人的某一方面才能的形成，亦往往更强调学习训练、环境影响等后天因素，而对天赋遗传的作用重视不够，有不少学者甚至否定天赋遗传的作用。奥地利现代著名心理学家阿尔弗雷德·阿德勒即曾断言："特殊天赋或天生才能理论是个谬论。"认为"智力发展中最重要的因素便是'兴趣'，我们已经看到兴趣的受阻，并非遗传使然，而是由于沮丧、气馁和对失败的害怕。毫无疑问，大脑的实际结构在一定程度上是遗传所得，但大脑是心灵的工具，而非来源。只要脑部的缺陷不至于严重到运用我们的现有知识无法克服的程度，否则便可以训练大脑来使之得到弥补。在不同凡响的能力后面，我们发现的不是不同凡响的遗传，而是坚持不懈的对兴趣的培训。"[1] 但从现代基因科学理论的角度来看，对于人的某一方面的成就而言，学习训练、环境影响之类固然重要，而某些相关的先天性命理因素，亦往往起着关键作用。

现代基因科学提供的证据正是：不仅人的智力水平与基因遗传有关，人的某类才能，也往往受制于基因遗传这一先天命理因素。如由于 X 染色体的部分或全部缺失而患有特纳综合征的女孩，虽然具有正常的智力与外表，"但是，她们常常在'社交适应'方面有问题"[2]。由于研究状况的制约，目前当然还不清楚究竟有哪些方面的基因在直接影响着人类的文学艺术才能，但某些研究成果已表明，基因与文学艺术才能之间，是存在一定关联的。国外医学界早已发现，因 7 号染色体少了 20 个基因而出生就有"威廉斯综合征"的孩子，虽然天生就有学习障碍，心脏、血液和肾脏功能也不正常，但"与常人不同的是，他们往往表现出对音乐的非凡的敏感"[3]。"许多患者在倾听音乐、歌唱和演奏乐器方面都具有惊人的持久性。尽管大多数威廉斯综合征患者都不会识音符，但其中一些人却有着完美的或近乎完美的音调和极强的节奏感。一位患有威廉斯综合征的男孩很快便学会了用一只手以非常复杂的 7/4 的节拍击鼓，同时用另一只手以 4/4 节拍击鼓。一些患者多年之后仍然记得复杂的乐曲，同时还记得一些歌曲和长叙事曲的诗句，有一位患者甚至能用 25 种语言演唱歌曲（指患有"威廉斯综合征"，智商大约只有 55 的

---

① [奥] 阿尔弗雷德·阿德勒：《生命对你意味着什么》，周朗译，国际文化出版公司 2000 年版，第 129、128 页。

② [英] 马特·里德利：《基因组：人种自传 23 章》，刘菁译，北京理工大学出版社 2003 年版，第 222 页。

③ Brendan A. Maher , Music, the Brain, and Williams Syndrome, *The Scientist*, November 26, 2001.

美国女高音歌手 Gloria Lenhoff——引者注)。"①1998 年 9 月，中央电视台播出的专题片《舟舟的世界》中所介绍的湖北"智障音乐指挥家"胡一舟，不识字，不识简谱，更不识五线谱，智商基本停留在 4 岁的幼儿水平上，但却表现出超人的音乐指挥才能，曾多次指挥过海内外乐团的演奏。像这样一位一出生即被医学上判定为是不可逆转的重型先天愚型患者，在其走上音乐指挥台的历程中，实在是看不出培养与训练起了多大的作用，之所以表现出了正常人也难以企及的音乐才能，或许亦正是得益于某一类型的基因病患。

　　基因科学还发现，人类的语言能力，与 7 号染色体上的 SPCH1 基因的正常还是变异有关；西方白人中，大约有 10% 的男性缺少辨识红、绿色彩的能力，亦与色盲基因有关。② 显然，存在 SPCH1 基因变异的人，要从事作为"语言的艺术"的文学创作，恐是不可能的；存在色盲基因的人，也是不可能成为油画家的。在基因科学领域作出了重大贡献的美国塞莱拉基因组公司总裁与首席科技官克雷格·文特尔曾披露："我没有视觉记忆，别人让我看张照片，再把照片藏起来让我回忆照片的样子，我死活记不起来，这对生活，特别是学习知识非常不利。"③ 显然，这样一种生理机制的人，就不具备从事艺术活动的先天条件。所以，文特尔选择的是以概念思维为特征的基因科学研究，并终于在此领域作出了突出贡献。

　　也许正是基于上述现象以及有关研究成果，有基因科学家甚至预言：在不久的将来，一个人是否具有音乐、诗歌之类的才能，在胎儿时即可通过基因检测得知。美国波士顿大学医学院人类遗传学教授奥布里·米伦斯基即认为，人类所向往的"好基因"可能确确实实存在，而"好基因"可以"在体格、艺术、音乐和智力诸方面表现出优越的才能"④。

　　将人类的才能，完全归之于基因，当然也是荒唐的，我们还必须认识到："外界事件——或者说，由自由意志控制的行为——可以激活基因。我们可远不是缩在我们那无所不能的基因脚下，受它们的恩赐，我们的基因经

---

　　① 王文清主编：《脑与意识》，科学技术文献出版社 1999 年版，第 236 页。

　　② 钱俊生、孔伟、卢大振：《生命是什么：人类基因组计划及其对社会的影响》，中共中央党校出版社 2000 年版，第 94 页。

　　③ 钱俊生、孔伟、卢大振：《生命是什么：人类基因组计划及其对社会的影响》，中共中央党校出版社 2000 年版，第 108 页。

　　④ [美] 米伦斯基：《你的遗传命运》，张铁梅等译，三联书店 2003 年版，第 12 页。

常是受我们的恩赐。如果你去玩'蹦极'，或者找一份压力很大的工作，或者持续地想象一个可怕的事情，你会提升你体内的皮质醇水平，而皮质醇就会在你的身体内跑来跑去地激活各种基因。"① 文学艺术才能与基因的关系同样如此，除了某些病患型的特例，基因尚只是构成某种才能的潜在条件，要想形成某方面的现实才能，当然还需通过"培训"等其他方式予以激发。基因科学的启示仅在于：对于正常人而言，与某些基因相关的先天质素，是"培训"得以成功的前提。

四、基因差异与创作个性

美国维斯康星大学的心理学家 Terrie Moffitt 等人，通过长达 26 年的跟踪研究发现，受过严重虐待且有导致低下 monoamine oxidase A (MAO A) 基因的孩子，至成年，85% 走上了暴力犯罪之类的反社会道路，而在同样受过严惩虐待但有较高 MAO A 水平的孩子中则极为罕见。他们由此得出的结论是：与 MAO A 相关的基因变异，与人的攻击性行为之间是有密切关联系。②2001 年，美国国家心理健康学会公布的研究报告指出，人的孤独情绪，主要是由 3—15 个或更多基因相互作用的结果。且已证明，人体内 7 号染色体上存在的一个名为 WNT2 的基因变异，是导致孤独的重要原因之一。该基因的变异，会"很大程度地增加人的孤独感"，"会在人的幼年时代，开始损伤其思想、感情、语言以及与别人交流的能力。"③ 澳大利亚基因学家尼克·马丁在 2002 年国际人类基因组大会上宣布，他在实验中已取得了大量的证据证明人体有特定的基因控制着像焦虑和抑郁这些"情绪"。④ 正是借助基因科学的这类成果，我们也许可以更为深入地认识作家、艺术家不同创作个性形成的根源。

在人类的文学艺术领域，我们常常会看到这样的现象：一些忧郁型的诗

---

① ［英］马特·里德利：《基因组：人种自传 23 章》，刘菁译，北京理工大学出版社 2003 年版，第 157 页。

② Emily Carlson, Gene linked to how kids respond to abuse, http://www.news.wisc.edu/7695. html.

③ The National Institute of Mental Health: Brain Gene Implicated in Autism, http://www.nih.gov/news/pr/may2001/nimh-17.htm.

④ 《人类不必为焦虑而焦虑——焦虑受基因控制》，新华社，2002 年 4 月 17 日。

人、作家、艺术家，总是生活在阴影之中。即使处于生活的顺境，也总会陷入苦闷与孤独，作品中亦会弥漫着悲怆压抑的情调。如俄罗斯著名音乐家柴可夫斯基，其人生本应是幸福的：在经济方面，得到了梅克夫人的大力资助；在日常生活中，得到了众多女人的追捧与亲人的关爱。但他的作品中，涌动着的则是孤独与压抑意识，流露出悲怆情调。从人生历程来看，英国作家伍尔芙是幸运的：她的美貌与聪慧得到过许多有才华的男性的追求；她在文学艺术界有许多知心的朋友；她有一位志同道合，一直深爱着她，亦为她深爱的丈夫；她与丈夫创办的出版社曾经大获成功。但在伍尔芙的文学作品中，最为突出的主题则是人生的失意与死亡。她曾几度自杀而最终还是投河结束了自己的生命。中国当代诗人顾城，早期那些充满幻灭与黑色意象的诗作，当然可以从当时的社会灾难与其所处的生活苦境方面寻找原因。但后来，当时代与个人境遇大为改观之后，顾城诗中的悲怆之气不仅没有减弱，反而更为加剧，且最后终于走上了自杀之路。从这类个案中可以看出，某些诗人、作家、艺术家的创作个性，除受制于社会环境与个人生活经验之外，亦与某些超社会、超文化因素的影响有关。柴可夫斯基、伍尔芙、顾城作品中的悲凉情绪，便显然是由于某类忧郁型基因所导致的精神病态在起着不可抗拒的作用。

在中外文学艺术史上，我们还会看到，另有一些诗人、作家、艺术家，无论面对怎样的人生苦难，总是昂然不屈，狂放不羁，高歌猛进。其作品中往往涌动着匡世救世的雄心，喧腾着积极乐观的情调，呈现出波澜壮阔的气势，如李白、苏东坡、辛弃疾、雨果、普希金、巴尔扎克、米开朗琪罗、罗丹等等。这些诗人、作家、艺术家的共同特点是：往往有着强健的身体素质，旺盛的生命活力。而从基因科学的角度来看，强健的体魄与生命，正是生命基因优化组合的结果。

通过对作家、艺术家人格与创作特征之间关系的深究细察，我们还会发现：某一作家的生理人格特征，与其作品的某一精神趋向之间，往往存在着明显的契合性。如法国著名存在主义作家萨特的作品，虽有其极高的世界声誉，但因缺乏情感感染力，常为许多读者所厌读，甚至令人怀疑萨特的文学才华。纳博科夫就认为他的《恶心》是由许多二流作家吹起来的，认为"当罗昆丁确认世界存在时，人们并无特别异议。然而，使世界作为一件艺术品而存在的工作就不是萨特能力所及的了。"① 那么，造成萨特作品这一缺陷的原因是什么呢？美国著名美学家桑塔耶纳在《美感》中曾经指出："由于性欲的放射，美才取得它的热力。""恋爱的能力，给予我们的观照一种光辉，没有这光辉，观照往往不能显示美；我们审美敏感的全部感情方面没有这方面便是知觉的和数理的敏感而不是审美的敏感了。"桑塔耶纳的见解是有道理的，日常生活经验证明，一个缺乏性活力的人，在其他方面的情感亦往往弱于常人。如果是这样的一位作家，自然也就必会影响其作品的情感程度了。而萨特正是这样一位性冷淡者，有他自己的谈话为证："我更多地是一个对女人的手淫者而不是性关系者。""对我来说，根本的充满感情的关系应该包括我的拥抱、抚摸和吻遍全身。但性交活动——它也有，而我也完成它，我确实往往完成它，但带着某种冷淡。""回想起我接触过的女人，我记得的总是她们穿衣服的形象，而从不是裸体。"② 据哈默等人的研究，男性的性冷淡往往是由于"焦虑基因"的贫弱所致。统计数据表明："那些性欲强烈的人拥有高焦虑基因型的几率是性生活次数很少的人的 1.9 倍。"③ 据此似乎可以推知，萨特小说的枯燥乏味，除了受制于他的存在主义哲学理念之外，基因所影响的情感度的低下恐怕也是重要原因。

正是通过上述分析，我们可以发现，一位诗人、作家创作个性的形成，除了与人生经历、生活环境、文化影响等多方面的客观因素之外，潜在的遗传影响，也是值得重视的。通过这一研究维度，无疑会有助于我们进一步看清作家创作个性形成的奥秘。

五、基因时代与文艺变革

由于基因科学对人类生活产生的巨大影响，我们所处的时代，已有基因时代之称。对于文学艺术而言，这个时代所兴盛的基因科学的相关理论，

---

① [美] 纳博科夫：《固执己见——纳博科夫访谈录》，潘小松译，时代文艺出版社 1998 年版，第232—233 页。

② [法] 西蒙娜·德·波伏娃：《萨特传》，黄忠晶译，百花洲文艺出版社 1996 年版，第 350、351、352 页。

③ [美] 迪安·哈默、彼德·科普兰：《基因使我们存在差异》，王修芹、崔琳琳译，新华出版社2003 年版，第 136 页。

以及基因技术的广泛应用，不仅会有助于我们更为科学地探析诸如创作源泉、艺术形式、艺术才能、创作个性之类重要理论问题，也必会引发文艺观念、创作追求、作品内容乃至创作主体自身某些方面的相应变革，这类变革，既有促进文学艺术发展的可能，也潜藏着令人不安的危机。

有史以来，人性，一直是文艺学关注的重要问题之一。但何谓"人性"？学术界尚无统一的看法。在我们以往的理论中，主要是依据马克思主义的见解，从世界观、政治性、阶级性等视点着眼，将人性判定为不同于动物的社会性，并据此否认了共同人性的存在。这类见解，虽然富有理论自身的雄辩性，但对共同人性的否定，则是不符合常理，也不符合事实的。基因科学提供的启示则是：由于人类基因的相似度高达90%（据2000年"人类基因组计划"公布的结论，或高达99.9%），由于基因不仅决定了人类"食色"之类的自然本能，也在影响着人的心理结构、情感意识、行为特征等等，故而可以相信：不论什么时代，什么民族，什么阶级，什么信仰，什么政治党派的人，都会不自觉地受到许多相同基因的支配，从而表现出具有普遍意义的人性。这样一种对于人性更为冷静科学的认识，无疑可以启发诗人、作家、艺术家，以更为超越性的视野把握人性，表现人性，从而使文艺作品更具人性深度。

在中外历史上，有许多诗人、作家、艺术家、理论家一直坚信，文艺作品具有重要的美育功能，能够以潜移默化的方式纯化人的心灵，提升人的品性。对此，基因科学也可引发我们新的思考，即：由于基因对于人性的本源性影响，文艺作品在这方面的作用实在是有限的，是不应过分夸大的。如果予以过分强调，我们也就难以解释如下现象：随着文学艺术的不断发展，不断积累，人类的品行应当越来越善良，而事实显然并非如此，我们仅由诸如奥斯维辛集中营、南京大屠杀之类的现代人间惨剧，就不难得出结论：虽已经由数千年的文艺化育，人类野蛮与残忍的程度，似乎并没有实质性的降低。如果文艺作品能够真正纯化人心，提升人性，那么，世间的诗人、作家、艺术家，以及从事艺术专业者，受到的文艺化育无疑更为充分，其人性也理应更为善良，而事实则是：在中外文学艺术史上，像李白那样以"杀入红尘中"为自豪，像托尔斯泰、毕加索那样以勾引女性为乐的诗人、作家、艺术家是大有人在的；在中国1949年以来的"反胡风"、"反右"等历次政治运动中，又有多少诗人、作家、艺术家，出于自保，曾经干过落井下石、出卖朋友的勾当？如果不是那些不无美感价值的作品传世，人们恐实在难以相信：战争狂人，曾经制造了民族灭绝惨剧的法西斯头子希特勒，曾是一位钟情于绘画艺术的文艺青年；如果不是确切的媒体报道，人们恐也难以想到：近日已被执行死刑，灭绝人性地连捅八刀杀人的药家鑫，竟是西安音乐学院钢琴艺术专业的大学生。这些事件或许可进一步证明：在化育人性方面，文学艺术虽有一定作用，但与某些自私、攻击之类基因的强势潜能相比，又是多么苍白无力。这类思考，亦会促使人们以更为复杂的眼光审视文学艺术的功能。

基因科学证实，不仅所有正常人的基因差别很小，且人与宇宙间的所有生命，都存在着同源关系。如人类与猪的基因同源率为90%至95%，与老鼠之间的基因同源率为90%，甚至生活在大海深处的珊瑚，亦有11%的基因与人类相同。由于相同基因的存在，也许终有一天，果真会证实荣格猜测性的论断：人类与动物乃至更为低级的生命之间，存在不同程度的"集体无意识"。基因科学方面的这类成果，也许会进一步启悟诗人、作家、艺术家，以更为宏阔的"生态伦理"视野，代替传统的"人道主义"视野，从而提升文学艺术的境界。

此外，值得提及的是：目前，基因科学已经发现了被命名为"Apo—E4"的导致人类老年性痴呆的基因，医学界正在设计能够抵消其有害性的正常基因，一旦成功，老年性痴呆症将不复存在；通过改变衰老基因延长人类生命的研究，也已有突破性进展，有关科学家已经培育出了一种寿命是正常蛔虫5倍的蛔虫，它的生理年龄大约相当于人类的350岁。[①]据科学界预测，随着这方面研究的不断成功，以及基因技术水平的不断提高，至2010年，人类的平均年龄有望达到100岁。据此可以乐观地预期，不远的将来，在中外文坛上，将会出现更多年龄高迈却依然充满青春活力的诗人、作家、艺术家。由于生活体验、文化积累与艺术修养时限的延长，自然也有望提高伟大作品产生的几率。

---

① 　[美]迪安·哈默、彼德·科普兰：《基因使我们存在差异》，王修芹、崔琳琳译，新华出版社2003年版，第221页。

　　科学历来是双刃剑，在人类历史上，每一次科学的进步，也往往会引发新的问题，基因科学同样如此。人类对基因的研究、开发与利用，在提升其生活水平的同时，也是隐含着巨大危险的，有些甚至是可怕的，主要表现在以下几个方面：1. 基因改良、基因预测之类技术将导致基因伦理问题。如随着基因改良技术的使用，富有国家、富有阶层的人将可能及时提高能力与素质，无力改良的不发达国家、贫困阶层的人则会进一步受到压抑与歧视。也有人担心，如果基因改良技术失控，将有可能出现"基因种族"、"基因阶级"、"基因奴隶"，从而造成新的社会不公。另如：曾有科学家建议，可通过基因技术制造一种人和猿的混合物种，专门从事人类所不愿从事的艰苦工种。此举一旦成功，人类面对的精神惶恐也可想而知。因此，"联合国教科文组织为此专门召开会议，表示绝对禁止这样的试验"[①]。此外，在目前某些基因疾病尚不能有效救治的情况下，基因预知，只能使患者丧失生活信心，加剧精神痛苦；在就业或参加保险时，亦有可能被拒，从而造成基因歧视。2. 转基因技术的使用，存在着损害物种正常基因，加剧生态破坏的危险。正因怀疑其危害性，在西方一些国家，转基因食品已被称之为"魔鬼食品"。在我国，亦有专家建议，应禁止国外转基因食品的生产、进口与销售。3. 利欲熏心的基因技术垄断与基因掠夺将有可能愈演愈烈。据统计，现已有 1500 个人类功能基因为有关公司所掌控。有些利益集团，为了牟取利润，正在不择手段地利用基因科学成果。据英国《观察家报》披露，"英国最大的公司之一阿斯特拉—捷利康公司参与了秘密开发一项叫作'终止子'技术的工作并已获得专利，该技术使农作物产生不育种子，使农民无法从收成中自由地采种，因此不得不每年向生物技术公司购买新的种子"[②]。由于人类基因是有限量的（据估计总数大约 5 万—10 万个），故而目前发达国家，出于各种利益考虑，正在利用自己的科研与经济优势，抢先占有发展中国家的基因资源。据美国权威杂志《科学》报道，哈佛大学计划抽取两亿个中国人的血样和基因，并且已与中国 6 个医学中心签订了

---

　　① 钱俊生、孔伟、卢大振：《生命是什么：人类基因组计划及其对社会的影响》，中共中央党校出版社 2000 年版，第 224 页。

　　② 钱俊生、孔伟、卢大振：《生命是什么：人类基因组计划及其对社会的影响》，中共中央党校出版社 2000 年版，第 180 页。

所谓合作协议。① 为此，我国已有学者提出，要警惕"基因殖民主义"，要设法保护自己的人类与非人类遗传资源。4. 某些致病基因，将有可能被制成"生物炸弹"（生物战剂）。如在 20 世纪 70 年代，有军事机构已在研制将眼镜蛇基因植入流行感冒的病毒基因。由于基因武器的巨大杀伤力（据推算，只需 20 克超级热毒，就足以毁灭全球 55 亿人口），一旦研制成功，用于战争，或为恐怖分子所掌握，人类的灾难可想而知。正是基于上述问题，随着基因时代的到来，文学艺术中的反科学情绪，将有可能进一步加剧；反基因歧视、反基因殖民主义等，将成为基因时代文学艺术的重要主题。如同美国作家罗宾·库克的小说《基因突变》、迈克尔·克莱顿的小说《危基当前》、希腊作家尼科斯·帕纳约托普洛斯的小说《基因的秘密》、好莱坞电影《基因时代》（中译名《悲天悯人》，皮尔瑞·雷金纳德·迪奥导演）之类表现基因主题的文艺作品，有可能进一步兴盛。

就文学艺术自身的整体发展而言，与基因科学相伴而生的危机也已可见端倪，如西方已有学者担心："如果我们将躁狂抑郁症患者从世界上消灭，那我们同时也剥夺了自己不可计数的成就与美好、色彩与温暖、活力与创新。最后只剩下干巴巴的官僚和精神分裂症患者。"② 某些自身患有某种精神疾病的作家、艺术家也认为："混乱、痛苦和极端的情感体验不仅是人世中不可或缺的部分，也是他们艺术能力的重要部分。他们担心精神医学的治疗会将他们变成正常、自制、消沉和冷血的灵魂——不能或不愿写作、绘画或作曲。"③ 可见，在基因时代，选择枯燥乏味的健康，还是选择与痛苦相关的艺术，也有可能成为人类不得不面对的一个两难问题。

更为令人不安的是，文学艺术的本原魅力之一在于：面对玄秘莫测的生命世界，面对难以索解的人生之谜，人类可以通过想象智慧，去建造灵魂得以安顿的精神家园，以获得海德格尔所说的诗意栖居之幸福。而当人类彻底破译了生命存在的基因之谜，一切都在明明白白的预期之中，一切都被置于基因手段的操控之下时，人类的艺术想象力也必会因此而窒息，人生的诗意

---

① 钱俊生、孔伟、卢大振：《生命是什么：人类基因组计划及其对社会的影响》，中共中央党校出版社 2000 年版，第 198—199 页。

② ［美］凯·雷德菲尔德·贾米德：《疯狂天才》，刘建周等译，上海三联书店 2007 年版，第 236 页。

③ ［美］凯·雷德菲尔德·贾米德：《疯狂天才》，刘建周等译，上海三联书店 2007 年版，第 224 页。

大概也就不多了。而这，究竟是人类的幸福，抑或是灾难，也是一个令人忧思的问题。

（原载《山东师范大学学报》2011 年第 4 期，中国人民大学
报刊复印资料《文艺理论》2011 年第 11 期收录）

20 世纪中国作家心态概观

中国的 20 世纪，是一个天翻地覆的世纪。

在这个电闪雷鸣、大浪淘沙的世纪里，一代一代的中国诗人、作家，以各各不同的个性和心态，在文学舞台上扮演了不同的角色。一部 20 世纪的中国作家心态史，实际上也是一部现代中国知识分子不同人格类型的形成史、演化史、发展史。其中，既包含着文学艺术自身发展的奥妙，也体现了中国知识分子在时代发生剧烈变革的动荡岁月里，面对新旧文化、中西文化冲突而艰难选择的过程。

一

作家心态，是指作家在某一时期，或创作某一作品时的心理状态，是作家的人生观、创作动机、审美理想、艺术追求等多种心理因素交汇融合的产物，是由客观的生存环境与主体生理机制等多方面因素综合作用的结果。

社会环境无疑是影响作家心态的第一要素。在 20 世纪的中国文学史上，我们会看到，将文学作为变革现实的工具，一直是许多作家主导性的心态特征，而这便正是由 20 世纪以来中国的特定社会现实所决定的。在波澜壮阔的五四时代，胡适、陈独秀、李大钊、鲁迅、郭沫若等这样一些历史的风云人物，虽然个人经历不同，气质类型不同，最初的人生理想不同，但却正是由于民族处于危亡的严峻现实，激励着他们不约而同地拿起了文学的武器，为民族的新生呼号呐喊，上下求索。20 世纪的中国，也是一个文化产生剧烈变革的时代。随着最后一个封建王朝的崩溃，延续了数千年的传统文化走向解体，文化反思遂成为时代的热点之一。正是这样的文化背景，也在深深地影响着中国作家的心态。许多进步知识分子，痛切地感到了自己浸润其中封建文化的腐朽，他们或东渡日本，或游学欧美，或将目光投向十月革命之后的苏联，希望从异域找到民族文化新生的出路。这些人，虽然有着反对封建文化，追求民主自由，为民族新生而奋斗的共同志向，但因接受的文化影响不同，又形成了他们各各不同的心态。东渡日本的李大钊、陈独秀，到过俄国的瞿秋白等人，由于较早接受了马克思主义的影响，遂形成了激进的革命文艺观，有的最终成了无产阶级革命战士；而留美留英的胡适、梁实秋、徐志摩等人，则在实用主义、人道主义、自由主义、唯美主义等文化思潮的影响下，对暴力革命持否定态度，而将人性的觉醒视为拯救社会的妙方。

影响作家心态的另一个重要因素是自然环境。在一些个性温和，向往爱与美的作家中，我们会看到，在他们的心灵深处，常常铭刻着特定的自然环境影响的印记。例如林语堂，人们常不解其何以会由时代斗士转向超逸情怀，会由一度的激愤昂扬而转向淡泊闲适。实际上，就其内心深处来看，这与其说是转变，不如说是回归更为符合林语堂生命人格的实际。林语堂童年曾生活在一个远山起伏，溪流激湍，云雾缭绕的世外桃源般的自然环境，而这环境，对其淡泊闲适之类心态的生成而言，是会有决定性影响的。林语堂后来在《回忆童年》中的自述，应当是有道理的："我的人生观，就是基于这一幅山水。人性的束缚，人事之骚扰，都是因为没有见过，或者忘记，这海阔天空的世界。"①

个人生理机制，如体质强弱，气质类型甚至体征、血型之类，也会直接影响作家的心态。一般说来，身体健康者，往往会显得生机勃勃，乐观自信，有时甚至会目空一切，狂放不羁；身体羸弱或病残者，则易生自卑、忧郁、孤独、寂寞甚至悲观厌世的情绪。鲁迅的心态结构中，除了刚烈决绝，

① 参见施建伟《林语堂在大陆》，北京十月文艺出版社 1991 年版，第 2—4 页。

又不无冷寂抑郁，甚至悲观低沉的一面。这后一方面的心理特征，很大程度上便是与鲁迅患有肺病之类的生理因素有关。另如五四文化斗士之一的周作人，1921 年 4 月，在大病 5 个月，险些危及生命之后，曾经写下《歧路》一诗，表现了自己失望暗淡的心境。显然，正是这场大病之后对生命的彻悟，加速了周作人后来的远离现实。胡风是中国文坛上个性孤傲且神经比较敏感的一位作家，在其心态成因中，亦不无生理因素的参与。出生于湖北农村一个贫穷之家的胡风，幼年生过天花，脸上留下许多麻子，上学时，曾常常受到一些油头粉面的富家子弟的侮辱与嘲笑，这无疑深深地刺痛了胡风的心灵，激起了他强盛的防范与自尊意识。在后来的人生历程中，胡风的孤傲不屈，与这防范与自尊意识当是不无关联的。

正因影响作家心态的因素是多方面的，这就决定了作家心态的复杂。具体说来，20 世纪的中国作家，心态的复杂性主要表现在以下几个方面：

1. 多面性

长期以来，在我们的文学研究中，对于许多作家，常常抓住一点，不及其余，被肯定者往往尽力予以美化，被否定者则一无是处。直至当今，情况虽大有好转，但在如何将作家还原到一个复杂的生命个体来研究方面，仍十分欠缺。实际上，如果我们详尽地掌握材料，从复杂的眼光出发，就不难发现许多作家心态的多面性。比如鲁迅，人们熟知的是：富有反叛精神，是一位勇猛的社会斗士。但在许多事情上，鲁迅又显得小心谨慎，敏感多疑。在日留学期间，他曾参加了反清组织"光复会"，有一次，领导人指派他去刺杀某位清廷大员，他先是同意了，既而又借故反悔；他渴望着挣脱封建枷锁的束缚，与许广平由恋爱而同居，但因畏于社会习俗，却又想方设法，长时间对外保密；也许因为亲眼目睹的人间凶险和欺诈太多，以及身体状况的原因，鲁迅的疑心似乎比常人要重得多。有一次，一家报刊发表的冯乃超批评他的一篇文章中，很可能是因排印失误出现了"鲁迅老生"的字样，他却断定作者是在故意讽刺他，非常恼怒，长时间耿耿于怀。我们还熟知：鲁迅后来接受了马克思主义，与瞿秋白、冯雪峰等共产党人关系密切，并曾成为"左联"的领袖人物，但在他的内心深处，却又不无戒心。在他看来，历史上的造反者都免不了"山大王"习气，一旦造反成功，可能会变得比前任更加专横。故而有一次，他曾以玩笑式的语气对冯雪峰说："你们来了，还不是先杀掉我?"① 显然，只有透过这心态的多面性，我们才能更真切、更深入地理解与认识鲁迅。

在现代文学史上，我们还会看到，另有一些本来接受了人性文化的影响，或更专注于艺术探索，政治意识淡漠，远离革命的作家，当面对国民党反动派屠杀民众的血腥现实时，基于人道主义的正义感，也曾发出不满与反抗之声。象征主义诗人李金发，在得知同乡好友熊锐在"四一二"大屠杀中遇难的消息之后，即愤怒地著文谴责杀人的"反革命"。在反动派继续"清党"时，他又曾多次出面营救被反动派逮捕的进步学生。② 据丁玲回忆，当年胡也频牺牲之后，与胡也频并无私交，且为"左联"视为异己的新月派诗人徐志摩，亦曾冒着生命风险登门探望，并提出请她以及李伟森、柔石、殷夫、冯铿 5 位"左联"烈士的家属一起吃饭，以示慰问。丁玲深为感动，以致几十年之后，在谈到现代文学研究时，曾特别提出，对非"正统""左翼"的作家们的思想，要切忌简单、粗暴。③ 抗战期间，即如在北平附敌的周作人，也与一般汉奸有别，他曾利用自己当时的身份，营救过被捕的共产党员;曾冒着危险，长期保存了李大钊的部分文稿;曾设法筹集路费，帮助身为地下党员的李大钊的女儿李星华等人秘密奔赴延安。

秦牧曾经回忆道:1962 年，随中国作家代表团访问古巴，作为代表团团长的周扬，"雍容大度，没有什么架子，谈起话来对人很亲切。……在闲谈中他向我提起了他的英年早逝的长子，竟然滴下了眼泪，后来我还见到他在激动时下泪好几次。在我的印象中，他是个情感丰富，具有真挚感情的人。虽然像他那么一个历经沧桑的人物，会那么容易掉泪，是远远出我意料的。"④ 正是从这样的复杂心态入手，我们也才能更好地理解周扬，我们才能理解，周扬平反复出之后，何以会很快地转变观念，支持思想解放，并写出了受到责难的正确评价人道主义问题的文章，何以会真诚地向许多作家道

---

① 王晓明:《无法直面的人生　鲁迅传》，上海文艺出版社 1993 年版，第 201 页。
② 陈厚诚:《死神唇边的笑　李金发传》，上海文艺出版社 1996 年版，第 139—140 页。
③ 周良沛:《丁玲传》，北京十月文艺出版社 1993 年版，第 222—223 页。
④ 秦牧:《寻梦者的足印》，人民文学出版社 1991 年版，第 274 页。

歉，并很快赢得了中国广大作家，包括那些为他伤害过的作家们的理解和敬重。

2. 矛盾性

由于时代及个人方面的一些复杂原因，20世纪的许多中国作家，也常常呈现出一种消极与积极、保守与革新、落后与进步集为一体的矛盾心态。对这些作家，我们过去往往更注意其消极、保守、落后的一面，而忽视其积极、革新、进步的一面，并由而导致了评价的偏颇。

五四时期，由于公然站出来捍卫古文，林纾曾被新文化阵营指斥为"封建余孽"、"第一反动文人"。长期以来，林纾基本上就是以这样的形象出现在我们的文学史上的。林纾出于对传统文化的留恋，的确曾攻击白话只能是"引车卖浆之徒，所操之语"，因而对白话文学运动大为不满。但实际上，林纾又是白话文学较早的倡导者和实践者。早在1897年，林纾便创作过白话童谣，大力支持过林白水于1900年在杭州创办《白话日报》。"鸳鸯蝴蝶派"的一些作家，确曾有着游戏人生、专事娱乐的文学追求，甚至不无拜金主义的倾向。但实际上，面对深重的国难，这些作家，大多又不乏真挚的爱国之心。周瘦鹃初期的《亡国奴日记》，就是一部典型的爱国小说。即使在一些言情小说中，周瘦鹃也不时在发出捍卫祖国尊严之声。如《情天不老》中的主人公，当受到富豪侮辱时，发出了这样的怒吼："中国人岂天生贱种？君不当加以侮辱，君不吾许，谓我无才可，谓吾无雅骨可，谓吾为中国故则不可！"对祖国的热爱表达得痛快淋漓而又义正词严。另一位言情小说大家张恨水，不仅在《皖江潮》、《春明外史》、《金粉世家》等作品中表现了对祖国前途与命运的关心，且曾亲身组织过爱国活动。有一次，当日本人在中国大街上耀武扬威，高呼"大日本帝国万岁"时，当时的公署、警察局都视若无睹，义愤填膺的张恨水，则带领报馆工人上街游行，抗议日本人的恶劣行径，被时人誉为"爱国壮举"。即如胡适这样的"反动文人"，由于深受西方现代民主文化的影响，故而在当年"反共"的同时，也曾尖锐地攻击过国民党。他曾公开指责国民党实行的是人治而不是法治，要求尽快制定宪法，实行专家政治。他曾建议废止一切钳制思想言论自由的命令、制度、机关等，且断言："如果这几件最低限度的改革还不能做到，那么，我的骨头烧成灰，将来总有人会替国民党上'反动'的谥号的。"①胡适的这些言论，一度使国民党当局大为恼火，上海市党部曾经作出决议，要求"国府"严惩胡适。

3. 变异性

由于生存环境或其他方面的变化，作家心态也在不断地发生着变化。

在风起云涌的五四大潮中，周作人、林语堂、钱玄同、刘半农等人，均曾表现出凌厉飞扬的斗士风采，为新文化运动作出过重要贡献。但随着中国历史的进一步发展，随着北洋军阀对革命的镇压，特别是面对"四一二"反革命政变后，中国大地上血雨腥风的局面，他们痛切地感到了书生救国的无力，以及其他各自不同的相关原因，使之终于远离社会现实，遁入了自己的园地。高举起"人的文学"的旗帜，以启蒙者的姿态出现于中国思想界的周作人，五四落潮之后表示："以后应当努力，用心写文章，莫管人家鸟事，且谈草木虫鱼，要紧要紧。"（《苦茶随笔·后记》）曾把鲁迅拉入《新青年》阵营，并促成《狂人日记》问世的钱玄同，后来竟日渐陶醉于"文字学家"、"音韵学家"之类的桂冠，不再关心现实了。刘半农也终于退隐于书斋，甘愿成为时代的"落伍者"。林语堂在杨杏佛被暗杀之后，亦决然走入清谈一途，发誓此后"只求许我扫门雪，不管他妈瓦上霜"。

在中国现代文学史上，对于闻一多、朱自清这样的诗人，人们更熟知的是："横眉怒对国民党的手枪"的英雄气概，或宁肯饿死也不接受美援面粉的爱国情操。但实际上，他们的心态也是有一个曲折发展过程的。留学美国的闻一多，由于受"国家主义"思潮的影响，一度是不满于无产阶级革命斗争的，甚至说过"国内赤祸猖獗"之类的话；②在青岛大学任教期间，他虽然主张抗日御侮，但又坚决反对学生们的抗日请愿活动，甚至力主开除了学生领袖，为此曾引发了全校学生参与的"驱闻运动"。五四运动之后，朱自清也退入"书斋"，企图借助学术研究和诗文创作聊以自慰。甚至当昆明"一二·一"惨案发生时，朱自清仍无动于衷。直到他的好友闻一多遭到暗杀，才震撼了朱自清，终于使他认识到，在当时政治壁垒分明的时代背景

---

① 胡适：《新文化运动与国民党》，见《胡适文集》，北京大学出版社 1998 年版，第 588 页。
② 徐迺翔主编：《中国现代作家评传》第 2 卷，山东教育出版社 1982 年版，第 197 页。

下，"中间路线是没有的，我们总要把路看得清楚，勇敢地向前走"(《闻一多全集·序》)，从此开始了积极投身革命活动的人生。

新中国诞生之后，在新的时代条件下，许多作家的心态更是在发生着别一性质的剧烈变化，尤其是那些习惯于表现旧生活的作家，在为祖国的新生而由衷喜悦与兴奋的同时，也深为自己以往的作品与革命的要求差距太远而惶恐不安。为了表示自己的彻底脱胎换骨，努力跟踪新时代的决心，他们几乎不约而同地开始改写，甚至夸大其词地批判否定自己的旧作。老舍表示："我几乎不敢再看自己在解放前所发表过的作品。那些作品的内容多半是个人的一些小感触，不痛不痒，可有可无。"① 冰心说："我过去的创作，范围是狭窄的，眼光是浅短的，也更没有面向着人民大众。原因是我的立场错了，观点错了，对象的选择也因而错了。"② 曹禺甚至把自己至今看来仍是他的最高水平的代表作《雷雨》和《日出》，自贬得几乎一无是处。为了补过，他按新的见解，不断修改这些作品，结果弄得面目全非，破坏了原作思想和内容的和谐统一。

正是作家心态的多面性、矛盾性、变异性，直接影响了作家们的创作，决定了他们创作道路的曲折，也决定了文学现象的千变万化。在文学研究中，我们只有结合作家的复杂心态，才能更好地理解作品、评价作品，也才能更好地总结和探讨文学艺术发展的规律。

二

20 世纪的中国作家，尽管有着复杂多变的心态，但从主导心理动机与作品的整体倾向来看，大致又可分为从政治革命动机出发、从人文情怀出发以及从超越现实的动机出发这样三种基本心态类型。

1. 政治型心态

在波翻浪涌的 20 世纪的历史进程中，勇于反叛，向往改变现实的政治

---

① 曾广灿、吴怀斌编：《老舍研究资料》，北京十月文艺出版社 1985 年版，第 229 页。
② 范伯群编：《冰心研究资料》，北京出版社 1984 年版，第 83 页。

心态，一直在文坛上占据着主导地位，一直在影响着中国现当代文学的发展。在不同的历史时期，许多诗人、作家，正是出于对社会黑暗的愤怒，对民族危亡的焦虑，以强烈的现实责任感与政治使命感，积极投身于社会变革的前沿，成为呼风唤雨的时代弄潮儿。

早在五四前后，陈独秀、李大钊、胡适、鲁迅、郭沫若等一大批较早觉醒的知识分子，就从改造社会，拯救民族危亡的政治动机出发，以文学为武器，积极投身于政治革命活动。有不少作家，如沈雁冰、瞿秋白、蒋光慈、夏衍等人，则首先是以革命活动家或共产党员的身份，出现在历史舞台上的。在后来漫长的革命道路上，又有许多人从不同的方向汇聚到政治革命的洪流之中，如老舍、张天翼、田汉、冯雪峰、沙汀、艾芜、周扬、胡风、丁玲、艾青、何其芳、周立波、刘白羽、赵树理、孙犁、郭小川、贺敬之等。这些作家，有的虽曾有过超越政治的、对纯净的艺术天地或宁静的书斋生活的向往，但中国社会的重重危机，尤其是日本帝国主义的入侵，打破了他们心灵的平静，使他们放弃了原来的个人梦幻，而以笔为武器，走上了血火纷争的革命道路。

在革命成功之后的社会主义历史进程中，不论是在解放前成名的作家，还是刚刚登上文坛的新秀，更是按时代要求，遵循着"文艺为政治服务"的原则，将政治功利目的置于文学创作观念的首位。他们，或以自己的切身体验，在描绘着革命斗争的历史，如创作了《青春之歌》、《林海雪原》、《红旗谱》、《野火春风斗古城》、《苦菜花》的杨沫、曲波、梁斌、李英儒、冯德英等；或着眼于变革中的社会现实，努力为新时代而歌，如写出了《龙须沟》、《三里湾》、《山乡巨变》、《创业史》、《艳阳天》的老舍、赵树理、周立波、柳青、浩然等等。新时期以来，文艺观念虽不断开放，但关心政治，仍是中国作家最为突出的创作心态。诸如"伤痕文学"、"反思文学"、"大墙文学"、"改革文学"、"反腐文学"，主要便是这样一种政治心态的产物。

由于人类社会本身的特点，决定了政治革命在人类社会历史进程中的巨大作用，特别是在阶级斗争或民族矛盾尖锐的时代条件下，在历史发生重大转折的关头，政治将构成社会运转的轴心。文学的整体价值，不论怎么说，是不可能完全超越于现实功利之外的，与政治自然也就应有密切的关联。事实上，从古今中外文学史上来看，许多作家的成就，与其强烈的政治责任感是分不开的。当然，我们也应意识到，政治本身是复杂的，又有正确与错误，乃至反动与进步之分，因此，由政治心态出发的作家，还应有自己的独立思考，这样，才不至于像我们的"反右"、"文革"时期的一些作品那样，沦为助纣为虐的极左思潮的舆论工具。此外，还要清醒的是：文学毕竟是文学，如果不顾文学质素，而只是片面地追求政治效应，也不可能创作出优秀之作。在20世纪的中国文学史上，值得总结的重要教训之一正是：有不少作家，由于片面追求政治功利，导致着笔匆忙，来不及精雕细刻，致使其作品往往政治激情有余，艺术蕴藉不足。尤其是在新中国成立以后，由于简单化地遵从"为政治服务"的信条，忽视了文学应有的审美价值，从而导致了文学创作水平的下降。故而当我们回首历史，面对百年来浩若烟海的文学报刊、难以计数的文学书籍的时候，又会深深地感到精品太少的遗憾。

2. 人文型心态

20世纪以来，在从传统社会形态向现代社会形态的演进过程中，造就了这样一批知识分子：他们出身于传统的书香世家，自幼接受过系统的中式教育，海外留学生涯又使他们接触了近代西方的文化思潮和迥异于中国封建专制的西方民主政治，这就使他们对本国文化传统在某种程度上具有一种更为清醒的批判意识。这样的文化渊源，自然也使他们形成了一种独特的人文情怀，即他们虽心怀匡世救弊的忧患意识，向往个性解放，但他们又反对暴力革命，而期望通过宣扬"人性"之爱，通过艺术美的感染，来化解人间的纷争与仇恨；通过鼓吹民主与自由，来消除社会的不平与政治的黑暗。在现代文学史上的徐志摩、梁实秋、沈从文等人，从主导倾向来看，表现出来的便主要是这样一种人文心态。

徐志摩是在英国的留学生活中，孕育了他一生作为精神支柱的对"爱、自由与美"的向往的。正因沉溺于这样一种理想人性的梦幻，徐志摩无法容忍现实斗争的血腥，故而1925年，当他取道苏联赴德、法旅游时，面对革命之后的俄罗斯，他一方面从理性上承认俄国革命"为人类立下了勇敢尝试的榜样"，同时又从人性角度慨叹"是人类史上最惨刻苦痛的一件事实"

（《列宁忌日——谈革命》）。① 他从这场革命中感到的不是人道的希望之光，而只是伟大的恐怖黑暗与残酷虚无的暗示。1927 年，当中国的大革命蓬勃兴起及至归于失败时，徐志摩更是为理性的死灭和兽性的疯狂痛心不已。在此情况下，徐志摩相信的仍然是"社会的纪纲是靠着积极的情感来维系的，在一个常态的天平上，情爱的分量是一定超过仇恨的分量，互助的精神一定超过互害和互杀的动机。"（《新月》发刊词：《"新月"的态度》）面对严酷的政治现实，留学美国，深受强调理性自制的白璧德的新人文主义影响的梁实秋，同样固守着自由主义的文化心态，力图通过"人性论"的呼吁，实现社会的进步。与徐志摩不同的是，由于封建世家中浓郁的传统文化氛围和正统教育的熏陶，在梁实秋的心灵深处，同时也积淀着对封建礼教形态的稳定、规范与秩序的向往。正是这种新人文主义的"人性观"与封建正统思想的融合，使梁实秋向往民主自由，反对独裁，曾经站在自由主义立场，为共产党人辩护，但同时又拥护作为国家象征的正统的国民党政府，认为人民奋起推翻反动政权时，这是犯罪行为。与之相关，在文艺观方面，梁实秋一方面反对"无产阶级革命文学"，同时又曾公然著文谴责国民党的文化"剿匪"。在尖锐的阶级斗争年代里，梁实秋力图保持的就是这样一种不偏不倚的文化姿态。

与徐志摩、梁实秋等人相比，沈从文虽然没有留学海外，但作为一位旧式军人出身的作家，也许由于看过了太多无谓的争斗与杀戮，也许他早就产生了对人性沉沦的痛恨，而几乎自发地萌生了对超越政治的人性美的向往。走上文坛之初，沈从文想到的即是用文学"燃烧这个民族被权势萎缩了的情感，和财富压瘦扭曲了的理性"。② 在后来的创作道路上，沈从文也一直力图与政治保持距离，只希望通过富于人性意味的文学，恢复民族的生机。他曾形象地说过，自己无意于建造"豪楼杰阁"，"只想造希腊小庙"，"这神庙供奉的是'人性'"。③ 在民族抗战的浪潮中，沈从文一方面从一位知识分子应有的现实责任感出发，关心抗战，同时仍希望文学不要成为宣传抗战的简单工具，主张作家应用自己美妙的笔绘制出生命存在中一切美丽的东西。

---

① 　徐志摩：《落叶》，北新书局 1953 年版，第 126 页。
② 　转引自凌宇《沈从文传》，北京十月文艺出版社 1988 年版，第 189 页。
③ 　沈从文：《习作选集代序》，见《沈从文选集》第 5 卷，四川人民出版社 1983 年版，第 228 页。

从人类发展史的长远发展来看，徐志摩、梁实秋、沈从文等人力图超越政治的人文心态，是有独特价值的。尤其是他们对于人性、人道主义的探索，对于生命之美的歌唱，从根本上说，是与五四时代精神相呼应的。然而，在一个社会发生剧烈变革的年代里，尤其在阶级斗争尖锐，或民族危亡当头的年代里，又是不合时宜的，注定了要陷入尴尬的境地。因此，这些作家的言论及作品，往往既不被权力当局所欣赏，也不断遭到了来自无产阶级革命文艺阵营的批判。

在粉碎"四人帮"之后的新时期文坛上，在关于人道主义、关于"异化"问题的探讨中，在一度兴盛的"寻根文学"中，我们看到的也是中国当代作家的人文心态。一些作家重提人道主义与"异化"问题的实质，仍不过是力图从人性回归的文化角度，思考中国现代社会发展的曲折。寻根作家们的心态特征是：他们不再满足于像"伤痕文学"那样，着重从政治的角度控诉和揭露极左思潮导致的灾难，而希望透过现实生活的表面，从民族文化心理的历史积淀中，寻找推动中国社会进步的契机，清理批判其中的消极因素，促进中国当代社会的发展与进步，同时实现中国当代文学的深层突破。在张承志、莫言、张炜、贾平凹、王安忆、韩少功、阿城等人的某些作品中，体现出的便主要是这样一种人文心态。比如莫言在作品中，力图通过对原始野性的呼唤，重振为现代文明压抑而萎缩了的人性；韩少功在《爸爸爸》中，通过对鸡头寨寨民们打冤家的缘起和结局的描写，揭示和批判了由于民族保守心理而造成的愚昧、野蛮以及它的严重后果。这样一种人文心态，对于推动中国社会的进步，对于丰富中国当代文学作品的内涵，更新文学观念，繁荣创作，无疑是发挥了重要作用的。但在许多作家那里，由于缺乏俯瞰人类生存状况的宏阔视野，缺乏更高层次的哲学之光的照耀，或仍在受制于简单化的政治视野，或走向了本能宣泄的歧途，而致使其未能向纵深发展。

3. 超然型心态

由于个人经历、气质类型及环境影响的不同，也有许多作家，不像政治型心态的作家那样人间的纷争，也不像人文型心态的作家那样关注人性的进步，而是避居一隅，更专注于文学作品的娱世功能以及自我对现实人生的体验，表现出一种冲淡平和的心境。在五四前后活跃于文坛，注重言情娱乐的"鸳鸯蝴蝶派"；在鼓吹性灵与幽默、旁观与超脱的后期的林语堂；在对世事冷漠的张爱玲等作家那里，看到的便主要是这样一种心态。

在 20 世纪初期的中国大地上，当许多作家奋起投身反帝反封建的时代大潮的时候，以包天笑、徐枕亚、周瘦鹃、张恨水等人为代表的"鸳鸯蝴蝶派"的作家们，虽不乏心灵的共鸣，亦有过跃身搏击的举止，但在文学创作活动中表现出来的主导心态则是热衷于"吟风啸月"，沉溺于言情春梦。如徐枕亚就曾直言宣称："有口不谈家国，任它鹦鹉前头；寄情只在风花，寻找蠹鱼生活。"① 五四时期，以及在大革命失败之后，林语堂虽曾以昂扬激愤的情怀，投身过现实斗争，但由于林语堂自幼受到了静谧恬淡的自然环境的熏陶，后来又受到了基督教文化与西方自由主义精神的影响，骨子里形成的则是一种隐逸气质。故而面对艰难的时世，林语堂终于收敛了自己政治思想的锋芒，逐渐转向了幽默闲适、清谈人生、超然物外的"生活的艺术"。与林语堂相比，张爱玲表现出更为异乎寻常的超然。林语堂尽管向往于恬淡的艺术心境，但他并没有完全忘却政治，仍不乏爱国热情。张爱玲则不然，她是以一种带几分冷漠和茫然面对政治。抗战期间，她不仅仍在醉心于描写洋场社会的仕女风情，且曾稀里糊涂地与汪精卫的心腹、汉奸文人胡兰成热恋成婚。面对战火中的灾难，张爱玲当然也不是完全无动于衷。她曾为她的英国老师在战乱中被误杀一事感到震惊，但张爱玲由此意识到的仍不过是超然意味的人类行为的荒诞所导致的"人类的浪费"问题；她看到了战争状态下人的种种行为与反应，但她发现的却是人性的盲目与偏执这样一些超政治、超战争的问题。正是基于这样一种超然心态，在张爱玲的作品中，我们见不到关涉人类或社会的前途或命运的惊心动魄的斗争，而多是姨太太少奶奶的闲愁，深门闺秀的郁闷，感情生活残缺的怨偶的喟叹等等，正如张爱玲自己所说："我甚至只是写些男女间的小事情，我的作品里没有战争，也没有革命。"②

新中国成立之后，由于文艺界步调一致，严格强调"为政治服务"，致

---

① 　陈平原、夏晓红：《二十世纪中国小说理论资料》第一卷，北京大学出版社 1989 年版，第 46 页。
② 　余彬：《张爱玲传》，海南出版社 1993 年版，第 270 页。

使许多作家失去了自己的个性，"超然"心态几乎也就不可能了。新时期以来，显然是与思想解放、风气变化有关，我们才重新体察到这类心态的存在。尤其在杨绛、孙犁、汪曾祺等这样一些饱经沧桑的老作家那里，有着更为突出的表现。比如同样是写"文革"期间的苦难，在杨绛的《干校六记》中，在孙犁的《鸡缸》、《王婉》等小说中，我们会感受到另外一种决然不同于"伤痕文学"的旷达意味，令人从中体味到作者那种独具个性的超然心态。在素有"仙风道骨"之称的汪曾祺先生的小说中，我们仅从"后来，张蕴之死了，王文蕙也死了。詹大胖子也死了。这城里很多人都死了"（《詹大胖子》）；"李小龙觉得王玉英不该出嫁，不该嫁给钱老五。他很气愤。这世界上再也没有原来的王玉英了。"（《晚饭花》）这样一种宁静淡远的笔调中；仅从"一庭春雨，满架秋风"（《钓鱼的医生》）这样一类的作品诗意背景中，仅从浑然天成、自由随意的小说结构中，我们也足可以感受到一种飘逸的情怀。

从文学实践来看，超然，当是有利于文学创作的心态之一。一位作家，只有在痛切体验生活的基础上，又跳出生活本身的匡拘，如同王国维在《人间词话》中所指出的"须入乎其内"，又"出乎其外"，才能获得正常的创作心态，才能更好地进入艺术创造之境。正因如此，新时期的杨绛、孙犁、汪曾祺等人的作品，虽然并不曾在文坛上引起过很大的轰动，且作品数量较少，但从艺术角度来看，他们的作品所达到的高度，却不是许多轰动之作所能比拟的。当然，从历史上看，情况又是比较复杂的，由于文学的价值往往又是与时代要求密切相关的，尤其是在民族处于生死存亡的关头，超然情怀又必会导致在特定历史背景下的创作缺乏应有的时代感染力，甚至丧失应有的是非标准，从而影响作品的整体价值。因此，像现代文学史上的林语堂、张爱玲这样的作家，尽管凭依超然心态，使某些作品达到了较高的艺术境界，但却毕竟缺乏历史的深刻与凝重。至于"鸳鸯蝴蝶派"的作家们那样一种"超然"，由于本来就往往不是以深切的生活体验为根基的，就更谈不上多少文学价值了。

孔子当年在择徒授业时，曾经表示："不得中行而与之，必也狂狷乎！狂者进取，狷者有所不为也。"（《论语·子路》）孔子这里指出的，实际是中国传统知识分子的三种人格。中行，即行为合乎中道，无过与不及；狂者与狷者，按朱熹的说法，即"志极高而行不掩"者与"知未及而守有余"者。从主导倾向来看，中国古代知识分子大致恰好可以分为这样三种人格类型，如主张"中庸之道"的孔子、孟子及后世的杜甫、朱熹、苏轼也许可谓"中行"之士；主张虚静无为的老子、庄子及后世的阮籍、嵇康、陶渊明、李白、曹雪芹、郑板桥等人可谓"狷者"；诸如屈原、辛弃疾、李贽、金圣叹、孔尚任、顾炎武当属"狂者"。由此我们不难想到，20 世纪中国文学史上的三类主导作家心态，除了现行的社会、文化、自然环境及个人生理机制等因素的影响之外，或许又与中行、狂、狷这样三种中国传统文化人格的潜在影响不无关系。富有反抗性革命性的政治型心态，骨子里与"狂"者文化心理的关系更为密切；超然心态体现出更多"狷者"意味；至于徐志摩、梁实秋、沈从文等人所向往的不偏不倚的人文心态，就其主导趋向而言，似颇类乎于传统文化所期望的中行人格。

将原本存在多面性、矛盾性及变异性的复杂作家心态，划分为上述几种类型，当然是不够严谨也不够科学的。但从这样几种相对而言的心态类型着眼，或许更有助于我们从整体上把握 20 世纪的中国文学格局，亦有助于更清楚地认识 20 世纪中国文学的价值、意义及问题。

三

文学作品的成功，是以某种有效性心态为保障的。只有在有利于文学创作的心理状态下，作家的想象才能活跃，文气才能贯通，才能进入一种高妙的自由创作境界。总结 20 世纪中国作家们的创作活动，我们会发现，有这样三种心态，影响了中国文学事业的发展。

1. 政治禁忌心态

从五四运动开始，文学作品的政治作用，一直受到进步文学阵营的重视。但在许多时候，这种作用往往被夸大到了不切实际的程度，被强调到了绝对化的程度。作家的生活和创作，常常要受到从政治出发的严厉挑剔或指责。从文学史本身来看，这股"左"风的形成，30 年代的"左联"是起了相当重要的作用的。"左联"成立之初，甚至根本不重视创作，而只是要求作家必须参加示威游行、写标语、散传单等有关政治活动，否则就要受到批判打击。郁达夫只因表示"我是个作家，不是个战士"，即遭"左联"除名；茅盾因为请假写《子夜》，也在会议上受到攻击。即如被奉为"左联"主帅的鲁迅，也曾被指责为"右倾机会主义"，杂文中"掺有毒汁"等。此后，在革命文艺阵营，这种从政治出发的批判声浪一直不曾停息。解放战争期间，胡风的文艺观，被看作是"主观唯心主义"，而多次受到进步文艺界的批判。在东北解放区，负责创办了《生活报》的萧军，也只因关于苏联的看法言语不慎，被人抓住把柄，无限上纲，竟被定性为"反苏反共反人民"的罪人，受到了组织处理。新中国成立之后，由于对文学政治功能进一步肯定，政治批判之风更是愈演愈烈。不仅被视为有着反对毛泽东文艺思想之嫌的胡风，被怀疑为背后有反党活动的丁玲等人先后遭到批判处理，即如茅盾、夏衍这样一些新中国成立后受到重用的作家，即如何其芳、周立波、欧阳山这样一些来自延安的革命作家，也在不时陷入难堪。茅盾因关于文艺题材问题的看法，曾被人攻击为"反对工农兵方向"；夏衍的剧本《考验》，只因剧中人的一句怪话，被柯庆施下令停演；何其芳写于延安时代的那首名作《生活是多么广阔》，竟被新中国的读者指责为"凡有生活的地方就有快乐和宝藏"，"难道在美帝国主义直接统治下的人民不是非常痛苦吗？难道我们被国民党反动派统治着的时候，也是快乐的吗？"周立波、欧阳山表现新生活的《山那面人家》、《在软席卧车里》等作品，也被指责为"脱离政治"、"散布对社会主义的消极情绪"、宣扬了"没落阶级虚无主义的人生哲学"等。

在中国现当代文学史上，这样一种极左思潮的日趋泛滥，在许多作家那里，势必造成一种禁忌心态，使他们不得不审慎从事。这种禁忌心态，尤其对于新中国的文学事业，是产生了极大危害的。许多功力深厚，曾经有过创作辉煌，时值创作盛年，文化艺术素养及生活积累也更为深厚，本应写出更多更优秀作品的作家，由于文学心态的失衡，不仅没能继续写出成功之作，有不少人，甚至干脆放弃了创作。茅盾，本来是做好了继续从事文学创作的准备的，他曾婉拒文化部部长职务，希望能够安静地坐下来，把几部没有写完的长篇小说完成，却终于未能如愿。新中国成立之后的夏衍，自从《考验》被禁之后，在长达近半个世纪的岁月里，除了改编过保险系数较大的鲁迅的《祝福》，茅盾的《林家铺子》等作品之外，竟再也没有写过剧本。

遭到批判的何其芳，也终于报之以沉默，长期不再写诗。周立波，创作了《山乡巨变》之后，再也不曾写过长篇。当老朋友葛洛问他原因时，他回答："生活变化太快，我看不准，怎么敢写长篇啊。"①

这样一种禁忌心态，不仅见之于茅盾、夏衍、何其芳、周立波这样一些老一代作家，在另一些出身革命队伍的年轻诗人、作家那里，也明显可察。李季本是比较走红的革命诗人，新中国成立后的创作也比较活跃，但他特别慎重于题材的选择，诗歌的内容往往严格限定在讴歌工农兵，如石油工人、忠于爱情的农家女子、当红军的哥哥等等。当他的好友郭小川发表了表现革命队伍内部婚外恋情的《白雪的赞歌》之类作品时，李季劝他要接受延安时期的教训，不要写这些题材。杨沫的《青春之歌》，本是一部肯定和赞颂知识分子献身革命的优秀作品，但创作过程中，作者却一直在担心是否有美化小资产阶级知识分子、丑化共产党员之嫌。小心翼翼的心理重负，显然制约了这些诗人、作家创作才能的进一步发展。

至"文革"前夕，当毛泽东写下了措辞严厉的关于文艺工作的两个批示，指责文艺界不执行党的政策，不接近工农兵，不反映社会主义革命和建设，已经跌到了修正主义边缘之后，中国文艺界更是进入了一个人人自危、个个噤声的沉寂局面。至于十年浩劫期间，那更是另一番悲惨景象了。

2. 急功近利的浮躁心态

古今中外的文学实践表明：成功的文学之作，往往需要一种甘于寂寞、潜心以求，不为其他外在因素所囿的独立心态。而进入 20 世纪以来，由于中国社会一直处于战乱或动荡不安的变革状态，因此，在许多中国作家的心中，一直涌动着一种急功近利、浮躁不安的情绪。这就不能不影响文学作品的质量，致使粗疏简约的急就章多，精雕细刻的艺术精品少。

五四时期，胡适的那部《尝试集》，虽然不无白话诗开山之作的意义，但因胡适当时的创作动机，并非真正缘之于诗情的不可遏制，很大程度上是出之于进行白话革命的理性目的，故而其诗作大多一览无余，缺乏应有的诗意。即如茅盾、巴金、老舍这样的文学大师，他们的不少作品，艺术方面也

---

① 李华盛、胡光凡编：《周立波研究资料》，湖南人民出版社 1983 年版，第 150 页。

是较为粗糙的，这同样是与他们急功近利的创作心态有关。我们知道，茅盾是中国共产党最早的党员之一，曾担任过上海党组织的领导工作，大革命失败后，是在受到反动派通缉的情况下无奈地转向文学创作的，因此，政治一直是他关注的重心，这就使他的一些作品自觉不自觉地成为政治活动的记录，甚至作为参与政治活动的一种方式。他的那部《子夜》，如果不是为了出于功利目的政治论争，在艺术方面也肯定会更为完善。同样，巴金也是由对无政府主义的政治活动的迷恋，而转向文学创作的。走上文学之路之后，支配着巴金的，仍是不可遏止的政治激情。也许正是与奔涌的政治激情有关，巴金是中国现代文学史上最为高产的作家之一，而在质量上却往往注意不够。为此，当年就有一些忠诚的朋友对他"生产的多量和迅速"不以为然，力劝他要慎重发表文章。但可惜的是，巴金为时代的热情所鼓励，无视这些逆耳忠言，仍在匆忙地写着，并以"我的态度都是诚实的"、"我永远说着我自己想说的话，我永远尽我在黑暗里呼号的人的责任"① 自慰。但当时年轻的巴金也许尚没有意识到，"说真话"，只是文学艺术成功的要素之一，还不就是艺术本身。艺术的成功，既需要诚实的热情，也需要节制热情，更需要冷静地锤炼与构思；艺术需要贴近火热的时代，但又需要以艺术家的眼光，凌空高蹈于时代。老舍的有些作品，也是浮躁心态的产物。30年代，老舍在出版他的短篇小说集《赶集》时，曾开玩笑地对编辑说："与其说'赶集'，倒不如说是'赶急'。这里的东西差不离都是'临上轿子现扎耳朵眼儿'的结果，什么《五九》、《热包子》等等，直到《微神》、《大悲寺外》才郑重起来。"② 显然，在这样一种"赶急"心态下，是不易写出成功之作的。

新中国成立之后，由于为政治服务的功利要求，许多作家更是处于了一种匆忙的写作状态。正是由于这种非艺术心态的制约，我们看到，有的名声卓著的诗人、作家，创作水平不仅没有提高，反而产生了令人惊讶的衰退。比如新中国成立之后的郭沫若，诗歌题材虽然异常广阔，从大跃进、公社化运动，到除"四害"、治棉蚜，每每都有密切配合、为之服务的诗作发

① 参见丹晨《巴金批评叙略》，《文学评论》1993 年第 1 期，第 106 页。
② 参见朗云、苏雷《老舍传》，北岳文艺出版社 1994 年版，第 135 页。

表。但在这位著名诗人的笔下，我们看到的却大多是这样一些口号罗列，了无诗味之作，如："一大清早我们就吹奏起喇叭：／'太阳出来了，快把干劲放大！'／万只喇叭齐奏，雷霆都喑哑，／吹起六亿人民犹如奔腾万马。／倒海排山，不要怕把天弄垮，／人们有补天能力，赛过女娲。／天下已是劳动人民的天下，／提早建成呵社会主义的中华。"（《牵牛花》）在三年困难时期，为了振奋民心，上级曾下达任务给曹禺，要他与梅阡、于是之合作，以"卧薪尝胆"的历史故事为题材，创作《胆剑篇》。经过一番努力，该剧总算完成了，但在这样一种"赶任务"的心理状态中，又怎么有可能保证作品的艺术质量？由于切合了时代需要，这部作品虽然受到了观众的欢迎，但在艺术方面，却明显存在着简单化、概念化、人物缺乏个性化的缺陷。

应该承认，新时期以来，在我国，随着思想解放与改革开放的深入，已在一定程度上为文学创作提供了更为适宜的社会文化氛围。但与此同时，伴随而生的另一些因素，也在导致作家心态的浮躁：由于意识流、荒诞派、魔幻现实主义、后现代主义等西方文艺思潮不断涌入，令许多中国作家眼花缭乱，不知所措；随着市场经济的发展，快餐文化蜂拥而起，严肃文学受到很大冲击，也使许多作家为之烦躁不安；另如提职称（作家定级）要求一定的作品数量，这也给作家造成了很大的心理压力。显然，在这样的情况下，一位作家要守住寂寞，要保持心态的平静，是很难的。于是，我们看到，有不少作家，随风逐浪，急于效仿外国作品，热衷于形式技巧的试验与探索；或者粗制滥造，以扩充自己的创作实绩。过去，我们的文坛上曾经批判过所谓"一本书主义"。实际上，一位作家，一生能够潜心写出一部好作品，也就非常了不起了。曹雪芹不过八十回《红楼梦》；肖洛霍夫一生的主要心血，几乎都倾注进了《静静的顿河》；英国女作家艾米莉·勃朗特，不过一部《呼啸山庄》，竟也给她带来了世界性的声誉。而我们有些作家，产量虽然很高，但由于心态的浮躁，创作过程的急促，不仅内在生活的发掘浮光掠影，连表面的文字都很难经得起粗略的挑剔。结果是，在我们的文坛上，表面看来，热热闹闹，异彩纷呈，实际上，许多作家的骨子里，却仍然没有挣脱"失去自我"这一导致文学失败的大忌。于是，我们遗憾地发现，新时期的文学作品，虽然数量众多，仅以长篇小说而论，就正在以每年四五百部的速度递增，但真正具有可读性，经得起时间考验的作品却是凤毛麟角。

3. 宗派心态

在 20 世纪的中国文学史上，宗派情绪也一直是困扰着作家们的心态之一。早在"左联"成立前后，"创造社"与鲁迅之间；鲁迅、冯雪峰、胡风与周扬等人之间；以及后来以胡风为首的"七月派"与其他一些作家之间，由于个性差异、艺术主张、审美趣味的不同，以及某些方面的误解，就已产生过宗派性质的矛盾。新中国成立之后，在新的时代条件下，除了原有的一些宗派情绪之外，某些解放区作家与国统区作家之间；某些党员作家与非党作家之间；某些新老作家之间，也时常产生一些宗派性质的纠葛。至今，在全国各地的文坛上，宗派性质的"小圈子"、"小团体"现象仍然比较普遍。每一次的作家代表大会、每一次的作协机构改选，几乎都会看到这类现象的集中表演。

作家们之间，缘于宗派情绪的纷争与纠葛，必然会造成人际关系的紧张与复杂，必然会造成不应有的内耗，从而影响创作活动的正常开展。更为严重的是，在某种特定情况下，甚至会促成了文坛的悲剧。现在看来，新中国成立之后不久，"胡风反革命集团"、"丁、陈反党集团"等冤案的形成，以及冯雪峰等许多作家先后被打成"右派"，根本原因固然是极左思潮的泛滥，但作家内部由来已久的宗派冲突，也起了推波助澜的不良作用。我们知道，早在"左联"时期，胡风、冯雪峰与周扬等人之间，由于"两个口号"的论争，由于冯雪峰曾按鲁迅的意思起草了那篇指责"四条汉子"的文章，就已形成了历史积怨。新中国成立之后，这种历史芥蒂实际上仍未化解，许多问题仍然没有得到沟通。政治风波到来时，这些历史的纠葛，必会自觉不自觉地掺入其间。

作为血肉之躯，作为独立的精神个体，世界上的每个人都是复杂的，都是千差万别的，都有自身知解力局限的。从这个意义上来说，人与人之间的相互理解，的确是很难的。何况在战争年代有着许多沟通障碍，许多问题一时难以澄清的特定条件下，即使在革命文学阵营内部，同志之间的某些误解也实在是难免的。然而，不论在什么情况下，如果每个人都能多几分冷静，都能自觉保持清醒的头脑，都能有意识地谋求同志与同志之间的理解与宽容，那么，最大限度地减少误解，减少作家队伍自身的"内耗"，还是可以做到的。

四

就文学创作而言，一部文学作品的成功，必须借助有效的创作心态。

作家心态，实际上又可分为两个层次来看。一是先在心态，即作家个体由于自身生理素质、生活经历、政治文化观念，以及艺术修养等因素形成的整体性综合性心理状态。二是指作家在具体创作活动过程的即时心态。作家的先在心态往往会影响文学作品的内容选择、主题确定、政治倾向、文化意蕴等。即时心态则直接影响着艺术创作活动的实现以及具体艺术境界的生成。

从即时性层次来看，作家的有效心态，主要包括以下两个方面。

一是自由的心态。即一种超越浮躁的功利欲求，排除思想禁忌及其他一切非艺术因素干扰的心态。只有在这种心态中，才能进入一种审美的创作境界。文学史上的许多优秀作品，正是在这样的心态中创作出来的。新中国成立之前的徐志摩、沈从文、张爱玲等人，在政治方面当然不是无可非议的，但在艺术方面，他们的心态是获得了更多自由的，故而他们的许多作品，虽然缺乏政治方面的进步意义，但其艺术成就却又是不可否认的。实际上，如果仅从文学艺术的角度来看，设若张爱玲这样的作家，放弃自己有着切身体验的没落贵族的生活，而同当时其他许多文学青年一样，听凭时代的召唤，拿起笔来，走上抗战文学之路，当然会在战云密布的中国大地上增加些鼓动人心的呐喊，但在中国现代文学史上，也就不可能出现至今仍为许多读者迷恋不已的这样一位独具个性的小说家了。中国当代文坛上的孙犁、汪曾祺等人的作品，虽然不像更富于政治激情的作品那样容易引起轰动，但因他们进入了一个更为超逸淡远的自由创作境界，故而他们的作品，也表现出了更为诱人的艺术魅力。

二是真诚的心态。真诚虽不是成功的文学心态的全部构成，但古今中外的文学创作实践表明，真诚无疑是一位作家创作成功的重要保证，也是作品打动人心的重要原因。正因如此，在 20 世纪的文学史上，诸如郭沫若的《女神》、殷夫的一些"红色鼓动诗"等，虽然意境缺乏锤炼，文字也不够精当，但因抒发的是个人燃烧的挚情，至今读来，仍会为其热力所感染。曹禺创作《雷雨》时，才不过 23 岁，很难说有多少艺术的准备和高深的文化眼光。但就是这部处女作，却标志了曹禺戏剧艺术的最高成就。曹禺自己讲过，写《雷雨》时，他并没有明显地意识到要匡正、讽刺或攻击什么，而是一种"情感的迫切需要"，"隐隐仿佛有一种情感的汹涌流来推动我，我在发泄着被抑压的愤懑，毁谤着中国的家庭和社会。"（《雷雨·序》）《雷雨》的成功，当然有着多方面的因素，作者真诚的情感宣泄，无疑是重要原因之一。

也正是与真诚相关，在 20 世纪中国文学史上，有许多侧重于从政治功利动机出发的诗人、作家，同样写出了有影响的作品，如鲁迅的《阿 Q 正传》、郭沫若的《女神》、巴金的《家》、茅盾的《子夜》，以及新中国成立后问世的杨沫的《青春之歌》、冯德英的《苦菜花》、曲波的《林海雪原》、峻青的《黎明的河边》、贺敬之的《回延安》、郭小川的《甘蔗林——青纱帐》等。由此也可进一步看出，政治与文学之间的关系实际是复杂的，也并非天然的水火难容。一般说来，过分强调政治动机是会影响文学艺术的，但事实上，在古今中外文学史上，均不乏从强烈的政治动机出发而同样获得了巨大文学成就的作家，如屈原、雨果、拜伦、惠特曼等等。问题的关键还在于：作家所遵从的政治要求是否体现了历史进步的意志，是否已内化为作家个人的创作意愿，是否是以个人主体意志的形式，融汇入文学艺术的笔墨。一旦把握了这样的政治趋向，且进入了这种"内化"的境界，即使从某种政治功利出发，同样是一种真诚的心态，同样会获得创作的成功。

作家的自由与真诚心态的形成，个人自我的人格追求与艺术修养当然是第一位的，但作为社会来说，亦应尽力提供保障，为这样一种文学心态的产生创造条件。比如以社会主义时期而论，应真正实施"百花齐放，百家争鸣"的方针，要对复杂的作家心态采取宽容态度。而在这方面，由于各种复杂的主客观条件的制约，我们是有着许多沉痛的教训与历史遗憾的。我们相信，随着新世纪的到来，随着中国民主进程的加快，中国的文艺界，也必将出现更有利于文学艺术自由发展的空间。

　　从先在层次来看，作家的心态结构中，必须具有丰富的人生体验，深厚的文化积累和敏锐的艺术感受力。一位真正伟大的作家，只有具备了丰富的人生体验，才能对社会人生有着深刻的洞察；只有具备了深厚的文化积累，才能有博大的宇宙襟怀，凌空高蹈的眼光，才能风雨由人，处变不惊；只有具备了敏锐的艺术感受力，才能生出超尘脱俗的生存智慧，才能避开纷繁世俗的干扰，保持一种通达开阔的创作心态。在 20 世纪的中国文学史上，诸如鲁迅先生的《阿Q正传》、《祝福》、《故乡》，郭沫若的《女神》，巴金的《家》，曹禺的《雷雨》，老舍的《茶馆》，孙犁的《铁木前传》，以及新时期文坛上出现的莫言的《红高粱》，陈忠实的《白鹿原》，李锐的《旧址》等优秀作品，无不是这样一种心态的产物。

　　从文学研究来看，注重对作家复杂心态的探讨，实质上，也就是将作家恢复到有着整体生命状态的人本身，以及个体化生命本色予以观照，而不是将其简单地视为政治的或阶级的抽象符号。如果仅从政治或阶级的角度来看某一作家，当然可以判定其政治立场与阶级属性，但作为有着个体生命的作家而言，这不过是其人格的部分特征，尤其不可能是其精神结构的全部。正是从这样一种复杂的心态视角出发，我们才有可能弄清楚即如鲁迅这样伟大的革命文学家，其作品中何以会有仅从革命出发便不好解释的诸如低沉悲观、敏感多疑、情绪偏激、语言尖刻、不容冒犯之类复杂的情感倾向；才便于解释诸如徐志摩、李金发这样持中间立场的诗人，何以又会同情甚至出面营救共产党人。此外，如果我们超越政治，注意一下恬淡静谧的田园风光对林语堂先在心态的影响，我们也许会进一步理解林语堂何以在政治旋涡里几经挣扎之后，最终还是归于对"闲适"性灵的迷恋。

　　长期以来，在我们的文学研究领域，弊端之一正是：往往更注重于作家的政治立场以及作品与社会生活的关系等方面的分析，缺乏对作家复杂心态的透视，以及这种复杂心态对其创作、对其文艺主张的影响。这显然只能导致文学研究的浮浅化、简单化。令人欣喜的是，目前，有不少研究者已开始了对作家心态的关注，且已出现了一批弥足珍贵的成果。比如李辉关于巴金、周扬、冯雪峰等人的心态剖析，令人感到了人格与文学活动之间关系的微妙与复杂；比如王晓明那本《无法直面的人生——鲁迅传》，虽然篇幅不长，但却给予读者许多另外一些大部头的《鲁迅传》所缺乏的东西。王晓明在这部著作中关于鲁迅心理的某些推断也许还不尽合理，甚至不无牵强之处，但他毕竟给我们描绘出了一位更真实、更富有血肉感的鲁迅。从这些已有的成果中，我们似乎预感到一个更贴近作家实际的文学研究时代的开始。

（原载《文史哲》1998 年第 3 期，中国人民大学
报刊复印资料《文艺理论》1998 年第 8 期收录）

论胡风抗战时期的文艺观

在硝烟弥漫的抗战时期，在中国文艺界，当许多热切关注现实的诗人、作家、理论家，由于缺乏应有的思想穿透力，或更注重于战时的鼓动宣传品，或肯定现实生活的一般记录时，在国统区，有一个人，却在以超现实的目光，深邃的思考，不断发表着关于文艺的独特见解。这个人，就是胡风。

胡风是以倡导现实主义为己任的，但他所说的现实主义，已经远远超出了一般创作方法的含义，而是承继五四时代反封建的文学精神，从清理民族心理深处的精神病毒这样的历史价值层次上，对于战时中国文坛提出的主张和要求。也许，在当时的战争条件下，在民族危亡当头，提出这类主张和要求，是不怎么合乎时宜的，但随着历史的推移，胡风的文艺见解，放射出的是愈来愈引人注目的思想光辉。

一

胡风是在总结以鲁迅作品为代表的五四新文艺精神基础上提出他的现实主义文艺主张的。何谓五四新文艺精神？长期以来，人们肯定的主旨是"为人生"。而在胡风看来，这是片面的。他认为，五四新文艺精神，既包括"为人生的艺术"，也包括"为艺术的艺术"，这是"人底发现"这同一根源的两个方面，同属于在市民社会出现的人本主义的精神，区别只在于："前者是，觉醒了的'人'把他的眼睛投向了社会，想从现实底认识里面寻求改革底道路；后者是，觉醒了的'人'，用他的热情膨胀了自己，想从自我底扩展里面叫出改革底愿望。"① 前者是直接向着封建势力的中国说出的，后者却主要表现了新兴资产阶级的主观气魄。胡风认为，伟大先驱者鲁迅的作品，就正是这样两种精神统一的产物。比如"《狂人日记》，那立意，是为了揭开社会底丑恶实际，也是为了叫出自我燃烧的战斗要求"②。仅对鲁迅作品的价值判断而言，至今看来，恐还是很值得重视的见解。

胡风感到，不幸的是，历史虽然向前发展了，但在帝国主义和封建势力的联合反攻下面，这种五四新文艺精神却被大大地削弱了。认识现实的精神，变成了市侩式的商场机智和绅士淑女的日常腻语；自我扩展的精神变成了封建才人的风骚和洋场恶少的撞骗。而五四时代一般所有的探究"人生问题"的精神，则变成了或是回到封建故国的母性礼赞，或者把眼睛从地下拉到天上进行流云似的遐想。他曾痛心疾首：即如刘半农那样的五四斗士，有许多人也已逐渐失去了锋芒；他曾著文批评张天翼：不但没有把鲁迅传统所获得的深刻的人民性、战斗的人道主义、革命的现实主义向前发展，反而从这基本点上游离开了。

正是为了继承和发扬鲁迅那种将"为人生的艺术"和"为艺术的艺术"，将"揭示现实"与"自我扩展"统一为一体的五四新文艺精神，胡风提出了自己的现实主义文艺主张，概括为一句话，这就是："主观精神和客观真理的结合或融合。"③ 即通过主观的思想要求所执行的相生相克的搏斗过程，反映客观的历史内容。

显然，要理解胡风的现实主义文艺主张，要理解他所说的主客观的"相生相克"，首先要理解他的个体性的"主观精神"所指。在批判胡风的理论时，许多人正是抓住这个字面的"主观精神"，将其指斥为"主观唯心主义"的，将其作为胡风否定马克思主义世界观指导创作的证据的。实际上，胡风的理论勇气和重大贡献正是在于，从文学创作的内在特征出发，将马克思主义世界观与作家个体性的主观精神作了区分。即马克思主义世界观决不可能代替作家对于特定社会现实、具体事物的个体认识。胡风所说的"主观

---

① 《胡风评论集》（中），人民文学出版社 1984 年版，第 122—123 页。

② 《胡风评论集》（中），人民文学出版社 1984 年版，第 123 页。

③ 《胡风评论集》（中），人民文学出版社 1984 年版，第 319 页。

精神"，显然是指后者。而这种"主观精神"的高扬，正是以鲁迅为代表的五四新文艺运动的重大功绩之一。胡风指出，新文艺的发生本是由于现实人生的解放愿望，所以才有了五四时代"为人生"、"要改良这人生"的创作主张。"然而，'为人生'，一方面须得有'为'人生的真诚的心愿，另一方面须得有对于被'为'的人生的深入的认识。"① 而这种对于半殖民地半封建条件下的中国社会人生的认识，在马克思主义中并没有现成的答案，而这便正是胡风所主张的"主观精神"价值构成的依据。显然，如果失去了这种"主观精神"，创作就不可能向人生的深处突进，也不可能更为有力地推动中国社会的发展。

正是据此，胡风指出，战争爆发之后，由于人民被卷入了热情的高扬和处境的激动里面，迫切地要求对于人生的认识，以敏感地接受对于人生的感应；由于战争所掀起的变动，社会各方面已显出了各种面貌各种程度的迎拒，各自更明显地现出了本身的真相，这无疑使文艺的认识对象更为广袤，也更为突出；与之相关，作家们亦可从狭小的处境中解放出来，投进蠢动的人生，经验激动的热情。所有这些，都为作家主体认识能力的实现，都为现实主义文艺的飞跃发展提供了历史机遇。但很遗憾，战时文艺现状并不令人满意。胡风一方面肯定其基本成就，一方面尖锐地指出：新文艺在经历着困苦的处境，面临着严重的危机。主要表现在：文艺创作中盛行着严重的概念化、公式化、表面化倾向。胡风认为，这危机主要与当时文坛流行的两种"理论"有关。一是要求创作从一种思想出发，二是强调作家只能写光明，写正面人物。显然，这两种"理论"的根本弊端在于，否定了胡风所主张的"主观精神"。

那么，如何发挥"主观精神"？怎样才能把握中国特定条件下的现实人生呢？对此，胡风的见解是发人深省的。他跳出了当时的战争现实，从更高的历史视角，以五四时代的反封建精神为基点，对现实人生进行了透视。他深刻地指出："生活在以经济关系为基石的社会诸关系里面的人民，在重重的剥削和奴役下面担负着劳动的重负，善良地担负着，坚强地担负着，不流汗就不能活，甚至不流血也不能活，但却脚踏实地地，站在地球上面流着汗

---

① 《胡风评论集》（中），人民文学出版社 1984 年版，第 319 页。

流着血地担负了下来。这伟大的精神就是世界底脊梁。要说健康，还有比这更健康的么？然而，这承受劳动重负的坚强和善良，同时又是以封建主义底各种各样的具体表现所造成的各式各态的生命精神为内容的。前一侧面产生了创造历史的解放要求，但后一侧面却又把那个要求禁锢在、麻痹在甚至闷死在自在的状态里面；这个惯常是被后一侧面所包围的统一着但却对立着的内容，激荡着、纠结着、相生相克着，形成了一片浩漫的大洋。每一个人民底内容都是这样一片浩漫的大洋。要不然，单看前者，那些剥削和奴役就不可能，我们也不会有一部封建主义旧中国底历史；单看后者，封建主义的旧中国底历史就会平静无波，仅仅就近代史说罢，太平天国以来的前仆后继的流血斗争就没有出现的可能。如果封建主义没有活在人民身上，那怎样成其为封建主义呢？用快刀切豆腐的办法，以为封建主义和人民是光光净净地各在一边，那决不是咱们这个地球上的事情。"① 胡风这种对于国民性格二重性的历史剖析无疑是深刻的，而这也正是五四时代，鲁迅关注中国社会问题的焦点。胡风理论自身的价值正是表现在：继承鲁迅精神，透过战火硝烟，从中国现实人生的根本问题入手探讨文艺问题。

正是以此为基点，胡风主张，战时文艺，既要歌颂人民的战斗精神，更要着力于揭示人民身上长期封建社会形成的精神奴役的创伤，使人民创造历史的解放要求从"自在的"状态进到"自为的"状态。因为在胡风看来，"反帝反封建的斗争，没有对于解放要求的热切的感受，固没有可能，但没有对于精神奴役的创伤的痛切的感受，也同样是不可能的。"② 他把这称为五四运动以来"历史大冲动力的方向"。他主张作家应该真诚地把握住这个历史大冲动力的方向，沉下去做它的一根纤维或一个触须，不要成为浮在那上面的自得其乐的一片落叶。他反对那种在"'优美的'憧憬里面去设定人民的面貌以及自己和人民的关系"。"或者原就置身在封建主义支配下的人民里面但却视而不见，暂且优游度日"③ 的做法。在具体创作中，他反对那种"写将士底英勇，他的笔下就难看到过程底曲折和个性底矛盾，写汉奸就大

① 《胡风评论集》（下），人民文学出版社 1984 年版，第 349 页。
② 《胡风评论集》（下），人民文学出版社 1984 年版，第 349 页。
③ 《胡风评论集》（下），人民文学出版社 1984 年版，第 342 页。

概使他得到差不多的报应，写青年就准会来一套救亡理论"① 的公式化倾向。他主张应像高尔基所倡导的那样，必须写出"具有全部复杂性的心理的人"。只有这样，文学才不会成为临时应用的"宣传"工作，而是同"新中国的诞生一同，和人民大众底血的战斗一同，从这发展下去"，造成一个文学上的"新纪元"。②

综上所述，可以看出，胡风所说的"主观精神"，既非来自某种现成的思想教条，也不是主观唯心地随意编造，而是深入透射现实人生的结果。他曾经说得很清楚："形成作品的材料，不但须是最令作家'感动'的，而且还得跟一种基本的思想、观念，起了某种化学上的'化合'，不过，这种基本的思想、观念，都是和一切社会人一样是活的、斗争的、有爱情快乐的，以及痛苦的作家，在自己的心中早就蕴蓄起来的。""换句话说，作家用来和材料起化合作用的思想、观念，原来是生活经验的结果。也就是特定的现实关系的反映，它本身就是作为在矛盾的现实社会里的一种生活欲求而存在的。"③ 由此可进一步看出，胡风所主张的现实主义理论中，那"主观精神"必须是合乎客观真理的，那"客观真理"也必须是化为"主观精神"的，只有这样，才能构成作品的灵魂。胡风这里强调的，也就是，对于现实生活，作家必须有自己的主体发现，但又决不能歪曲现实生活。事隔几十年之后的今天，这种"主观精神"终于受到了文艺理论界的普遍重视，以致衍化为日趋高涨的主体性思潮。胡风的独特贡献正是在于，及早系统地论述了这个文艺理论的重要问题，而且是在一种艰难的战争条件下进行的。

二

胡风的理论主要产生于战争年代，胡风又是一位一直密切关注战争现实的理论家，因此，要进一步了解胡风的现实主义文艺主张，必须弄清胡风有关文艺与战争关系的论述。

为了阐明文艺在战争中的特殊地位，胡风在许多文章中，仔细辨析论

---

① 《胡风评论集》(中)，人民文学出版社 1984 年版，第 78 页。
② 《胡风评论集》(中)，人民文学出版社 1984 年版，第 14 页。
③ 《胡风评论集》(上)，人民文学出版社 1984 年版，第 223 页。

证过"解放"与"进步"这样两个政治概念。他认为,"解放"主要是针对反帝战争而言的,而"进步"则主要是针对"反封建"斗争而言的,两者决不是一回事。当然,两者之间又有着密切的内在关联,即"解放"的根本目的还在于推动祖国的"进步"。反过来说,"没有为进步的努力,解放是不能够达到的"①。所以,为祖国解放的斗争,其实质必然是为祖国进步的斗争。这样一来,对外抗战的过程,实际上也是一个内部发展的过程。胡风认为,这种对于中国历史命运的把握,正是鲁迅的伟大思想贡献。"鲁迅一生是为了祖国底解放、祖国人民底自由平等而战斗了过来的。但他无时无刻不在'解放'这个目标旁边同时放着叫作'进步'的目标。"②胡风这里强调得很清楚,这就是:即使在战争年代,亦不可忽视民族精神的进步。

胡风不止一次地说过,战争开始以后,并不是反帝反封建的斗争现在只剩下了反帝,而是以反帝来规定并保证反封建。还应指出的是,胡风这里所说的反封建,并非仅指对封建势力(比如地主)的武装斗争,而主要是指五四以来反封建思想文化的斗争。他所说的"进步",也主要是指思想文化的进步。他曾这样具体分析道:"封建意识和复古运动都能在大众里面保存甚至助长'亚西亚的麻木'";对于劳苦大众底生活欲求的阻碍、压抑,都能减少甚至消灭他们的热情、力量;醉生梦死的特权生活,滥用的权力,在动员和团结人民大众的活动里面都是毒害。③他曾这样反复宣称:为了自由而幸福的明天的渴求,要抖去盘结在中国古老灵魂里的一切死渣和污秽,要设法启发蕴藏在民众里面的伟大力量。正是沿着这样一条逻辑线索,胡风终于提出了要揭露民族成员身上精神奴役创伤的著名论断。

毫无疑问,胡风是坚决主张文艺必须为政治服务,为战争服务的。但他同时又非常明确地强调,这服务必须同时兼及"解放"与"进步"的双重目的。具体来说,也就是,一方面,文艺要有力地鼓动、服务于实际战争,对此,胡风肯定了当时的"服务团"、"宣传队"、"演剧队"以及许多有血有肉的战地报告等方面的文艺功绩;但另一方面,他又指出,文艺的任务,不能是简单地使人民成为战争的工具,而是要设法使人民能够理解自己、社会

---

① 《胡风评论集》(中),人民文学出版社1984年版,第211页。
② 《胡风评论集》(中),人民文学出版社1984年版,第11页。
③ 《胡风评论集》(下),人民文学出版社1984年版,第273页。

以及世界，设法唤起人民群众解放自己，并用自己的力量创造一个新生祖国的觉悟。胡风把这后一方面与"进步"相关的"意识斗争"看作是当时革命斗争的"一翼"，"甚至还是先锋的一翼"。

可贵的是，胡风是以历史唯物主义的正确理论来阐述他的见解的。他认为，人是活的人，行动的人，被赋予着意识的人，是凭着各自被各种各样的杠杆所规定的反省和热情，向着一定目的经营生活的人。而这反省和热情，总要与总的历史冲动力相关联。而革命文艺的根本任务就在于"把那些形态提高一步，把那些路径汇集起来"，用历史总冲动力发展的要求，照明他们的本相，使无数的个人意志感到吸引而受影响、受批判、受锻炼，觉醒起来或改变过来。"以至走上通到那个总的冲动力所要求的生活道路，由盲目地创造着历史转向自觉地去创造一部新的历史出来。"①

而在胡风看来，正是在后一方面，战时文艺存在着根本性弱点，这就是：更多地关注于战争的"解放"目的却忽视了以"意识斗争"为主要任务的"进步"目的。其具体表现是：文坛上充满了浮泛空洞的口号，或停留于对抗战生活冷静淡漠的细描。在总结战争第一阶段两年之内的文艺创作时，胡风指出："除了个别作家的个别作品以外，很少发现包含着深刻思想力或批判力的构成性的作品。"② 更有甚者，有的作家甚至干脆彻底否定了文艺在战争年代的特殊价值，倡导所谓"投笔从戎"运动（即"前线主义"）。在胡风看来，这显然是一种只在"原始的兴奋里面把战争当作了简单的机械的军事过程"，而忽略了同步进行的历史"进步"的偏见。③

正因革命文艺兼有"解放"与"进步"的双重职能，即既要鼓舞战争、打击敌人，又要在当然包括人民在内的灵魂深处进行意识斗争，这就使得革命文艺"不得不一直侧着身子站在战壕里"④。

那么，就革命文艺的具体内容而言，如何来实现这种文艺的特性呢？胡风认为，必须透进生活的底层，开拓创作的视野。即，既要那种抱着仇恨的心去戳破那些敌对历史冲动力的假面的喜剧，也要那种揭示精神奴役创伤

---

① 《胡风评论集》（下），人民文学出版社1984年版，第340页。
② 《胡风评论集》（下），人民文学出版社1984年版，第146页。
③ 《胡风评论集》（中），人民文学出版社1984年版，第127页。
④ 《胡风评论集》（上），人民文学出版社1984年版，第342页。

的批判剧，以及"抱着悲悼的心去哀怜那些由于对于那个总的冲动力的无知，因而盲目地在纯个人的妄想里面凋残了，甚至撞破了头颅的悲剧"；既要那种把握了历史冲动力的要求，为之奋斗，并献出了生命的悲壮剧，也要那种虽陷在重压下面，却是历史发展所依靠的生命萌芽的抒情剧，以及歌颂胜利的雄壮剧；同时又要坚决反对那种把屠户凶残化为一笑的市侩滑稽剧、任人随意摆动的公式傀儡剧，以及若有其事并无血肉的客观影子剧。胡风认为，只有这样，才叫现实主义创作，才是"主观精神和客观真理的化合和融合"；只有这样，文艺家才算在真正意义上通过了自己的道路，在真实的意义上参加了战争、服务了战争；也只有如此，才能在"解放"的同时实现"进步"，才能使文艺从陈腐的、浮夸的、虚伪的、淫乱的、怯懦的、梦幻的……一切种种里面挣脱出来，去和那个黑暗凶残的封建主义的各种各样的根须交战，"一直通到已经潜伏在甚至搏动在你的身边的明天"①。

三

正是为了保证现实主义创作的实行，胡风坚决反对革命文艺活动中的两种偏向，一是主观公式主义，二是奴从生活的客观主义。

他所说的主观公式主义主要是指，从某种现成的思想教条出发，往往以政治性的"左"的伪装掩盖着虚浮的思想内容的做法。其具体表现如："把文艺内容冻结在抽象的爱国主义，把文艺作用限定在使人民单纯地做战争'工具'的鼓动宣传。"② 在你死我活的战争年代，一句口号固然也会产生一定的宣传鼓动效应，但胡风主张，即在战时，也不应满足于此，文艺应该有自己特有的效应方式。胡风举例说："许多文艺通讯员在写他们的报告的时候，丢掉了他所参加的群众行动底性格，跳过了活的内容，只提着一些抽象的热烈的词句和'打倒日本帝国主义'，'抗战到底'……等等不附带实际内容的口号。这和在群众大会上不报告不讲演而只喊口号有什么不同呢？"③ 当时有人提出："我们作品里的意识是非常正确的，你说它写失败了，那你

---

① 《胡风评论集》（下），人民文学出版社1984年版，第361页。
② 《胡风评论集》（下），人民文学出版社1984年版，第278页。
③ 《胡风评论集》（中），人民文学出版社1984年版，第20页。

就是反革命……"对此，胡风反驳道："这说明了什么呢？这说明了以为概念可以直接产生文学，文学的主题是可以只凭一股高兴去搬运过来的合理结论。这样一来，作家的精神活动就用不着什么准备，实际的创作过程就成了不带艰苦性质的东西了。"① 与之相关，胡风坚决反对"诗的形象化"之类的提法，认为这用语本身就含着"毒素"。因为在胡风看来，在艺术创造过程里面，思想只能是一条引线，始终要附着在生活现实里面，它的被提高也只能被统一在血肉的生活现实里面同时进行。至于"形象化"，那是说，要先有一种离开生活形象的思想，然后再把它"化"成"形象"。这样一来，思想也就成了不是被现实生活所怀抱的"死的思想"，形象成了思想的绘图或图案的、不是从血肉的现实生活里面诞生的"死的形象"了。胡风认为，这其实是一种"公式化"主张，并尖锐地指出，这种公式化是新文艺运动里面根深蒂固的障碍。战争一来，这种障碍更以顽固的力量在严重地损害着文艺事业的发展。因为随着战争的进行，由于政治任务的过于急迫，也由于作家自己的过于兴奋，这种"公式化"倾向，"不但延续，而且更加滋长了"②。

要克服这种主观公式主义倾向，从生活出发当然不失为有效的矫正途径。但胡风认为，仅仅如此，仍然无济于事。他指出，这种主张只适应于这样两种场合：一是为了抨击那些把艺术活动和社会内容割开，因而也就把作家的成长和实践生活分开的幻想；一是为了提醒那些虽然有高度的修养然而和社会生活离开了，因而作品的内容也渐渐空虚了的作家的注意。如果超出了这个限度，向生活学习的主张不但无益，反而可能有害。胡风这样举例说："如果当一个青年作者迷困在现实生活的海里，不晓得怎样处理他的题材，不晓得选取哪一些具体的形象来写出他的人物的时候，我们依然用向生活学习罢，这种答非所问的话来压死他们的困难，那恐怕是非徒无益而且有害的罢。"比如"要表现一个苦于物质生活和精神动摇的穷苦的乡村小学教师，自然非具有这种体验和熟知这种生活不可，但并不是每一个具有这种体验或熟知这种生活的人都能够写出成功的文艺作品。这里面就包含有艺术的特殊性的问题"③。

① 《胡风评论集》（中），人民文学出版社 1984 年版，第 113 页。
② 《胡风评论集》（中），人民文学出版社 1984 年版，第 78 页。
③ 《胡风评论集》（上），人民文学出版社 1984 年版，第 70—71 页。

所以，在反对主观公式主义的同时，胡风强调，还要反对另一个极端，达就是奴从生活的客观主义。

这后者主要是指奴从地对待生活事件，离开了主观的客观，只是机械地抄录现实生活而来的死样活气的外在形象的创作方法。胡风认为，这样的作品，只是站在客观对象外面，不能把握其中的真实内容。这样的作品，"在思想内容上，他所反映出来的现实（客观），不是没有取得在强大的历史动向里面激动着、呼应着，彼此相通的血缘关系，就是没有达到沉重的历史内容的生动而又坚强的深度。但主要的是，它的认识和反映现实（客观），只是凭着'客观'的态度，没有通过和人民共命运的主观思想要求突入对象，进行搏斗，在作者自己的血肉的考验里面把握到因而创造出来综合了丰富的历史内容的形象"①。

为了进一步指明这种奴从客观主义的特征，胡风还将其与自然主义和旧现实主义作了比较，认为客观主义虽与自然主义有着类似之点，但又决不相同。很明显，自然主义是把自然的因素看成历史现象（人生现象）的根源。而客观主义却自以为是站在历史唯物主义的立场上面，自以为是反映了历史现实的必然规律的，但其实不过是机械唯物论的反映，只是停留在客观的态度上去反映现实，不能在创作过程中突入对象，从中把握并体现客观现实所包含的丰富真实的思想内容，从而获得使读者向客观现实深入的艺术力量。由此可见，客观主义比自然主义更多了一层欺骗性，更有害于进步文艺事业。

胡风认为，不论空洞无物的主观公式主义，还是奴从生活的客观主义，都不能写出成功的文艺作品，都不能反映强大的历史内容的丰富性和火热的生活要求的生动性，"除了托历史的福，有进步要求的读者里面的一部分只好象征式地寻求某种满足，义务性地给以关切之外，对于广大的读者，接近的早已感到厌倦，渐渐疏远，更不易走进没有接近过的读者里面了。"② 正是由于这样两种反现实主义的不良倾向，造成了文艺界一片混乱的迷雾，导致了大批这样的作品的出现：有的对黑暗现实不满，但却顾影自怜地抚摸着自

---

① 《胡风评论集》（下），人民文学出版社 1984 年版，第 298 页。
② 《胡风评论集》（下），人民文学出版社 1984 年版，第 333 页。

己的忧郁；有的讽刺丑恶的社会，但却发出了轻松的笑声；有的同情封建压迫下的弱者，但却咏叹着悲欢离合的无常命运；有的表扬战争的信心，但却依靠着善有善报、恶有恶报的自然因果；有的提倡现实的考验，但却是为了歌唱郎才女貌或郎才女也才的不幸分离或幸福结合；有的改写葬花词，寄托公子多情；有的特立授命记，赞颂豪绅气节；但最走红的却是那些既不脱离战争而又迷人的、在风沙战场上的桃色传奇，那些既有"革命性"又有诱惑力的、工农兵里的色欲故事。胡风尖锐地指出，这样的作品，不仅冲淡了对法西斯文艺攻势的集中形成，同时也歪曲了正在变动的宏大的历史内容，湮没了正在拓展的艰苦的人民道路，客观上却又客串地替法西斯文艺的政治目的服了务。

正是为了反对这两种不良创作倾向，胡风才提出了以"主观精神与客观真理化合或融合"为核心内容的现实主义文艺主张。他认为，强调"客观真理"，可以避免那种从某种现成思想或抽象口号出发的主观公式主义；强调"主观精神"，可以防止那种缺乏主体发现的奴从现实的客观主义。只有这样，客观的历史内容才能通过主观的思想要求所执行的相生相克的搏斗过程被反映出来；只有这样，通过主观精神的燃烧，客观事物的杂质才能成灰，使精英更亮，从而凝成浑然的艺术生命；也只有这样，才"能在社会生活里面发见还在萌芽状态的新的性格"，使之成为"时代的预言者"；也只有在这样的主观把握到的客观基础上写出的作品，才会有更高的艺术价值、才会真正产生"推动生活的伟力"。

四

跳开现实，超越时代，从历史发展的制高点上俯瞰战争，冥思艺术，这是胡风理论构架的基本特点。

在20世纪的历史上，在世界东方这片古老的土地上，中国人民进行的长达十多年之久的反抗日本侵略者的民族战争，是人类历史上自成格局、自具特点的战争。它既不同于历史上的农民起义，也不同于现代非洲国家的反殖民斗争；既不同于美国的独立战争、南北解放战争，也不同于同时进行的欧洲战场上的反法西斯战争。它是几千年的封建专制在中国解体之后，中华民族为自身生存，为重新振兴，与外来侵略者及内部反动势力进行的一场你死我活的战争。在这场战争过程中，浓重的封建意识必会交织其间。显然，如果没有进一步的反封建意识的胜利，仅是击败入侵者，祖国的未来仍存变数。几千年封建专制在中国人心灵中形成的"精神奴役的创伤"，势必会成为阻挡历史继续前行的无形阻力，仍会侵蚀与破坏新的政治机体。对此，中国战后曲折的社会历史进程已经无情地作出了证明。抗战甫一胜利，国民党当局对现代民主潮流的压制，就将国家再度推进了血火纷争的内战。新中国成立之后，当中国人民沉浸于推翻了三座大山的胜利喜悦之中时，实际上，未能得以真正消除的封建主义这座大山的幽灵，也随着礼炮与人流，通过了凯旋门，潜伏在鲜花与酒杯的周围，在伺机进行新的反扑。终于，十年动乱之后，中国人才恍然大悟般地意识到了它的可怕存在。故而在新中国成立三十多年之后，国人又不得不回过头来，开展以思想解放为主旨的第二次启蒙运动，对封建意识载体的"奴性人格"进行再次的批判和否定。而恰是在这方面，早在抗战期间，以及在新中国诞生之前的隆隆炮声之中，胡风就从文艺价值的角度，执拗地、不厌其烦地提醒过人们。正是为了在获得"解放"的同时实现民族的"进步"，胡风才从中国民族战争的个性特质入手，将"反封建"，将"揭示精神奴役的创伤"，将"主观战斗精神"，视为战时现实主义创作的重要内容。与之相关，胡风还较早系统地论述过复杂心态的人物塑造问题，其中甚至已包含了近年来有的理论家概括的"二重性格组合"的某些内容。比如他曾提醒作家，既要看到中国人民坚韧耐劳的品性又要注意其精神麻木的缺陷。不同之处在于，后者更多是从普泛人性的善、恶二极对立看问题的，胡风则是从具体历史条件下中国人的复杂心理结构看问题的。此外，胡风所指出的，是对那个特定战争条件下，特定历史关节点上的人的性格内容的把握，因而更为切合中国历史的实际，也更有利于塑造具有特定历史深度的中国战争年代的人物形象。

但遗憾的是，由于当时的民族危亡成为压倒一切的时代危机，社会思想几乎全被动员到了服务于战争的目的上，反封建的思想斗争遭到了掩抑。胡风不但未能被人理解，反而招致了"唯心论"、"主观论"，甚至"反马克思主义"的责难。解放以后，更是被进一步定性为企图"鼓动作家去向人民

'搏斗'，也就是'革'人民的'命'"、"是彻头彻尾的反革命"。① 有人说，从五四运动到粉碎"四人帮"之后再发的第二次反封建运动之间，是一段空白地带。很显然，胡风正是中国人民反封建历史被切断之处的牺牲品。

不论是历史捉弄人，还是人在捉弄历史，最终的不幸结果是：企图捉弄历史者，使整个民族付出了惨重的代价；而钟情于历史者，却遭到了毁灭的命运。这就是中国现代史上曾经有过的深刻悲剧。

对于文学，这种悲剧性表现在：文学失去了独立品格，成为现行政治甚或政策思想的图解，乃至专制意识的舆论工具。即以与胡风理论密切相关的战争文学而言，在我们的文坛上，多见的是气壮山河的革命英雄主义或人民战争的集体主义颂歌，至今，还没有出现一部高度凝结着民族的深重灾难与冷峻思索的战争史诗。显然，如果不来一番理论的突破，要想创作出这样高水平的史诗之作是不可能的。而要进行这样的理论突破，胡风的现实主义文艺思想中，至今仍有着重要的历史启示意义与理论震撼意义。

（原载李衍柱主编，山东文艺出版社 1990 年出版
《马克思主义文艺理论在中国》一书）

---

① 《胡风文艺思想批判》，新文艺出版社 1955 年版，第 246 页。

重读《艳阳天》

多年来，对于浩然的《艳阳天》，我的内心深处一直存在这样一种困惑：这部从当时的主流意识形态出发，有点图解农村阶级斗争、路线斗争，且主要人物萧长春不无符号化、概念化的作品，当然是有严重问题的，却又深深为之吸引，不时生出重读之欲望。仅以个人的阅读经验来看，在描写新中国成立以来农村题材的小说中，能够达到如此程度的实不多见。值得深思的是，这似乎并非我个人的感受。1999 年 7 月，在《亚洲周刊》主办的"百年中文小说百强"评选活动中，《艳阳天》榜上有名，列第 43 位，在当代大陆小说作品中列第 7 位；1999 年 10 月，在《北京晚报》组织评选推荐出的"建国 50 周年 10 部优秀长篇小说"中，《艳阳天》也名列其中。这表明，至今在海内外许多读者心目中，这部小说仍然占有重要地位。

一部明明存在严重缺陷的作品，又何以会有如此生命力？近日，我再次阅读了这部长达 150 余万言的小说，进一步体悟到的是：在对 20 世纪 50 年代中国农村生活的体验与理解方面，自幼生活在农村，真正属于农民出身的浩然，毕竟有着自己的优势。正是得益于对当时农村现实生活的谙熟这一优势，在《艳阳天》中，作者不仅成功地写出了马之悦、马凤兰、马连升（马大炮）、马同利（弯弯绕）、马连福、马利本、焦二菊、把家虎、孙桂英等另外一大批个性鲜明的人物形象，更为重要的也是本文拟着力探讨的是，作者虽以"阶级斗争"、"路线斗争"为主体框架，但在客观展示的人际关系与生活场景中，却隐含着人性异化、宗法意识、极左思潮、诗意情怀之类超越了当时政治背景的深层内涵。正是这些深层内涵，突破了作者自己预设的藩篱，甚至背离了作者的初衷，使之具有赵树理的《三里湾》、周立波的《山乡巨变》、柳青的《创业史》等同类题材之作难以比拟的复杂意味。

一、人性自尊与权欲异化

在《艳阳天》中，作者是以1957年中国的"反右"运动为背景，力图通过以萧长春与马之悦为首的两派势力之间的争斗，表现当时中国农村的阶级斗争与两条道路的斗争。但从小说展示的具体内容来看，则很难让人得出马之悦们是要反党反社会主义的结论。如在作为小说核心事件的"土地分红"风波中，无论是积极参与闹事的中农马大炮、弯弯绕们，还是其他某些"落后分子"；也无论是站在前台打头阵的队长马连福，还是幕后主谋马之悦，就他们的初始动机而言，都实在难以看出有什么反党反社会主义的政治目的。

如作为闹事骨干分子之一的马大炮，想的只不过是：自己入社的时候土地多，就该多分点麦子。如果仅凭工分分配，他就吃大亏了；弯弯绕想的也是：干部们应该照顾照顾他这样的中农，给中农一点"自由"，让中农过一过发家致富的好日子。这顶多可以说成是寻常可见的自私心理，这种自私心理，不仅合于农民也是合于人之本性的，是与政治性的意识形态没什么必然联系的。另如马连福的老婆孙桂英的参与"吵闹"，就更与政治毫无关系了，小说中明确交代的是：这个女人就是喜欢发火，喜欢吵，但她发火的目的性总是不很明确，她的喜欢吵，主要是因为"吵一吵，总是比冷冷清清的热闹一点儿"。而身为贫农，入社的时候土地少，原本不应赞成"土地分红"的队长马连福，之所以坚决地站在马大炮等人一边，并不顾一切地在会议上公开与萧长春闹翻，则是因为：自己是队长，已经表态同意了"土地分红"的方案，如果反悔，"往后还怎么跟社会说话，这个队长当的简直不值个狗屁钱了"。

即以"土地分红"的主谋者马之悦来看，亦与马连福相同，有着另外的深层心理动因。美国著名社会学家福山曾借用黑格尔的有关见解指出，人是有尊严的，每个人都有"获得认可"的欲望，都相信自己具有一定的价值,"当其他人用较之为低的价值来对待他时,他便自然产生愤怒的情绪",甚至会驱使其为名誉而进行殊死的血腥战斗(《历史的终结及最后之人》)。自视甚高的马之悦,之所以煽动"土地分红",之所以与萧长春等人展开了一系列的争斗,便正是缘之于这样一种失去尊严的愤怒与痛苦。小说中写道:马之悦极为珍惜自己那个"老干部"的光荣招牌,以及大伙给他的荣誉、权力、尊严与地位。他曾对马立本说:"大叔在东山坞支这个摊子是一天的了?吐口唾沫一个丁,说什么不算数?"但马之悦没有想到的是,只因生产救灾时错走了一着棋,他在东山坞的地位变了,支部书记职务被撤销了。特别令他难以忍受的是:在他眼里,还是个孩子的焦淑红,竟也敢当面顶撞他了;连名声不好的弯弯绕,也敢当面讥讽他,冲他发脾气了;甚至连自己的老婆马凤兰,也这样挖苦他:"主任还是副的,屁味儿,挂牌子的,跑龙套的,驴皮影人,由着人家耍。共产党是领导人,人家姓萧的领导你,你也吧哒吧哒嘴,品品滋味儿,从打姓萧的上了台,人家拿眼夹你没有?信不信由你,反正你这个空名目也顶不长了。你在人家手心里攥着,想圆就圆,想扁就扁,人家不是傻子,容你这个眼中钉,肉中刺啊?迟早得把你压到五行山下,让你彻底完蛋!"最使他痛彻肺腑的一次经历是:乡党委书记王国忠来东山坞指导工作时,竟当着他的面这样安排:"正好,党支书、团支书,还有一个副主任,都在这儿,咱们先就便研究研究。"对名声与尊严异常敏感的马之悦,第一反应是:"党、团支书,最后提到他马之悦,把马之悦放到最后边了,连个黄毛丫头都不如了。""虽然自己也在共产党的花名册上挂了这些年的名字,虽然也掌握过东山坞的印把子,真正给共产党效过力,也自认为是一个有资格、有历史的老干部,但是,这全是假的,全是自作多情,人家谁也没有把马之悦当成他们的人,自己也没有把自己放在他们中间;这个天下,自然不是马之悦的,自己是寄人篱下,是俘虏,是囚徒……天昏地暗,他好像发觉自己的躯体在萎缩,变小,从一个顶天立地的大汉,变成一个渺小的小人物了。"面对自己的处境,马之悦虽然也曾生出过看穿了的念头:"人世间不过是这样乱七八糟。不过是你讹我诈,你争我夺,争夺一遭儿,全是空的。胜利者是空的,失败者也是空的,毫无价值。"但马之悦毕竟是马之悦,他实在不甘心过一种窝窝囊囊,受人摆布,有他不多,没他不少,潦潦草草的日子。为了自己的尊严,他决心要抗争了,他要为权力与尊严抗争。

在马之悦看来，置他于狼狈之境的关键因素，无疑是萧长春。是萧长春压过了他的风头。马之悦本来估计，尽管他受了处分，但凭他在东山坞的群众威信，过不上几个月，缺乏根基的新任支书萧长春，不是被大家挤掉，就得自动下台，这个支部书记还得请他来当。但出乎他意料的是，萧长春的群众威信越来越高了，自己越来越受人冷落了，"围着萧长春转的人多了，萧长春这台戏唱起来了"。马之悦明白，要恢复自己的尊严，首先要夺回自己的权力，而要夺回自己的权力，就必须搞垮萧长春，而这无疑才是马之悦煽动"土地分红"的真正动机。在小说中，浩然亦正是这样真实地揭示马之悦的内心世界的："马之悦摸准了这些人的脾气，庄稼人只看眼前利，不算拐弯的账，这个时候，谁要主张多分给他们麦子，谁就是天大的好人，就会朝这个好人的身边靠拢；这个事情一办成，跟农业社散心的人多了，打击了农业社，也是打击了萧长春。"也就是说，在马之悦内心深处，打击农业社，不过是手段，而打击萧长春，才是目的。这一点，连弯弯绕都看出来了："萧长春与马之悦两个人坐卧行走一切等项，都可以用四个字概括：争权夺势。"

东山坞暴发的那场"土地分红"风波，马之悦与马连福当然是应负直接责任的关键人物。但正是透过这两人的内心世界，可明确看出，他们主要是出于维护个人自尊之目的，而并非是为了什么反党反社会主义。马连福之所以不顾一切，在社员大会上公开挑战萧长春，说到底，也是要扳回自己"说了算"的尊严。马之悦是要借助支持"土地分红"，赢得土地多的人对他的信任和支持，从萧长春手中夺回一把手的权力，重振自己在东山坞的威望，恢复自己原有的人见人敬的地位。在《艳阳天》中，这种与权力相关的自尊，其实不只见之于马之悦，也同样体现在其他人物身上。如萧长春对马之悦的不满，最初便是因意识到马之悦"有争权夺势的野心，想借这个机会打击人"。萧长春所说的马之悦要打击的人，当然首先是他自己。正是与这样的意识相关，后来，萧长春与马之悦之间的恶斗，自然也就不可能完全是政治立场之间的对立了，而是更具维护自尊的意味。另如萧老大曾经对儿子说："就凭咱们顶着一脑袋高粱花的泥腿子，如今在八九百口子人里边说啥算啥，走区上县平趟，先头那个社会，做梦你也梦不着。"在萧老大的这般自豪感中，不自觉流露出来的也是一个农民因为自己的儿子能够出头露面、掌握了福柯所说的"话语霸权"而生出的自尊意识。

与自尊相关的权力欲望，本身实际上是不具备什么阶级、革命之类意识形态属性的，而是更具普遍意义的人性构成之一。古往今来，人间的许多是非、争斗，不论打出什么政治旗号，往往不过是借口，而本能性的权欲与自尊才是真正动因。《艳阳天》的潜在内涵正是：通过生动细腻的人物心理与言行的描写，深刻揭示了在 20 世纪 50 年代的中国农民阶层中亦同样存在的，具有普遍人性意味的根深蒂固的权力欲，以及与权力欲相关的自尊意识等等。

自尊，本是人性的合理存在。与权欲相关的自尊，本身亦并不可怕，可怕的是权欲自尊的膨胀、泛滥与失控。我们从《艳阳天》中看到的另一深层图景正是：由于对权力，以及对与权力相关的自我尊严的维护与争夺，所导致的可怕的人性异化状态。马之悦后来之所以发展到设计"美人计"陷害萧长春，公开支持马大炮、弯弯绕等人抢粮食，甚至不计后果地默许马小辫杀害小石头，显然便是因过度的权欲使他丧失了理智的结果。而这些，从根本上说，同样与反党反社会主义之类政治动机无直接关联。而这种可怕的人性异化，在作者着力塑造的正面人物萧长春等人身上，亦历历可察。如小石头丢失且寻找无望之后，不仅在公开场合，即使在自己家里，萧长春都尽力表现出近乎冷漠的坚强。他对焦淑红说："我喜欢我的儿子；可是我更喜欢我们的农业社和同志们。我也真难过。因为儿子是我的希望，可是我最大的希望还是建成社会主义呀！"当萧老大哭倒在地时，萧长春说的是："爸爸，我求求您，您帮帮我，帮帮咱们东山坞。您要真热爱党，热爱毛主席，您要是真疼您的儿子，您就站起来，把腰板挺起来，跟我去打场，跟我去干咱们应当干的事情！我求您跟您儿子一样，跟东山坞的社员一样坚强起来。金钱买不了，刀枪吓不倒，困难挡不住，刀搁脖子不变颜色，永远当革命的硬骨头，不干到底儿不罢休！"当韩百旺关切地递给他水时，他"把麻包搭在肩上，笑笑，接过那只花碗，两手捧着，'咕咚咕咚'喝了几口，又一仰脖子，全喝光了。"萧长春这些将社会主义、将革命看得比自己的独生儿子更为重要的豪言壮语，尤其是那"笑着喝水"的表现，如果说还有什么可信性的话，除了基于他的政治信仰之外，联系到他与马之悦之间的争斗，见出的不正是一颗为权欲自尊扭曲了的冷酷而又可怕的心灵吗？如果避开作者主观意图的影响，我们从《艳阳天》中悟到的，正是这样一类更为复杂的人性意味。

二、宗法传统与家族斗争

中国农村的社会结构特点是：聚族而居。与之相关，宗法意识构成了中国农村传统文化的重要内容，家族矛盾也常常是中国农村社会中突出的矛盾之一。在《艳阳天》中，浩然力图表现的虽是社会主义时代背景下中国农村的阶级斗争与路线斗争，但在这喧嚣的政治表象背后，明显可见的正是与封建宗法意识相关的家族集团之间的利益之争。这在一定程度上，也加强了小说的内在真实性。

从《艳阳天》的出场人物来看，东山坞有马、韩、焦三大姓。马家多是富户：马小辫是地主，马斋家是富农，马大炮、弯弯绕家是中农。作者正是以马氏家族为主体，构成了小说中反社会主义的势力集团。韩、焦家族则多是贫农，又因两族有姻亲关系（如韩百仲、焦二菊是夫妇），这自然构成了家族联盟，在小说中代表了社会主义一方。萧长春是投靠韩姓姥姥家来东山坞落脚的，他不仅同是穷人，且称韩百仲"大舅"，称焦二菊"舅妈"，且与焦淑红有恋爱关系，这样，萧长春自然也就成了韩、焦家族联盟中的重要成员。马翠清，虽然姓马，但因是韩百仲的干闺女，当然也必会站在韩、焦阵营。这样，我们在小说中看到的，除了老实、胆小、自私的中农韩百安等个别异姓人物站在马家人一边，因对马小辫有个人仇恨的马老四等个别"马姓"人物站在萧长春一边之外，作者所描写的东山坞的阶级阵营、政治阵营，大致上对应于家族阵营。这样一来，作者所写的所谓阶级斗争、路线斗争，也就很容易给人以家族斗争的印象。事实上，在马之悦与萧长春两个主要对手之间展开的明争暗斗中，明显夹杂着的正是家族之争的成分。他们都在有意无意地通过各种手段，力图借助家族力量搞垮对方，而占据东山坞的政治舞台。

马之悦曾私下里这样对马连福说："我马之悦要是立刻洗手不干了，人家才高兴哪，一定得杀猪宰羊庆贺一下子。咱们都不干了，把位子全腾出来，人家好把韩家他舅、他的表兄表弟都拉上去，在东山坞搞个萧、韩王朝!""这你得想想，人家为什么生着法儿排斥咱爷们? 入党不要你，要韩春。韩春算老几，就是因为他姓韩。"马之悦这些从宗族关系出发拉拢马连福的话，固然是出于与萧长春争权的目的，但其中也并非完全是虚情假意，也并非完全是无中生有。小说提供的信息可以为证：马之悦在担任村支书期间，首先注意维护的就是马姓人的利益，马姓人也大多将他视为本族的支柱。正如马立本曾经对弯弯绕说过的："从五三年当支书起，他哪一点不是为咱沟北马姓人着想? 现在他站在矮檐下，您要体贴他，不要对他起疑心。别人挤他就够呛了，咱还给他撤柱子? 他要是倒了台，咱们大伙儿可有啥好处?"

在萧长春的内心深处，也同样不无宗族观念的阴影，一个重要证据是他对马连福的态度。小说中写道：马连福出身贫农，小时"要过饭，扛过活，也曾是一个很能劳动又很厚道的小伙子"。1946年被国民党部队抓了壮丁，后来成为解放军战士。在那次分红会议上他站在富裕户一边大骂了萧长春之后，萧在教育他时，也曾当面夸赞他"扛了好几年人民的枪杆子"，是"一个老革命，一个功臣"。但叫人不解的是，既然是"老革命"，既然是"功臣"，那么，转业回村之后的马连福积极要求入党时，萧长春为什么不仅不答应，还要他交代在顽军的那一段历史，交代与沟北富户的关系呢? 这就不能不叫人怀疑，萧长春之所以阻挠马连福入党，是否就是因为他是"马"姓而不放心呢? 如果让马连福这样一个"老革命"入了党，很可能会加强以他的对手马之悦为首的马氏家族在村子里的政治力量，这大概才是萧长春最为担心的，才是萧长春难以摆到桌面上来的真实想法。马连福入党不成，且被怀疑有历史问题，自然不可能不忌恨萧长春。马连福后来之所以站到了萧长春的对立面，与萧长春自觉不自觉的宗族戒备心理，应当说是有一定关系的。在萧长春以维护社会主义的名义调整村干部的过程中，似可进一步看出其利用手中权力，施行家族倾轧的迹象。在萧长春、韩百仲与不是支部成员的焦淑红三人密谋下，东山坞原来的马姓干部，逐渐为韩姓、焦姓所取代：韩小乐取代了会计马立本; 焦克礼取代了队长马连福。这样的撤换，似乎也正印证了马之悦的"萧、韩王朝"之说。

由小说中的描写可知，马立本虽有好逸恶劳，好高骛远之类的缺点，但毕竟还是追求进步的，他渴望入团、入党，且常常为自己的过失而后悔。小说中也肯定他当会计时，账目搞得一清如水，天天结，月月总，一时一刻不拖延。即使在萧长春等人决计撤换他时，也并没有抓住什么把柄，用萧长春的话说，只是"他死不跟地富分子划清界限，死不跟贫下中农一条心，他对社会主义没有一点儿感情"。"还有一条，我估计他的账本子里也有问题"。萧长春等人就是这样，仅凭政治怀疑与经济问题的"估计"，即强行撤了马立本的职。对一个村干部的处理，这样一种做法，实在是不够严肃，也不太负责任的，多少给人以"欲加罪名，何患无辞"的感觉。这也进而让人怀疑，马立本被撤职的深层原因，是因为他属于马氏家族，是马之悦信任提拔的人。

马连福因厌烦了村里的纷争，主动提出辞去队长职务之后，马之悦力荐马子怀继任。就政治素质来看，马子怀虽然说不上有什么坚定的集体主义思想，但从他"入了社倒省心了，该干活干活，该分钱分粮都有人张罗，比过那个小日子，一天到晚劳神伤力，把攥着心过可强多了"之类心思来看，对合作化道路还是赞同的。此外"马子怀两口子，在东山坞来说，是富裕中农里边劳动最好的一对儿，为人处世也比较老实厚道"。据此看来，马之悦的提名，也并非像萧长春与韩百仲所分析的那样，完全是别有用心。萧长春与焦淑红力主的人则是焦克礼。在私下密谋时，韩百仲最初有不同意见，认为焦克礼太嫩，领导能力弱。焦淑红的反驳则直截了当："再弱，也是咱们自己人！"从焦克礼与焦淑红同姓"焦"，且称萧长春之父萧老大"大姑夫"来看，焦淑红这"自己人"的内涵中，也叫人联想到，让焦克礼接替马连福的队长，不只是因为他思想进步，是团支部委员，同时也更因为他是马之悦所说的"萧、韩王朝"的人。另外值得注意的一点是：当马之悦与萧长春等人在队长人选问题上发生尖锐争执的时候，马之悦提出交由社员选举产生。这主张应当说是光明正大的，而萧长春与韩百仲则以"代理可不经公开选举"为借口，强行安排焦克礼先行走马上任。从萧长春与韩百仲不敢诉诸民意的手段中，更是叫人疑心他们的决定与萧、韩、焦家族联盟的利益有关。

家族观念，无疑是中国人的民族文化病因之一，是长期封建宗法社会积淀的产物。至今，这类封建意识仍在阻碍着中国农村的民主体制建设。在新中国成立之初的中国农村，其影响自然更为深重。浩然于不自觉中透露出来的这类农村生活真实，或许亦是《艳阳天》这部小说至今仍值得回味的另一重要原因。

三、极左思潮与清洗异己

由于受当时主流意识形态的支配，在《艳阳天》中，浩然对笔下人物与事件的理解、把握与评价当然是偏颇的，乃至是错误的。但如果我们避开作家的主体政治视角，又会从小说中看到 20 世纪 50 年代中期中国农村社会中的另外一种真相，这就是：在已有泛滥之势的极左思潮的作用下，本是村干部之间的权力之争，本是对某些事物的不同看法，甚至不过是打了几下生产队的驴子，撒放出圈养的鸡之类琐事，也都往往会被上纲上线为阶级斗争、两条道路的斗争。

在作者的视野中，萧长春是共产党在东山坞的化身，环绕在他周围的韩百仲、韩小乐、焦二菊、焦淑红等人，则是坚定的走社会主义道路的力量，执行的是光明正大的革命路线。但实际上，在极左思潮的作用下，萧长春等人所采取的某些"革命"手段，是不怎么光明正大的，也说不上有多少进步意义。相反，他们在撤换村干部之类过程中，给人的印象是肆意践踏有关组织原则；他们不经任何程序，就可以关押马小辫及马立本的行径，甚至诚如小说中的李乡长所说，是目无宪法，是侵犯人权。这样一来，自然只能进一步激化社会矛盾，恶化人际关系，扭曲人的灵魂，导致一些人的厄运。小说中，被描写成东山坞"反社会主义"之首领人物的马之悦，最后沦为"坏分子"的马立本，从一定程度上说，便正是这样一类可悲而又可叹的极左意识形态的牺牲品。

马之悦虽然受过处分，但他毕竟还是农业社副主任，是东山坞的三个支部成员之一，但像撤换会计、提名队长这样的大事，竟然都是在萧长春、韩百仲与不是支部成员的焦淑红私下密议决定的。且在马之悦没有得到任何信息的情况下，韩百仲就代表党支部正式通知了焦克礼。焦淑红则似乎未经任何人授权，就告诉了韩小乐。不论从什么样角度看，这都是不正常的。当马之悦愤慨地表示不满时，萧长春居然毫不隐讳地宣称：是"两个党支部支委事先研究的，又跟一些老贫农交换了意见"。这实际上是强逼马之悦服从。

当马之悦指责他们是在暗箱操作，是在"清除异己"时，萧长春只能自欺欺人地回答："一切按着组织手续办事儿，没有什么什么藏着的、掖着的"；当马之悦质问"是经过乡党委，还是经过县委批准的，撤了我的职？"时，萧长春难以正面回答，而只能企图以"反党、反社会主义"的大帽子压服："这几年我们在农村一搞社会主义，你就觉着在共产党再混下去，对你升官、发财、在东山坞继续钻空子，再为非作歹吃不开了，你就想拖住东山坞的后腿。"面对一切"全都安排好了，在我面前走个过场"之类做法，面对萧长春"为非作歹"之类并不切合当时马之悦之实际的斥责，马之悦心中陡然而生的仇恨情绪，也就是完全可以理解的了："他们早把马之悦当成'外秧'了，当成榨干了油的豆饼了，早就不把马之悦划在'自己人'的栏目里了；呸，你马之悦还在自作多情哪！好嘛，你们不把我当'基石'，有人把我当'基石'！我要变成钢镐、炸药！"终于，马之悦近乎疯狂了，他不得不站出来与萧长春等人公开抗争了。

从因外出贩运粮食遭到降职处分之后的表现来看，马之悦当然算不上一个农村好干部。在与萧长春争权过程中，有其心术不正之处。但如前所述，根据小说中的具体描写，马之悦是不具备反党反社会主义之必然性的。

第一，他虽有过在特定背景下暗中出卖八路军伤员的问题，但他毕竟也为共产党卖过力，并在艰险的战争年代入了党，且曾有过在日本人面前挺身而出，保护了全村人生命财产的壮举，被东山坞的民众视为有功之臣。解放后，对于到来的太平日子，他也是高兴的，"盖学校、开会、出差、成立互助组，他都是积极的，从不叫苦喊屈。由于受到上级的赏识，当上了村支部书记之后，他觉得共产党不错，对得起他。"对于成立农业社，他虽不情愿，但还是积极响应，并带头办了个中农社。1956年，发生雹灾之后，他选择了用救济粮和生产贷款跑买卖的自救之道，虽然赔了本，并为此受到党内撤职处分，但出发点也还是为了帮助乡亲们渡过难关。

第二，当了多年村支书的马之悦，并没有表现出多少以权谋私或其他方面的劣迹，决不同于今天一些农村生活题材小说中常见的那类鱼肉乡里、横行霸道的"土皇帝"。在小说中，甚至连焦淑红都曾真诚地承认他"精明能干"，在群众中威信很高。

第三，马之悦特别看重人在社会上的名誉，他曾私下里这样教育会计马立本："人生在世，不能光为金钱二字。这东西沾不得；只要你总是想它，沾不上是祸，沾上了也是祸。还是先离它远着点好。要我看哪，最要紧的，是趁着自己年轻力壮，多给东山坞的群众办点露脸的事情。人家一见你的面，敬着，人家一听你话，从着；出了东山坞，一提名，人家全知道——这个荣誉，金银财宝是比不上的。"马之悦的这番话，虽然不无世故意味，但从他的所作所为来看，又确是他的肺腑之言；他那知荣辱，重自尊，力避金钱诱惑的想法，尽管是为了追求个人名声，但总不是什么坏事情吧？即以当今的标准来看，能有这样的心灵境界，也该算是不错的党员干部了。

第四，马之悦是个聪明人，善于见风使舵。小说中曾这样揭示他的内心世界：搞臭萧长春之后，"变天，打旗子的是我，不变天，打旗子的也得是我"。由此可以推知，即使马之悦取代了萧长春，重掌了东山坞的大权，以他的聪明与世故，同样会顺应时势，按照上级的要求，搞好农业社，而不可能故意搞垮农业社，更不可能公开反对社会主义。小说中，那位李乡长的推断，倒是更为合理可信：马之悦这样一个人，"怎么可能盼望变天呢？这是万万不可能的事儿，也是不可理解的事儿。'打击干部'嘛，倒可以沾边儿"。甚至萧长春本人，最初也是这样看问题的，认为马之悦的目的，就是要与自己争权。因此，对马之悦，仍视为自己的同志，并因此而与韩百仲发生过争执。而乡党委书记王国忠的结论则是："眼前东山坞的问题，不是多分点麦子、少卖点余粮，或者要当个大干部的问题，不是的，归根到底是要不要社会主义的大问题。"正是在乡党委书记王国忠的启发下，萧长春也越来越相信："马之悦跟自己勾心斗角，不光是要揽点权势，是在支持走资本主义道路的人"；与马之悦的斗争，就是"保卫真理，保卫社会主义"的斗争。

在这样一种敌对视野中，马之悦能够得以自保的方式，大概只有自动退出东山坞的政治舞台了。但这又不符合特别注重权欲自尊的马之悦个性，于是，才有了他陷害萧长春的"美人计"、煽动马大炮等人抢粮食之类进一步的行动。最后，终因孤注一掷，暗示马小辫害死小石头而走上犯罪道路。据此分析可见，马之悦的悲剧，除了导源于他自己的权欲熏心之外，另外的重要原因正是：极左思潮的重压以及与之相关的萧长春等人对他的排挤与打击。同理，马立本最后之所以成为马之悦的死党，亦与萧长春等人，早就以敌对眼光，强行撤销其会计职务有关。

马之悦的看法是不无道理的，萧长春等人的所作所为，是明显夹杂着以不正当的方式"清洗异己"之成分的。而在新中国的政治舞台上，这类假借阶级斗争、路线斗争的堂皇名义，整治他人的丑剧，实在是所见多有。在这样的"清洗"中，即如彭德怀、刘少奇这样的大人物，也往往难以幸免。正是从这个意义上看，小小东山坞的政治舞台上演出的剧目，又正是在极左思潮盛行的年代里，中国畸形政治的缩影。

四、诗意情怀与文学质素

阅读《艳阳天》，我们会感到其中交互存在着两套极不协调的话语系统。

一是用来美化萧长春等先进人物以及表现剑拔弩张的阶级斗争的政治话语。如作品写至萧长春教训闹土地分红的弯弯绕时，赞美道："一个年轻的共产党员，站在这古老的农村街头上，大义凛然地讲着。他的话洪亮有力，像是吹起社会主义的战斗号角，也像是对资本主义死亡的宣判。"从萧长春、韩百仲、焦淑红等先进人物口中，读者经常听到的是："对那些破坏集体，破坏农业社，死心要走资本主义的人，就是得坚决斗争。""我们团结贫下中农和积极分子，为的是把队伍组织得更坚强，保卫社会主义。""马利本是个根本不要社会主义的人。""马同利我告诉你，你想有破坏农业社的自由，我们就有反破坏的自由！""毛主席，从打我入党那天起，您就教导我：生活就是斗争。为了革命的最终胜利，要把自己的一切都交给党。我一定要斗争一辈子！我们东山坞的人，一定永远听您的话，跟着全中国的人民一道，为咱们的社会主义战斗到底！"这类宣传口号式、政治文件式、报纸社论式的语言，不仅空洞乏味，也常常给人虚张声势，生硬牵强之感。又正是与这类语言相关，这些人物也就难免概念化与脸谱化了。

与上述空洞的政治话语形成强烈反差的是，另外一类诗意话语。

在作品中，读者会看到这样优美的田园景色："圆圆的月儿挂在又高又阔的天上，把金子一般的光辉抛撒在水面上，河水舞动起来，用力把这金子抖碎；撒上了，抖碎，又撒上，又抖碎，看去十分动人。麦子地里也是热闹的，肥大的穗子们相互间拥拥挤挤，喊喊喳喳，一会儿声高，一会儿声低，像女学生们来到奇妙的风景区春游，说不完，笑不够……所有一切都不是静的，都像在神秘地飘游着，随着行人移动，朝着行人靠拢。春天的夜，在运动，在欢乐。""夜间看不清麦子的黄绿颜色，整个看上去是一片墨黑色，月光之下，倒显出一幅特别诱人的神奇景象。像东海的波涛吗？或者像北国的森林吗？"如果抛开小说的政治背景，单纯从艺术的角度欣赏，这些描写农村田园风光的片段，本身就像一首首美妙的抒情诗。

作品中那些描写中国北方农村民俗风情的文字，也诱人耽读：晚饭后，"男人把饭碗一搁，抬屁股就走，妇女的牵挂总是比男人多一点儿。她们把孩子奶睡了，在炕沿上挡着一个大枕头，才能一边系着纽扣一边走出来。男人们愿意找自己对劲的人群去凑伙，妇女们没有这个选择的自由，差不多都站在自己家的门口，顶多到左右邻家或对门，因为一边闲谈，耳朵还得听着屋里，免得孩子醒了，爬到炕下摔着。""这会儿，不论沟南沟北，全都很安静，只有少数人家的窗子上闪着灯光，有人影摇动，但是没有声音。那是勤俭的女人正在给丈夫孩子缝连补绽，或者是用功的学生正温习功课吧？再不，就是什么人遇到了发愁的事儿，正对着灯火抽烟想心思……""血红的霞光涂抹在房脊和树梢上；各腔各调的音波，从低到高，在村庄上空飘荡起来了。圈了一夜的公鸡、母鸡，在街上撒着欢，找着、抢着被夜风从树上摇下来的小虫子。水桶里滴洒出来的水点儿，一溜一行、弯弯曲曲，从每一家门口，连到官井沿上……"如果没有对农村生活的深切体验与了解，这类生动细腻，纯熟剔透，饱含生活气息的文字，是难以写出来的。

此外，作品还以这样的抒情笔调，展示了和平年代到来之后，东山坞农民的希望与梦想："桃行山被绿荫遮蔽了，春天开出白雪一般的鲜花，秋天结下金子一样的果实；大车、驮子把果实运到城市里去，又把机器运回来。""那时候，河水引过来，修渠、挖沟，低洼地开种稻田，山坡地种植果树；过上几年之后，再搞个小型发电站，满村电灯明亮，满地跑着拖拉机……那时候，全县、全北京郊区、全中国都是一个样儿，都是富强繁荣的，都是和美幸福的……那该是个多么美的日子呀！"这其实不只是东山坞的萧长春们的向往，也是当时走出战乱不久的全体中国人的梦想，也是那个时代涌动在人们心中的真挚而热切的激情。在新中国的历史进程中，虽然屡经曲折，但这激情、追求与理想本身并没有错。以超政治的目光来看，这也是全人类共通的对安详幸福之生存状态的向往。因此，直至今天，当我们回首以往，在慨叹因某些历史过失而造成了许多社会灾难的同时，仍不能不为这样一种曾经强劲地激励了中国人为新生活而奋斗的诗意情怀所吸引，所打动。

在《艳阳天》中，又正是上述一些描写田园景色、民情风俗、乡村理想之类的诗意话语，显示了作者的诗意情怀，构成了小说中的别一种诗意氛围。而又正是这种诗意情怀与氛围，在一定程度上掩饰了那些政治话语的空洞乏味，也在一定程度上淡化了作品中阶级斗争的火药味，从而使这部着力于图解当时意识形态的小说中，亦不无值得重视的文学质素，故而至今读来，仍觉不乏艺术魅力。

（原载《河北学刊》2006 年第 2 期）

中国当代小说中的神秘美

许多读者也许早已注意到，20 世纪 80 年代中期以来，在许多中国作家的小说创作中，悄然涌动起一种对神秘美的追求，尤其表现在莫言、张炜、韩少功、贾平凹、冯骥才、陈忠实、李锐、李贯通、周大新、残雪、马原、格非、刘醒龙、刘震云、阿来、阎连科、徐小斌等一大批卓有成就的作家那里。其中究竟包含着怎样的文学的与文化的奥妙？对于中国当代文学的发展有着怎样的影响？文学研究界是理应给予关注并作出回答的。

一、神秘现象扫描

在中国当代文坛，最初，神秘现象是随着以"寻根文学"为标志的文化反思进入作家们的创作视野的。最早打出"寻根文学"旗帜的韩少功，虽然宣称自己"是无鬼论者"（见《马桥词典》），但在其"寻根"之作中，首先引人注目的却恰是鬼气阴森的神秘现象。在被文学界视为"寻根文学"代表作的《爸爸爸》中，那位外貌怪异，只会说含意不明的两句话，永远像个小老头，且能服剧毒而不死的丙崽，本身就是一个不可思议的精灵；《鞋癖》中，那位横死之后的父亲，不仅显迹于墙壁，且曾复现于闹市。《马桥词典》中，同样不乏对神秘现象的展示：由于砍掉了古老的枫树，马桥附近的几十个村寨，都曾流行过一种被称为"枫癫"的瘙痒症；死去的人，埋进墓穴之后，会从嘴里吹出一种叫作"莴玮"的稀贵之物，形如大小不等的包菜，色彩鲜红，耀眼夺目，可理气补血，可滋阴壮阳，可祛风，可保胎，可延寿；马桥人会一种咒语，"一般来说，咒语十分灵验。可恶的夷边人必定在林子里天旋地转，不辨东西，走着走着就撞回原地，面对越来越暗下去的天色，喊爹叫娘也不管用。他们可能要在岭上挨冻受饥，可能踏入捕兽的铁铰，也可能碰上马蜂或者毒蚁，蜇得一脸一身的肿"。所有这些，都给人神秘莫测之感。值得注意的是，在随后出现的其他"寻根"意蕴的作品中，以及相继出现的被称之为"先锋派"、"新写实"、"新体验"、"传统现实主义"等不同风格形态的小说中，这种奇异的审美趋向愈见突出。许多作品，从不同侧面，以不同笔调，极力展示了人类生活的幽深与玄妙，神秘与复杂。

神秘莫测的人物及人物命运：

贾平凹的短篇小说《烟》中，那位曾在祖国南疆前线的山洞里抗击过敌人的现代军人石祥，竟是一个面目俊秀的山大王的灵魂转世。冯骥才在《阴阳八卦》中写了一个"火眼金睛"能"穿墙透壁截裤子看屁股"的万爷。李贯通《天缺一角》中那位有"准半仙"之称的于明诚，其占卜竟出奇的灵验，曾准确无误地预测到了自己40天后的那场大劫；《夜的影》中的右派孙互根，与相爱的人告别时，曾担心自己回不来了，在回来的路上，竟果真因追烧饼袋子而扑入河中淹死了；《庸常岁月》中的德宽舅舅自言自语要淹死在一个水坑里，果然，这个原本水性很好的人，去水坑边上洗手时，竟一头栽进去淹死了。在被视为"先锋派"代表作家格非的长篇小说《敌人》中，不少人物都是在莫名其妙中丧生：赵虎死时，家中天天出现大批死老鼠；柳柳死前的噩梦，向她暗示了未来发生的一切。《褐色鸟群》中，我们会看到一位身穿橙红（或棕红色）衣服，前来访晤作家，自称叫"棋"的神秘女子。她来自何处？是否与作家相识？小说结尾再次出现的那位貌似"棋"的女子，究竟是不是"棋"？均不得而知。在残雪《苍老的浮云》中，老况结婚之后，竟惶恐地发现，自己的老婆虚汝华"是一只老鼠。她静悄悄的，总在'嘎吱嘎吱'地咬啮着什么东西，屋里所有的家具上都留下了她那尖利的牙齿印痕"；《山上的小屋》中，那位父亲，每天夜里会变为狼群中的一只，绕着房子奔跑，发出凄厉的嗥叫。在被评论界称之为"新写实"的方方的《风景》中，那个埋在窗下的死婴的精灵，几乎无处不在，洞彻幽妙，超越时空，能够了然全部家人的行踪与秘密。徐小斌《羽蛇》（又名《太阳氏族》）中的"羽"，不仅拥有前世记忆，且能通晓未来。阿来《尘埃落定》中的傻子，也是一位未卜先知的精灵。陈忠实的长篇小说《白鹿原》，基本属于传统意味的现实主义作品，但主人公之一的那位朱先生，亦能占卜，独得天机，被白鹿原的乡民们视为活神仙。最后，竟于光天化日之下，化作一只白鹿，飘然而去。

神秘怪异的事件与情节：

莫言这样设计了他的《生蹼的祖先们》：一天，"我"送女儿去育红班上学，因追赶一只大蝴蝶，不慎误入一片神秘可怕的"红树林"。在"红树林"中，先是遇见了已与外界隔绝3年之久的几位女考察队员，继而遭到一伙人的劫持，被押到了全副武装的皮团长面前。在皮团长这里，他们竟见到了手脚生蹼，早已死去的爷爷、九老爷以及老姑奶奶们。吴若增这样写了《大鸟》：一位名叫许的青年男子，在月夜海滩偶遇一自称来自海底的神秘大鸟，因倾慕人间，竟化为一纯真娇丽的美女，随男主人公领略了人间风采。周大新在《紫雾》中写道：柳镇西面有一石丘，丘上有一黑洞，洞中有时会喷出一团发光耀眼的紫雾，"喷出紫雾的当晚，镇上肯定要出祸殃，或人伤人亡，或人疯人痴，或见血见泪，或见火见水"。小说中展现的正是伴随着紫雾喷涌而发生的周龙坤被龚老海砍掉脚趾、龚老海的孙女素素跳河自杀等一系列悲剧故事。张炜在《九月寓言》中写道：金祥在去南山背鳖子时，路遇"黑煞"，回家后竟一病不起死去了。在刘醒龙的《倒挂金钩》中，那位女妖似的大姑出嫁不久，竟果真应验了一位叫化婆儿凶险的预言：先是家中主仆40余人，莫名其妙地一起吊死在门框上，继而大姑爷在与日本人的血战中为国捐躯。那个做了叛徒的小炮子，被砍头之后，居然跪在大姑爷灵前七七四十九天不倒。在李锐的《合坟》中，北京女知青玉香被山洪卷走之后，本已抓住了众人抛过去的绳子，一条丈把长的巨蛇，吐着长长的蛇信子，沿着绳子爬过来，众人吓得抛了绳子，玉香被淹死了；在《二龙戏珠》中，坟地里的那棵老柳树，常在夜间发出一种阴森苍老的"福儿，福儿"的叫声，小五保终于在这棵树上吊死了。

神秘玄虚的场景与物象：

张炜的《九月寓言》中：牛杆的老婆庆余，曾亲眼看见亡夫牛杆和另一位村人老转儿的鬼魂在村头纠缠不休：牛杆的鬼魂要回家看看，老转儿的鬼魂拦住不让。牛杆儿老婆还亲耳听见了这两个鬼魂的吵闹声。在贾平凹的《废都》中,一开篇,我们便会读到这样的描写:西京城的上空,居然同时出现了4个太阳。在莫言的《红高粱家族》、《红蝗》等作品中,我们会看到这样奇异的场景:在战争期间的高粱地里,人与狗之间曾经展开了一场扣人心弦的大战。那些狗是那样地神秘莫测,它们有着丝毫无逊于人类的灵性与智慧,它们集结成精明强悍的战斗集体,它们推举出骁勇善战的领袖,向人类发起了一次又一次进攻。在一个大雷雨的夜晚,一座埋葬着共产党员、国民党员、普通百姓、日本军人、皇协军白骨的"千人坟",突然被雷电劈开,腐朽的骨殖被抛洒出几十米远。无数的蝗虫从爆裂的泥土中轰然出世,排列成一条条迸射着幽蓝火花的巨龙。当蝗龙渡河时,河中的鳝鱼们竟用枪口般的嘴巴向它们发起了攻击,展开了一场厮杀。毕淑敏的《预约死亡》,是一部具有很强纪实性的小说(评论界谓之"新体验小说"),其中亦可见这样的场景:临终关怀医院的护士小白和齐大夫,在一个中秋节的夜晚,竟然亲眼看见一些死者的鬼魂回到医院的院子里欢聚。

有的作家,甚至正是以其突出的神秘色彩,标志了自己创作风格的转向。与早期富有诗情画意的《满月儿》、《小月前本》等作品不同,在贾平凹1987年以后发表的《太白山记》、《白朗》、《烟》、《龙卷风》、《瘗家沟》以及《废都》、《高老庄》、《怀念狼》等一系列作品中,一个引人注目的特点正是:增添了浓厚的神秘意味。周大新的"盆地系列",也是以其神秘色彩,进一步引起了读者的兴趣。山东作家李贯通,《洞天》之后的一个重要变化,也是作品内容的神秘性。

在这股追求神秘美思潮中,当然不排除个别作品的故弄玄虚,但从整体上看,作家们是真诚的、严肃的。那么,中国当代文学中这样一种神秘思潮的悄然出现,说明了什么呢?不同风格,不同地区的作家,竟表现出了对神秘美的共同追求,这又是偶然的不谋而合吗?

二、神秘美及其特征

神秘,无疑是美的重要源泉之一。

对此,在西方美学史上,早就有人注意到了。法国作家、美学家夏多勃里昂曾经指出:"除了神秘的事物之外,再没有什么美丽、动人、伟大的东西了。"①法国象征主义诗人波德莱尔也曾声称:"我发现了美的定义,我的美的定义。那是某种热烈的、忧郁的东西,其中有些茫然、可供猜测的东西。……神秘、悔恨也是美的特点。"②夏多勃里昂对神秘美的极端化推崇,或许是偏颇的;而像波德莱尔那样,将神秘视为美的特点之一,则是有道理的。但遗憾的是,长期以来,由于思维方式以及文化成规的局限,神秘美,却一直未能进入我们的美学视野。

而实际上,对于文学作品的神秘美,读者并不陌生。不论在中国还是西方,神秘美,一直是构成文学艺术魅力的要素之一。人类最早的文学作品,便主要是"女娲造人"、"嫦娥奔月"、"后羿射日"、"精卫填海"、"普罗米修斯"、"诺亚方舟"之类具有原始神秘意味的神话故事。之后,文学史上出现的众多名篇佳作,从中国古代文学史上的《离骚》、《搜神记》、《西游记》、《水浒传》、《三国演义》、《红楼梦》、《聊斋志异》,到古希腊的《荷马史诗》、法国的《罗兰之歌》、但丁的《神曲》、拉伯雷的《巨人传》,一直到莎士比亚的《哈姆雷特》,哪一部不闪耀着迷人的神秘色彩?美国学者戴维·利明等人曾在《神话学》一书中声称:"新神话的时代似乎已经到来";加拿大著名文学理论家弗莱,也早已从原型理论的角度指出,人类未来文学的发展是向神话的回归。我们目前当然尚难断定这类见解的正确与否,而事实却是:20世纪以来,在整个世界文学范围内,确已出现了一股向神话复归的文学潮流。举凡卡夫卡的《变形记》、《城堡》、乔尹斯的《尤利西斯》、福克纳的《喧嚣与骚动》、马尔克斯的《百年孤独》、博尔赫斯的《交叉小径的花园》等这样一些世界文学名著,也无不弥漫着神话色彩。

从文学史上来看,具有神秘意味的作品,大致上可分为三种情况:一是神话或神话形态的传说、宗教故事等,如"嫦娥奔月"、"诺亚方舟"之类。二是"假定性"艺术手段的产物,即作家是在借助纯然虚构的神话方式,表现自己对生活的认识、理解与评判,其作品往往有着明显的"寓言"或"象征"意味,如拉伯雷的《巨人传》、卡夫卡的《变形记》等等。中国当代文

---

① 伍蠡甫主编:《欧洲文论简史》,人民文学出版社1985年版,第237页。
② [法]《波德莱尔美学论文选》,郭宏安译,人民文学出版社1987年版,"译序"第14页。

坛上出现的诸如吴若增的《大鸟》、莫言《生蹼的祖先们》、格非的《褐色鸟群》、方方的《风景》等，也基本上属于这种情况。三是神秘现实主义创作视角的产物。在这类作品中，作家往往是将神秘现象视为真实可信的存在予以描写的，如被称为"拉美魔幻现实主义"代表作家的马尔克斯，即曾这样解释自己作品中大量出现的神秘现象："在我的小说里，没有任何一行字不是建立在现实的基础上的。""拉丁美洲的日常生活告诉我们，现实中充满了奇特的事物。……我认识一些普普通通的老百姓，他们兴致勃勃、仔细认真地读了《百年孤独》，但是阅读之余并不大惊小怪，因为说实在的，我没有讲述任何一件跟他们的现实生活大有径庭的事情。"① 值得注意的是，在中国当代文坛上，大量出现的正是这样一类既不同于历史神话，亦非"假定性"手段之产物的神秘现实主义之作。

历史上出现的神话，以及"假定性"手段之作，在富有理性智慧的现代读者看来，似已没有多少神秘性可言。面对这些作品，读者会清醒地意识到：这是神话，是民间传说，是宗教故事，是想象，是幻想，是夸张，是某种创作技巧的产物。如读卡夫卡的《变形记》，谁也不会相信人一夜之间会突然变成甲虫；读方方的《风景》，谁也不会相信会有那么一个无处不在的婴儿的鬼魂。即如这类作品的作者本人，也会清醒地知道自己是在进行"虚构性"的创作。而属神秘现实主义的第三类作品，就大不相同了。

第一，在这类作品中，由于作家是将神秘当作真实来描写的，因此，亦往往会给予读者真假难辨的感觉。如贾平凹在短篇小说《烟》中写道：那位石祥，不仅有着与那位毫无生命联系的山大王同样厉害的烟瘾，且在 7 岁的时候，曾经凭依神秘的预感，在一个人迹罕至的古堡一角，找到了那位山大王曾经用过的烟斗。这就极易让读者以为，石祥或许竟果真是一位山大王的灵魂转世。陈忠实在《白鹿原》中这样写了那位朱先生的神奇之死：一天，朱白氏正和儿媳坐在院子里闲话，忽然看见，"前院里腾起一只白鹿，掠上房檐飘过屋顶便在原坡上消失了"，朱白氏脸色骤变，立刻想到了丈夫朱先生，急忙叫孩子去前院里探望，结果发现，刚才还在让妻子给他理发的朱先生，已经坐在藤椅上死去了。在作者笔下，由于白鹿飞过是朱白氏亲眼

① ［哥伦比亚］马尔克斯、门多萨：《番石榴飘香》，林一安译，三联书店 1987 年版，第 46—48 页。

所见，自然亦增加了这一神秘现象的可信性。另如莫言笔下雷电劈开的坟墓，张炜的《九月寓言》中那两个在村头纠缠不休的鬼魂，毕淑敏《预约死亡》中不止一个人亲眼看见的鬼魂欢聚，刘醒龙笔下那砍头之后居然跪在大姑爷灵前七七四十九天不倒的小炮子的尸体等，亦均给人以历历在目的真实感。

　　第二，历史上出现的神话，在幻想、夸张与向往的背后，往往隐含着一种对天地鬼神、山妖水怪之类神秘力量的无可奈何的恐惧感，弥漫着一种人性压抑的盲目崇拜情绪。而在我国当代的神秘现实主义作品中，我们会感到，作家们表现出来的，决不是向上帝和神魔鬼怪的臣服，更不是向愚昧无知和封建迷信的倒退；亦非传统意义的夸张与幻想，更与理想与愿望无涉。而是以一种清醒的现代理性意识，以超然潇洒的心态，力图揭示由于人类玄秘莫测的心理、感觉，或其他尚不清楚的自然力量等等所导致的怪异现象，以求再现人类复杂的本原状态的生活，对宇宙人生进行更高层次的把握。因此，当我们面对即如毕淑敏《预约死亡》中的鬼魂相聚，张炜《九月寓言》中的金祥路遇"黑煞"之类场面时，并无恐惧压抑之感。在《白鹿原》中，那位朱先生白日升天的情景，甚至给人以欢乐明快的诗意享受。

　　本文所说的神秘美，主要是就这类既非神话，亦非"假定性"手段之产物，用传统理性的思维方式，用既有的美学、文学理论，难以解释的神秘现实主义之作体现出的审美特征而言的。这是一种别具现代意味，值得深思的神秘美。

三、宇宙智慧与文学幽妙

　　神秘现实主义在当代中国的出现，当然是与拉美魔幻现实主义文学思潮的影响有关。在20世纪80年代崛起的一批中国作家，莫言、韩少功、贾平凹、陈忠实、余华等许多作家的作品中，几乎都可以看出《百年孤独》等拉美魔幻现实主义作品的影响。但这影响，只能说是一种诱因，而从根本上分析，首先是中国当代文学寻求自身开拓的结果。

　　20世纪80年代之前，我们的文学创作，曾长期独尊现实主义原则，强调文学创作必须从客观现实生活出发，要求文学作品必须有明确的主题思想，以实现其"教育人民，鼓舞人民，打击敌人"的作用。李泽厚曾经不无道理地指出，这样的现实主义，其实是极端尊崇理性的古典主义。其结果只能是：窒息了作家的想象力、创造力，致使文学的路子越走越窄。而要打破这种局面，迫切需要的是，作家思维方式的调整，文化视野的开放，正如贾平凹当时曾经指出的："中国作家面临着心理支点和哲学基准的转移问题，要写出诺贝尔文学奖水平之上的作品，我认为这是重要条件之一。"① 另有许多作家，则更为明确地认识到，中国当代文学的繁荣，必须挣脱僵化的现实主义文学观的束缚，以及与之相关的理论信条，要以复杂的眼光面对生活与人生。早在 1985 年，莫言即曾发出了这样的呼声："生活中是五光十色的，包含着许多虚幻的、难以捉摸的东西。生活中也充满了浪漫情调，不论多么严酷的生活，都包含着浪漫情调。生活本身就具有神秘美、哲理美和含蓄美。所以，反映生活的文学作品，也是很难用一两句话概括出主题的。"② 张炜也曾这样讲过："生活中的确每时每刻都在发生一些奇怪的事情……过去我们的文学中写了许多的经过过滤的东西，只要是违背了一种普及了的'哲学'，就一概不能写，如实记录也不行。这样做的结果就是把读者弄简单了，他们都开始自觉不自觉地从书本出发评论生活，转而又依据书本评论书本。这多可怕。"③ 阎连科则说得更为直截了当："现在我越来越觉得，中国文学的发展不力，受制于现实主义。说得过火一点，我认为什么时候打破现实主义，冲破现实主义，文学才有发展。"④

据此可以看出，中国当代作品中神秘现实主义的出现，重要原因之一正是：中国当代作家刻意冲破原来文学束缚的产物，表现出的正是中国作家在心理支点及哲学基准发生的某种转移，即作家们不再固守由存在到意识这样一种单向度的心理模式，不再凭依一般的哲学常识，简单化地面对世界与人生，而是力图以更为自由的心态，更为开放的视野，通过对生活本原中古怪离奇、鲜活粗粝之神秘现象的描写，揭示人类生存状态中的奥妙，表现人

　　① 孙见喜：《鬼才贾平凹》，北岳出版社 1994 年版，第 382 页。
　　② 徐怀中等：《有追求才有特色》，《中国作家》1985 年第 2 期。
　　③ 张炜：《关于〈九月寓言〉答记者问》，《当代作家评论》1993 年第 1 期。
　　④ 杜悦、张清侠：《关注穷苦人书写"疼痛"——作家阎连科访谈录》，《中国教育报》2004 年 6 月24 日。

生和世界的多变与复杂。从这个意义上，中国当代文学中的神秘现实主义思潮，或许可以视为是更高层次的向现实的回归。这种回归，对于改变中国文学意蕴的肤浅化，生活内容的表面化，对于促进中国当代文学的发展，无疑是有重要意义的。

其次，在这类作品中，自觉不自觉地表现了相关作家对中华民族传统文化精神的继承。与西方人根深蒂固的主客分离的理性文化不同，中国古老的阴阳五行、天人合一之类的传统文化，虽然在一定历史阶段阻碍了中国科学的发展，但从哲学意义与现代科学意义上来看，应当属于一种更高层次的宇宙智慧。正如德国著名哲学家、数学家莱布尼茨在深入研究了中国人的阴阳、易理、灵魂之类观念之后指出的，中国人不仅在道德方面达到了最完满的标准，"而且在科学方面也大大地超过了近代人"。莱布尼茨正是受中国易学的启发，创建了二进制算术原理，为现代计算机的发明开辟了道路。由于与中国传统文化的深刻共鸣，这位伟大学者甚至曾经动感情地斥责过那些对中国传统文化的不恭之论："我们这些后来者，刚刚脱离野蛮状态就想谴责一种古老的学说，理由只是因为这种学说似乎首先和我们普通的经院哲学概念不相符合，这真是狂妄至极！"① 而与以主客分离为特征的西方理性文化相比，中国人的宇宙智慧中，本身就包含着浓重的神秘意味。与之相关，中国传统文化中的神秘成分，是明显多于西方的，中国古代文学中的神秘色彩，也远较西方文学突出。早在六朝时期，就已出现了以神秘内容为主的"志怪小说"，在后世出现的即如《三国演义》、《水浒传》、《红楼梦》这类基本上属于写实性的作品中，也常常可见不可思议的神秘内容。也许正是得力于我们民族传统中独特的文化基因，得力于古老的宇宙智慧与思维方式的潜在影响，同时当然也是得力于思想开放的时代背景，在我国新时期以来的小说创作中，神秘视角才日渐受到了重视。以当今的全球化视野来看，在我们的文学创作活动中，这样一种重视神秘现象的视角，自然会更有利于揭示我们中华民族独特的人格结构，更有利于发现与开掘民族精神的密码，从而创作出更富于民族个性的作品。

---

① 何兆武、柳卸林主编：《中国印象——世界名人论中国文化》，广西师范大学出版社 2001 年版，第 145、133 页。

就生活现象或自然现象而言，难以言说的神秘，虽然令人不安，甚至使人恐惧，但又充满着美的诱惑。因为一切都一清二楚了，都一目了然了，神秘不存在了，生活也就索然无味了，生活中的美，也就要大打折扣了。同理，在文学作品中，神秘，才耐人琢磨，才诱人想象，才益生"美"。美的境界，便往往正是遐思不尽、想象无穷的境界。从文学史上来看，许多成功之作，神秘，便正是构成其复杂审美意味的要素之一。《红楼梦》中，那来无踪去无影的"空空道人"，那储存着金陵十二钗命运档案的"太虚幻境"，以及宝玉与黛玉之间的前世姻缘，以今人粗浅的理性目光来看，均具浓烈的封建迷信色彩，但正是这神秘，使《红楼梦》平添了多少令人回肠荡气、遐思不尽的艺术魅力。可以想见，如果从中剔除了这些成分，《红楼梦》将会变得怎样的干瘪与苍白。鲁迅先生笔下的那位祥林嫂，通常只是被看作封建礼教的牺牲品，实际上，其悲剧意味要复杂得多。试想，假若祥林嫂的原夫没有亡故，假若她的第二个丈夫贺老六没有死于伤寒，假若她和贺老六的儿子阿毛没有被狼吃掉，祥林嫂会有这样层层加剧的悲剧人生吗？无疑，病灾狼患，是导致祥林嫂悲剧命运的重要因素，而这些，是很难与封建礼教沾上边儿的。这类与生老病死、天灾人祸相关的人生之"不测"，往往又是任何一个人都难以抵御也难以防范的，因此，可以说，鲁迅《祝福》中的悲剧美，实在是含有一定程度的"神秘美"成分的。这篇小说的真正伟大之处也许正是在于，通过展现与社会环境、与病灾狼患相关的祥林嫂的独特命运，写出了超时代、超阶级的人的玄妙莫测的生存状态。

中国当代文学创作中那些富有神秘意味的作品，显示给我们的，也正是这样一种生活本身的玄妙与幽深。读着这样的作品，尽管会使我们得以茫然无绪的困惑，乃至原有思维逻辑、文化积淀被撞击的阵痛，但同时也会强有力地激活我们的想象，开拓我们的思维空间，让我们深切地感到宇宙与人生的博大与深奥，从而进一步思考人与自然的关系，以及生命的价值和意义。

四、科学返魅与尊重神秘

神秘，常常成为科学之母。

神秘现象中，往往包含着永恒的智力诱惑。

　　只有尊重神秘，研究神秘，才更有利于科学乃至整个人类历史的发展。对此，一些目光深邃的科学家、思想家早已深有感触。丹麦物理学家玻尔说过："我把科学和神秘主义看成是人类精神的互补体现，一种是理性的能力，一种是直觉的能力。它们是不同的，又是互补的。……两者都是需要的，并且只有相互补充才能更完整地理解世界。"① 德国哲学家维特根斯坦也早就指出："确实有一些东西是不能用言语表达的。它们是自身显示出来。它们是神秘的东西。……哲学家既站在无法表达的东西的边缘从而保持沉默，事情本可以到此为止，无奈在神秘的领域之内存在着若干对人在世界上的状况有直接关系的迫切问题，而这些问题的解决又完全超越于世界之外。"②

　　文学作品中的神秘美，从根本上说，是源于人类生命状态与生存环境中的神秘现象。人类发展到今天，虽然已经有了高度发达的科技文明，但人类的生命状态及生存环境中，至今仍存在着许多难解之谜。如预感的应验、心灵的感应、生的偶然、死的无奈，以及动、植物的异常表现，北欧的巨阵石圈，复活节岛上的巨人石像，5亿年前的人类足迹（发现于美国羚羊喷泉），20亿年前的核反应堆（发现于加蓬共和国的奥克洛铀矿），来历不明的空中飞行物等等。对于这类现象或疑案，人们虽大多承认其存在，有的或不乏切身的感知与体验，但却一直不能用理性知识给出完满的解释与说明，于是，在许多情况下，便不得不用似是而非的诸如"无限"、"巧合"、"偶然"、"幻觉"之类字眼予以敷衍。细细想来，这类字眼，常常不过是人类无力把握神秘，心虚气短，却又不愿承认自身无能的推诿说词。在这些"说词"的背后，往往隐藏着人类无奈而又沉重的心灵痛苦。

　　仅以宇宙时空来看，随着现代物理学、天文学的发展，人类虽然对其有了更高程度的科学认识，但同时，也越加感到了宇宙的神奇和自身能力的局限。比如，天文学告诉我们，银河系里大约有几百亿颗恒星，人类要到达距地球最近的邻居天狼星，即使用光速飞行，也需要10年。而银河系，尚不过是宇宙空间中的无数星系之一。如此浩渺博大的宇宙，实在是难以想象的，正如当代著名哲学家波普尔所体味到的："我既无法想象空

---

① 夏军：《非理性世界》，上海三联书店1993年版，第219页。
② 《外国现代文艺批评方法论》，江西人民出版社1985年版，第401页。

间是有限的（如果是有限的，那它外面是什么呢?），又无法想象它是无限的。""我为之感到苦恼。"① 另如人体自身，在大脑活动机制、体能的范围与程度等方面，也仍存在许多不可理喻的奥妙。20 世纪初，美国著名心理学家威廉·詹姆斯曾提出假设，认为一个正常人只运用了其能力的百分之十。另一位心理学家奥托甚至认为，一个人所发挥出来的能力，不过只占他全部能力的百分之四。而人体究竟存在多少潜能，尚不得而知。而人类在体能及智能方面时常可见的一些超出一般理解能力的神秘现象，或许正是人的某种潜能的显示。

实际上，正是由于宇宙时空的渺不可测，由于事物的千变万化，由于人类认识能力的有限，从一定意义上来说，神秘，几乎构成了人类生存的本原性状态的一个侧面。对此，老老实实地承认它，正视它，进一步予以研究，显然要比简单否定或视而不见有意义得多。因为在目前困惑着我们的许多神秘现象中，也许包含着宇宙衍化的更为高超的智慧，也许正孕育着人类理性的现代提升。我们，也许正处在一个更为高级的人类新纪元的前夜，拒绝了神秘，很可能等于拒绝了人类迈进新纪元的入场券。但，在西方，自文艺复兴以来，由于宗教神学的日趋破产，由于现代理性哲学的日渐强盛，对于宇宙万物及人体自身，人类曾一度表现出过分的乐观和自信，以为一切都是那样简单明晰了，清澈透底了，神秘现象自然也就不可能得到重视了。在我国，自五四运动以来，随着反封建运动的深入，随着科学精神的倡导和唯物主义世界观的确立，对于神秘现象，更是采取了简单轻率的态度。或者予以牵强附会地生硬解释；或者干脆置若罔闻，采取不承认主义的态度；或者将其斥之为封建迷信了事。现在看来，这未免显得目光短浅，甚至武断骄横了些。

值得关注的是，20 世纪以来，随着至高无上的理性受到怀疑的现代、后现代文化思潮的涌现，尚难用理性解释的神秘现象，终于越来越受到了文化界及科学界的重视。根据比利时著名物理学家普里格林（或译"普里高津"）等人的看法："特别是在宇宙学家中，神秘论又重新受到崇尚。即便是某些物理学家和科普工作者也认为，在灵学和量子物理学之间存在着某种

---

① ［英］《波普尔思想自述》，胡月瑟译，上海译文出版社 1988 年版，第 13 页。

神秘的联系。"①1980年，英国物理学家 D. Bohm 在《整体性与隐秩序》一书中，即曾提出了新的宇宙时空观，认为现在我们所熟悉的四维时空，不是真实描述物质的好办法，还有更深刻的东西，这就是隐秩序，在隐秩序里面，所有的物质都是相互联系的，这种联系可以超光速的传递。② 在物理学领域，量子力学的有关成果，也已对传统的科学思维方式提出了严峻的挑战。另如当代著名精神分析学大师荣格，则由集体无意识入手，通过对大量神秘现象的研究，认为宇宙间除了因果律之外，还存在着"同步论"、"目的论"等其他秩序。此外，在以大卫·格里芬等人为代表的西方建构性后现代主义思想家那里，甚至已将科学的返魅，视为重构人类理性秩序的重要途径。

普里高津所提及的"灵学"，又被称之为"超心理学"，其研究对象正是原来为科学界所忽视的自然界中物质信息流及影响流的形式。据有关资料可知，早在 1957 年，美国已成立了以"信息传感"为研究对象的国际性学术组织"国际超心理协会"；在前社会主义的苏联，亦成立过 20 多个政府主办的专门研究心感应现象的机构；1979 年，法国巴黎索邦学院生物学教授米·乔温博士出版了相关研究专著《超心理学：非理性向科学的回归》（见武汉大学出版社 1990 年译本）；1986 年，英国生物学家莱尔·沃森亦出版了主旨相近的《超自然现象：一部新的自然史》一书（见上海人民出版社 1991年译本）。对于这方面的研究，美国现代心理学家斯坦利·克里普纳的评价是："描绘超心理现象特征的相互联系的模式在帮助人们解决某些现代和后现代社会都必须面临的重大问题上可以提供线索、模式、隐喻甚至实施方法。"③

上述有关研究、见解与论述，无疑显示了人类科学视野的开拓。其中的许多看法，当然还有待于进一步探索，但就问题本身而言，的确是人类不该回避的。戴维·利明所说的"新神话的时代似乎已经到来"，弗莱所说文学向神话的回归，亦或许正是与这样的文化背景相关的。

在我们的现实生活中，装神弄鬼，宣扬封建迷信，乃至借以欺诈行骗的丑恶行径确也大有人在，对其予以严厉批判乃至打击是十分必要的。但若缘其"泥沙俱下"，便全然否认研究神秘现象的意义，简单将其一概判定为

---

① [美] 大卫·格里芬编：《后现代科学》，马季方译，中央编译出版社 1995 年版，第 162 页。
② 钱学森：《科学的艺术与艺术的科学》，人民文学出版社 1994 年版，第 75 页。
③ [美] 大卫·格里芬编：《后现代科学》，马季方译，中央编译出版社 1995 年版，第 174 页。

"伪科学"，同样是不可取的。我们不应忘记的一个基本事实是：宇宙是无限的，世界是复杂的，认识是无止境的。我们至今恐还无法确信：人类已有的经验、思维方式、逻辑规则，已足可以解释一切。有许多事情，实在是无法轻而易举就能判定真伪的。否则，人类历史上，也许就不会有那么多科学家为了追求真理而付出生命的代价。

科学当然是与迷信对立的，科学的目的在于追求真理，但科学有时候也可能与真理擦肩而过。这是因为：传统科学习惯于以因果思维解释世界，而实际上，因果思维并不能有效地解释一切。比如牛顿的传统物理学理论认为：如果有可能知道宇宙中每一个粒子的位置和速度，就能完全精确地预言这些粒子的未来，从而预测宇宙的未来。德国现代物理学家海森堡已经判定这是不可能的，因为人们决不可能精确地知道一个粒子的位置和动量。英国当代生物学家莱尔·沃森也正是据此指出："相对论与量子力学扫除了陈旧的时间和空间概念，表明对实在的常识性理解乃是严重的误解，为我们感官所感知的具体物质世界分解成了幽灵似的能量模式；心灵与场和粒子交织成某种荒谬的与常规经验不相应的形式。""按照旧物理学，宇宙是有因果的，一事物在逻辑上导致另一事物。测不准原理一举摧毁了关于事物联系的常识性误解，而且改变了我们的世界观从物理实在的确定性到统计概率。"沃森进一步断言："物理学并不能解释神秘的事物。相反，将神秘的事物放在物理学的基础上乃是物理学的严重失误。"多年来，沃森正是从这样的认识出发，一直在严肃地从事超心理学现象的研究，并也同样因此而受到了"伪科学"、缺乏"可重复性"之类的责难。对此，沃森的反驳是：其实，"医学家和气象学家往往也会遇到同样的问题"，"某些其他学科如地质学几乎完全是观察性和预言性的，但它们之中并无也根本没有任何可重复的东西。"[①]与武断地否定神秘的态度相比，像沃森那样一种冷静客观的分析与思考，像大卫·格里芬等人那样对科学返魅的重视，或许才是更富有现代意义的科学态度，才更加体现出对人类负责的精神。

由此可进一步看出，中国当代文学创作中神秘美的涌现，决不是偶然

---

① ［英］莱尔·沃森：《超自然现象》，王森洋译，上海人民出版社1991年版，第267、268、264、263、235页。

的。这标志着中国当代作家，正在应合着世界文化的脉搏，以更为开阔的视野关注人类的生存与发展；正在大胆地汲取着来自世界的、民族传统的等多方面的文化营养，对自身原有的思维方式、思维能力、思维惯性，悄然进行着深刻的反思。这种应合与吸取，有时也许还是不自觉的，但在一定程度上，无疑已显示了中国作家更高层次的自我理性意识的觉醒。这种觉醒，不仅会有助于丰富我们文学作品的内涵，更为重要的是，会有效地动摇某些一直被我们视为真理的强硬哲学观念，促进我们的思维方式、思维方法的变革，从而使我们的民族，有能力去迎接未来时代的挑战。

（原载《湖南社会科学》2005 年第 4 期）

走向沉沦的中国当代诗歌

诗人于坚在《穿越汉语的诗歌之光》（《1998 中国新诗年鉴》代序）一文中曾经这样亢奋地宣称：最近 10 年的中国诗坛，"杰作迭出"，"巨星云集"，"出现了许多新的优秀的天才的诗人"，"当时代的尘嚣退去"，"读者会发现，在浑然不觉之中，他们梦寐以求的杰出诗人早已来到他们中间。"① 另有论者甚至进一步夸大呼应于坚的话说："当代中国诗坛已经产生了不逊于李白、杜甫的伟大诗人。"② 据此可知，当代中国似已进入了辉煌的诗歌盛世。但，另一类看法却与之大相径庭："当前中国新诗显然是处于危机之中"（孙绍振）。③ 一批又一批的新生代诗人，在"回归语言"的旗号下玩起了语言，导致"一些轻飘的语感训练和无聊的语言游戏纷纷出现"（吴思敬）；④ "随着实验诗歌在 90 年代的全面式微，一种不无逃逸性的、自我抚慰式的、空心吟诵和复制的'时尚'便悄然主导了诗坛的流向；我们的现代汉诗再次变得更'丰富'，也更贫弱。"（沈奇）⑤ "现在的诗歌没有内涵。""现在出那么多刊物，发表很多诗，却没有什么好诗，有量没有质，意义不大。"（蔡其矫）⑥

---

① 孟繁华主编：《九十年代文存》（上卷），中国社会科学出版社 2001 年版，第 396 页。
② 默石：《2002 年中国诗歌盘点》，《绍兴文理学院学报》2002 年第 24 期。
③ 孙绍振：《向艺术的败家子发出警告》，《星星》1997 年第 8 期。
④ 常文昌主编：《中国新时期研究资料》，山东文艺出版社 2006 年版，第 382 页。
⑤ 沈奇：《1995：散落于夏季的诗学断想》，见杨克主编《90 年代实力诗人诗选》，漓江出版社 1999 年版，第 571 页。
⑥ 伍明春：《诗与生命交相辉映——蔡其矫访谈录》，载《新诗评论》2006 年第 1 辑，北京大学出

这后一类判断听起来又未免令人大失所望。那么，中国当代（本文主要指 20 世纪 90 年代以来）的诗歌状况究竟如何呢？依据本人的阅读感受，后一类判断似乎更为切合实际。所谓"杰作迭出"、"巨星云集"，"已经产生了不逊于李白、杜甫的伟大诗人"之类，实在不过是论者情绪化的虚张声势。对于中国近 20 年来的诗歌成就，当然应予充分肯定，在这一时段的诗坛上，我们毕竟还可以看到昌耀、孔孚、任洪渊等这样卓有成就的老一代诗人的身影；在一批中青年诗人笔下，也时有佳作问世，如王小妮的《我看见大风雪》、杨克的《天河城广场》、侯马的《那只公鸡》、西渡的《蚂蚁与士兵》、程维的《唐朝》、胡正勇的《横塘》等等。但在整体上，令人感到的则是日渐沉沦之势。

一、枯燥与浅薄

"文革"结束之后，直至整个 80 年代，中国新诗是有过辉煌的，曾经成就了北岛、顾城、食指、舒婷、杨炼、杨牧、傅天琳、海子等一大批诗人。但自 80 年代末以来，随着海子、顾城等人的先后自杀，北岛、杨炼等人的移居海外，舒婷、傅天琳等人的淡出诗坛，以及某些 80 年代曾经享誉诗坛的诗人之才思的萎缩，中国诗坛的衰败之象即日见突出了。情感淡漠，意境匮乏，境界低下，故弄玄虚，语言缺少应有的诗意创造，是中国当代诗坛的普遍状况。且看见之于各类"年鉴"、"年选"、"佳作选"、"力作选"之中的这样一些所谓"佳作"、"力作"的片段：

> 下午四时，东北的暮色就来了。
> 我没有病，没有饿，没有冷。
>
> ——桑克《我有的东西》

> 抽烟时
> 找不到火柴

版社 2006 年版，第 238 页。

找不到打火机
找不到任何
与火有关的东西
叼在嘴上
这支点不着的香烟
让我想起
无家可归的狗
嘴上那根
过分干净的
骨头

——李伟《点不着的香烟》

小时候
我们赶蚊子
是在一块砧板似的木板上
点燃一圈又粗又长的白蚊香
我们随着木板凹下去的黑炭迹而长大
后来下了农村
蚊帐破得像敞开的窗

——欧阳昱《蚊子》

　　世界上谁不曾有过"没有病，没有饿，没有冷"的感觉？谁不曾遇到过"找不到"东西的时候？谁不曾有过驱赶蚊子的经历？这样一类随便什么人都可以说得出的日常生活感受，虽然冠之以"诗"的名义"说"之，实在是连基本的"创作"都说不上的。这样的诗，不论佐之以什么主张，打出什么旗号，也不论予以何种新潮理论的解释，要让读者感兴趣，恐怕是很难的。

报应和天性中的恶
不停地分配着惩罚

而古老的稳定
改善了人和幸福

——柏华《痛》

八月又要来临，这一次，在悠久的历史
和短暂的现实之间，他成了一个
梦游者。啊！商业社会的浮华绚丽
金钱像狼犬似地凶猛追击，使他
在这座城市又越来越远离这座城市。
现在，他比任何时候都希望时间
消失了它的线性。他已经不知道生还是死。

——孙文波《祖国之书，或其他……》

　　既然是"古老的稳定"，该是不变了吧？那又如何"改善了人和幸福"？何以"八月"的"来临"，会使他"成了一个梦游者"？"金钱像狼犬"，与"八月"之间有什么关系？"商业社会的浮华绚丽"，难道只有在梦游状态才能感受到吗？透过纷扰而又枯燥的语句，这类诗的意思当然大致还是可以看出来的，但亦不过是"惩罚与报应和天性中的恶有关"、"商业社会的浮华绚丽是可恨的"之类浅陋可察的"观念"而已，而这样一类亦近乎"常识性"的观念，还需要诗人告诉读者吗？评论家沈奇所说的"空心吟诵和复制时尚"，大概正可证之以此类诗作。

轮胎的母亲——灯塔
在现实中的梦
所有的鱼都被叫作公斤
海岸被渔夫的悲哀传染

——多多《大海变蓝的黑夜》

玫瑰是世界的姐姐
但对于我，玫瑰却是天真的物质中的妹妹

玫瑰不属于瞬间，只能从容地
更频繁地出入我们记忆中的瞬间

——臧棣《七日书》

将"灯塔"喻为"轮胎的母亲"，将"玫瑰"称作"世界的姐姐"或
"物质中的妹妹"，与其说是新颖，不如说是"矫揉造作"。

这些年，我过得不错
只是爱，不再恋爱
只是睡，不再和女人睡
只是写，不再诗歌
我经常骂人，但不翻脸
经常在南京，偶尔也去
外地走走
我仍然活着，但还想长寿

——韩东《这些年》

上班
下班
没别的事可做
我一个单身女人
货真价实的处女
有人说我怪
有人说我变态

——贾薇《老处女之歌》

这类诗歌，大概可归之于吴思敬先生所说的"轻飘的语感训练"，沈奇
先生所说的"不无逃逸性的、自我抚慰式"之列了。

有读者可能质疑上述诗作不够典型，不足以代表中国当代诗歌的水平，
那么，让我们看一下一些声誉颇高的"名作"吧。伊沙曾在《于坚：喧嚣内

外》一文中曾用"当代史诗"一语定位于坚的《0 档案》；一位学者在一篇关于《0 档案》的专论中写道："《0 档案》在诗学的意义上对当代汉语词汇所进行的清理工作，其意义是巨大的。"（张柠《〈0 档案〉：词语集中营》）于坚的这首"当代史诗"是这样开篇的：

> 建筑物的五楼　锁和锁后面　密室里　他的那一份
> 装在文件袋里　它作为一个人的证据　隔着他本人两层楼
> 他在二楼上班　那一袋　距离他 50 米过道　30 级台阶
> 与众不同的房间　6 面钢筋水泥灌注　3 道门　没有窗子
> 1 盏日光灯　4 个红色消防瓶　200 平方米　一千多把锁
> 明锁　暗锁　抽屉锁　最大的一把是"永固牌"挂在外面

此后分"出生史"、"成长史"、"恋爱史"、"日常生活"、"表格"五卷。密集罗列的是诸如"他来自一位妇女在 28 岁的阵痛 / 老牌医院　三楼　炎症　药物"、"大人把听见给他　大人把看见给他　大人把动作给他 / 妈妈用'母亲'爸爸用'父亲'外婆用'外祖母'"、"四月的正午　一种骚动的温度　一种乱伦的温度　一种 / 盛开勃起的温度"、"A—B—C—503 室"、"不脱衣裤　只脱鞋　盖上一床毯子"、"他想喊反动口号　他想违法乱纪　他想丧心病狂　他想堕落"之类事实与事物，最后是"卷末"，内容是"档案制作与存放"，全诗结语是：

> 关上柜子　钥匙　旋转 360 度　熄灯　关上第一道门
> 钥匙　旋转 360 度　关上第二道门　钥匙
> 旋转 360 度　关上第三道门　钥匙　旋转 360 度
> 关上钢铁防盗门　钥匙　旋转 360 度
> 拔出

应该说，于坚的这首诗还是别有意义的，但这意义倒不在于"对当代汉语词汇所进行的清理工作"（那似乎应该是语言学家的事情），而是在于，于坚有意以令人厌烦的方式，表达了人被异化为抽象符号的档案、人被严密地控制在档案柜里这样一种社会管理机制的厌恨与愤怒之情。然而，无论什么"意义"，什么情感，只有经由"诗化"才能成为诗的，而作为一首诗的《0 档案》，缺乏的正是"诗化"。于坚信奉"诗是语言的游戏方式之一"，并曾坦言："在所谓诗的'精神向度'上，我只不过是在重复一些'已经说过了'的东西。所谓老调重弹。如果它们还有些意思的话，无非是它们提供了一些'老调'的弹法。"①于坚这类近乎俄国形式主义的"陌生化"之类主张，本来是对的，但却为他"反隐喻"的另一类主张所消解，至少是掩抑了他所说的"游戏"性。须知，隐喻正是"语言游戏"构成的重要方式，如果没有了隐喻，一是一，二是二，那还有什么语言的游戏性可言？《0 档案》正是如此，那样一种抽象语汇的罗列，即使算得上是"新弹法"，这"弹法"却是不够游戏的。可以断言，面对这首诗，除了专门的研究者之外，恐怕是很少有人能够耐着性子读一遍的，甚至不排除那些为之喝彩者。对于于坚的诗，我倒是十分赞同伊沙在《世纪诗典》的"编选人语"中与他的"当代史诗"说不无自相矛盾的另一个判断："我以为于坚真正的好诗都写在80年代，那是他怀着大师梦走入书斋以前。"②从这一判断中可以看出，即使一直盛赞于坚的伊沙，实际上也怀疑90年代以来的于坚是在走下坡路的，也并不坚信《0 档案》有多么杰出。

在90年代的诗坛上，韩东的《甲乙》也是为许多人所推崇的"名作"之一。这首诗以甲乙代指男女二人（似是夫妻），展现的是二人起床后的一个片断："甲乙二人分别从床的两边下床／甲在系鞋带。背对着他的乙也在系鞋带／甲的前面是一扇窗户，因此他看见了街景／和一根横过来的树枝。树身被墙挡住了／因此他只好从刚要被挡住的地方往回看""她（乙）从另一边下床，面对一只碗柜／隔着玻璃或纱窗看见了甲所没有看见的餐具／为叙述的完整起见还必须指出／当乙系好鞋带起立，流下了本属于甲的精液。"这样一首诗，也实在看不出有多高妙，不唯诗意肤浅（无非是在暗示即使在存有性关系的男女或夫妻之间亦同时存在着冷漠的一面而已），且仅就语言而论，亦是很难被一般读者作为"诗"来欣赏的。

---

① 杨克主编：《90年代实力诗人诗选》，漓江出版社1999年版，第14页。

② 榕树下社区：《世纪诗典》（伊沙编），http：//vip.rongshuxia.com/rss/bbs_viewart.rs?bid=108251&aid=75878。

中国当代诗坛普遍存在的枯燥与浅薄还表现在：许多诗人情感麻木，漠视现实，亦无力体悟现实，故而《我有的东西》、《点不着的香烟》之类琐屑无聊的日常生活感受才会成为他们最热衷的题材。甚至面对痛苦时，诗人的态度竟亦是阿Q式的自我麻醉："让我爱上痛苦／让我爱上自己的痛苦／让痛苦像陌生人／每天准时送到的一份礼物／让我爱上旧的痛苦／同时爱上新的痛苦／让痛苦每一天都是陌生的／因而痛苦每一天都是新的"（岩鹰《让我爱上痛苦》）。他们，偶尔也会发泄一点与社会现实相关的不平，而这不平也往往首先与个人相关，如"在我居住的这个小城／钟点工20元／简单捅一下马桶10到50元／卖一天茶能赚60元／修一次脚（1刻钟）15元"，而"诗歌目前的行情／一般是一行一元／写得特好或关系好是三元／但对于我这个三流诗人来说""折算一下／每写一首大约要赔100元"（阿西《价格表》）。面对这样的"不平"之作，大概也只能进一步增强读者对诗人的不屑：如此地赔钱，你又如何赔得起呢？又怎么有可能还在写呢？既然写诗的收入不如钟点工，不如捅马桶，那为什么不放下诗人的架子，去做钟点工，去捅马桶呢？干吗非要甘愿做一个赔钱的"三流"诗人呢？他们，偶尔似乎也试图去触摸一下社会，关心一下现实，如：

> 上好的木材、精湛的工艺
> 一个县一年的财政总收入
> 被用来填补县太爷欲望的沟壑
> 而工程账本当时就被烧成了灰
>
> ——北塔《被废弃的戏楼》

但由这类诗作可见，他们对社会现实的触摸与关心同样肤浅。在我们当今的社会生活中，贪污腐败的大案要案可谓层出不穷，触目惊心，与之相比，一座小小的《被废弃的戏楼》又算得了什么？诗人实录性地写下这么一件不足挂齿的小事，又有多大意义？

二、粗鄙与恶俗

面对人们对中国当代诗歌的不满，宣称中国当代诗坛"杰作迭出"、"巨星云集"的于坚曾经辩称，人们对于诗歌的悲观估计，主要是从公开出版物中获得的印象，而真正的好诗在民间，许多前仆后继的民间刊物，才是"我们时代真正的文学标志"①。于坚的判断，符合20世纪70—80年代中国地下诗歌的实际，但却不怎么符合90年代以来的实际。仅以于坚表扬的90年代出现的《诗参考》、《北回归线》、《一行》等民间诗刊来看，无论创作成就还是社会影响，均已难与韩东等人创办于1985年的《他们》，周伦佑等人创办于1986年的《非非》等相比，更无法与芒克、北岛等人创办于1978年底，促进了中国文学解放、思想解放的《今天》相比了。在诗歌探索的锐气方面，90年代以来的《他们》与《非非》，也已不同于80年代的《他们》与《非非》了。于坚也许没有料到的是，在进入21世纪之后出现的某些民间诗派，不仅已难以成为"我们时代真正的文学标志"，而是纷呈躁狂迷乱之象。更为严重的是，有的自以为"先锋"、"新潮"的民间诗派，表现出的是令人惊骇的恶俗倾向。其中，可以活跃在网络上的最具声势的"下半身诗派"与"垃圾诗派"为代表。

"下半身诗派"的主张是："让我们的体验返回到本质的、原初的、动物性的肉体体验中去。让所谓的头脑见鬼去吧，我们将回到肉体本身的颤动。我们是一具在场的肉体，肉体在进行，所以诗歌在进行，肉体在场，所以诗歌在场。仅此而已。""诗歌从肉体开始，到肉体为止。这是当下诗歌先锋性的唯一体现。""注意，是肉体而不是身体，是下半身而不是整个身体。""我们只要下半身，这才是真实的、具体的、可把握的、有意思的、野蛮的、性感的、无遮拦的。而这些，正是当代诗歌艺术所必须具备的基本品质。""我们将义无反顾地在文化的背面呆着，永远当一个反面角色。"（沈浩波《下半身写作及反对上半身》)② 在他们的主张中，本来是要从"别人的唾沫中"跳

① 孟繁华主编：《九十年代文存》（上卷），中国社会科学出版社2001年版，第392页。
② 杨克主编：《2000中国新诗年鉴》，广州出版社2001年版，第544—547页。

出，要反叛虚伪，要表达最本真的生命体验，要找回失去的自己这样一类合理因素的。某些作品，如沈浩波的《朋友妻》、《上帝的孩子》；伊沙的《饿死诗人》、《车过黄河》等，对虚伪的人性文化的嘲弄，对原有某些所谓"神圣"的讥讽，还是具有强烈震撼力的。但遗憾的是，由于他们过于偏执地"反抒情"、"反诗意"、"反文化"立场，由于他们将本是具有独特文化内涵的西方女性主义的"身体写作"置换为"下半身写作"，而致其更多作品，无可避免地陷入了粗鄙与恶俗。让我们看一看这个诗派中尚可公示的一些片段，即可见出其粗鄙与恶俗的程度：

> 精液的味道
> 伴随着你留下的那条内裤
> 原有的芳香
> 现在我
> 瘫软在沙发上
>
> ——沈浩波《具体的想念》

> 人不得不拉屎
> 所以
> 我在拉屎时
> 弄脏了一张纸
>
> ——伊沙《检查》

> 成功的男人呵，幸福的丈夫与父亲
> 我多么想，呵，坐在你们腿上，因为我多么想呵
> 挑逗你们身后坚贞的女人。
> 女人越坚贞呵，我越要坚决勾引你们的男人
>
> ——尹丽川《挑逗》

> 我有不太严重的脚气
> 这已成为我生命的一部分

洗完澡

我要用 3—5 分钟搓脚气

将一块块死皮掀下来

竟有一种奇异的快感

——朵渔《我这一生有多少时间花在抠脚气上》

这就是"下半身诗派"的诗人所要着力展示的人的"原初的、动物性的肉体体验"。这类的体验，是够得上"原初"了，够得上"动物性"了，但与人类的"诗"之间，距离也就越远了。与这类只是意在展示人的粗鄙与本能欲望之类的诗作相比，更见恶俗的是，另有许多"诗作"，或者夹杂着一些不堪入目的污言秽语，如沈浩波的《你妈逼》、尹丽川的《今天上午》、丁目的《妈妈》、轩辕轼轲的《在我就义之前》等等；或者展示的径直类乎是"毛片"中的镜头，如沈浩波的《做与爱》、李师江的《孔雀东南飞》、尹丽川《故事》以及那首颇为有名的《为什么不再舒服一些》等等。也许是因源之于人类"下半身"的仅及"形而下"层面的"原初的、动物性的肉体体验"，实在没多少"创作"之余地，所以，当他们毫无顾忌地扯下人的"下衣"，极尽污言秽语之能事之后，再写下去，连他们自己好像也觉得没什么兴致了，于是，他们不得不承认了："这真是一把双刃剑。对身体的强调永远都是重要的、天才的，问题是，强调身体是要强调'身体书写'，而不是'书写身体'；是要肉身自行书写，而不是靠书写肉身来获得一种挑衅的姿态。'性'也同样如此，它的高潮是短暂的、易逝的、偶然的，富有创造性和偶然性的；性高潮的美学原则是无可辩驳的，但这仅仅是艺术的一半，艺术还有另一半，那属于它恒常的规律性的东西。""有些身体还没有成熟就已经堕落了，有些身体仅仅体现为一个'事件'，它已经遮蔽了诗歌本身；有些身体被写作者的手过度手淫，有些身体'把性爱转变成一种荒谬的动作'，有些身体被亮出来，只是一个挑衅的姿势，类似于'裸奔'。这里的身体，都是没差别的身体，它们被扩大、被夸张，成为被'先锋'雇佣的陈词滥调的腐尸。"于是，他们终于无奈地宣告了"下半身诗派"的终结。①

---

① 朵渔：《"下半身"的终结》，《南方都市报》2003 年 10 月 24 日。

"垃圾诗派"的主张是：反叛"学院派写作"、"知识分子写作"、"神性写作"，力倡"崇低、解构、另类、贱民"。在他们看来，"学院派"、"知识分子"所重视的"形而上"写作，保守、虚伪，无视现实生活，已经丧失了生命的鲜活，他们要以"自我革命的永远另类精神"，由上而下，垃圾一切，"颠覆主流价值，颠覆主流价值的准则"，"颠覆他人，也颠覆自己"（凡斯《价值的颠覆》）。① 他们公然宣称："生为垃圾人 / 死为垃圾鬼 / 我是垃圾派 / 垃圾派是我"（徐乡愁《崇高真累》）；他们自信与"下半身诗派"相比，他们才是最前卫、最具创造性的诗派；他们认为"下半身诗派"注重的尚不过是诗歌题材的革命，而他们的"垃圾诗派"要进行的则是"一场诗歌精神的革命"。② 在关于诗歌的社会功能方面，"垃圾诗派"的确有着更为旗帜鲜明的追求，这就是："一切思想的、主义的、官方的、体制的、传统的、文化的、知识的、道德的、伦理的、抒情的、象征的、下半身的、垮而不掉的东西或多或少都有些伪装的成分，只有垃圾才是世界的真实！""这个世界伪装的东西真是太多太多了，为了让世界还原成它的本来面目，我们不惜把自己变成动物，变成猪，变成垃圾，变成屎。"③ 由上述相关主张以及诸如：

> 我发现人们总是先结婚后恋爱
> 先罚款后随地吐痰
> 先受到表扬再去救落水儿童
> 先壮烈牺牲再被追认为党员
>
> ——徐乡愁《我倒立》

> 你才叫农民工
> 你妈才叫农民工
> 你爸才叫农民工
> 你爷爷才叫农民工
> 你全家都叫农民工

① 《垃圾运动·网刊》创刊号，http://show.zinechina.com/8d45c05d25c845847a2c492e70b52a94/。
② 徐乡愁：《中国出了个垃圾派》，http://ziqu.netsh.com/bbs/665475/5/1096.html。
③ 徐乡愁：《中国出了个垃圾派》，http://ziqu.netsh.com/bbs/665475/5/1096.html。

> 你家祖坟里的都叫农民工
>
> 你家往上十八代都叫农民工
>
> 你以为你是什么东西
>
> ——一输到底《我有自己的名字》

> 一堆苍蝇的屎
>
> 被载入史册
>
> 是因一只苍蝇在历史中飞先
>
> 是因历史刚好需要一堆苍蝇屎
>
> 而它刚好被拉下
>
> 是因之前没有一堆苍蝇屎被载入史册
>
> 是因这的确是苍蝇屎
>
> 而非猪屎狗屎
>
> ——丁目《一只飞进历史的苍蝇拉下历史的屎》

之类诗作可见，与"下半身诗派"不同，"垃圾诗派"具有值得肯定的时代责任感与社会使命感，诗中不乏以"垃圾一切"、"破坏一切"来促进现实变革的意欲，以及尖锐批判现实的思想之光。在典裘沽酒的《张志新，我后悔没有把我的处男身献给你》这样一类诗作中，如果忽略其中的污言秽语，甚至会令人感受到一种震撼人心的历史深度。

但致命的是，由于他们力图极端化地"垃圾一切"、"反叛一切"，故而大量诗作，在其粗鄙与恶俗的程度上，又决不低于"下半身诗派"。如"明天起 / 痛定决心写牛逼诗 / 泡牛逼妞"（余毒《明天起努力做个帅哥》）；"给尚未出嫁的大姑娘 / 擦屁股 / 要格外小心，集中精力"（皮旦《擦屁股的》）；"把屎拉完拉好 / 并从屎与肛门的摩擦中获得快乐"（徐乡愁《拉屎是一种享受》）；"我表达爱的最好的方式 / 就是 / 认真地 / 拉一泡屎"（虚云子《我喜欢到处拉屎》）等等。这已不是在写诗，而是在蹂躏人类的尊严；这已不只是"恶俗"，而已至"无耻"（这儿只是就诗的追求而言，与诗人的人格无关）。不可思议的是，面对垃圾之作，在网络上的"诗歌报论坛"中，竟会看到这样的高调吹捧："诗即屎这是垃圾精神的重要浓缩，但屎不是一般的屎，而有它的理念的延展：它不是媚俗的，不是香艳而透着上半身和下半身肉味的，不是虚荣的，一本正经的。它恰恰是叛逆的，自在的，真实而卑微的……由这些延展了的理念将诗歌生发出来。这一理念直接把诗歌带入了又一个终极：诗歌到垃圾（屎）为止。从而把诗歌到语言为止、到身体为止，再次上升到更高的层次，而把诗歌推向了理论的最前沿，真正实现了自身的先锋性。"① 这论断显然是荒唐的，如果一味的"叛逆"，一味的"自在"，一味的"真实而卑微"，就到了"理论的最前沿"，就"真正实现了自身的先锋性"，那"理论的最前沿"、"真正的先锋性"也太容易实现了吧？大概只要做到一条就行，那就是：敢于"无耻"。

　　与"下半身诗派"的终结不同，近些年来，"垃圾诗派"仍较活跃，其中的一些"诗人"，仍在相互叫劲，但遗憾的是，他们叫劲的不是具有"形而上"意义的"诗"，而是在比赛谁更"垃圾"，谁更"无耻"，谁敢于"无耻"。如在他们的笔下，居然已出现了"衰老的妈妈也需要被 ×"、"请你 ×我妈"这样一类丧失基本人伦的所谓"诗作"。这派诗人也许忘记了，"尊严感"、"羞耻感"、"隐私意识"之类，是人类文明最为基本的标志，为了表现"另类"，为了颠覆某些应该被颠覆的价值观念，而不顾一切的否定一切、解构一切，那就不是什么改革社会了，而是要毁灭人类文明了。

三、躁狂与迷乱

　　中国当代诗坛的走向沉沦，呈现出的污浊局面，固然与纷扬浮躁、物欲横流、本能泛滥的时势有关，而在这样的时势中，恰需要诗人、作家、理论家，以清醒的理性自觉，奋力守护人类的精神堤坝，以免人类坠入万劫不复之深渊。但在中国当代诗坛上，我们看到的则是：许多诗人，或因是非不清，或缘之于非诗的目的，而放弃了自己应有的文化人格，竟在以"诗"的名义，为物欲与本能泛滥的时势推波助澜。某些相关学者、理论家、批评家也有欠严谨，评判失当，也在一定程度上加剧着中国当代诗歌生态的恶化。

---

　　① 　红尘子（汪峰）：《诗到屎（垃圾）为止》，http：//bbs.shigebao.com/viewthread.php? tid=124592& extra=&page=1。

　　台湾作家柏杨曾在《丑陋的中国人》中批评中国历史上形成了一种"酱缸文化"，其特征是脏、乱、吵、窝里斗、死不认错、缺乏包容性、心胸狭窄、易走极端。在中国当代诗坛上，与"诗意"沦落"相得益彰"的恰正是这样一种"酱缸文化"的泛滥。诗人西川的描述是：20世纪90年代以来，中国当代诗坛已"被市场经济中的炒作之风搞变了质，于是更年轻的一代开始骂街，英雄豪杰变成了瘪三混混，诗歌江湖变成了诗歌黑社会，鼓捣来鼓捣去，自己不搭台，只拆别人的台（解构主义？），自己不考虑自己的问题，只考虑别人的问题。"西川还以尖锐的语言，这样抨击了自称坚守"民间立场"的诗人："说到底'民间'立场并不存在。与其说有个什么'民间立场'，还不如说有个'黑社会立场'，而诗歌黑社会立场中的头一条原则就是利益均沾，所以眼下的争论表面上看是诗歌方向的斗争，其实背后是利益的驱使。"[①] 从某些诗人的表现来看，西川的抨击是有道理的，如伊沙竟曾公然自诩："我们是真正的诗人"，宣称以他本人为首要人物的"后口语诗"才是真正的"时代的诗歌"，是他们的生动而有力的作品"使中国的诗人无愧于二十世纪的最后十年"[②]。在这样一种自诩中，流露出来的正是"唯我独尊"、"自成老大"、"占山为王"的口吻。中国当代诗坛的"黑社会"习气还表现在："不少诗人借用网络进行诗歌活动，希冀把诗艺提高一步，但到头来却走向了愿望的反面，有的甚至迷失在网络诗歌里。尤为可怕的是，由于诗人们在网络上拽不住人性中的'恶魔'，也由于网络的无限制自由和权威的缺失，网络诗坛在貌似活跃的表情下，内部却渐渐演化成了中国诗坛'黑社会'的火拼场。"[③] 如同属于"民间"姿态的"下半身"与"垃圾"两个诗派之间的相互攻击，尤其是沈浩波与徐乡愁两个代表人物之间的恶骂，就是这样一种"殊灭异己"意味的"火拼"。

　　中国当代诗坛的沉沦，除了诗人自身的责任之外，亦与理论界、批评界的混乱或误导有关。有学者这样声称："当代诗歌的文化功用主要体现在自觉地制造困惑。这种困惑恰恰反映出当代诗歌对种种流行文化的抵御，以

---

① 常文昌主编：《中国新时期诗歌研究资料》，山东文艺出版社2006年版，第341页。

② 常文昌主编：《中国新时期诗歌研究资料》，山东文艺出版社2006年版，第352—353页。

③ 紫薇：《诗坛"黑社会"——对当下网络诗歌的一种观察和描述》，http://www.tyswx.com/archiver/?tid-9173.html。

及对当代意识中形形色色的浅薄与媚俗的清理。虽说有点令人不快，但这种困惑也可以被视为当代诗歌的主要魅力之一。"①这倒真是一种"创见"，但实在想不明白，我们这个时代，本已存在着许多令人困惑的问题，还需要诗人来进一步制造困惑吗？你制造了更多的困惑，对这个社会又有什么意义呢？在许多具体的诗评中，一首原本平平乃至低劣的诗，常常被说得天花乱坠。如在2006年由时代文艺出版社出版的那部《新世纪十佳青年女诗人诗选》中，有人如此评价娜夜的诗："纯净、柔和、简朴，然而更深入，更开阔。""用最简洁的文字表达出最深邃、最深沉的情感。语言轻灵、天然。不动声色的杰出的抒情。"②照此评价，被评者真该是当代一位杰出的女诗人了。然读其入选诗作，除偶尔可见"她看见一些月光在郊外怀旧"之类妙笔之外，大多不过是"在无限的宇宙中／在灯下／当有人写下：在我生活的这个时代……／哦　上帝／请打开你的字典　赐给他／微笑的词　幸运的词"（《祈祷》），"让我继续这样的写作：／一条殉情的鱼的快乐／是钩给它的疼"（《写作》）之类。在这类诗中，我实在读不出"深入"在哪儿，"开阔"在哪儿，"深邃"在哪儿，"简洁"在哪儿，更遑论"更深入，更开阔"、"最简洁、最深邃、最深沉"了。

四、希望与未来

注重经济，注重实利，以及快节奏的纷扬浮躁的现代社会，也许已实在不大适宜于诗歌乃至整个文学的生存了，但可以坚信，作为满足人类本原性精神需要的重要形式之一，文学不可能如同某西方解构主义学者所预言的会"走向终结"。有"文学中的文学"之称的"诗歌"，更不可能走向消亡。对于中国当代诗歌创作而言，无论面临怎样的困境，我们同样不应丧失希望，应该孜孜以求的是：开拓文化视野，提升精神境界，创作出真正有价值的好诗。怎样才是有价值的诗？固然很难找到一成不变的、尽人认可的标准，但作为文学艺术的一个门类，诗之为诗的基本质素还是清楚的，这就

---

① 洪子诚、臧棣：《2005北大年选诗歌卷·导言》，北京大学出版社2006年版，第1页。
② 《新世纪十佳青年女诗人诗选》，时代文艺出版社2006年版，第38页。

是：能够引人阅读，且读后能够使人心有所感，情有所动，思有所生。或者可以说，诗歌，作为一类"文学创作"，总要"创作"出点"意思"。

与其他文学体式相同，作为语言的艺术，诗中的"意思"，首先应体现在"侵陵雪色还萱草，漏泄春光有柳条"（杜甫《腊日》）；太阳"用他那至尊的眼媚悦着山顶"（莎士比亚《十四行诗》）这样一类能够激活读者想象的语言。如果诗人只是轻易地掇录"抽烟时／找不到火柴／找不到打火机"（李伟《点不着的香烟》）这样一类日常口语，那就说不上是"语言的艺术"了，说不上是艺术化的"创作"了。……

在诗歌中，更为重要的"意思"当然还应表现在：要像昌耀的"密西西比河此刻风雨，在那边攀缘而走。／地球这壁，一人无语独坐"（《斯人》）之类诗作那样，以博大的宇宙情怀撼动读者的心灵，而不是像韩东的"这些年，我过得不错"（《这些年》）之类诗作那样沉溺于空洞乏味地自我抚慰；要像王小妮"天堂放弃了它的全部财产。／一切都飘下来了／神的家里空空荡荡"（《我看见大风雪》）之类诗作那样，以平中见奇的独特想象与感悟诱人耽读，而不是像柏桦的"报应和天性中的恶／不停地分配着惩罚"（《痛》）之类诗作那样，不过是在叙说尽人皆知的了无意趣的常识；要像本雅明所赞许的波德莱尔那样，于诗中写出"大都市生活使爱蒙受耻辱"这样的"惊颤经验"，① 而不是像孙文波的"商业社会的浮华绚丽／金钱像狼犬似的凶猛追击"（《祖国之书，或其他……》）之类诗作那样，只不过是在重复早已令人麻木的现实体认；要像美国女诗人狄金森的"东方／是否有一个给我的早晨／他竟提起紫红水闸／用黎明把我轰击成齑粉"（《仿佛我乞讨寻常施舍》）之类诗作那样，传达出"形而上"的生命体验，而不是像朵渔的《我这一生有多少时间花在抠脚气上》之类诗作那样，只是自得于"形而下"的生理体验。而要写出意思，达致上述境界，对于许多中国当代诗人来说，必须进一步开拓自己的文化视野，自觉加强超越意识。

我们的许多新潮诗人，自信是在反叛传统，独立思考，但实际上，其作品与创作主张，不过是更多被动地接受了西方后现代主义思潮影响的产

---

① ［德］瓦尔特·本雅明：《发达资本主义时代的抒情诗人》，王才勇译，江苏人民出版社 2005 年版，第 126 页。

物。如韩东所主张的"诗到语言为止",于坚强调的"拒绝隐喻",正是后现代主义思潮中"深度模式削平"的体现;"下半身写作"则本原于西方女性主义的"身体写作";"垃圾诗派"则与西方绘画领域的"垃圾艺术"、诗歌领域中"垮掉的一代"血脉相通;"口语诗"中亦不无以西尔维亚·普拉斯为代表人物的美国"自白诗派"的影子。对此,郑敏先生的批评可谓一语中的:"我们今天所谓的新潮仍停留在西方七十年代的新潮范围。"① 也许正是与片面接受了后现代文艺思潮的影响有关,"下半身诗派"与"垃圾诗派"的诗人们似乎以为,一些生活中的污言秽语,出之于流氓无赖或街头泼妇之口,就是"流氓语言",就是"泼妇骂街",而一旦出之于自信是诗人的他们之笔、之口,就成了"诗"了,但他们却忽视了:金丝伯格等人以狂叫乱骂为诗,杜尚将一只便盆作为艺术,毕竟也还算得上是一种创举,而追逐其后则只能称得上是皮毛性的效仿了。他们还忽视了,即使金丝伯格、杜尚的"创作",在很大程度上也只能算得上是具有某种历史意义的"诗歌事件"、"艺术事件",其"作品"本身的"文学价值"与"艺术价值",至少是值得怀疑的。而形成于中国的"下半身诗派"、"垃圾诗派",缘其"效仿性",是连"事件"也算不上的,其意义就更要大打折扣了。

值得肯定的是,近些年来,在"下半身诗派"、"垃圾诗派"的圈子中,毕竟有人已经省悟。如本是"下半身诗派"核心人物之一的朵渔,早已意识到,诗歌创作,除了标新立异之外,毕竟还有"属于它恒常的规律性的东西"②。"垃圾诗派"创始人之一的皮旦,在极力鼓吹"垃圾革命"的重大意义的同时,也已清醒地认识到:"归根结底,解构只能算一种手段,而无法取代所有的手段。如果过分强调这一种手段,势必将崇低之路以及垃圾革命之路变得不是越来越宽广而是越来越狭窄。这无论对作为诗学的垃圾派还是对作为运动的垃圾派乃至作为革命的垃圾派,都将产生消极的影响。"③ 在这类的反思与省悟中,也许才孕育着中国当代诗歌走向兴盛的希望。

(原载《东岳论丛》2009 年第 10 期)

---

① 郑敏:《新诗百年探索与后新诗潮》,《文学评论》1998 年第 4 期。
② 朵渔:《"下半身"的终结》,《南方都市报》2003 年 10 月 24 日。
③ 皮旦:《论作为革命的垃圾派》,http://my.clubhi.com/bbs/661502/76/19601.html。

曹雪芹的幸运、语体美及其他

1

作为作家，曹雪芹是幸运的。

他曾生活在那样一个人丁兴旺、仆役众多、亲朋聚居的大家族中，这才使他有可能在《红楼梦》中，从容安排那么多复杂的人物，写出那样一层层盘根错节、纵横交叉、玄妙莫测的人物关系。这些关系，自然为人物的自我表演提供了优裕的空间和契机。而当今的作家，就算有堪与曹氏匹敌的才华，单是这样的人物关系，就已无处可寻了。如今，不论城市还是乡村，家庭组合日趋小化，人际关系日趋隔膜与封闭，作家们已无法在家庭背景上构织复杂的人物纠葛。那些大企业、大机关、大宾馆，虽然人物众多，但关系往往比较单纯，无法与荣、宁二府中那些交织着政治、经济、道德、主仆、长幼、尊卑等复杂关系的众生相比。如果仅从这个意义上看，当代人要创作出一部堪与《红楼梦》相媲美的作品，怕是永远的不可能了。

2

在中国古典文学界，对于蒲松龄的《聊斋志异》，以往主要从讽喻现实，批判社会，寄托情怀角度论之，似乎忽视其中重要的神秘文化价值。

其实，《聊斋志异》，重在于一个"异"字，人神之异，鸟兽之异，草木之异。

　　"异"，即"神秘"。《聊斋志异》另一方面的重要价值正是在于：它是中国民间神秘文化的一座宝库。据笔者粗略统计，这部"异"书中的486篇作品（据铸雪斋抄本）中，有300余篇便很难说与社会现实有什么关联，如《尸变》、《偷桃》、《狐嫁女》、《化男》之类，或写尸体复活、空中取桃之奇，或记狐狸娶亲、民女变男之怪。可见，蒲翁写此书时，固然不乏针砭现实之意，但大多恐怕并非如此。如奇异至极的《偷桃》一篇，由其中"余从友人戏瞩"之语可知，即乃蒲翁亲见之记录。

　　蒲翁自序中确有"浮白载笔，仅成孤愤之书"的表白。但由自序亦可看出，这"孤愤"至少是另有原因的。自序中曰："松悬弧时，先大人梦一病瘠瞿昙，偏袒入室，药膏如钱，圆粘乳际。寤而松生，果符墨志。且也：少羸多病，长命不犹。门庭之凄寂，则冷淡如僧；笔墨之耕耘，则萧条似钵。每搔头自念：勿亦面壁人果是吾前身耶？盖有漏根因，未结人天之果；而随风荡堕，竟成藩溷之花。茫茫六道，何可谓无其理哉！"可见作者的"孤愤"，是与神秘无奈之宿命有关，故下文才有"寄托如此，亦足悲矣"之叹。

3

　　中国古典诗歌与现代新诗相比，古典诗歌常常体现出意境美和语体美，而新诗则往往只剩下了意境美。古典诗歌语言的凝练、节奏的和谐、韵律的动听、组合的对偶等因素所构成的语体美，至今仍为新诗难以企及。如"鸡声茅店月，人迹板桥霜"，"多情芍药含春泪，无力蔷薇卧晓枝"之类诗句，不仅富有意境张力，读来亦觉畅快明目，精神振奋。另有许多古典诗歌，如李白的《静夜思》、王维的《送元二使安西》等，意境也许并不新颖独特，但却令人百读不厌，便是与其中蕴含的语体美的力量有关。而现代新诗，即使那些优秀之作，也往往因缺乏语体美，而削减了文学之谓文学的意味。如卞之琳的名作《断章》："你站在桥上看风景，看风景人在楼上看你。明月装饰了你的窗子，你装饰了别人的梦。"意境幽妙，可谓现代新诗的杰作。但从语体来看，因过于平易，缺乏一种不同于一般语言组合规律，而应真正属于文学的尤其是属于诗的语体美，当然也就影响了文学审美层面上的传播与交流。看看当今的中国新诗，或句子古怪拗口，拖泥带水，或完全是日常生活白话的实录，很少有人顾及语体美，且意境美也贫乏得可怜，这样，新诗的路子怎能不越走越窄呢？

4

五四以来的中国新诗，主要是学习西洋诗的产物。有不少诗人，学习的实际是变味或乏味的汉译西洋诗。经过汉语化，西诗分明已经失去了独特的语言神韵、魅力及相关技巧。即使那些精通西语的人，怕也很难用汉语写出西诗之精髓。

那么，新诗向西洋诗学到了什么呢？

中国古典诗歌所具有的语言简洁、凝练以及讲究平仄、对偶、上口之类的语感美、语体美，亦均为西化诗过滤掉了。

如此，民族诗歌的精华丢弃了，西方诗歌的精华难以学到，这是否正是中国新诗危机的重要根源呢？

5

魏人曹丕称："文章乃经国之大业，不朽之盛事。"毛泽东曾经主张：要使文艺成为打击敌人，消灭敌人的有力武器。政治家当然可以这样认为，也可以这样主张。但对一般人、大多数人而言，爱好文学，喜欢文学，只不过缘其有趣而已。"鸟宿池边树，僧敲月下门。"你看，有鸟、有树、有池、有月，月映池水，池水抱月，说不定有条鱼儿未眠，还在池中戏月。这真是个清幽幽的好去处，令人心驰神往。还有那个和尚（贾岛），鸟都睡下了，他却才来敲门，见到他的朋友了吗？他们又谈了些什么呢？这类想象和向往，便是"趣"。正因其有趣，这诗句才为历代读者所喜爱，才是好诗。相反，如果唤不起人们的想象与向往，那就是无趣，诗，自然也就不是好诗了。读《红楼梦》时，想想那个有山有水的大观园，想想那个素雅静洁的怡红院、那个翠竹环绕的潇湘馆，想想林黛玉、贾宝玉、薛宝钗、迎春、探春、惜春们，怎样在采花斗蝶，吟诗赋词，争风吃醋，游玩嬉闹，是多么地有意思。还有，再想想那些花男绿女，他们虽然没有现代人因工资、住房、交通拥挤、经济亏损之类引发的困惑与烦恼，但在许多时候，也照样活得不痛快，甚至凄凄惨惨戚戚。人生到底是怎么回事？人生的幸福究竟何在？想想也真是有意思。这就是"趣"。

文学欣赏如此，文学研究亦同样与"趣"有关。前不久，北京方面爆出新闻：在北京市东郊通县的张家湾出土了曹雪芹的墓碑，随之引发了一场关于墓碑之真伪的争论。其实，真又怎样？伪又怎样？既无碍国内政治经济大局，也不影响《红楼梦》本身的价值。但人们还是愿意争，希望弄清真伪，便是因为这本身很有趣。要是真的，会给人们带来这样一些想象和联想：一代文学大师，想不到死后竟是这样草草归葬，墓地竟在这样一个不为人知之处。人们还可以盯着墓碑周围的泥土，想象当年曹雪芹的几个朋友，是怎样含着辛酸的泪水，把一代文豪送到这寂寞的墓地上来的。

不论创作、欣赏还是研究，倘若进不了"趣境"，而只是孜孜于"稻粱"或别的什么，怕都尚离"文学"远了些。

6

生活是概念的。

生命，是诗。

人类，在自己的生存空间中，亲手用符号编织了一面硕大无边的概念之网，到头来，终于成了网结上那一只可怜的蜘蛛。

生命渴望着自由，渴望着撕碎所有的束缚之网，去享受一个无限的空间。然而，这梦想的实现，同时又意味着自身的毁灭。

人，难道注定只能成为概念之网上那只可怜的蜘蛛？

失却了生命意义的生活是悲惨的，但，没有生活，生命的意义又何以展现？

人类时常嘲笑蚕的作茧自缚，但，没有茧，又何以化蛹成蛾？又何以有蛾扑闪着金色的翅膀，去播撒生命的辉煌？

人到底比蚕儿聪明。蚕在顺应着生命延续的天机，而人，则发现并培育了一种奇异的能力，一种魔幻的手段，用以击穿生活与生命之间的壁垒，这便是人类的审美目光。正是由此而产生了文学与艺术。

7

在许多现代、后现代主义作家心目中，审美愉悦，已不再是文学艺术关注的价值目标，力图唤起读者的是厌恶与痛苦，悲观与失望等。卡夫卡在致布洛德的信中就这样说过：一本书的作用，就是"使我们读到时如同经历了一场极大的不幸，使我们感到比死了自己心爱的人还要痛苦，使我们如身临自杀的边缘，感到因迷失在远离人烟的森林中而彷徨"①。法国新小说派作家罗伯·格里耶说得更为直截了当："艺术品就不是让人舒舒服服享受，像在沙发上睡大觉那样，真正的艺术品就是随时让你感到不舒服，因为恰恰在你不舒服的时候，这里才有真实性。"② 人生本已充满着不堪与重负，又有多少人愿意在饱经现实的磨难之后，再抱起书本，去忍受痛苦的精神煎熬？也许正是由于这样一种对社会大众阅读趣味的背离与蔑视，许多现代、后现代作品已不再是满足人们欣赏的"艺术对象"，而主要成了少数学者分析探讨的"研究对象"。实质上，已日趋远离了艺术。正如海德格尔都这样惊叹的："伟大的艺术连同其本质已离开人类；近代艺术正在经历慢性死亡。"③

8

半个多世纪之前，中国工农红军进行了举世闻名的二万五千里长征。

半个多世纪之后，一位行色匆匆的美国人来到中国，沿着红军长征的路线，悄悄进行了踏勘采访。之后不久，这位名叫哈里森·索尔兹伯里的美国作家，写作出版了《长征——前所未有的故事》，引起了全世界的瞩目，令不少中国同行深感惭愧，甚至嫉妒。

索尔兹伯里是以另外一种眼光看长征的。

---

① 鲍维娜等：《小说：作家心理"罗曼史"》，青海人民出版社 1990 年版，第 213 页。

② 何帆等编：《现代小说的题材与技巧》，中国文联出版公司 1989 年版，第 205 页。

③ 杨荫隆主编：《西方文学理论大辞典》，吉林文史出版社 1994 年版，第 76 页。

索尔兹伯里认为，长征表现了人类的英雄主义精神。他虽不是共产党员，也不是马克思主义者，但这并不妨碍他写长征，因为这种英雄主义精神本身就是一种能够使人互相沟通的信息。

而以往，我们是习惯以富于政治色彩的"革命英雄主义"来理解长征的。

"人类英雄主义"与"革命英雄主义"，虽不过两字之差，但却意味着更富于文学感染力的"人性目光"对"政治目光"的超越。而这种超越，对我们许多中国作家来说，又谈何容易！

9

鲁迅在其著名的短篇小说《药》中，写了一个以"人血馒头"治病的故事，多被人看作是反映了中国国民的愚昧和野蛮。其实，这"吃人"的事在西方也曾盛行。德国人布鲁诺·赖德尔著的《死刑的文化史》（郭二民编译，三联书店 1992 年版）一书中，就有这样的记载："斩首刑既像一场庄严的祭祀，又像一场嘈杂的闹剧。主角是死囚，配角是执行吏，舞台是刑场。周围挤满了人。最瘆人的场景是死囚头落，鲜血流出，群众争先恐后抢血。据说死囚的血是灵丹妙药，治疗癫痫尤为有效。执行吏的助手把血装入容器出售。买到的人当场饮下。血流尽后，有的人就买沾了血的布块。于是这场祭祀剧的尾声成了吃人行为。在上个世纪末公开处刑的地方还可看到以上情景。"可见西人之愚昧野蛮，并不亚于中国人。

如果了解这样一种人类共同的历史文化背景，会令人感到，我们原来对鲁迅小说的解读，过分拘泥于"中国人愚昧"之类，视野是不是太窄了些？

10

重读了巴金的几部文集，觉得有不少作品写得实在过于粗疏，其文字的冗繁枯燥，有时竟令人难以置信是出自这样一位大家手笔。这大概与巴金当年创作的匆忙与多产不无关系。

　　一些忠诚的朋友，当年就曾这样劝诫巴金："你近来发表的文章实在太多，差不多什么杂志都有你的稿子。我爱惜你，所以不得不劝你；像你这样浪费地写下去是不行的，不仅会妨碍你的健康，还会妨害你的令名。你简直在糟蹋你的文章。"施蛰存也在评论文章中对他"生产的多量和迅速"不以为然；叶圣陶、徐调孚也力劝他要慎重发表文章。但可惜的是，巴金为时代的热情所激励，无视于这些逆耳忠言，仍在匆忙地写着，并以"我的态度都是诚实的"，"我永远说着我自己想说的话，我永远尽我在黑暗里呼号的人的责任"① 自慰。但当时年轻的巴金也许尚没有意识到，"说真话"，只是文学艺术成功的要素之一，还不就是艺术本身。艺术既需要诚实和热情，也需要节制热情，需要冷静地锤炼与构思。

　　　　（原载《山东师范大学学报》1995 年第 5 期，中国人民大学
　　　　报刊复印资料《中国古、近代文学研究》1996 年第 2 期
　　　　收录）

---

　　① 转引自《文学评论》1993 年第 1 期，第 106 页。

高密文化与莫言小说

　　高密，是中华人民共和国版图上一个普通县（市）区的名字，是一片有着古老文明和独特"红高粱文化"的土地。这片热土，曾经养育了齐国名相晏婴、东汉经学大师郑康成，以及以刚正无私、足智多谋著称的清代内阁大学士刘墉等这样一些中国政治史、文化史上的一流人物。在20世纪80年代，又正是从这片土地上，走出了现已产生了重大世界性影响的作家莫言。出生于高密，成长于高密，18岁参军入伍方离开高密的莫言，没有辜负故乡大地的养育之情，走上文坛之初，在短短几年之内，即以凝重的地域文化为背景，以涌泉飞瀑之势，创作发表了震动当时中国文坛的《透明的红萝卜》、《红高粱》、《红蝗》、《天堂蒜薹之歌》、《十三步》等一系列奇异瑰丽的篇章，继而又以《酒国》、《檀香刑》、《丰乳肥臀》、《生死疲劳》、《蛙》等长篇小说，为中国当代文学增添了炫丽与厚重。

　　高密，赋予了莫言以聪敏与灵性；高密，亦因莫言而蜚声海内外。是高密文化孕育了莫言，是莫言，使高密大地闪耀出新的光彩。透过高密文化，你会看到莫言小说的秘密；在莫言的文学王国中，你亦会领略到高密文化的风姿与神韵。

一、高密文化与人格形态

　　高密，东邻胶县，南接诸城，西与安丘隔河（潍河）相望，北与昌邑、平度毗连，位于一望无垠的昌潍大平原与山峦起伏的胶东半岛交接之处，是胶济铁路干线上的一颗明珠。据《史记·乐毅列传》及《汉书·地理志》记载，早在春秋战国时代，作为地理称谓的"高密"就已存在。早在秦朝，即已立"县"，至今已有2200多年的历史了。

从生态环境来看，高密虽系平原地带，但因地势低洼，河道密集，每逢夏季，常常水涝成灾，由是高秆作物受宠，形成了著名的高粱之乡。高粱维系了高密百姓的子孙繁衍，高粱酿出了叫人心跳眼热的烈酒；高粱，为历代英雄好汉们提供了理想的活动舞台，也为土匪窃贼提供了杀人越货的屏帐；也正是高粱，造就了高密大地特有的神秘与朦胧，庄严与肃穆。

与地理环境与传统脉绪相关，高密文化有着明显的个性特征，最为突出的便是刚健不屈，侠肝义胆，豪放旷达，以及泛神论色彩的动、植物崇拜意识等等。至今，在高密人的文化观念中，受到尊崇的仍是"冻死迎风站，饿死不弯腰"、"穷得直实，死得直立"、"人敬我一尺，我敬人一丈"之类人生信条；至今，在高密民间，刺猬、狐狸、黄鼠狼、蛇虫、蜘蛛、喜鹊、古树等等，仍常被人们视为灵异之物，受到小心翼翼的敬奉。就其本原特征来看，这类高密文化，体现出的是典型的齐文化的个性风范。值得提出的是，时至当今，在中国文化界，许多人在论及"齐鲁文化"时，往往统而论之，将二者视为一体，甚或将其简单化为与孔子"儒学"相关的"鲁文化"。在山东文化界，时常被人提及的所谓弘扬"齐鲁文化"，也往往主要是指以孔、孟儒家学说为核心的"鲁文化"。而实际上，虽同属山东大地，齐文化与鲁文化是有本质区别的。从文化渊源来看，齐文化的主要脉绪是东夷文化，而鲁文化承袭的则主要是周文化。从历史形成来看，齐鲁一开国，实施的就是不同的治国方略。与因循周礼，恪守旧制，封鲁之后采取"变其俗，革其礼"方略的鲁开国者周公之子伯禽截然不同，齐开国者太公望吕尚，自身就是一位开放型的政治家。据《史记》载，太公为"东海上人"（即东夷之士），这说明，这位开国者个人的文化血统原本就与内陆的周文化大不相同，故而封齐之后，能够"因其俗，简其礼"，即并不强制推行周礼，而是顺应民情，尊重东夷人的土著文化。后世管仲治国，进一步继承和发展了这样一种开放的文化政策，采取的亦是"俗之所欲，因而予之；俗之所否，因而去之"（《史记·管晏列传》）的治国方略。从地理位置来看，齐国东部、北部均临茫茫无际，奔腾咆哮的大海，这不仅使之最早得以鱼盐之利，也有利于齐人自由不羁之壮阔胸怀的培育，想象力的拓展，以及对神秘事物的敏感。正是与之相关，与鲁文化相比，齐文化显得更为刚劲放达，不拘传统，更富于想象力和创造力。从当年齐国稷下学子们洒脱无羁、异说纷呈的学术活动中，我们即可以看到齐文化自由开放的程度。据史料载："齐辩士田巴，服狙丘，议稷下，毁五帝，罪三王，五伯，离坚白，合同异，一日服千人。"（《史记·鲁仲连传》裴注）另如邹衍空阔迂远，异想天开的"海外九州"说"和五德终始"论，显然也正是这种文化自由的产物。此外，灵物崇拜，术士巫风的世俗信仰要比规整严谨，"不语怪、力、乱、神"的正宗鲁文化显赫得多。从这个意义上看，多谈花妖狐魅，举世闻名的《聊斋志异》产生于齐国故地，也就决不是偶然的了。

作为古代齐国腹地的高密，作为齐国名相晏婴出生地的高密，自然会更多地承继齐文化的神韵。也许正是得力于齐文化的潜移默化，高密人形成了自己独特的审美目光与艺术想象视角，其典型标志便是现已列为国家级非物质文化遗产保护名录的剪纸、泥塑、扑灰年画三大民间艺术。高密剪纸，既不像陕北剪纸那样透射着秦汉风骨的粗犷简洁，也不像东北剪纸那样朴拙宽厚，而是奇思怪想，天马行空，取材随意，情趣盎然。老鼠娶亲，老鼠嫁女，蝈蝈出笼，群鹊噪晚，牧童骑牛，鱼跃龙门，牛郎寿星，凡人间传说，鸟兽虫鱼，生活百态，无奇不有，无所不剪。高密泥塑，材料简单，造型粗犷，色彩夸张，神态率真，生机勃勃。在高密三大民间艺术中，扑灰年画历史最为悠久。早在明代，就以墨屏花卉及人物画行销于市，延至清代已趋完美。它以大笔挥洒与精工勾染相结合，以大红大绿靠拢的艺术手法，造成一种令人振奋的生命质感与鲜明亮丽的艺术风格。

总之，红高粱大地的庄严与肃穆，齐文化的脉绪与渊源，奇异多姿的审美目光，构成了高密大地的文化氛围。又正是这种文化氛围，孕育了高密人突出的个性形态。

高密人刚勇率性，敢作敢为。清末，已经载入民族史册的高密西乡民间英雄孙文，曾率众起事于乡野，手持大刀长矛，反抗朝廷，迫使德国人铺设的胶济铁路改道。抗战初期，高密东北乡几个僻远村庄的民众，曾以农具、猎枪为武器，配合地方武装，成功地进行了孙家口伏击战，歼敌39名

(其中包括据信是在平型关大战中逃生的敌板垣师团中将指挥官中冈弥高)，有力地打击了日本侵略者的嚣张气焰。高密人有着顽强的生命活力。从日本人的劳工营中逃出，在日本北海道的山洞中过了13年野人生活，终于回归故国，早已被收入了多种名人大词典的刘连仁，就是高密县井沟乡草坡村的一位庄稼汉。高密人富于"国骂"，在民间的日常口语交流中，甚或是在溺爱友好的表白中，你常常会听到"驴×日的"、"狗×日的"、"万人狗×日的"之类叫异乡人目瞪口呆、粗俗不堪的用语。你可以说这是一种直露的蛮性，但同时又不能不承认，这是一种不顾及任何形而上束缚的感性生命的自由张扬。高密人爱憎分明，知情重义，常常在固守着有异于某类政治意识的是非观念。民国时代，高密历史上曾出现过两任颇有政绩、深得民心的县长王达、曹梦九，高密人并未因其属于旧中国的官员而忘却，至今仍在民间口碑相传。

自然，由于中华帝国长期的文化封闭以及人类的生命本性之类原因，高密人亦不乏愚昧与鄙俗，蛮勇与残忍。在孙文率领下，乡间百姓奋起抗德的要因即是因为相信：火车经过之处，烟气飘散，会影响庄稼生长。当时，与义和团结成反帝联盟的"大刀会"、"拳坛"之类高密民间组织，亦曾像义和团成员那样真诚地相信吞下符子即可刀枪不入，与德寇对阵时常常不重防卫，往往死伤惨重。事后竟仍认为不是符子不灵，而是由于没有闭紧嘴巴造成的。在"有枪便是草头王"的战乱年代，高密大地上，豪强曾纷起于四乡八疃，比较著名的就有张步云、蔡晋康、张竹溪、高仁生、冷关荣等帮伙。在这些帮伙中，既有志在报国，曾与日本侵略者浴血奋战的民族好汉，亦不乏专干打家劫舍勾当的流氓无赖。尤为惨烈的是，在抗战及解放战争年代，高密曾是敌我割据的游击战场，活埋、剜眼、开膛、碎尸、切乳等花样百出的残杀手段，曾使得许多村落尸骨横陈，血腥四溢。"家家报庙，户户上坟"的悲惨一幕，曾在许多村庄屡屡上演。土改时期，这里曾是当时极左路线的重灾区，扫地出门，斩尽杀绝式的"斗争"曾经造成了不知多少人间惨剧。新中国成立以后，战乱与血腥虽日渐成为遥远的记忆，但在高密大地上，亦仍不乏邪恶与灾难的阴影。莫言的四叔，就是被与当时权势者有关的人开车撞死，却无处申诉的。正如莫言在《红高粱》、《丰乳肥臀》等小说中所慨叹的，由于各种原因，高密的人种也在退化，高密文化亦不无当代危机：大义大勇、刚健不屈的先人遗风，已渐为利欲熏心、趋炎附势所掩抑。

莫言作品中宣泄出来的大恨大爱，大美大恶，以及赤诚坦荡，无所顾忌；莫言作品中流露出来的欢乐与悲哀，抑郁与抗争，梦幻与希望，显然，便正是与高密大地的历史与现实、生存环境与社会文化，以及复杂的高密人格形态相关的。

二、红高粱大地的馈赠

新中国成立以来的高密大地，随着开河挖渠，兴修水利，加之气候的自然变异，雨量减少，涝灾已很少发生，漫若血海的红高粱，也早已成为人们回忆中的风景。故而 1987 年，西安电影制片厂光临高密拍摄《红高粱》外景时，不得不投放专门资金，让农民代为种植红高粱。但与红高粱大地相关的自然文化造成的人格质素，还涌流在一代一代高密人的血脉之中。发生在高粱地里的那些可歌可泣的先人的光辉业绩，那些惊心动魄的厮杀、抢劫与掠夺，那些闪烁着奇光异彩正义与非正义的刀光剑影，依然还活现在高密百姓的口头。生于斯，长于斯的莫言，得天独厚，他不仅耳闻了大量发生在高粱丛中的英雄传奇，而且在童年时代，曾有幸亲眼目睹过已趋末世的红高粱世界令人振奋的壮阔场景；对于曲折历史与艰辛现实的生命体验，亦使他领略过甚至比先人还要强烈的这片大地上残存的愚昧、荒谬与贫穷。正是这一切，凝成了莫言的生命个性，构成了他奔涌不息的文学创作的活力之源。从他的具体作品中，我们深刻感受到的正是其文学成就与这片红高粱大地的血肉关联。

莫言正是以当年发生在高密东北乡，至今仍在当地群众中广泛流传的孙家口伏击战和公婆庙惨案为中心场面，将那场应该载入中国人民光辉史册的高密人民的抗日斗争，以及日本法西斯强盗的罪恶行径，艺术地展现在全世界人民面前，成功地创作了《红高粱》。在这部作品中的主要人物余占鳌以及英勇奋战的伏击队员们身上，知情的高密人会肃然起敬地想起这场战斗的真正指挥者——国民政府在高密西北乡组建的抗日第六游击总队的总队长曹克明以及部属们威武不屈的英姿；从惨遭剥皮的罗汉大爷身上，会回忆起当年的公婆庙村民张西德，被日本强盗刀剥额头的惨烈场面。

　　莫言正是立足于高密的黑土大地，将真实的人物与事件，纳入了独特的艺术结构之中，从而写出了一系列有着独特的地域历史氛围和地域人格色调的佳作。曹梦九，这位行伍出身，足谋多智，敢作敢为，在高密历史上，也是山东历史上有名的县官，被作者信手拈出，作为"我奶奶"的干爹，作为"我爷爷"伺机报复的对象，不着痕迹地化成了"红高粱"艺术世界中的重要人物。毙命于高密东北乡孙家口伏击战，据信是日军中将的中冈弥高，在《红高粱家族》中，也以一个"异常干瘦的老鬼子"形象，被再现出来。这个老鬼子先是被"父亲"发现，继而被"爷爷"击毙。那位性格鲜明的土匪司令余占鳌，除了上面提到的直接本源于孙家口伏击战的指挥者曹克明之外，至少从中还可以感受到这样两个真实人物的身影：一位是在日本度过了13年山洞生活，终于死里逃生的农民刘连仁；另一位是高密东北乡的土匪郭鬼子。莫言在《红高粱》中写道："爷爷是登峰造极，创造了同时代文明人类长期的穴居纪录。""爷爷一九五八年从日本北海道的荒山野岭中回来时，村里举行了盛大的典礼，连县长都来参加了，来向爷爷这位给全县人民带来了光荣的老英雄致敬。"其历史本原是：被抓往日本的中国劳工刘连仁，逃亡之后一直孤身穴居隐藏在日本北海道的山洞里。直到1957年，才被日本猎人发现。当时，曾被诬为中国间谍，成为轰动一时的国际政治事件。后经我国政府的交涉，刘连仁才得以在1958年4月15日回归祖国。据县志记载：当年，曹梦九曾以假招安计策，将高密地面的80多名土匪骗来，装上马笼车，拉到济南，为韩复榘下令处决，只逃跑了一个，那就是高密东北乡的郭鬼子。莫言笔下的土匪司令余占鳌，也正是这样唯一的一位死里逃生者。他是"踩着济南府警察署高墙上的破砖头，爬上了墙头，又贴着墙壁滑到聚集着破纸烂草的墙根"，然后化装混迹于纷乱的市街，才得以脱身的。另如《檀香刑》中那位被莫言纳入高密东北乡籍，率众抗德，而惨遭"檀香刑"的孙丙，原型自然即是高密西乡官厅村的抗德民族英雄孙文。综上所述，可以看出，莫言是怎样从蕴含丰富的故乡大地获取了创作的灵感和养料。

　　高密人顽强的生命活力和血性气质，在莫言笔下的人物身上，也得到了真切的体现。《透明的红萝卜》中的那个小黑孩，虽然瘦弱不堪，但他却能勇敢地和老蒺藜作战，"他用脚指头把一个个六个尖或八个尖的蒺藜撕下来，用脚掌去捻；他的脚像骡马的硬蹄一样，蒺藜尖一根根断了，蒺藜一个个碎了。"当他的手被炙热的铁钻烫熟了皮肉时，他不露声色，只是把手伸进水桶里泡了泡，然后又慢悠悠地走出桥洞。在《丰乳肥臀》中，那位一次次经受了亲人罹难惨痛的上官鲁氏，曾经如此决绝地宣称："这十几年里，上官家的人，像韭菜一样，一茬茬地死，一茬茬地发，有生就有死，死容易，活难，越难越要活。越不怕死越要挣扎着活。我要看到我的后代儿孙浮上水来那一天，你们都要给我争气！"在饱经屈辱、处于生活底层的"黑孩"身上，在身为普通村妇却刚烈不屈的上官鲁氏身上，我们感受到的正是高密人顽强坚韧的生命活力。在《红高粱家族》中，余司令的叔父余大牙，因糟蹋民女，被判死罪。在押赴刑场时，这位余大牙却表现出一番英雄气概，他大声请求执刑的哑巴队员："打吧，哑兄弟，打准穴位，别让我受罪。"另一位土匪头目花脖子，在前来复仇的余占鳌面前，在黑洞洞的枪口面前，却镇静得令人吃惊，他站在河边的浅水里，指指心窝说："打这儿吧，打破头怪难看的。"伏击日本人的战斗结束之后，由于伏击队员们伤亡惨重，村里赶来的一些妇女们大哭起来。这时，一个黑脸白胡子老头儿高声叫道："哭什么？这不是大胜仗吗？中国有四万万人，一个对一个，小日本弹丸之地，能有多少人跟咱对？豁出去一万万，对他个灭种灭族，我们还有三万万，这不是大胜仗吗？"在《复仇记》中，当孪生兄弟找到阮书记，要砍断他的腿报仇时，老阮冷静地把尺子横放在双腿膝盖下，摆正，用铅笔画出两条清晰的黑杠，然后说："砍齐了才好看，要不一条长一条短，叫我如何见人？"这些人物，有的尽管属于"乌龟王八蛋"，但我们却均可从中感受到一种血性气质的光辉。

在莫言笔下出现的某些战乱、杀戮与血火纷争，曾因有违于某些正统的政治视角而颇遭非议，但从文学角度来看，正是缘于独特视角，才使其作品的精神境界，在某些方面达到了超时代、超民族、超某种意识形态的世界文学的高度。这高度固然源之于莫言本人站在人类立场上写作之类的内在追求，而从一定意义上说，亦乃端赖不同于一般意识形态的高密民间文化、民间情怀与民间视角所赐。如在《丰乳肥臀》中，那位后来成为还乡团头目的司马库，又毕竟曾是敢作敢当的抗日豪杰，故而身为岳母的上官鲁氏对其恨爱相加，在被人民政权判处死刑之后，她站出来，冷静地招呼家人道："都收拾收拾，去送送这个人吧，他是混蛋，也是条好汉。"并进而意味深长地发出叹息："这样的人，从前的岁月里，隔上十年八年就会出一个，今后，怕是要绝种了。"以正统政治视角来看，这位被莫言视为人间最为尊贵的"母亲"之楷模的上官鲁氏，自然会被判定为太缺乏"革命"立场了。而在一位地道的高密人看来，绝非是莫言的虚构，这位母亲身上承载的正乃遭受了太多杀戮与血腥的高密大地上的民间本色意识。

　　与同代人的作品相比，莫言作品中充满着一种异常突出的神秘意味。在《欢乐》中，当落榜的中学生齐文栋来到爹的坟墓前面时，遇上一条大蛇。这不是条一般的蛇，"不是如一般草蛇那样逐渐细下去，而是很粗的棍子般的身体，突然变细，生成一个一拃多长的小尾巴。蛇身上似乎有鳞片，映着血红阳光，显出一种高贵的华丽色彩。"在《红蝗》中，我们会看到，先是如出土蘑菇，随后发出嘭嘭的爆炸声，然后是蚂蚱四散飞溅的神秘奇观，以及数百乡民跪地祭蝗的神圣庄严之举。在《生蹼的祖先们》中，我们会看到一片常有袅袅水汽上升，汇集成华盖般的云团的红树林。"红树林子究竟有多么大？谁也说不清。有好事者曾想环绕一周，大概估算出红树林子的面积，但无有一人神志清醒地走完一圈过，树林子里放出各种各样的味道，使探险者的精神很快就处于一种虚幻状态中。于是所有雄心勃勃的地理学考察都变化为走火入魔的、毫无意义的精神漫游。"《狗皮》中的老耿头，当年曾挨过日本鬼子的十八刺刀，却大难不死。用他自己的说法就是："全仗着狐仙搭救。我躺了不知道多久，一睁眼，满眼红光，那个大恩大德的狐仙，正伸着舌头，呱唧呱唧地舔着我的刀伤……"在《天堂蒜薹之歌》中，我们会看到这样的场面：高马与鹦鹉之间展开了一场惊心动魄的搏斗，鹦鹉鸟们，"层出不穷，一群群涌上来，他奋力搏斗着，不是在杀鹦鹉，而是在汹涌的狂潮里挣命。"在《丰乳肥臀》中，鸟仙附体之后的三姐，治病救人，神通广大。一个前来求医的男人，只因多嘴，一出门就被一只从空中俯冲下来的老鹰狠狠地在头上剜了一爪子，然后抓起他的帽子腾空而去。莫言小说中这种浓郁的神秘色彩，固与外来"魔幻现实主义"的文学影响有关，但从根本上说，亦乃是源之于地处东夷腹地的高密地域文化中隐袭的动、植物崇拜之类神秘意识。

　　莫言对故乡的三大民间艺术亦充满厚爱，尤其感兴趣于高密的民间剪纸。他曾专门拜访过高密的剪纸艺人，曾搜集购买了许多剪纸珍品。其中的蝈蝈出笼和梅花鹿，已径直作为"我奶奶"的创作成果，巧妙地编织进了

《高粱酒》中，并曾如此深情地赞颂道："奶奶是出色的民间艺术家，她为我们高密东北乡剪纸艺术的发展作出了突出的贡献。""我奶奶要是搞了文学这一行，会把一大群文学家跺出尿来，她就是造物主，她就是金口玉牙，她说蝈蝈出笼蝈蝈就出笼，她叫蝈蝈唱歌，蝈蝈就唱歌。她说鹿背上长树，鹿背上就长出了树。"莫言作品天马行空、奇思异想的风格，显然，亦是与剪纸之类高密民间艺术的熏陶分不开的。

三、超验的文学王国

　　走上文坛之后的莫言，虽然身居异地，其创作却一直坚实地立足于故乡大地。正是出之于对故乡大地的血肉情怀，莫言在小说中径直采用了"高密县"，"高密东北乡"这样一些真实的地理称谓；正是缘之于对故乡大地的迷恋，他的创作视角极少游离高密。高密的历史与现实，高密的文化与风情，高密大地上发生的一切，成了莫言不竭的创作源泉。也许正因如此，有人将莫言视之为以开掘地域文化为己任的"寻根"作家，甚至断言莫言骨子里仍是个农民，他始终没有摆脱褊狭的农民意识的束缚。这类见解，显然不符合莫言作品的实际。

　　事实上，莫言虽然立足于高密，但他决没有局限于高密的地理空间；他虽然执着于故乡的土地，但他决没有囿于封闭的农民意识，而是以现代性的文化眼光，小心翼翼地挑选和改装着有关的地域材料。正如他在《红蝗》中，曾借"一位头发乌黑的女戏剧家"之口所阐释过的创作主张："总有一天，我要编导一部真的戏剧，在这部剧里，梦幻与现实、科学与童话、上帝与魔鬼、爱情与卖淫、高贵与卑贱、美女与大便、过去与现在、金奖牌与避孕套……互相掺和、紧密团结、环环相连，构成一个完整的世界。"莫言在创作中，实践的正是这种创作主张。从整体艺术境界来看，莫言笔下的"高密"及"高密东北乡"，实际上又是一个子虚乌有，人间难寻，既充满神秘、传奇、象征色彩，又经由现代文明之光照彻的超验艺术空间。莫言吸吮的是故乡大地的雨露精华，用笔墨创建的则是属于自己的文学王国。

　　正是在现代性文化之光的照彻下，活跃于莫言笔下的许多人物，已与高密大地上人们心目中的乡土人物迥然有别。以人格的正常规则来看，杀人越货、拦路强奸，毕竟是一种邪恶。但《红高粱家族》中的土匪司令余占鳌，却放射出了敢恨敢爱、自由不羁的人格光辉。另如：青天白日之下，戴凤莲与余占鳌在高粱地里"野合"，暗中与罗汉大爷有染，后来又委身于"黑眼"，也都是为正统文化难以容忍的，莫言却这样深情地赞美道："我深信，我奶奶什么事都敢干，只要她愿意。她老人家不仅仅是抗日的英雄，也是个性解放的先驱，妇女自主的典范。"对于高密大地上那些丑陋邪恶的事物，诸如兄弟相残，人兽相奸，大便、蛆虫等等，莫言也以人性探索的目光，给予了浓墨重彩的渲染，从而在作品中，建构了一个大善与大恶、极美与极丑，形成鲜明对比的艺术空间。

正是为了创造一个有别于地理高密的超验艺术空间，莫言在作品中，有意识地将本来只是属于精神信仰、荒诞传奇，或出之于自己虚幻想象的事物，通过特定的艺术手法现实化了，给人以确凿无疑的印象。在《红蝗》中，我们会看到：是四老爷及其他乡亲们亲眼目睹了蝗虫从爆裂的泥土中轰然出世，然后排成条条巨龙迸射着幽蓝的火花，在河堤上缓缓流动的奇异场面；亲眼目睹了蝗龙在渡河时，河中的鳝鱼们用枪口般的嘴巴向它们发动了攻击，展开了一场厮杀。在他写在《狗道》中，我们会看到：人与狗之间展开了一场扣人心弦的大战。那些狗是那样的神秘莫测，它们有着丝毫无逊于人类的灵性与智慧，它们集结成精明强悍的战斗集体，它们推举出骁勇善战的领袖，向人类发起一次又一次进攻。失败之后，它们把队伍拉出几十里远，进行了严格的整顿，然后分兵前进，迂回突击，终于冲进了人类的掩体，把王光撕成碎片，把"我父亲"咬成重伤，向"奴役了它们漫长岁月的统治者进行了疯狂的报复。在一个大雷雨的夜晚，那座埋葬着共产党员、国民党员、普通百姓、日本军人、皇协军白骨的'千人坟'，突然被雷电劈开，腐朽的骨殖被抛洒出几十米远，雨水把那些骨头洗得白白净净，白得全都十分严肃。"在《马驹穿过沼泽》、《生蹼的祖先们》中，我们会看到：高密东北乡有一个令人不可思议、手脚生蹼的食草家族，这个家族的女祖先原是一匹漂亮的红马驹，这个家族曾经有过兴旺发达的辉煌岁月，但后来终于日趋败落，"恶时辰"正向他们逼近。有一天，"我"送女儿去育红班上学，因追赶一只大蝴蝶，不慎误入那片神秘可怕的"红树林"。在"红树林"中，他们先是遇见了已与外界隔绝三年之久的几位女考察队员，继而遭到一伙人的劫持，被押到了全副武装的皮团长面前。当皮团长发现"我"是食草家族的成员，下令阉割时，死去的爷爷、九老爷及时出现了，为其向皮团长求情。在莫言的这类描写中，读者已很难分清哪些是梦幻与传说，哪些是历史与现实。

在莫言的小说中，即使那些现实感极强的事物，也往往被抹上了一层神秘色彩：在《红高粱》中，罗汉大爷被剥皮致死之后，当天夜里，天降大雨，把骡马场上的血迹冲洗得干干净净，罗汉大爷的尸体也神秘地失踪了；"奶奶"中弹倒地之后，一群雪白的野鸽子突然飞来，落在高粱梢头，用宽大的笑容回报着奶奶弥留之际对生命的留恋和热爱。在《民间音乐》中，那位漂亮妩媚的酒店老板花茉莉，居然与漂泊前来的小瞎子一见钟情，她向小瞎子表白道："我是一个女人，我想男人，但我不愿想那些乌七八糟的男人，我天天找啊，寻啊，终于，你像个梦一样的来了，第一眼看到你，我想，这就是我的男人，我的亲人，你是老天给我的宝贝……"但小瞎子却坚辞拒绝，不顾晕倒在地的花茉莉，孤身一人离去了。痴情的花茉莉，醒来之后，又追寻小瞎子，去了一个不可知之处。

作为一种植物，高密的"红高粱"，与山东境内的其他"红高粱"，与河南的"红高粱"、河北的"红高粱"，实质上并没什么区别。故而有慕名而来，企图实地体验一下红高粱大地神秘氛围的好奇者，常常会失望而归。高密大地的"红高粱"，之所以神秘莫测，之所以奇光异彩，之所以诱人向往，之所以超越了物质性的植物内涵，而成为高密地域文化的品牌性标志，亦正是得力于高密人莫言的创造，它属于高密，也更属于莫言自己。是莫言，赋予了故乡的"红高粱"以"挺拔刚健"、"凄婉可人"、"爱情激荡"，"它们根扎黑土，受日月精华，得雨露滋润，上知天文下知地理"，"所有的高粱合成一个壮大的集体，形成了一个大度的思想"之类的肃穆与庄严、壮阔与神圣、不屈与灵性。莫言特别写道：与故乡土著作物的"红高粱"相比，由海南岛交配回来的杂交高粱，"好像永远都不会成熟。它们永远半闭着那些灰绿色的眼睛。""它们徒有高粱的名称，但没有高粱挺拔的高秆；它们空有高粱的名称，但没有高粱辉煌的颜色。它们真正缺少的，是高粱的灵魂和风度。它们用它们晦暗不清、模棱两可的狭长脸庞污染着高密东北乡纯洁的空气。"从中可进一步看出，莫言在"红高粱"形象中凝铸的关于故乡人格，亦乃民族人格的忧思与希望。

　　莫言对高密大地的艺术再造，更为重要之处还在于：面对《红蝗》中展现的蝗虫铺天盖地而来，疯狂地吞食着大地青绿的恐怖场面，读者会不由自主地联想到人欲横流的可怕，正如作者在篇末所诘问的："如果大家是清醒的，我们喝的是葡萄美酒；如果大家是疯狂的，杯子里盛的是什么液体？"透过那座被霹雷炸开的千人坟墓，读者看到的也决不仅仅是自然力量的神秘莫测。面对那些"谁是共产党、谁是国民党、谁是日本兵、谁是伪军、谁是百姓，只怕连省委书记也辨别不清"。"完全平等地被同样的雨水浇灌着"的各种头盖骨，人们会以另外一种超然的历史目光，站在整个人类的角度，从更深的人性层次上，重新考辨人类之间相互残杀的因由。透过高密东北乡那个不得不遭受"阉割"厄运的食草家族，读者得到的也决不仅仅是猎奇心得以满足的快慰，而是会深刻体验到一种人类历史的进步与人性自由之间某种宿命般的冲突。反抗压迫，向往自由，这一直被人类视为自己的美好天性，但人类却忽视了，正是为了实现和满足这种天性，有时候，又不得不表现出不自知的野蛮和残忍，以致终于会遭到可怕的报复，这就是发生在高粱地里的那场惨烈的人狗大战所给予我们的启示。

　　由此可进一步看出，莫言虽然眷恋着故乡的土地，在故乡大地上获取着创作灵感，但他决不是一个普通意义的乡土作家或寻根作家。在那汪洋恣肆的笔墨背后，在那梦幻与现实融为一体想象创造中，透射出来的是对人性、人的历史、人的价值以及人的生命之谜的求索与探寻。他笔下的神秘色彩，奇人异事，也已不再是这片土地上固有的原始形态的、不可理喻的灵物崇拜与民俗信仰，更不是一种夸张、拟人之类普通意义上的表现手法，而是作者从宏阔的现代文化视野与宇宙情怀出发，对人与自然之关系的忧虑与沉思。显然，又正是这些，使莫言笔下的芸芸众生，已不只是高密人，不只是山东人，也已不只是中国人，而是伟大、神圣却又不无邪恶与丑陋的"人类"。他小说中的艺术世界，自然也就已决然不同于地理空间的"高密"和"高密东北乡"了，而是属于莫言自己创造的具有世界性意义的"文学王国"。

　　　　（原载花山文艺出版社1992年版《怪才莫言》一书，被收
　　　入《莫言研究资料》,《莫言研究30年》、《莫言与高密》
　　　等多种文集）

艺术境界论

在我国文艺学领域，艺术境界早已是一个频频可见的术语，如"美好的艺术境界"、"深远的艺术境界"、"崇高的艺术境界"、"'天人合一'的艺术境界"、"某某作家的艺术境界"、"中国书法的艺术境界"、"市场冲击下的艺术境界"等等，仅由百度搜索，含有该术语的资料即已达124000余篇。但究竟何为"艺术境界"，却很少有人专门论及。有学者在谈及时，也每每与"意境"混为一谈。实际上，二者虽有相通之处，但仅从语用范围即可看出其区别。比如，我们可以说"天人合一的境界"，不宜说"天人合一的意境"；可以说"一个人要活出某种境界"，不宜说"一个人要活出某种意境"；可以说"思想的境界"，不能说"思想的意境"。同样，用之于文学艺术，可以说"作家的人格境界"，不宜说"作家的人格意境"；可以说"这部小说的境界很高"，不宜说"这部小说的意境很高"。更为重要的是：从语义构成来看，"意境"强调的是"意"与"境"、"物"与"我"之和谐，而"境界"强调的则是艺术形象中所含蕴的诗性精神空间；"意境"是一个浑然整体概念，"境界"则是一个深度层级概念。一首仅有"意境"的诗，可以是好作品，但不一定是大作品。大作品还需有"大境界"、"高境界"。从理论效应来看，"意境"更适于论及托物言志或借景抒情之类诗作，而"境界"则不仅可用之于分析各类诗歌，亦可用之于分析小说、散文、戏剧以及书法、绘画、音乐等各类艺术作品精神空间的大小、格调的高低，以及诗人、作家、艺术家的人格层次等。由此可见，"艺术境界"应该是一个具有独立内涵、有待深入探讨的重要文艺学范畴。

一、艺术境界的内涵

据许慎《说文解字》："竟，乐曲尽为竟"；"界，竟也。"段玉裁注曰："竟，俗本作境，今正。乐曲尽为竟，引申为凡边竟之称。""界之言介也，介者，画也，画者界也，像四田界。"可见"境界"一语，本义是指有一定边界的空间，即今所谓"疆界"。

在中国语言史上，地域空间之本义的"境界"，后被引申用来说明人的某种心灵状态、精神层次或整体性的人生品格。如《庄子·齐物论》中所推崇的"不相待"、"亦无辩"、"和之以天倪"、"忘年忘义"之"无竟"，指的即是一种世界观意味的心灵状态。在汉译佛教典籍如《无量寿经》中所说的"比丘自佛，斯义弘深，非我境界"；《华严梵行品》所说的"了知境界，如幻如梦"之"境界"等，指的即是修行者所能达到的精神层次。中国现代著名哲学家冯友兰先生在《新原人》中，则径直以"境界"论人生，认为"人生境界"可分为四个层次，即自然境界、功利境界、道德境界与天地境界。自然境界，是一种最低层次的自然生物意义上的生活境界，其特征是：一个人只是"顺着他的本能或其社会的风俗习惯"做他所做的事；功利境界的特征是：一个人做的事，后果虽有利于他人，而动机则是利己的；道德境界的特征是：一个人知晓自己只是社会的一员，能够为社会的利益做各种事；天地境界，是人生的最高境界，其特征是：一个人，意识到自己不仅是社会的一员，还是宇宙的一员，能够为宇宙的利益做各种事。[①] 张世英先生在《哲学导论》中，亦曾在人生境界意义上指出："'境界'就是一个人的'灵明'所照亮了的、他所生活其中的、有意义的世界。""人在这个生活世界中怎样生活、怎样实践这就要看他的那点'灵明'怎样来照亮这个世界，也就是说，要看他有什么样的境界。一个只有低级境界的人必然过着低级趣味的生活，一个有着诗意境界的人则过着诗意的生活。"[②]

---

① 冯友兰：《中国哲学简史》，北京大学出版社 1996 年版，第 291—292 页。

② 张世英：《哲学导论》，北京大学出版社 2002 年版，第 79、80 页。

正是与"境界"被赋予的精神内涵相关，在中国古代文论史上，也早已不乏径直以"境界"论艺术的见解。如宋代画家郭熙在《林泉高致》中即曾谈及："余因暇日阅晋唐古今诗什，其中佳句有道尽人腹中之事，有装出目前之景，然不因静居燕坐，明窗净几，一炷炉香，万虑消沉，则佳句好意亦看不出，幽情美趣亦想不成，即画之主意亦岂易！及乎境界已熟，心手已应，方始纵横中度，左右逢源。"郭熙这里所说的绘画过程中所追求的与精神形态之"主意"密切相关的"已熟"之"境界"，即可谓画家在创作过程中体悟到的艺术境界。宋人李涂在《文章精义》中，也曾由精神内涵的特质着眼，以"境界"之别论及庄子、屈原等人的作品，谓"《庄子》寓言之类，是空境界文字；灵均《九歌》之类，是鬼境界文字；子瞻《大悲阁记》之类，是佛境界文字；《上清宫辞》之类，是仙境界文字"。

那么，究竟何谓艺术境界？细考古今有关论述，可以发现，人们在以"境"、"境界"论及艺术或径直使用"艺术境界"这一术语时，实际上有两种所指：一是指"艺术化境界"，二是指"艺术作品中的境界"。前者注重的是作者的艺术追求及作品所达到的艺术化程度，如明人王世贞在《艺苑卮言》中赞扬王维的诗"由工入微，不犯痕迹，所以为佳"，同时批评张籍虽善言情，王建虽善征事，"而境皆不佳"。① 王世贞这里所说的"境"，即是就诗的艺术化水平而言的。在当今中国文学研究、文学批评中，"情景交融的艺术境界"是时常可见的论断，如在袁行霈先生主编的《中国文学史》中即有"《诗经》中赋、比、兴手法运用得最为圆熟的作品，已达到了情景交融、物我相谐的艺术境界"之类论述。② 在这类论述中使用的"艺术境界"，亦正是"艺术化境界"之意。而后者注重的则是作品中的精神内涵，如宋人郭熙所说的致其"境界已熟"之关键的"画之主意"，李涂所说的"空境界"、"鬼境界"、"佛境界"、"仙境界"，今人所说的"深远的艺术境界"，"崇高的艺术境界"等，即体现为此义。在后一类"境界"用语中，由于更为注重的是文艺作品中的精神质素，故不妨可将其称之为"诗性精神空间"，即作家、艺术家通过一定的艺术手段，凝铸于特定艺术形象中的关于现实、人生、宇

① 郭绍虞主编：《中国历代文论选》第三册，上海古籍出版社1980年版，第103页。
② 袁行霈主编：《中国文学史》第一卷，高等教育出版社1999年版，第74页。

宙的体悟与沉思。比较可见，第一重含义的"艺术境界"，主要可用之于评判某一作品的艺术水平，而第二重含义的"艺术境界"，则可以在此基础上，从精神内涵角度，进一步评价某一作品整体价值的高低。

以实例来看，如白居易的"小娃撑小艇，偷采白莲回。不解藏踪迹，浮萍一道开"（《池上》）这样一首小诗，生动地再现了一幕饶有情趣的人间生活小景，表达了作者对天真无邪的童心的欣悦与向往，不能说不美，更不能说没有达到艺术化境界，但就其给予读者的情感感染与心灵震撼而言，无论如何难以与陈子昂的《登幽州台歌》、柳宗元的《江雪》之类作品相比。在文学艺术史上，还可常见这样一类现象：有许多题材相近，同样不乏情感，不乏想象，甚至有着很高艺术技巧，不乏艺术化境界的作品，其艺术价值却大不相同。如同是战争题材的小说，有多少如过眼烟云，而托尔斯泰的《战争与和平》、海明威的《永别了，武器》等，则成为世界文学名著；同是性爱题材的小说，有的被视为淫秽粗俗，难登大雅之堂，而劳伦斯的《查特莱夫人的情人》，则终被判定为是一部严肃而富有诗意的杰作；同是凶杀犯罪题材的作品，有不少被指责为渲染暴力，而陀思妥耶夫斯基的《罪与罚》、《卡拉玛佐夫兄弟》等，则被人称颂为"伟大的天才之作"；古往今来，不知有多少诗人咏叹过梅花，但绝大多数默无声息，而宋人陆游的那首《咏梅》词与明人高启的那首《咏梅》诗，则常为后人念及；在中外绘画史上，不知有多少画家画过农民肖像，大多让人看了无动于衷，而罗中立的《父亲》，竟成为一个时代的美术力作；同是用中国的笔墨书写，而书写者同样有着圆熟的书写技巧，但有人终其一生只是写字，有人则享"书圣"之誉。个中原因，当然是多方面的，而其关键正在于：那些为人赞叹的高妙之作中，往往会涌动着一种激动人心的力量，会诱人进入一个形而上的独创性的诗性精神空间。本文所论及的艺术境界，便主要是就这样一重含义而言的。

二、"境界"不同于"意境"

"意境"一语，源之于据传是唐人王昌龄的《诗格》，经后人叠加阐发，特别是得益于王国维的倡导，已被视为古代文论与美学理论的重要范畴之一，备受重视，有人甚至将其视为中国文论的最高范畴。而同样早就见之于我国古代文论的另一重要文艺学范畴——"境界",却一直少人垂顾。

令人不解的是,《诗格》中原本讲得很明确:"诗有三境:一曰物境。欲为山水诗,则张泉石云峰之境,极丽极秀者,神之于心,处身于境,视境于心,莹然掌中,然后用思,了然物象,故得形似。二曰情境。娱乐愁怨,皆张于意而处于身,然后用思,深得其情。三曰意境。亦张之于意而思之于心,则得其真矣。"从中可见,作者是在并列意义上概括归纳了诗歌创作中最为常见的三种境界,即重神之境、重情之境与重意之境,并没有从价值高低的角度特别推崇"意境",但后人在论及诗歌的奥妙时,高度重视,大加张扬的则是"思之于心"之"意境"。这或许是因为:第一,中国诗论更为经典的宗旨是"言志",中国古代文论的主旨是"载道","意境"论似与之更为暗合。第二,论述"物境"中的"形似"一语,极易给人诗格不高之印象,实际上,从"神之于心"、"视境于心"、"然后用思"之类用语来看,"形似"中分明亦含有主体之"意","形似"的实质当指"神似"。另外,《诗格》中是以"山水诗"论及"形似"的,如作"低格"视之,那也就等于说山水诗不可能有好诗了,这显然也与理不通。

也许正因"意境"原本仅指诗境之一,当后人力图将其统辖所有诗歌现象时,也就难以自圆其说了。在已有的关于意境的众多理论中,具体看法虽不尽相同,但基本上都将"情景交融"、"意与境谐"之类视为主旨。而这类主旨,用之于论诗,并不具普适性意义,正如袁行霈先生曾经指出的:"意境虽然很重要,但不能把有无意境当成衡量艺术高低的唯一标尺。中国古典诗歌有以意境胜者,有不以意境胜者。有意境者固然高,无意境者未必低。"① 比如,当面对诸如直抒胸臆之陈子昂的《登幽州台歌》、重在彰显某种哲理的苏东坡的《题西林壁》、朱熹的《读书有感》之类说不上有什么"情景交融"的意境,但却时常为人称道的诗作时,又该如何评价呢? 此外,即使同样达到了"情景交融"的有"意境"之诗作,整体价值也是大不一样的,尚有平庸与警拔、浅显与深刻之别。对此,仅以"意境"论之,显然是远远不够的。近些年来,在我国文论界,有学者试图进一步扩大"意境"的理论效应,将其用之于分析评价常以叙述事件,刻画人物见长的小说、戏剧

---

① 袁行霈:《中国诗歌艺术研究》,北京大学出版社 1987 年版,第 47 页。

之类作品，这也总让人感觉有点牵强。与之相比，当面对《登幽州台歌》、《题西林壁》之类诗作以及小说、戏剧之类等其他体裁作品时，如以本文所说的"诗性精神空间"内涵的"艺术境界"观之，或许不失为一种更为有效的理论视角。

　　但长期以来，在我们的文艺学领域，"艺术境界"往往被混同于"意境"。如朱光潜先生认为"诗的境界是情景的契合"①。这里的"境界"，指的即是通常所说的"意境"；李泽厚先生也径直认为"'意境'也可称作'境界'"②。对"意境"研究卓有成就的袁行霈先生，虽然意识到了"意境"并非衡量诗歌艺术高低的唯一标尺，但同样未能对"意境"与"境界"加以区别，认为"意境是指作者的主观情意与客观物境互相交融而形成的艺术境界"③。对此，蒋寅先生的质疑是有道理的：袁先生的"这一定义简明扼要，为学术界所接受。不过仔细琢磨起来，定义的中心词'艺术境界'本身还是个有待阐释的复杂概念，尤其是近代意境说的奠基人王国维就用'境界'一词来指意境，以'艺术境界'作意境的中心词在逻辑上便有同义反复之嫌了。"④也许正因人们对这类"同义反复"之论的习焉不察，在我国文艺理论界，也就遮蔽了对"艺术境界"的独立注意。值得注意的是，另有学者，如宗白华先生，虽然意识到了"艺术境界"的重要（他的一部著名文集即为《艺境》），但所说之"境界"，亦每每与"意境"纠结不清。如宗先生认为："化实景而为虚境，创形象以为象征，使人类最高的心灵具体化、肉身化，这就是'艺术境界'。艺术境界主于美。"⑤这里的"艺术境界"，内涵基本上可等同于"意境"；宗先生另有论断："中国文艺里意境高超莹洁而具有壮阔幽深的宇宙意识生命情调的作品也不可多见。"⑥宗先生这里所说的"高超"之"意境"，显然又已不同于一般所说的"情景交融"之意境，若换作"境界"也许会更为贴切。

　　考察中国文艺理论史可见，混淆了"境界"与"意境"之界限的，大

---

①　《朱光潜美学文学论文选集》，湖南人民出版社1980年版，第89页。

②　李泽厚：《美学论集》，上海文艺出版社1980年版，第325页。

③　袁行霈：《中国诗歌艺术研究》，北京大学出版社1987年版，第26页。

④　蒋寅：《语象·物象·意象·意境》，《文学评论》2002年第3期。

⑤　宗白华：《艺境》，北京大学出版社1987年版，第151页。

⑥　宗白华：《艺境》，北京大学出版社1987年版，第164页。

概要首推王国维。王国维在《人间词话》中，即是在不加内涵界分的情况下，最早将"境界"与"意境"二语交混使用的。叶朗先生在《中国美学史大纲》中判定："在王国维那里，'境界'和'意境'基本上是同义词。"① 这判断是符合王国维的主体视角的，一个最为显见的证据是：在托名樊志厚所作的《人间词乙稿序》及《宋元戏曲考》等论著中，王国维干脆将在《人间词话》中交混使用的"境界"与"意境"二语悉数换成了"意境"。

但值得注意的是，王国维虽然缺乏对"意境"与"境界"的清醒界分，似乎又不自觉地意识到了二者之区别。如王国维一方面批评宋代词人姜白石的作品"不于意境上用力"，"无言外之味，弦外之响"（《人间词话》22），同时又讲过："严沧浪《诗话》曰：'盛唐诸公，唯在兴趣。羚羊挂角，无迹可求。故其妙处，透彻玲珑，不可凑泊。如空中之音、相中之色、水中之月、镜中之象，言有尽而意无穷。'余谓北宋以前之词，亦复如是。然沧浪所谓'兴趣'，阮亭所谓'神韵'，犹不过道其面目，不若鄙人拈出'境界'二字为探其本也。"（《人间词话》79）王国维自己所推重的"言外之味，弦外之响"，与严羽所说的"羚羊挂角，无迹可求"、"言有尽而意无穷"之类主张之间，实在看不出有什么本质区别。故而王国维对严羽之论的不满，也基本上等于是自我否定。而正是透过这不满与自我否定，以及对"境界"一语的自鸣得意可见，王国维似乎又意识到，"境界"是不同于"意境"的。

从王国维的另外一些论述中，我们可进一步窥见他心目中不同于"意境"内涵的"境界"所指。如"'明月照积雪'、'大江流日夜'、'澄江静如练'、'山气日夕佳'、'落日照大旗'、'中天悬明月'、'大漠孤烟直，长河落日圆'，此等境界可谓千古壮语。"（《人间词话》44）由作者列举的这类诗句中出现的"大江"、"大旗"、"中天"、"大漠"、"长河"之类用语及相关的博大物象来看，此处盛赞的"千古壮语"之"境界"，亦非一般意义之"意境"，而是由取境特征着眼，肯定的是这类诗作中诗性精神空间的博大，透露出的正是王国维对某种层次的"艺术境界"而不是寻常"意境"的推重。另如王国维曾这样比较过同是亡国之君的宋徽宗与李煜的词作，认为两人的某些作品，虽都称得上是"以血书者也"，但"道君不过自道生世之

---

① 叶朗：《中国美学史大纲》，上海人民出版社 1985 年版，第 613 页。

戚，后主则俨有释迦、基督担荷人类罪恶之意，其大小固不同矣。"（《人间词话》108）王国维这里所说的"大小"，亦是就其词作中达到的精神空间而言的。王国维在评价周邦彦的词时指出："美成深远之致不及欧秦。唯言情体物，穷极工巧，故不失为第一流之作者。但恨创调之才多，创意之才少耳。"（《人间词话》8）其中，"深远之致"之"深远"，便正是空间范畴的"境"之本义；"深远之致"之语义，当是"达致深远之境"。按王国维的思路：要达到这样一种境界，"言情体物，穷极工巧"（这自然会创造出一般所说的"意境"）固然重要，但更重要的当是"创意"。那么，怎样才能有"创意"呢？王国维强调"词人观物，须用诗人之眼，不可用政治家之眼"，因为"政治家之眼，域于一人一事。诗人之眼，则通古今而观之。"（《人间词话》95）"诗人对宇宙人生，须入乎其内，又须出乎其外。入乎其内，故能写之；出乎其外，故能观之。入乎其内，故有生气；出乎其外，故有高致。"（《人间词话》117）"东坡之词旷，稼轩之词豪。无二人之胸襟而学其词，犹东施之效捧心也。"（《人间词话》114）也就是说，要有"创意"，需要作者具备豪阔的胸襟与超越性的精神目光。只有具备了这样的胸襟与目光，其作品才有可能达致高阔深远之境。显然，王国维的这些论述，与"意与境浑"、"言有尽而意无穷"为主旨的"意境论"，已断乎不是同一个理论层面上的问题。

叶嘉莹先生指出："王国维在使用'境界'一辞时，往往在不同之情况中有不同之含义。"一是指作品内容所表现的一种抽象之界域；二是指修养造诣的不同阶段；三是指作品中所叙写的一种景物。① 叶嘉莹先生的看法无疑是正确的，但还需强调的是，对其同一用语的不同含义，王国维本人尚缺乏自觉。而正因缺乏自觉，也就几乎必然性地导致了如同山东师范大学教授吕家乡先生所批评的："境界和意境，有时为同义词，有时又非同义词，这反映了王国维思维上的游移、混乱。"② 以王国维本人的相关论述来看，其思维不仅"游移、混乱"，且时常不无自相矛盾之处。如他认为"能写真景物、真感情者，谓之有境界"（《人间词乙稿序》），"有境界则自成高格"（《人间

---

① 叶嘉莹：《中国词学的现代观》，岳麓书社1992年版，第18—19页。
② 吕家乡：《意境诗的形成、演变和解体》，《文史哲》2004年第3期。

词话》31）。那么，凡"写真景物、真感情"者，就一定"有境界"吗？就一定是"高格"之作吗？其价值高低就没有区别了吗？他在论及南宋词人姜夔时，一方面盛赞"古今词人格调之高无如白石"（《人间词话》22），却又有否定性地断言姜词"有格而无情"（《人间词话》7）。既然能写真感情即谓之有境界，谓之有高格，而姜词"无情"却又怎么成"高格"了呢？"情"与"格"之间又究竟是什么关系呢？他一方面断言"北宋之后无词"（《人间词话》7），又谓"堪与北宋人颉颃者，唯一幼安耳"（《人间词话》11）。对清代词人纳兰容若的作品，也给予了很高的评价，谓"真切"，能够"以自然之眼观物，以自然之笔写情"（《人间词话》124）。王国维的判断标准究竟又是什么呢？他一方面宣称"境界有大小，不以是而分高下"（《人间词话》124），又将"大江流日夜"、"澄江静如练"、"大漠孤烟直，长河落日圆"之类赞叹为"千古壮语"之"境界"（《人间词话》44）。这前后不是也自相矛盾吗？

在中国古代文论史上，以《人间词话》为代表的王国维的诗学论著，已经得到了很高的评价，但迄今为止，学术界更看重的仍是他的"意境论"。我认为，王国维的理论中，更应重视的应是他自己虽不自觉，但却别有内涵的"境界论"。他的"意与境浑"、"言外之味，弦外之响"之类的"意境"论，从主旨来看，并没有超越唐人司空图、宋人严羽等人的见解，尚缺乏独到的理论建树。而他所论述的与胸襟的"豪旷与窄狭"，眼界的"浅近与深远"，作品"气象"的"大与小"，以及勇于"担荷"的人格质素，独到的"创意"、"观古通今"的眼界等相关的"境界论"，则闪射着独特的理论光彩。

对此，当代某些学者的见解是值得进一步引起重视的。如山东大学教授程相占先生认为，王国维的意境论与境界说不能混为一谈，意境可以分解为意、境、观三要素，而境界则主要指真情或心灵境界，无法分解；意境论受西方理论影响的痕迹较明显，而境界说则体现了回归中国传统诗学的倾向。① 佛山科学技术学院中文系副教授余福智先生在《境界说探讨之三：拈出境界二字》一文中，亦颇具见地地指出："王国维'拈出境界二字'，是充

---

① 程相占：《王国维的意境论与境界说》，《江苏大学学报》2003 年第 3 期。

分考虑过它的丰富内涵的，论者往往以为境界即意境，可真是差之毫厘谬以千里了。意境可以在思力安排的作品中产生，而境界则必须有即兴当场的直接感发。""我们通常以为诗词要讲含蓄。然而事实上，在中华审美传统里，含蓄并不是最高层次的标准。读者更愿意看到的，是作者知、情、意的全方位投入，是作者生命的质量。而境界说恰恰最能满足这最高标准。"① 余先生判定王国维对"境界"不同于"意境"的独特内涵有着"充分考虑"，也许不一定切合实际，但经由对王国维理论的发掘，重视"境界论"，并深入探讨其特征与内涵，则应该是文艺学研究中一个十分重要的课题。

三、艺术境界的创造

通过对艺术创作过程及艺术作品内涵的分析可知，诗性精神空间含义的艺术境界的创造，主要与下列要素有关。

首先是人生境界。一位诗人、作家、艺术家，在其创作过程中，不论视点、取材、立意，还是形式技巧的选择，都必然会受到自己的社会观、人生观、哲学观、处世态度、趣味爱好、审美理想等人生境界因素的影响，从而形成某种艺术境界。在中外文学史上，我们可以发现，许多作品的精神境界，首先是与作家的人生境界密切相关的。如陶渊明诗作中的恬淡闲适又内含愤世嫉俗的艺术境界，即根源于"不为五斗米折腰"的处世态度；李白诗歌中的豪放旷达的艺术境界，即源之于敢于傲视权贵，向往自由的人生理想；托尔斯泰小说中博大浑阔的艺术境界，即源于其"爱一切人"的宗教哲学情怀；贝多芬音乐作品中喧腾着命运波澜的艺术境界，是源于其与命运抗争的人生境界；郑板桥的绘画作品中刚健奇纵的艺术境界，是源于其"衙斋卧听萧萧竹，疑是民间疾苦声"的人生境界。事实上，一位人生境界低下者，不可能创造出具有很高艺术境界的作品。因此，不论在什么类型的作品中，人生境界，当是影响艺术境界的第一要素。

其次，作为主体性精神创造，文学艺术的境界，亦与作家、艺术家体

① 余福智：《境界说探讨之三：拈出境界二字》，http://www.zhsc.net/bbs/dispbbs.asp? boardid=61&id=71139。

悟世界的能力相关，而人类的体悟能力本身是不一样的。按康德、黑格尔等人的分析，可由低到高依次分为感性、知性、理性这样三个层次。康德认为，感性（sensibility）能力是指"'由吾人为对象所激动之形相以接受表象'之能力"；知性（undersdanding，又译为悟性、智力、理解力）能力是"使吾人能思维'感性直观之对象'之能力"；①理性（reason）能力是对知性判断的最高综合统一能力，是"关于全部可能经验之集合的统一性的，这样一来，它就超出了任何既定的经验而变成了超验的"②。黑格尔的看法与康德相近，认为感性认识尚是对事物的直接性模糊性认识；知性认识则是通过推论，对事物的各个部分进行单独认识；理性认识要解决的则是超出知性经验的问题，如灵魂不灭、宇宙本体、上帝存在等等。其实，在中国传统文化中，也早已出现过体悟能力三分的类似见解，如唐代禅师青原惟信有这样一段经常为人提及的参禅名论："老僧三十年前未参禅时，见山是山，见水是水。及至后来，亲见知识，有个入处，见山不是山，见水不是水。而今得个体歇处，依前见山只是山，见水只是水。"（《五灯会元》卷十七《青原惟信禅师》）其中，"见山是山，见水是水"即类乎感性直观认识；"见山不是山，见水不是水"即是对山水的知性经验把握；"见山只是山，见水只是水"即类乎对事物超出知性经验的形而上之把握。

文艺作品的成功，需要作家、艺术家能够敏锐地从纷纭的自然景物或人生世相中捕捉、发现、把握到某种意蕴，而这捕捉、发现与把握，便正是作家、艺术家体悟能力的标志。黑格尔在其艺术哲学中强调"美是理念的感性显现"，由其"实体即主体"的哲学观即知，黑格尔这里所说的"理念"，即是指创作主体所把握到的事物之独特意蕴；黑格尔所说的"美"，即指作者将事物的意蕴凝铸于一定感性形式而形成的某种"艺术境界"。以具体作品来看，比如同是春柳摇曳，元代诗人杨维桢有一首《杨柳词》写道："杨柳董家桥，鹅黄万万条，行人莫到此，春色易相撩。"读来比较乏味，因为前两句只是很实在的寻常自然景观的复述，后两句传达的也不过是普泛性的感觉经验，其艺术境界尚是浅显的。从体悟能力来看，诗人所达到的尚不过

---

① ［德］康德：《纯粹理性批判》，蓝公武译，商务印书馆1960年版，第73页。
② ［德］康德：《未来形而上学导论》，庞景仁译，商务印书馆1978年版，第104页。

是康德、黑格尔所说的感性认识、青原惟信所说的"见山是山，见水是水"的层次。而当我们读宋人曾巩的《咏柳》诗："乱条犹未变初黄，倚得东风势便狂。解把飞花蒙日月，不知天地有清霜"时，感受到的艺术境界就大不一样了，会引发对诗中隐含的某些丑恶现象的厌恶，并唤起对光明正直的人生境界的向往。而柳树本身，是无所谓"势便狂"、"蒙日月"之类意蕴的，而这意蕴，便正是作者自己体悟人生世事的结果。在这类诗作中，诗人的体悟能力显然已超越了"感性认识"而达到了"知性认识"阶段，超越了"见山是山，见水是水"而达到了"见山不是山，见水不是水"的层次。在古今中外的咏柳诗中，最有名的大概还要数唐人贺知章的《咏柳》："碧玉妆成一树高，万条垂下绿丝绦。不知细叶谁裁出，二月春风似剪刀。"与前二诗相比，贺诗的高妙之处正是在于：诗人不仅超越了杨维桢诗中的浅显感性经验层面，也超越了曾巩诗中只是抓住柳树的某一特征立意的"见山不是山，见水不是水"的知性经验层面，而是借助"不知"二字，发出了对宇宙的探问，将诗境导入了更为高超的形而上之界域。在贺知章的这首《咏柳》中，诗人所达到的正近乎具有一定"最高综合统一"特征的"理性认识"层面，亦正类乎"见山只是山，见水只是水"的最高禅境。由此可见，作家、艺术家体悟事物独特意蕴的能力，也就成为构成艺术境界的第二要素。

艺术境界的生成，当然还必须凭依某种特定的感性形式，即通过恰到好处的文字、色彩、线条、音符之组合，或象征、比喻、拟人之类的艺术手段而生成的可感形象。特定的感性形式，不仅是人格精神境界的载体，有时候，甚至形式本身就是某种人格精神的体现，就独具一定的艺术境界内涵。如在文学作品中，语体的生涩与酣畅，笔力的刚健与柔弱，节奏的舒缓与快捷等，即与作家的人格气质与风范相关。尤其是在中国的书法艺术中，一件作品的艺术境界，便主要是由笔墨之力度、线条之韵味、整体之布局等形式要素构成的。据此可见，与人生境界、意蕴体悟相谐和的特定艺术形式，是艺术境界构成的第三要素。

综上所述，可进一步看出：就创作特征而言，艺术境界是诗人、作家、艺术家通过一定的艺术手段，在作品中创造出的某种精神境域。其中，创作主体所抵达的精神层级，是决定作品艺术境界高低的关键。就创作结果而言，艺术境界，是一个弥漫着意蕴氛围，能够引发读者思绪与情感的形象场。这样一种"形象场"，虽仍具本原性的"具有一定边界的空间"之意，但已不同于三维性的自然疆界，而是诗性化的精神空间，是自然空间（形象）、心理空间（意蕴）以及时间（动态流程）的三重叠合。从内在构成而言，艺术境界是人生境界、意蕴体悟与艺术形式三位一体的产物，是一位诗人、作家、艺术家人格、体悟能力与艺术才华的综合体现。

四、艺术境界的层级

文学艺术，之所以被冠之以"创作"，一个重要规则即是：要创造出不同于现实生活也不同于已有文化生活的某种诗性精神空间。但仅据诗性精神空间之有无，仍不能判定作品整体价值之高低。欲判定作品整体价值之高低，还要进一步分析作品中所呈现出来的诗性精神空间的深度与广度，以及由此而给人审美刺激与灵魂震撼的程度。从其根本构成来看，人类的文艺作品，是其精神之光的闪现与结晶，而人类的精神向往与追求本身，就是存在不同境界的。王国维曾以"隔"与"不隔"论诗之成败，但"不隔"可以是诗，甚至是好诗，但不一定是最好的诗，还要看其达到的境界层级。

由于文学艺术作品中的精神境界层级与人生境界及主体体悟能力之间的密切关联，故而在古今中外的文艺作品中，我们恰可以发现与冯友兰先生所说的人生境界层次基本对应，亦与康德、黑格尔所指出的不同体悟方式相关联的四重艺术境界。

1. 自然境界

按冯友兰先生的人生境界观，自然境界，是一种最低层次的自然生物意义上的生活境界，至此境界的人，只是"顺着他的本能或其社会的风俗习惯"做他所做的事。与之相关，在文学艺术领域，有一些作品的特征正近乎此，即更注重的只是对客观事物或生活现象的描摹，或主要是作者本能经验的呈现。如"泉溜潜幽咽，琴鸣乍往迎。长风剪不断，还在树枝间。"（卢仝《新蝉》）"散影玉阶柳，含翠隐鸣蝉。微形藏叶里，乱响出风前。"（李世民《赋得弱柳鸣秋蝉》）之类的咏物诗，虽不无一定情感状态的呈现，但因传达出的主要还是诗人自己的视觉与听觉印象，尚缺乏独到的意蕴体悟，故而所达到的大致可谓自然境界。唐代诗人李贺，声名颇高，但有一首《竹》："入水文光动，抽空绿影春。露华生笋径，苔色拂霜根。织可承香汗，裁堪钓锦鳞。三梁曾入用，一节奉王孙。"却很少为人提及，关键原因恐亦正于重在感性描摹，而未及知性、理性体悟层次。性爱，本是人类文学艺术中有重要意义的题材领域之一，但有许多作品，如中国古代的《肉蒲团》、《如意君传》、《疯婆子传》，西方的《情场赌徒》、《销魂时分》、《玫瑰梦》等，之所以受到严肃文学界的漠视乃至否定，原因亦正在于这些作品的主导意趣是本能情欲的宣泄。在这类作品中，有的虽也隐含着一定的社会批判意识，也透露出某些文化信息，或者不乏描写刻画的艺术技巧，但因由作者的主导意趣流露出来的尚属自然境界的眼光，其作品的价值也就可想而知了。近十几年来，在中国文坛上，有一些公然打出"垃圾诗派"、"下半身写作"之类旗号的诗人、作家，虽自命为"先锋"，自以为"新潮"，但由《上海宝贝》、《北京娃娃》之类小说，以及诸如"留在记忆里的／开春信号／是姑娘们／露出了小腿／不管美不美／春天一过／她们会露得更多"（伊莎《关于春天的命题写作》）之类的诗歌中，见出的也主要是最低本能层次的自然境界。从作家对事物的体悟能力来看，自然境界的作品，基本上停留于感性认识阶段，尚缺乏更高层次的精神视野。

2. 功利境界

相关作品大致上又可分为两种情况：

一是抒发个人怨愤。比如同是咏蝉，与卢仝、李世民基本上停留于视觉与听觉印象不同，骆宾王《在狱咏蝉》中涌动的是"露重飞难进，风多响易沉。无人信高洁，谁为表予心"的"孤愤"之情，李商隐在《蝉》中流露的是"本以高难饱，徒劳恨费声。五更疏欲断，一树碧无情"的"怨恨"之意。按冯友兰先生的见解，一位功利境界的人，所做事情的后果虽有利于他人，而动机则是利己的，上述"孤愤"与"怨恨"之作，似乎恰好合于此类，即虽有反抗不公、向往清明的社会功利意义，但就诗人的主观动机而言，主要尚是宣泄自己的不满。

二是批判社会现实。在文学艺术中，功利境界还表现在：作家并非仅是从个人功利出发，而是出于某种社会责任感，自觉地以文学艺术为工具，或宣传新的社会主张，或揭露社会黑暗。如 18 世纪涌现于欧洲文坛的以斯威夫特《格列佛游记》、卢梭《爱弥儿》、博马舍的《费加罗的婚姻》为代表的"启蒙文学"；中国五四时代出现的冰心的《超人》、王统照的《微笑》之类的"问题小说"；"左联"时期出现的蒋光慈的《咆哮了的土地》、柔石的《为奴隶的母亲》、殷夫的《别了，哥哥》之类的"革命文学"；"文革"结束后出现的以卢新华的《伤痕》、刘心武的《班主任》为代表的"伤痕文学"等等。

从作家的体悟能力来看，至功利境界的作品，虽已超越了自然境界之作的感性视野，而上升至思维"感性直观之对象"的知性经验层面，但因受制于知性思维仅是"对事物的各个部分进行单独认识"的局限，这类作品中呈现出的往往是好坏鲜明、是非清楚的二元对立的简单化倾向，因而开拓出的诗性精神空间还是浅显的。尤其是那些出之于社会功利目的之作，虽因迫近现实，能够获得同时代许多读者的喜爱，甚至在某一时段中产生轰动效应，但又正因这类作品中的功利因素具有时效性，而当时过境迁，也就往往再也难以引起人们的阅读兴趣了。

3. 道德境界

相关作品大致可分为三类情况：一是批判落后道德。如中国古代文学史上汤显祖的《牡丹亭》、王实甫的《西厢记》，现代文学史上鲁迅的《狂人日记》、巴金的《家》等对封建礼教的批判；西方文学史上莫里哀的《伪君子》对虚伪的教会道德的批判，大仲马的《茶花女》对资产阶级世俗伦理道德和婚姻观念的批判等。二是痛恨于道德的沉沦，如在福楼拜的《包法利夫人》、巴尔扎克的《高老头》、《纽沁根银行》之类作品中，展现出来的便是人类社会生活中欲望吞噬道德，金钱毁灭良心而导致的悲剧。三是呼唤道德良知的觉醒，如在雨果的《悲惨世界》中由小偷而变得人格高尚、乐施好善的冉阿让，在托尔斯泰的《复活》中由品行不端的纨绔子弟变为灵魂救赎者的聂赫留朵夫等人物形象身上，见出的便是作家的这样一种道德视野。

就文学艺术之于人类生活的意义而言，道德价值无疑是重要的。正是通过道德境界的作品，人类的心灵可以得到净化，情操可以得到提升，文明可以不断进步。从性质上来说，道德追求虽仍具功利性，但因超越了重在宣泄个人不满的自我功利而具有普遍性，因超越了一般社会功利的时效性而具有一定程度的永恒性，这就决定了道德境界的作品往往会具有更为久远的生命活力。但从体悟生活的能力来看，道德境界的作品，毕竟仍囿于知性经验范围，作者操持的往往仍是好人坏人鲜明对立的尺度，这就致使笔下的人物难免表面化乃至概念化，而难以达到更高的艺术境界。歌德曾经深有感触地指出："虽然一件优良的艺术作品能够而且也将会发生道德的后果，但向艺术家要求道德目的，等于是毁坏他的手艺。"① 歌德的话也许言重了些，但仅停留于一般的道德境界，尚不利于艺术水平的提高，则是有道理的。

4. 天地境界

亦可称为宇宙境界，相关作品的基本特征是：作家不仅超越了本能宣泄、感性描摹之类的自然视野，也超越了个人抗争、社会批判之类的功利视野与关注人类良知的道德视野，而是能够站在宇宙之一员的立场上，以凌空高蹈的博大襟怀，面对现实，观察万物，体悟人生，从而在作品中开创出更为宏阔的诗性精神空间。

一位能够达至天地境界的作家，内心涌动的常常是我即宇宙，宇宙即我，不以物喜，不以己悲，独与天地精神相往来的情愫。在文学史上的一些经典名篇中，我们体验到的正是这样一种情怀。如在晋人王羲之"天朗气清，惠风和畅。仰观宇宙之大，俯察品类之盛，所以游目骋怀，足以极视听之娱，信可乐也"（《兰亭序》）之类的散文中；在唐朝诗人张若虚"江天一色无纤尘，皎皎空中孤月轮。江畔何人初见月？江月何年初照人？人生代代无穷已，江月年年只相似。不知江月待何人，但见长江送流水"（《春江花月夜》）之类的诗篇中；在苏东坡"大江东去浪淘尽，千古风流人物"之类的词章中，读者正可以体味到这样一种宇宙情怀。同是写性爱，在劳伦斯的《查泰莱夫人的情人》中，男佣与贵妇人之间的野合，虽亦不无抗拒工业文明，冲突世俗观念之类功利意义、道德意义，但更为重要的则是：作者通过对肉欲及性爱过程的诗意描写，将其升华为忘我的天地境界。以世俗眼光来看，渡边淳一郎的《失乐园》，也许称得上是淫秽，但因作者致力于发掘的

---

① 伍蠡甫主编：《西方文论选》上卷，上海译文出版社1979年版，第47页。

是人类爱之极致的灾难，也就使这部小说升华为天地境界之作。

在达至天地境界的作品中，即使在陷入灾难的人物身上，也不时会迸发出宇宙精神的光彩，并借其宇宙之光而超越灾难。在托尔斯泰的《战争与和平》中，有这样一个震撼人心的经典场面：受了重伤的安德列公爵躺在尸体堆里，血快流尽了，但他并没有感到痛苦，没有任何关于死亡的恐惧，而是由注视到的遥远的、公正的、慈祥的、永恒的苍穹，以及天空中飘动的浮云中，体悟到了生命与大自然的美好。甚至当敌人走过他身边的时候，他已感到无所谓，他高兴的只是有人站到了他的面前；甚至当原本是他所崇拜的法军统帅拿破仑发现他还活着，向他问话时，他已不屑一顾，他想到的是，与此时他自己的心灵与苍穹、浮云相比，拿破仑所关心的一切是那么微不足道。在此时的安德列公爵身上，托尔斯泰写出的正是一种博大的宇宙情怀。而又正是这类宇宙情怀，才是托尔斯泰的《战争与和平》不同于其他战争题材之作的伟大之处。

在一些达至天地境界的作品中，虽也不乏个人反抗、改造社会之类的功利成分，但更为动人心魄的是作者对人生作为宇宙性本体存在，以及个人与宇宙整体之和谐状态的体悟与思考，虽也不乏道德内容，但却超越了善恶对立的简单视角，而更为着力的是揭示人性本身的复杂，是对人类自我灵魂的考问，是对"人在自然中的存在与同时又超越自然之间的矛盾"①之类的反思，是海德格尔所说的"天地人神"的交融一体。在诸如莎士比亚的《哈姆雷特》、歌德的《浮士德》、曹雪芹的《红楼梦》、陀思妥耶夫斯基的《罪与罚》、《卡拉玛佐夫兄弟》、马尔克斯的《百年孤独》、索尔仁尼琴的《古拉格群岛》等这样一些世界一流的文学名著中，见出的正是这样一种境界。

从体悟能力来看，天地境界的作品，正是康德、黑格尔所说的理性思维的产物。黑格尔曾将理性思维的结果称之为"绝对理念"或"宇宙魂"、"宇宙精神"，认为此乃一种超时空的（超人的、超自然的）客观理念，是客观独立存在的某种宇宙精神，是先于自然界与人类社会永恒存在的，是构成宇宙万物及一切现象的核心与灵魂。在天地境界的作品中，涌动的显然正是这样一种宇宙精神。而对这样一种宇宙精神的了悟，感性思维是不可能的，

---

① ［美］弗洛姆：《人的呼唤》，上海三联书店1991年版，第32页。

知性思维亦无济于事，而只有超验性的具有"最高综合统一"之特征的理性能力才能完成。

五、艺术的最高境界

在文学评论中，常见大诗人、大作家、大家风范、大家气势之语。而这"大"，便主要是着眼于艺术境界之高超而言的。与之相关，艺术的最高境界，也就一直为许多诗人、作家、艺术家所向往，也是批评家、理论家们时常论及的一个重要命题。

钟嵘在《诗品序》中指出："诗有三义焉：一曰兴，二曰比，三曰赋。……宏斯三义，酌而用之。干之以风力，润之以丹彩，使味之者无极，闻之者动心，是诗之至也。"宋人严羽认为："诗之极致有一，曰入神。诗而入神，至矣，尽矣，蔑以加矣！为李、杜得之。他人得之盖寡也。"唐人张怀瓘在《书断》中，曾将书法作品分为神品、妙品、能品三等。宋人黄休复在《益州名画录》中，曾将绘画分为逸品、神品、妙品、能品。钟嵘、严羽所提出的"至矣"，指的即是诗的最高境界；张怀瓘所说的"神品"，黄休复所说的逸品，指的亦是书画艺术的最高境界。只是在古人的相关论述中，这"最高境界"的所指，尚不得其详，因为钟嵘所说的"使味之者无极，闻之者动心"，严羽所说的"入神"，张怀瓘所说的"体法百变，穷灵尽妙"，黄休复所说的"拙规矩于方圆，鄙精研于彩绘，笔简形具，得之自然，莫可楷模，出于意表"之类标准，还比较普泛含混。

在现代人的视野中，对"最高艺术境界"的关注就更为直截了当了，讲得也更为明确了。如朱光潜先生认为"静穆"是诗歌的最高境界，并以陶渊明的诗为例，赞其"全是自然本色，天衣无缝，到艺术极境而使人忘其为艺术"；[①] 巴金认为"艺术的最高境界，是真实，是自然，是无技巧"；[②] 王蒙说："一种永恒，连接着一种永恒，这是小说的最高境界"；[③] 冯骥才认

---

① 《朱光潜美学文集》第二卷，上海文艺出版社1982年版，第224页。
② 巴金：《随想录》，三联书店1987年版，第218页。
③ 王蒙：《可能性与小说的追求》，《青岛海洋大学学报》2002年第3期。

为"最高的艺术境界是一种理想境界";① 曹文轩认为"寓言性是小说的最高境界";② 陈逸飞认为"大雅大俗是艺术最高境界"。③ 但这些论断,基本上还是从风格、技巧、体裁、艺术表现能力等某一方面着眼的,也就同样未能让人明了了"最高境界"的根本。有的见解,甚至只是从个人的审美趣味着眼的,就更难以说清问题了。如"静穆"是诗歌的最高境界,"狂放"就不是诗的最高境界了吗?"大雅大俗是艺术最高境界","阳春白雪"就不是艺术的"最高境界"了吗?

无论从创作实践还是理论批评角度而言,将本文所论及的"宇宙境界"("天地境界")视为文学艺术的最高境界,也许更有意义。如前所述,人类历史上那些真正伟大的作品,所达到的正是宇宙境界。在中国现代文论史上,一些卓有见解的学者,也往往正是从"宇宙境界"视角,论及文学艺术的"最高境界"的。王国维《红楼梦评论》中,曾盛赞《红楼梦》为"宇宙之大著述"、"我国美术上之唯一大著述",即主要是就作品所达到的最高精神境界而言的。王氏曾将《红楼梦》与《桃花扇》作比,认为"《桃花扇》,政治的也,国民的也,历史的也;《红楼梦》,哲学的也,宇宙的也,文学的也"。他这样分析道:在《红楼梦》中,"金玉以之合,木石以之离,又岂有蛇蝎之人物,非常之变故,行于其间哉?不过通常之道德,通常之人情,通常之境遇为之而已。由此观之,《红楼梦》者,可谓悲剧中之悲剧也。"④ 可见王国维视《红楼梦》为"宇宙之大著述",根本原因即因《红楼梦》中体现出超乎寻常的"宇宙精神",这"宇宙精神"就是:如梦如幻,流变无常,人生中存在着难以抗拒的悲剧。由于王国维接受的是叔本华悲观哲学的影响,故而其"最高境界"论中,虽亦难免虚无意味,但只要我们想到历史上那些最伟大的作品多悲剧而少喜剧的事实,就会意识到王国维的"最高境界"论,至少在一定程度上,是揭示了文学艺术"最高境界"之内涵的。我国著名美学家宗白华先生亦曾指出:"大艺术家最高的境界是他直接在宇宙

---

① 王爱红:《诗画天下之魅——冯骥才先生访谈》,《文艺报》2005 年 11 月 22 日。

② 曹文轩:《天际游丝:曹文轩精选集》第 46 节,http://taokee.com/c5e8a5eb-d148-4080-a498-ea9745739f46/46/Chapter.aspx。

③ 黎宛冰、卢北峰、陈逸飞:《大雅大俗是艺术最高境界》,《北京青年报》2002 年 12 月 12 日。

④ 《王国维学术经典集》上,江西人民出版社 1997 年版,第 60—61 页。

中观照得超形相的美"；他认为"歌德生平最好的诗，都含蕴着这大宇宙潜在的音乐"。宇宙的气息，宇宙的神韵，往往包含在他一首小小的诗里；晋人艺术境界造诣高，是因"晋人富于这种宇宙的深情"①。可见，宗先生也是从宇宙精神角度来探讨艺术之"最高境界"的。

文艺创作，首先要追求境界，有境界，方为艺术。一位作家、艺术家，如果放弃了对境界的追求，如果盲目地随波逐流，像后现代主义思潮中的有关主张那样，将深度模式削平了，将一切都平面化了，甚至于嬉皮士化了，我是流氓我谁也不怕了，其作品也就丧失了价值与意义。

文艺创作，不仅要追求境界，更应追求大境界、高境界乃至最高境界。如果仅仅满足于感性思维基础上的自然本能宣泄或感性描摹，其作品境界尚是浅显的，甚至是谈不上什么境界的；如果仅及知性思维层面，以作品宣泄个人怨愤，或过分看重文学作品批判社会现实、道德教谕、道德呼唤之类作用，其作品境界也还是不够高的；而只有通过理性思维，体悟把捉到事物的宇宙精神，才能实现文学作品的最高境界。

对于一位作家、艺术家而言，要达至最高境界，必须首先具备真正的理性思维能力。但长期以来，在我国哲学认识论领域，由于将人的认识过程简化为由感性到理性，未能注意到"知性"环节，这就导致了知性往往被混同于理性的弊端。影响到文艺创作，也就妨碍了作家、艺术家体悟能力的提高。黑格尔在《小逻辑》中，曾经这样不厌其烦地申明"知性"与"理性"的区别："知性"虽然认识到概念的内容，并揭示其普遍性，但却是一种抽象的普遍性，与特殊性是彼此对立的。此法虽然有用，是通向理性的必要阶段，但却是一种孤立的片面的认识事物的方法。从本质上看，知性思维是独断思维，往往坚执着非此必彼的方式。"譬如说，世界不是有限的，则必是无限的，两者之中，只有一种说法是真的。殊不知，具体的玄思的真理恰好不是这样，恰好没有这种片面的坚执，因此也非片面的规定所能穷尽。玄思的真理包含有这些征面的规定自身联合进来的全体，而独断论则坚持各分离的规定，当作固定的真理。""知性形而上学的独断论主要在于坚执孤立化的片面的思想规定，反之，玄思哲学的唯心论则具有全体的原则，表明其自身

---

① 宗白华：《艺境》，北京大学出版社 1987 年版，第 74、55、131 页。

以统摄抽象的知性规定的片面性。""在思辨的哲学里，知性也是必不可少的一个'阶段'或环节，但这个环节却是不能老停滞不前进的'阶段'。"① 黑格尔所说的坚守"全体原则"的"玄思"，无疑才是真正高级的"理性"思维。对于德国古典哲学中所发现的"知性"与"理性"之别，早在 20 世纪 80 年代初，我国已有学者给予了充分重视。李泽厚在 1979 年出版的《批判哲学的批判》中即曾指出：理性"不同于感性，也区别于知性。它指的是一种更根本更高级的东西"②。王元化先生在 1982 年写作的《论知性的分析方法》一文中也曾指出："我觉得用感性—知性—理性这三个概念来说明认识的不同性能是更科学的。把知性和理性区别开来很重要。作出这种区别，无论在认识论或方法论上，都有助于划清辩证法和形而上学的界限。"③ 但这类见解，在我国哲学界、思想界、文学艺术界，似乎并未产生应有的影响。如前所述，一位作家、艺术家，如果误将"知性"视为"理性"，虽自信是在思考社会、体悟人生，却往往因陷入了片面的规定性而导致作品境界的难以提升。而只有通过黑格尔所说的"玄思"理性，才能把握到更为宏大的"宇宙精神"，创作出具有最高"宇宙境界"的作品。

（原载《山东师范大学学报》2006 年第 5 期，中国人民大学
报刊复印资料《文艺理论》2007 年第 5 期收录）

---

① [德] 黑格尔：《小逻辑》，贺麟译，商务印书馆 1980 年版，第 101、110 页。
② 李泽厚：《批判哲学的批判》，人民出版社 1979 年版，第 231 页。
③ 王元化：《九十年代反思录》，上海古籍出版社 2000 年版，第 256 页。

论文学精神

　　文学精神，乃文学之魂。文学精神欠缺的时代，亦必是文学衰落的时代；文学精神不足的作品，是不可能具有深广生命力的。目前，在我国文学界，正如许多人已痛切感觉到的："文学精神"已严重"失落"，文学创作水平的提高，必须"坚守文学精神"。但究竟何谓"文学精神"？由学术界时常可见的"中国现代文学精神的核心是启蒙，反对封建文化和儒教纲常，批判专治制度，维护和张扬人的个性以及世俗生活的快乐，呼唤人的解放"；[①] "否定精神，是文学精神指向中最主要的内涵之一"；[②] "宋代文学精神最大的特点在于理性化"；[③] "我们今天需要有触及人类和民族时代生活命运的多种哲学思考的深沉而浑厚的，以及悲壮的、讽刺幽默的文学精神"[④] 这样一些论断，以及"现实主义文学精神"、"先锋文学精神"、"长篇小说的文学精神"、"俄罗斯文学精神"、"鲁迅的文学精神"这样一些论题可知，人们对"文学精神"的理解尚是大相径庭的。或将其完全等同于政治、哲学之类的文化精神，或被视之为社会批判精神，或指某一时代、某一民族、某一流派的创作特征，或指某类文体特征，或指某一作家的创作个性。另外还有学

①　葛红兵：《中国现代文学精神》，《上海社会科学院学术季刊》2002年第1期。
②　雷体沛：《敢问作家，我们还存留了多少文学精神?》，《文艺报》2004年2月17日。
③　王小舒：《理性文学精神的自觉》，《文艺研究》2003年第4期。
④　李欣复：《论文学精神》，《西北师范大学学报》2002年第6期。

者宣称"文学精神是唯美精神，是'为艺术'的精神。"① 按此论断，中国当代文学精神的"失落"，是因为还不够"唯美"吗？还不够"艺术"吗？"文学精神"的内涵尚如此混乱，不明所指，又谈何坚守？

一、文学精神的内涵

那么，究竟何谓"文学精神"呢？从语义来看，与"物质"相对的"精神"，指的是"人的意识、思维活动和一般心理状态"、"神志、神采、韵味"、"内容实质"等。② 从本质特征来看，"精神"是人类对事物的超物性的意义思考与价值判断。用之于文学，则应当主要是指诗人、作家，以情感化、直觉化、意象化之类的呈现方式，在传达个人体悟，宣泄自我情感，表现人生世相的同时，自觉不自觉地凝铸于文学作品中的有益于人类文明与进步的价值取向、文化观念、人生追求等等。黑格尔曾经强调文艺作品要有"一种灌注生气于外在形状的意蕴"，并解释说"就像寓言那样，其中所含的教训就是意蕴"③。黑格尔这里所说的"意蕴"，其主体构成显然正乃"内容实质"意义的"精神"。中国当代作家贾平凹曾这样谈过自己的阅读体会与创作主张："有些人的书，看过了就看过了，有些人的书你看过了还想做一些笔记，在书上画些符号，发些感慨，受到启发，得到顿悟，能联想到更多的东西。所以说，好的作家不在乎你写了些什么，而在乎你给读者心灵唤起了多少东西。""每个作家都要思考，如何使自己的精神更大一些，更广一些，更高一些，有了这个精神基点，写出来的作品才会具有某种伟大品格。"④ 贾平凹这里所说的作品"给读者心灵唤起"的"东西"，作家应该思考的能够构成作品伟大品格的"精神"，亦正乃文学精神。一位丧失了人类灵性的人，无论身体如何的强壮，也只能是行尸走肉而已；一篇缺乏内在"意蕴"，缺乏"精神"的作品，自然也就缺乏生机、灵性、神采与韵味了。

在文学艺术中，由语言技巧、意象创造、情节结构之类所体现的审美

① 田玉琪：《诗性与文学精神的张扬》，《光明日报》2004 年 4 月 29 日。
② 《辞海》，上海辞书出版社 1979 年版，第 4432 页。
③ [德] 黑格尔：《美学》第一卷，朱光潜译，商务印书馆 1979 年版，第 24—25 页。
④ 贾平凹、谢有顺：《文学比的就是精神境界》，《南方都市报》2003 年 3 月 15 日。

精神，当然是第一位的，但构成的往往尚只是文学艺术的底线，决定的尚只是文学作品的"文学性"。况且，审美功能不是空洞抽象的，而总是与属于非审美功能的其他意识融合在一起的。古往今来，凡属世界一流的文学作品，绝非仅以审美价值取胜，而其中必会凝铸着某些令人刻骨铭心，为之震撼的更深层次的"文化精神"。正如世界上一些著名哲学家、思想家、文学理论家认识到的："任何一种伟大艺术的奥妙都是'超审美性'"（哈特曼）；艺术并非单纯的"甜美之音"，而是一种服务与效力，要承荷一种使命，"召唤人们走向超个体性"（别尔嘉耶夫）；"艺术作品首先拥有的是审美价值，要是没有这种价值，艺术作品就是不可设想的。与此同时，艺术作品同另一类价值领域——既有普适性的，也有局部性的——也有最为直接的关系"（哈利泽夫）。① 从阅读经验来看，如我们之所以喜爱"小娃撑小艇，偷采白莲回。不解藏踪迹，浮萍一道开"（白居易《池上》）这样一首小诗，不仅是因诗人所描绘的这样一幕有趣的生活小景令人欣悦，更为重要的是，其中隐含的诗人对天真无邪的人性的向往。如同是咏梅，何以不乏一定审美价值的"东风才有又西风，群木山中叶叶空。只有梅花吹不尽，依然新白抱新红"（李公明《早梅》）；"到处皆诗境，随时有物华。应酬都不暇，一岭是梅花"（张道洽《岭梅》）之类诗作，读后难以给人留下什么印象，因为这类诗作，基本上尚停留在对外在自然景观的摹写，缺乏能够撼人心灵的深层精神内涵；而当我们面对陆游的"闻道梅花坼晓风，雪堆遍满四山中。何方可化身千亿，一树梅花一放翁"（《梅花绝句》）及高启的"雪满山中高士卧，月明林下美人来"（《梅花诗》）之类作品时，会禁不住心跳眼热，难以忘怀，则是因为，其诗作中的梅花，已超越了自然界的梅花本身，而凝进了独立不羁、圣洁超逸之类的人格精神。

文学创作，虽并非着意于思想创造，但文学作品中隐含的能够善化人心，提升人格，纯正社会，有利于促进人类文明与进步的文化精神，本身又必是诗人、作家思想的产物；文学作品中的意象、人物等，当然不应是作者思想的逻辑构件，但只有经由作者思想意绪的浸泡，其意象才会像陆游、高

---

　　① ［俄］瓦·叶·哈利泽夫：《文学学导论》，周启超等译，北京大学出版社 2006 年版，第 103—104 页。

启笔下的梅花那样灼然发光，其人物才有可能像曹雪芹笔下的贾宝玉、林黛玉，鲁迅笔下的阿 Q，雨果笔下的冉阿让那样，成为不朽的文学精灵。如果缺乏思想追求，其作品是不可能具有精神高度的。正因如此，我们会发现，历史上的许多著名诗人、作家，无不重视"思想"之于"文学"的作用。郎加纳斯在《论崇高》中，强调崇高的条件"第一而且是最重要的是庄严伟大的思想"①；英国著名诗人柯勒律治在《文学传记》中指出，诗歌需要想象、幻想、激情，但如果没有"思想的深度与活力"，想象、幻想之类，就不能达到高度的发展，"即使有发展，也只能够给予短暂的闪烁，瞬息的光芒"②；巴尔扎克强调："艺术作品就是用最小的面积惊人地集中了最大量的思想"③；泰纳认为："一个艺术家没有哲学思想，便只是个供玩乐的艺人"④；意大利现代著名作家莫拉维亚也曾这样宣称："长篇小说的共同特性中至关重要的，乃是我们称之为思想意识的存在"，"小说家不是哲学家，而是见证人，但决定一部长篇小说之所以成其为长篇小说的各种东西，全部溯源于思想意识"。⑤

　　以实例来看，在中外文学史上，有许多诗人、作家，尽管没有系统的理论著述，有的甚至没有留下任何直接关于思想的只言片语，但其作品的深远影响，其中，丰富的思想意蕴无疑是关键因素。如我们仅从《〈红楼梦〉哲理内蕴探微》（江道伦）、《〈红楼梦〉的悲悯意识》（孙丽华）、《〈红楼梦〉宗教精神新探》（梅新林）、《〈红楼梦〉的"死亡意识"》（孔祥卫）、《〈红楼梦〉传统婚恋观管窥》（刘申玮）这样一些"红学"论题中，即可意识到：曹雪芹的《红楼梦》之于后人的意义，不只是一部令人着迷的小说艺术作品，还是一座蕴含丰富的思想宝库。

　　虽亦有作家，宣称对思想精神的拒斥，如博尔赫斯声称："我不认为艺术，写作活动，是一种精神活动。我认为作家应该尽可能少地介入他的作

---

① 伍蠡甫主编：《西方文论选》上卷，上海译文出版社 1979 年版，第 125 页。

② 伍蠡甫主编：《西方文论选》下卷，上海译文出版社 1979 年版，第 35 页。

③ 童庆炳、马新国主编：《文学理论学习参考资料新编》中册，北京师范大学出版社 2005 年版，第 1281 页。

④ 童庆炳、马新国主编：《文学理论学习参考资料新编》中册，北京师范大学出版社 2005 年版，第 1113 页。

⑤ [英] 乔·艾略特等：《小说的艺术》，张玲等译，社会科学文献出版社 1999 年版，第 209—210 页。

品。""重要的是作家是记录员这一事实，他接受了某种东西，并设法把它传达给别人。"但博尔赫斯力图在小说中传达给别人的诸如"也许每个人都是唯一的，也许我们看不到对每个人有利的唯一的东西"；"在现实的世界上，我们不知所向，我们会觉得它是一座迷宫，是一团混乱"① 之类见解，毕竟也还是"思"。中国当代诗人韩东表示："作为一个作家我们只有一条真实的道路，那就是指向虚无。""即便是伟大的小说家——曹雪芹、托尔斯泰、卡夫卡也没有资格教化众生，他们甚至拯救不了自己。"但他同时申明："指向虚无与指向价值并不是背道而驰的，像释迦牟尼，就绝对是一个大虚无主义者，他否定一切，兜底一抄，同时他身体力行，以至穿越了虚无抵达真理。指向虚无与指向价值可谓一张纸的正与反，问题在于我们穿不过去。我们对尘世生活中的小恩小惠、小快小乐、小屑小色充满了依恋，无法真正摒弃，并不虚无。"② 可见，韩东所推崇的"虚无"，本身也还是一种"思"。

二、文学精神的特点

文学精神，之所以具有不可替代"文化精神"价值，是因为与哲学、宗教、科学、政治、道德之类其他"文化精神"相比，又有其自身的突出特点。哲学精神旨在求得成为共识的关于世界与人生的真相；宗教精神的主旨是以对彼岸世界的信仰安抚人心，让人内敛心性，安贫乐命；科学精神亦重在以实证的方式求知。借用英国作家劳伦斯的话说："哲学、宗教、科学这三样东西都忙着对各种事物作出定论以求得稳定的平衡。宗教借助一个独一无二、定义明确的上帝，他说'你应当'如此如此，'你不可'这般这般，句句话都有斩钉截铁；哲学借助一套固定概念；科学借助一套'法则'——这三样东西无一例外，随时都要把我们钉到这棵那棵树上去。"③ 在利用"固定概念"与"法则"求得稳定与平衡方面，旨在治国平天下的政治精神，显得尤为酷烈；道德精神的主旨亦是建立秩序与规范，因而往往成为政治精神

---

① ［英］乔·艾略特等：《小说的艺术》，张玲等译，社会科学文献出版社 1999 年版，第 243、246、249—250 页。

② 林舟：《生命的摆渡》，海天出版社 1998 年版，第 56、54 页。

③ ［英］戴维·洛奇编：《二十世纪文学评论》上，葛林等译，上海译文出版社 1987 年版，第 236 页。

的附庸。文学精神的思维指向则大不相同，最为明显地呈现出自由性、理想性、超越性之类特征。

文学精神，首先是一种独立自由的生命精神。文学之思，虽然不一定具有多少个人原创性，但在有成就的诗人、作家那里，则一定是源之于个人生命意志的自由选择，而绝非外来的观念指令。如在李白的诗、曹雪芹的《红楼梦》、但丁的《神曲》之类作品中，蔑视权贵、反叛封建礼教、揭露宗教罪恶之类精神，本身说不上如何独特，其作品之所以杰出，重要原因正在于：作者敢于从自己的生命意欲出发，以无所顾忌的自由笔墨，于作品中宣泄了上述精神。中国当代文坛上的莫言，之所以取得了更具世界性影响的文学成就，重要原因亦在于能够做到"敢于冲破旧框框的束缚，最大限度地进行新的探索，犹如猛虎下山，蛟龙入海；犹如国庆节一下子放出十万只鸽子；犹如孙猴子在铁扇公主肚里拳打脚踢翻筋斗，折腾个天昏地暗日月无光，手挥五弦目送归鸿穿云裂石倒海翻江蝎子窝里捅一棍"[①]。显然，只有以如此天马行空之胆识，才能使作品闪射出更为夺目的文学精神之光。而由此自由不羁之胆识生成的文学精神，不仅会大不同于一般文化精神，且极易与强调稳定、秩序、规范、虔敬的政治精神、道德精神、宗教精神等形成对立。这就是为什么越是有成就的诗人、作家，越有可能为主流意识形态所冷落，乃至遭到排斥或贬抑；越是伟大的诗人、作家，越有可能在反叛与革命的时代成为弄潮儿，而在革命成功、社会秩序确立之后，每每会为当权者所不容，甚至可能陷入悲剧命运的重要原因。

文学精神，是一种最富于理想追求的人格精神。举凡伟大的诗人、作家，总会不满现状，在渴望着更为理想化的人生。例如在展现了一个"黄发垂髫，怡然自乐"，"不知有汉，无论魏晋"乌托邦乐园的中国晋代诗人陶渊明的《桃花源记》中；在杜甫痛恨战乱的"安得壮士挽天河，净洗甲兵常不用"（《洗兵马》）之类诗篇中；在托尔斯泰塑造的能够忏悔罪过，良心复活的聂赫留朵夫之类人物形象中；在20世纪的哥伦比亚作家马尔克斯所向往的"在那里，谁的命运也不能由别人来决定，包括死亡的方式；在那里，爱情是真正的爱情，幸福有可能实现；在那里，命中注定处于一百年孤独的世

---

① 莫言：《天马行空》，《解放军文艺》1985年第2期。

家终将并永远享有存在于世的第二次机会"① 的生活图景中，涌动着的正是这样一种理想追求。正是缘于对美好现实与人生的理想追求，伟大的诗人、作家，往往心忧天下，厌恶丑陋，痛恨邪恶。能够如同柳宗元在《捕蛇者说》、关汉卿在《窦娥冤》、杜甫在"三吏"、"三别"、白居易在"讽喻诗"、雨果在《巴黎圣母院》、果戈理在《死魂灵》中那样，不顾个人得失，痛切地抨击社会的黑暗与人性的堕落；能够像卢梭在《忏悔录》、索尔仁尼琴的《古拉格群岛》、巴金在《随想录》中那样，不顾个人声誉，勇于反思自己人性的卑劣，敢于正视自己血管里的"狼血"，痛悔自己有过的虚伪与怯懦。与之相反，那些满足现状，习惯于奉迎时世，动辄以"天子圣明"、"海晏河清"、"和谐盛世"、"伟大光荣"之语歌功颂德的所谓诗人、作家；那些虚饰夸耀，缺乏对自我人性的反思，认为只有自己才是正义与道德的化身者，常常是不可能有什么作为的。

文学精神，是一种最具超越性的文明精神。由世界上的一些伟大作品可知，其作者的精神追求，虽常常与政治、道德、宗教之类意识相关，但缘其自由性、理想性的精神指向，其追求往往又是超越某一党派、某一集团、某一时代、某一民族的立场与观念的，是超越某些既成道德规范或某种宗教教义的，而往往呈现为民族精神、时代精神、人类精神、宇宙精神等多种精神形态，与自由精神、博爱精神、批判精神、正义精神、理想精神等多种精神指向的层积与交融。正如意大利小说家莫拉维亚讲过的："作家的思想乃是处于叙述表层之下的各种主题的总和，它们犹如长期埋藏于地下的雕塑的碎片，被挖掘出来，获得整合。"莫拉维亚并以陀思妥耶夫斯基为例指出，俄罗斯文学史上，这位被誉为"思想意识型长篇小说之父"的作家的思想，其伟大之处正在于："永远无法严密地、有序地描出陀思妥耶夫斯基的思想意识。他既是基督徒，又是尼采主义者；既是人道主义者，又是贵族；既是革命者，又是反动分子。这种矛盾性、含混性的巧妙结合，成全了诗，而诗恰恰存在于所有的矛盾汇合交融的地方，同时也存在于所有的矛盾分道扬镳的地方。"② 莫拉维亚这里所赞赏的陀思妥耶夫斯基思想的"矛盾性、含混性

---

① 朱景冬编选：《我承认，我历尽沧桑》，中国社会科学出版社 1993 年版，第 179 页。
② ［英］乔·艾略特等：《小说的艺术》，张玲等译，社会科学文献出版社 1999 年版，第 202 页。

的巧妙组合"，实际上便正是文学精神的超越性品格。在曹雪芹的《红楼梦》中，我们同样会看到这样一种超越性的"组合"，在这部文学杰作中，既闪耀着反叛封建礼教的时代精神之光，又不无"补天"意识；既有忧虑时世的现实意绪，又不无"空即是色，色即是空"的出世情怀。这样一种超越性的文学精神之思，更不同于一般的"文化精神"之"思"，而是人类精神、宇宙精神之"大思"。历史的经验证明，面对能够如此"大思"的诗人、作家，是不应以简单化的政治视角或道德视角论是非的。若以单一的政治视角来看，"在最伟大的作家中，有的是反动派，如巴尔扎克；有的是彻头彻尾的保守派，如福楼拜。"① 但谁又能否认巴尔扎克与福楼拜的伟大文学贡献。若以单一的道德视角来看，劳伦斯的《查特莱夫人的情人》、纳博科夫的《洛丽塔》等，也就必然会被视为"伤风败俗"，但这些作品，也终因掩抑不住的独特文学精神之光，得列世界文学名著之林。

与"大思"之作相比，我们会意识到，在文学史上，有许多为读者厌弃的肤浅之作，常常并非是因思想的缺乏，而是因其思想指向的单一。一部文学作品中，如果精神形态与精神指向单一，就难免内涵的肤浅，就不可能达到更为高超的艺术境界。如中国现代文学史上出现的蒋光赤的《短裤党》之类的无产阶级革命文学，"文革"结束之初出现的曾经激动了当时无数读者的刘心武的《班主任》之类的"伤痕文学"等等，其思想精神不能说不强烈，但却终因意蕴的浅陋单一，终因缺乏超越性的精神质素，而难具久远的生命活力。

"文学精神"之所以独具价值，另一重要原因是：文学精神之"思"，有其不同的呈现形态与发挥作用的方式。具体表现在以下三个具体方面。

一是情感化之思。人类的政治、道德、法律、科技等许多方面的文化精神，往往是基于安邦治国、维护社会稳定、提高人类物质生活条件之类功利目的的思想成果，是人类冷静理智地分析研究的产物。这样一些思想成果，是人类社会所必需的，但同时又会束缚人的自由本性，压抑人的生命情感。而文学活动中的文化精神，正是诗人、作家顺乎自由本性，以情感为动

---

① ［法］雷蒙·阿隆：《知识分子的鸦片》，吕一民、顾杭译，凤凰出版传媒集团、译林出版社2005年版，第43页。

力，并为情感所导引的；是在体验与观察现实的基础上，对社会、时代、人生的独特体悟。由于导源于生命情感，故而文学精神，又往往会悖离于一般社会文化精神，甚或与其他社会文化精神形成对立。如科技精神创造了人类的现代文明，提高了人类的物质生活水平，但在美国作家梭罗的《瓦尔登湖》、苏联作家阿斯塔菲耶夫的《鱼王》、中国作家沈从文的《边城》等著名作品中，表现出来的则是对远离现代文明的乡野湖畔的迷恋，对现代文明的忧虑乃至厌恨；无论出之于何种理由，福楼拜笔下的包法利夫人、托尔斯泰笔下的安娜，背叛丈夫与人私通，曹禺《雷雨》中的繁漪与周萍之间的乱伦之恋等，是有违社会道德的，但作者对非道德的主人公的同情，却会在读者那里引起强烈的共鸣。文学精神的独特价值恰恰在此，即诗人、作家，以发自生命本原的个人情感之思，填补了社会文明无可避免地在人类心灵中撕开的某些裂口，以虚幻想象的方式，满足了人类的自由向往，维系了人类心灵的平衡。

二是直觉化之思。与一般的社会文化之"思"不同，优秀作品中的文学精神之"思"，往往不是径直来自于诗人、作家的理性思维，不是呈现为某种太实际太具体的思想，而是诗人、作家由对现实与人生的体悟而产生的直觉性、模糊性之"思"。康德曾经指出，艺术美是审美观念的表现。关于审美观念，康德的解释是："就是想象力里的那一表象，它生起许多思想而没有任何一特定的思想，即没有一个概念能和它相切合，因此没有言语能够完全企及它，把它表达出来。"① 康德所说的能够"生起许多思想"的"表象"，即直觉的产物。在康德看来，只有这种直觉性的审美表象，才具有艺术价值。康德这一见解，无疑是符合文学创作规律的，许多诗人、作家，正是通过这样的"直觉之思"，而得以成功的。捷克著名小说家昆德拉曾这样谈过创作体会：从政治角度来说，世界是白的或黑的，不能模棱两可，而小说则相反，小说的功能"就是让人发现事物的模糊性"，"在一个建基于神圣不可侵犯的确定性的世界里，小说便死亡了。或者，小说被迫成为这些确定性的说明，这是对小说精神的背叛。"② 1984年获诺贝尔文学奖的捷克诗人塞

---

① [英]康德：《判断力批判》上卷，宗白华译，商务印书馆1964年版，第160页。
② [英]乔·艾略特等：《小说的艺术》，张玲等译，社会科学文献出版社1999年版，第76、84页。

弗尔特的体会也是："诗应该具有某种直觉的成分，能触及人类情感最深奥的部位和他们生活中最微妙之处。""各色各样的思想毕竟太实际，太实用了。它们源于这个世界，又运用于种种利益和冲突。然而，诗又不能完全没有思想性。它在诗中被运用于另一方面了。"① 逻辑的、抽象的社会文化之"思"，能够给人以理论的说服，而直觉化的文学精神之"思"，给予读者的则是某些方面的心灵启迪。

三是意象化之思。意旨明确的社会文化精神之"思"，必须诉诸逻辑性思辨与概念性论证，而诗人、作家感悟性的直觉之"思"，则只能通过意象才能得以完满的传达。因此，"在真正诗的作品里，思想不是以教条方式表现出来的抽象概念，而是构成充溢在作品里面的作品灵魂，像光充溢在水晶体里一般"②。别林斯基将这样一种构成文学作品灵魂的思想称之为"诗的思想"，而这"诗的思想"，便正是"意象化"之思的产物。正因"意象化"之思，进一步决定了文学精神之于社会与人生的独特作用，即是化育而不是教育，是启迪而不是灌输，是激发而不是强制。

文学精神，虽然本质上是一种思想观念，但因其自由性、理想性、超越性，以及情感性、直觉性、意象性的呈现形态与发挥作用的方式，会使之既不同于来自于抽象思辨的一般社会文化精神，更不同于曾长期危害了中国文学的"文学是宣传工具"的宣传性教条，而是一种照亮人类心灵的"诗性之光"，是一种"言有尽而意无穷"的"诗化精神"。文学作品的独特价值与意义正在于：这样一种"诗性之光"、"诗化精神"，是任何其他社会文化精神无法替代的。

三、文学精神的作用

在人类的文学活动中，为什么需要文学精神？文学创作水平的提高，为什么必须坚守文学精神？对此，我们不妨借用法国 19 世纪文学批评家圣·佩韦的见解作答："一位真正的古典作家，照我意中喜欢提出来的定义，

---

① 王诜编：《世界著名作家谈创作》，江苏文艺出版社 1991 年版，146 页。
② 《别林斯基论文学》，梁真译，新文艺出版社 1958 年版，第 51 页。

乃是一位丰富了人类精神的作家；他确实增加了人类的宝藏；使人类又向前跨进了一步。""任何一部伟大的作品，只能由一个灵魂、一个独特的精神状态产生——这是一般的规律。"①

在推进人类社会的文明与进步方面，文学当然远不如政治、经济、法律、科技等手段那样快捷与明显，也不可能像政治、经济、法律、科技等手段那样能够切实地解决社会现实问题，但上述手段，虽然可以更为有效地促进外在社会现实的变革，却难以更为内在地化育人性，有时甚至会导致人性私欲的膨胀，加剧社会的纷争，而"阅读过塞万提斯、莎士比亚、但丁或者列夫·托尔斯泰作品的人们，可以互相理解，感觉我们都是人类大家庭的成员，因为从他们的作品里我们学到了人类的共同精神"。正是据此，巴尔加斯·略萨曾更为深刻地指出，一个没有文学的社会，人类"注定会从精神上变得野蛮起来"②。

文学精神的作用还在于，经由对人类心灵的启迪，亦可在某些方面直接生成推动历史变革的能量。我们仅由西方的文艺复兴运动、启蒙文学运动，中国五四时代的诗界革命、白话文学运动等，即可见出，文学精神，作为社会变革的先声，曾经在历史上发挥过怎样重要的前导作用。随着社会变革与现代媒体的发达，文学精神在这方面的作用虽然不像历史上那么波澜壮阔了，但之于人类文明的影响仍是不可估量的。如已得现代生态文学经典之誉的美国著名海洋生态学者蕾切尔·卡逊博士的报告文学《寂静的春天》，正是以其批判现代科学的危害，反思人类科技弊端的文化精神，唤起了人类对生态问题的关注。美国副总统戈尔在为该书撰写的再版《前言》中曾经高度评价道：《寂静的春天》堪与斯托夫人的《汤姆叔叔的小屋》相媲美。后者曾经促使了美国南北战争的暴发，加速了美国奴隶制度的解体；而前者则"犹如旷野中的一声呐喊"，同样改变了历史的进程。"她惊醒的不但是我们的国家，甚至是整个世界。"③ 正是得益于这位曾经遭到过"歇斯底里"、"极端主义"之类指责的作者的惊世骇俗的见解，此后，美国政府及各州很快通

① 伍蠡甫主编：《西方文论选》下卷，上海译文出版社1979年版，第200、204页。
② 赵德明：《略萨请男人看文学书》，《环球时报》2004年9月3日。
③ ［美］切尔·卡逊：《寂静的春天》（前言），吕瑞兰、李长生译，吉林人民出版社1997年版，第9、11页。

过立法，明令禁止了包括 DDT 在内的各类剧毒杀虫剂的生产和使用，并于 1970 年成立了世界上最早的环境保护局。亦正是与这部著作相关，人类开始重新反思科学，从此开始了全球性的现代环境保护运动。由于它在美国历史上产生的巨大作用和影响，《寂静的春天》已被誉为"改变美国的书"，乃至被评为影响世界历史进程的重要著作之一。另如面对苏联的极权专制，敢于顽强抗争的俄罗斯作家索尔仁尼琴；力图以自己微弱的个体声音，对人类"曾经发生的、现在仍在发生、而且将来还会发生的堕落"发出警告的匈牙利犹太族作家凯尔泰斯·伊姆莱；坚定地站在被压迫者一边，为推动现代民主体制的完善不遗余力，有"时代良心"之称的德国作家君特·格拉斯；密切关注着南非苦难的库切等，亦主要是因《古拉格群岛》、《英国旗》、《铁皮鼓》、《等待野蛮人》等作品中具有推动历史进程的精神力量而赢得了世界性声誉。

文学精神与人生及历史发展的重要关联，当然也就决定了文学精神的有无，是文学作品成功与否的关键，因为"精神是照亮现象的光源，没有这种光照，现象也就失之为现象。""如果不显现出精神，或者说没有精神，艺术作品也就不复存在。"（阿多诺）①2005 年 4 月，俄罗斯作家协会秘书长、高尔基文学院院长谢·叶辛访华期间，曾这样总结过俄罗斯当今文学衰落的原因："文学失去了它最基本的思想，作家们在精神上失去了信仰。如果我们把这些东西全都抛弃，文学还剩下什么呢？文学将会以什么样的方式生存呢？在新时期，没有一个作家能全面地、有机地理解这些观点，他们的才能没有达到这种程度。这 15 年来，俄罗斯出现了一批新的作家，却没有诞生一部伟大的作品。在他们的作品里，我们看不到思想。"②叶辛这里所指出的俄罗斯当今文学的衰落，显然正是由于文学精神的衰落。正是与文学精神的有无相关。在文坛上，我们还可常见这样一类现象：同是写性，英国作家劳伦斯的《查特莱夫人的情人》、美国作家纳博科夫的《洛丽塔》、日本作家渡边淳一的《失乐园》等，缘其凝铸着能够给人以灵魂震撼的关于人性与文明、自由与幸福之类的体悟与沉思，成为世界文学名著；而在美国作家欧

---

①　[德] 阿多诺：《美学理论》，王柯平译，四川人民出版社 1988 年版，第 305 页。
②　张英、董宏杰：《俄罗斯文学：最艰难的时刻已经过去》，《南方周末》2005 年 5 月 19 日。

文·华莱士的《玫瑰梦》、巴巴拉·索尔德的《销魂时分》之类作品中，展现的不过是人类类乎于动物的自然形态的本能与行为，故而也就只能沦为"地摊文学"。同是追求"身体写作"，荣获 2004 年度诺贝尔文学奖的奥地利女作家耶利内克的《女钢琴教师》、《情欲》等作品，之所以得到了世界性的肯定，重要原因亦正在于：揭露了女性在两性关系中因遭受男性话语压抑、禁锢而导致的心态变异与人格扭曲等，体现了当今世界上具有历史进步意义的"女性主义"的精神高度；而在中国当代文坛上出现的"下半身诗歌"、木子美的《遗情书》之类，则因其意趣的低下而难以体现真正的文学价值。

　　文学的差距，在很大程度上亦正是文学精神的差距。中国古代文学史上的《金瓶梅》，正是因其精神价值的不足，只能被称之为"奇书"，而难以像《红楼梦》那样称得上"伟大"。近些年来，中国文学的颓势，关键原因之一亦与正如精神的下滑有关。随着社会的变革，中国诗人、作家们创作的自由度无疑是大大提高了，但内在精神的疲弱，已在窒息着文学的生机与活力。与同谢·叶辛所说的俄罗斯当代文坛的状况相类，我们的不少诗人、作家，缺乏对时代的关注，缺乏自我反思与人性批判的目光，缺乏真正独立自由的知识分子精神，更缺乏博大的人类意识与宇宙襟怀。正如评论家雷达指出的，"尽管有些口碑不错的作品，但与国际上公认的伟大作品相比，仍缺少对时代生活的整体把握，直接导致文学的精神超越性的力量不足"[①]。不久前，德国著名汉学家顾彬（Wolfgang Kubin）在接受《德国之声》采访时，也曾一针见血地指出：中国当代作家的"意识是很有问题的，他们的视野是非常有问题的。好像他们还是卡在一个小房子里头，不敢打开他们的眼睛来看世界。所以中国到现在为止没有什么它自己的声音，从文学来看，没有。德国到处都有作家，他们代表德国，代表德国人说话。所以我们有一个德国的声音。但是中国的声音在哪里呢？没有。不存在。中国作家胆子特别小，基本上没有。"[②] 由于视野的拘谨，由于"胆子特别小"，要创作出跻身世界一流，具有自由性、理想性、超越性的文学精神境界的作品，显然是不可能的。

---

　　① 雷达：《现在的文学缺少了什么》，《新京报》2006 年 10 月 8 日。

　　② 星岛环球网：《顾彬采访原文：美女作家是垃圾，中国诗人了不起》，http://www.singtaonet.com/cul_review/t20061215_419786_1.html。

中国当代文学，虽然一直在期盼着走向世界，但我们这样一个泱泱文学大国，真正为世界承认，真正够得上世界一流的当代作品毕竟不多。常常听到的一种说法是：这要归咎于意识形态方面的原因，但人们似乎忽视了这样的事实：2003 年，南非作家戈迪默·库切获奖的重要理由是："无情地鞭挞了西方文明的残酷理性主义和虚伪的道德观"。如果意识形态在起重要作用，这位鞭挞西方意识形态的作家，何以也能赢得西方人的赞赏呢？问题的关键恐怕还是作品本身的水平，尤其是精神境界所能达到的高度。

四、文学精神的坚守

中外文学史证明：一位诗人、作家，拥有文学精神，才会创作出成功的作品；拥有大精神，斯有大诗人、大作家、大作品。因此，只有坚守文学精神的底线，才能取得文学成就；只有坚守高境界的文学精神，才能成就文学大家。

文学精神的坚守，首先是思想的坚守。文学作品，不能图解某种思想观念，但文学从不拒绝思想，拒绝的只是媚俗观念，虚伪意识形态，报纸社论或某些教条的图解之类。而真正出之于诗人、作家生命之"思"的对人性的叩问，对公理与正义的求索，对世界运行脉搏的把握，对人类前途与命运的忧虑等等，将是永恒的文学之魂。真正有价值的文学精神，当然并非轻易可得的，是沉潜于时代波澜、民族风习、日常生活之中的，因此，只有以超越性的视野，勇于探求，坚守思想的尊严，才能于纷纭复杂的现实中洞彻幽妙，才能分辨民族文化中的精华与痼疾，才能以文明进步的尺度判定人性的是非，才能以凌空高蹈的笔触，绘出宇宙和谐的文学景观，而不至于为虚假浮泛的时代喧嚣所惑，不至于将狭隘的民族本位主义混同于"爱国主义"，不至于将赤裸裸的本能宣泄误以为就是本具文明进步意义的"身体写作"，不至于将顺天应命，无所作为的避世情怀，或放浪形骸，不知廉耻的"犬儒主义"之类视为生存理想。显然，蝇营狗苟，唯唯诺诺，唯利是趋，唯上是从的思想残废者，是不可能把握到真正感人的文学精神的。

文学精神的坚守，是一种立场的坚守。即能够从自己的良知与真诚出发，立足现实，敏感于人间的不幸与苦难，以自己的作品参与人类的进步事业。能够如同巴尔加斯·略萨在 1994 年 7 月 12 日致中国读者的信中说："一个作家不能仅仅局限于艺术创作之中，他在道义上有责任关心周围环境，有责任关心他所处的时代，有责任关心社会上重大的政治和社会问题。"① 相反，如果心理麻木，远离现实，情感萎靡，视野拘谨，或奉迎时世，或热衷于私生活的自哀自叹的中国文坛，越来越失去读者的颓败之象也就不值得奇怪了。

　　文学精神的坚守，更为重要的还是人格的坚守。即能够守住纯正的自我与理想的选择，不为世俗的利益所诱，不为喧嚣的时尚所迷，更不为动听的说教所惑。这样的坚守，自然，往往是要付出代价的。正是由于这样的坚守，曹雪芹才会"举家食粥酒常赊"，但丁才会被判终身放逐，雨果才会长期流亡异乡，库切才会在自己的国度里成为众矢之的。但正是这样一些遗世独立、富有血性、众人皆醉而我独醒的人格精神，增添了人类文学艺术的辉煌。而在中国当今的现实生活中，这样的人格坚守，已被许多人视之为"不识时务"了，乃至是"傻"了。在中国当代诗人、作家以及相关学者中，也越来越少见这样的"不识时务"者了，这样的"傻"者了。1998 年岁末，在俄罗斯，80 多岁的索尔仁尼琴曾公开发表声明，拒绝接受叶利钦授予的勋章，理由是俄罗斯有很多人领不到工资正在挨饿。而在中国当代文坛上，为了获得某某奖项、晋升某级职称、争得某一职位而紧张进行的幕后活动，甚至撕破脸皮的公开争斗，早已不是个别现象。生存环境与社会体制，固然是重要原因，但一个人，既然选择了以自由性、理想性、超越性为根本精神追求的文学事业，就命定性地决定了人格坚守的生存方式。如果缺乏坚守的勇气，又何必投身文学？

　　为了坚守独立人格，诗人、作家还应尽力挣脱某种社会角色的搅扰与社会地位的框拘。雨果曾经深有体会地说过："一个完整的诗人，或者出于偶然，或者由于自己的意志，至少在一段必要的时期里要置身于政府与党派的联系之外，他才可能创作出一部伟大的作品。""没有任何约束，没有任何牵连。他的思想如同他的行动一样自由。他将自由地同情劳苦的人，厌恶损人利己者，热爱为人群服务的人，可怜受苦受难者。他将自由地堵塞一切谎

① 《略萨 1994 年 7 月 12 日致中国读者》，赵德明译，《外国文艺》1994 年第 6 期。

言的通道，而不论这些谎言来自何处，来自什么党派。""他爱人民但并不仇恨国王；安慰垮了台的王朝并非对在世统治的王朝不敬；他同情将来的国王但并不侮辱过去死亡了的家族。"① 雨果的见解，无疑是切中文学艺术规律之肯綮的。人，看起来主体能力很强，实际上很难主宰自己的心灵，脑袋往往为"屁股"所决定。诗人、作家同样如此，当身为政府或某一政治团体的一员时，角色暗示以及身份规则，必会主动或被动地扯裂其心灵，迷蒙其视野，使之丧失独立自由地把握文学精神的能力。而只有在超越了与个人身份地位相关的爱恨情仇时，才能以悲悯众生的博大襟怀，把握到更高层次的文学精神。在 20 世纪中国文学史上，何其芳、丁玲、艾青等人政治身份变化前后创作水平的巨大落差，茅盾、王蒙、贺敬之等人身为文化部长期间文学心态的拘谨，即可谓发人深思的例证。

（原载《文学评论丛刊》2008 年第 1 辑）

① 童庆炳、马新国主编：《文学理论学习参考资料新编》上册，北京师范大学出版社 2005 年版，第 889 页。

论文学语言

文学是语言的艺术，这本是关于文学的最为基本的常识性问题，但长期以来，在我国文学理论界，以及在许多作家那里，对于怎样才是文学语言？怎样才是好的文学语言？文学语言怎样才能称得上"艺术"之类问题？实际上是不怎么重视的。至今，许多作家仍缺乏对此类相关问题的自觉，相关研究亦仍不够充分，也还在影响着文学创作水平的提高。

一、被搁置的"第一要素"

中华民族，本是一个十分注重语言表现的民族。虽有根深蒂固的"文以载道"传统，却不曾偏废过"文"本身的作用。在"文采节奏，声之饰也"（《乐记》）；"言之无文，行而不远"（《左传·襄公二十五年》）；"文为质饰者也"（《韩非子·解老》）之类见解中，即可见出先贤对"语言"表现功能的高度重视。作为不同于一般文体的"语言艺术"的文学作品，自然应有对"文"的更高要求，故而至魏晋时代，随着文学门类的趋向独立，曹丕即已明确提出了"奏议宜雅，书论宜理，铭诔尚实，诗赋欲丽"（《典论·论文》）的主张；刘勰在《文心雕龙》中，也将"直而不野，婉转附物"、"清典可味"之类视为诗歌行文的妙境，其中体现的正是中国古圣先贤之于文学语言自身特质的自觉意识。① 由后世杜甫"语不惊人死不休"的追求及贾岛

---

① "文学语言"实指"文学言语"，为阅读方便，本文仍依我国文学界习惯称谓。

的"推敲"功夫中，可进一步看出中国古代诗人之于文学语言的苦苦求索。显然，我们常常引以为豪的中国古典文学的辉煌成就，正是与这样一种对语言自身的追求分不开的。

而进入 20 世纪以来，由于思想启蒙与社会革命成为历史运行的轴心，直接为之服务的功利性成为文学关注的主要目标甚至唯一追求。五四时代兴起的白话文学运动，基本出发点便正是文学的工具性。白话文学运动的领袖人物陈独秀在《文学革命论》中即已讲得很清楚："今欲革新政治，势不得不革新盘踞于运用此政治者精神界之文学。"正是与强调文学的工具性相关，文学语言的工具性自然也就随之受到特别推重，其自身特质也就遭到了掩抑。至 30 年代"大众文艺运动"兴起之后，一些革命文艺理论家将文学语言的工具性进一步推向极端。郭沫若在《新兴大众文艺的认识》中宣称："通俗！通俗！通俗！我向你说五百四十二遍通俗！……你要去教导大众，老实不客气的是教导大众，教导他怎样去履行未来社会的主人的使命。……所以大众文艺的标语应该是无产文艺的通俗化。通俗到不成文艺都可以。"①冯雪峰亦强调："我们工作的第一个原则，是大众看得懂，听得懂，他们愿意接受，他们能够接受。"②

出于思想启蒙及反帝反封建的需要，主张以"白话"取代"文言"，强调文学"教导大众"的工具性，在当时的背景下自是必要的，但由此开始的对通俗化口语化的过分推崇，对文学语言与日常语言之间区别的漠视，对传统汉语言在艺术表现方面某些精妙之处的排斥，无疑也埋下了毁弃文学语言自身特质，影响文学发展，乃至影响整个民族文化发展的隐患，诚如胡先骕曾在《论批评家之责任》中指出的："若果一切文化，迁就智识卑下之阶级，则浸成一退化之选择。盖优美之性质已不足尚，而不为一般社会上之天择人择所取，而得留存而繁衍，彼下劣之性质，则不但不为社会上天择人择所淘汰，且反因社会迁就下劣之故，而倍易繁衍。则将非退化至澳洲之土番、南非洲之侏儒不止也。"成仿吾也曾说得更为尖锐：如果要艺术去"低就民众"，"不啻有艺术的毁灭"（《民众的艺术》）。然而，在激进的时代浪潮中，

---

① 《中国新文学大系·文学理论集》二，上海文艺出版社 1987 年版，第 283 页。
② 《中国新文学大系·文学理论集》二，上海文艺出版社 1987 年版，第 334 页。

这些意见，不仅没有引起人们的重视，相反，凡强调语言修饰与形式技巧，反对一味追求口语化、大众化、通俗化者，往往会被扣上"落后保守"、"形式主义"、"趣味主义"、"为艺术而艺术"的帽子，遭到指责与批判。

　　与"为政治服务"甚或"为政策服务"的主旨相关，在新中国成立之后的文坛上，文学语言自身的独立价值进一步被忽视。曹禺的下述主张就曾是有相当普遍性的："我们不是为兴趣而写作的。我们写诗歌，写小说，写剧本，是为革命，为人民的利益。因为马克思列宁主义者总是主张以'文'来载马克思列宁主义之'道'的。语言是手段，不是目的。"① 按照这样一种"革命论"的要求，文学语言特有品位的丧失也就更是不可避免的了。按照这样的政治视角，下列的荒唐逻辑也就是顺理成章的了：新诗在语言形式与技巧方面借鉴外国诗歌还是民歌，本来是可以在艺术范围自由探讨的，却被说成是"谁跟谁走"的问题，甚至被看作是"同劳动人民在诗歌战线争正统、争领导权的问题"②。何其芳就曾因主张建立新诗的现代格律，竟也被人指责为反对新民歌，反对与工农群众相结合。

　　正是这样的文坛氛围，导致了新中国成立以来中国文学理论界这样一种奇怪的现象：许多人虽在不时重申高尔基"文学的第一个要素是语言"之类的论断，虽也承认语言是组成文学作品最基本的媒介材料，但真正关于文学语言的论述却一直十分贫乏。甚至在不同时期编写出版的众多高校文学概论教材中，居然很难找到关于这一重要问题的专章论述。比如在颇具权威性的蔡仪主编的《文学概论》中，只是在"文学是反映社会生活的特殊的意识形态"一章中之第三节简单地论及了"文学语言的形象性"；在十四院校本的《文学理论基础》中，也是在第一章"文学的特征"中简略论及。而且，在这仅有的论述中，也只是不得要领地强调"形象的间接性"、"能够多方面的展示社会生活"之类，这实际上讲的主要还不是文学语言本身的特点，而是文学艺术形象与其他艺术门类形象特征的区别。也有个别教材，如以群主编的《文学的基本原理》，虽设立了"文学语言"专章，但从列举的"简洁洗炼"、"生动形象"、"具体准确"、"新鲜多样"等几个方面来看，同样未能

---

① 曹禺：《语言学习杂感》，《红旗》1962 年第 14 期。
② 《新诗歌的发展问题》第三集，作家出版社 1959 年版，第 246 页。

抓住文学语言自身的特质。试想：凡书信、报告、公文，甚至日常说话，不也都需要语言的"简洁洗炼"吗？能够"生动形象"些、"新鲜多样"些，效果不是也会更好吗？科学论著、调查报告、新闻通讯之类的用语，不是更需要"具体准确"吗？这样一种状况，正如1994年李润新教授在由北京语言学院出版社出版的专著《文学语言概论》中所批评的："各大专院校中国语言文学专业所开设的课程中，有关文学语言方面的教学内容，量少，简略，零散。"遗憾的是，李润新先生虽然意识到了问题，并对文学语言进行了详尽的系统的论述，但由于他所坚持的似乎仍是"文学语言是作家文艺创作的工具"之类看法，也就不可能深入思考文学语言的本体价值。就他所归纳的文学语言的"形象性、抒情性、精确性、民族性、时代性、音乐性、全民性"等"性"来看，有些亦仍不属于文学语言所特有，如"精确性"、"时代性"、"全民性"等等，不也应是其他文体语言更应具备的吗？在我国的文学理论界，对于文学语言这样一个重要的、基本的问题，就是这样，长期处于被弃置不顾或含混不清的状态。

二、文学语言的自炫性

文学语言的构成，说到底，就是借助一定的艺术手段，对文字的遣配组合。文学语言，虽然不无一般语言所有的传输信息之类的工具性能，但从更本质的意义上来看，应是一种本身就是目的的自足性语言。文学语言的生成与发展，当然离不开民间日常语言的土壤，离不开时代语言的滋育，但就其高级形态而言，应是一种富于个体创造性与独特含蕴性的文人语言。

日常民间语言及时代性语言，虽也在不断创新，但因主要是服从于工具性的交流需要，其遣配组合往往是习惯化或定型化了的。而在文学语言中，信息传输往往已变得无足轻重，重要的是因其对文字的独特配置而生成的自炫品性，以及由此而唤起的想象空间与情感体验。例如，钱钟书在《围城》中曾这样描写唐晓芙的眼睛："她的眼睛并不顶大，可是灵活温柔，反衬得许多女人的大眼睛只像政治家讲的空话，大而无当。"就其中信息而言，不过是说唐小姐的眼睛"大"得恰到好处，但当将"女人的大眼睛"与"政治家的空话"配置在一起时，文句本身即产生了一种与本原信息无关的迷人魅力，构成了自足的价值存在；在"草儿扶露珠同眠"（田汉《七夕》）这样的诗句中，实有信息也不过是"小草上挂着露珠"，但如此的信息传输显然是毫无文学意趣的，而田汉笔下的文句之所以令人感到一种炫目的光彩，就语言形式来说，也是缘其将"草儿"、"露珠"、"扶"、"眠"之类平常字眼进行了奇妙组合的结果。另如，在"四月之城在高蓝的天空下嚼着黄黄嫩嫩的阳光"（于坚《四月之城》）这样的诗句中，除了缘其奇异的文字组合而唤起的想象之外，我们甚至难以捕捉到其中出于交际目的的信息。用日常口语标准衡量，这类也许只能被视为"疯癫"之语的文学语言，倒是恰好可以印证俄国形式主义文论家什克洛夫斯基、雅可布逊等人的看法：文学语言，是"一种把交际功能降到最低限度的语言系统"，常常是"对日常语言施加了有组织的暴力"的"美学操作"的结果。

正是出于传输信息的需要，日常语言、公文语言、新闻报道语言等等，需要简洁洗练，以求更好地发挥其工具效应。而文学语言则不仅需要简练，有时也需要"啰唆"，许多优秀的文学作品，其神韵、意味、阅读美感等，恰是由看似冗词赘语的"啰唆"而来。鲁迅《秋夜》一文的开头，如果写成"我家后园里有两棵枣树"，当是又干净又利落的，而在鲁迅笔下出现的则是："我家后园里有一棵枣树，还有一棵也是枣树。"分明是后者更加意味深长。另如孙犁《荷花淀》中的句子：

> 女人坐在小院中，手指上缠绞着柔滑修长的苇眉子。苇眉子又薄又细，在她怀里跳跃着。

若按简洁洗练原则，此句似可改为：

> 女人坐在院中，手指上缠绞着的苇眉子，在她怀里跳跃。

前后两句的信息内容当无多少变化，但"简洁"之后显然已不如前者的"啰唆"更有为文学。文学语言，特别是诗歌语言，通常要求切忌直言，强调含蓄，这些亦均是"非简练"的要求，正如黑格尔曾经指出的："诗的表现方式是一种解释性的……诗的表现方式可以被看作走弯路或是说无用的多余的废话。"(《美学》)实际上，在文学作品中，有时候，恰恰正是靠这些看似"无用的多余的废话"，传达出了生活的色彩、声音、节奏、气氛以及作者的情感、心态之类丰富的"意味"，而不仅仅是"意义"。

文学语言当然需要具体形象，鲜明生动，但文学言语常常体现为一种以隐喻、反讽、含混为特征的张力性结构。从文学实践来看，议论性、模糊朦胧性的文字，有时恰恰有着更高的文学性。因为高妙的文学言语，不仅仅表现为具体生动，更为重要的是能够激活读者的想象。陈子昂那首《登幽州台歌》中的"前不见古人，后不见来者"，既说不上具体生动，也无鲜明的形象，却正是因能够唤起读者更为丰富的想象而成为千古名句；在古代诗文中时常可见的"轩峻壮丽"、"佳木葱茏"、"潋滟"、"寂寥"、"盎然"、"芳菲"之类，也很难直接给人鲜明具体的视觉感。更进一步看，文学符号本质上就是抽象的。如何将抽象符号转化为读者大脑中的生动形象，自然是作家的功力所在。而恰恰在这类涉及文学语言深层奥妙之处，很少有人深入思索。

文学语言与普通语言之间，更为根本性的区别还在于：普通语言需要恪守语言程式，而文学语言则可以打破既有程式，而这又是由文学自身的本性决定的，即不只是为了再现世界，而更重要的是要解放被既定语言锁闭了的世界，用海德格尔的话说，是要"去蔽"，是要"澄明"，是要为人类的生命开创一个更为自由广博的精神空间，使之得以诗意栖居与人性解放的满足。

优秀的文学语言，当然还应体现出独特的民族个性。与字母组合、音节与句式结构复杂、缺乏与物象必然关联的西语相比：中国汉语文字的象形性决定了在语言表现方面独到的鲜明可感的绘画美，正如闻一多曾经体会到的："唯有象形的中国文字，可直接表现绘画的美。西方的文学变成声音，透过想象才能感到绘画的美。可是中国的文学，你不必念出来，只要一看见'落霞与孤鹜齐飞，秋水共长天一色'这两句诗，立刻就可以饱览绘画的美。"(《女神之地方色彩》)中国汉语言文字的表意性、含蓄性、文化内涵的丰富性，使之更有利于文学作品达到"言有尽而意无穷"的妙境；中国汉语言文字的独特性，更便于形成文学语言的自由洒脱，以及凝练与简洁；中国汉语言文字的单音节性与四声平仄之分，构成了诸如对仗、排比、拈连、叠字之类可以构成文学作品阅读美感的技巧。刘勰所谓"声转于吻，玲珑如振玉；辞糜于耳，累累如贯珠矣。是以声画妍蚩，寄在吟咏，吟咏滋味，流于字句，气力穷于和、韵：异音相从谓之和，同声相应谓之韵"（《文心雕龙·声律》）；司空图所谓"不着一字，尽得风流"（《诗品》）；严羽所谓"如空中之音，相中之色，水中之月，境中之象，言有尽而意无穷"（《沧浪诗话》）等等，便正是对汉语言表现优势的总结。以文学作品的实际来看，排列整饬、读来铿锵有力的格律诗；兼有音乐美与建筑美的四六句式的骈体文，便是其他民族的语言难以企及的。中国古代典籍中诸如《孟子》、《庄子》、《韩非子》，以及韩愈的《原毁》、《师说》、柳宗元的《捕蛇者说》等，本是意在论理的文章，至今却一直被视为优秀的文学作品，很大程度上，便正是得力于汉语言文字的独特奥妙。而所有这些，都是中国新文学的发展应该发扬光大的。中国作家，也只有充分认识到并努力继承发扬母语的这样一些表现优势，才能写出更具民族个性的作品。

三、文学语言陷入的误区

而在 20 世纪以来的中国文学史上，我们却基本上忽视了这样一些文学语言自身应有的特性，特别是在反对封建思想文化的同时，竟连数千年形成的民族语言的某些精妙之处也弃之不顾，结果致使许多诗人、作家陷入了片面的大众化、枯燥的政治化与冗繁甚至晦涩的欧化等文学语言误区。

在五四时代的文学革命运动中，唯一"白话"为正宗，固有反叛封建文化，推进文学进步之功，但缘其偏激，也影响了我们的文学成就。大众化、口语化的作品，虽清新质朴，富有生活气息，明白晓畅，易于为文化水平低下的更多读者所接受，但因一味强调"说得出，听得懂"、"不加粉饰"之类原则，则显然只能导致作品的直白浅露。正是与之有关，在我们的文学史上，不乏这样的现象：有许多诸如《倪焕之》（叶圣陶）、《咆哮了的土地》（蒋光慈）、《太阳照在桑干河上》（丁玲）、《保卫延安》（杜鹏程）、《红日》（吴强）之类作品，虽然缘其思想内容与社会意义而得到了文学史家们的高度推崇，但只因语言的平白浅显，枯燥乏味，就难以真正为读者所喜爱。即如巴金的《家》这样的"经典"名作，在严肃的文学史家的笔下，在肯定其思想艺术成就的同时，也不能不冷静地指出如此的不足："语言过于显露，有的地方使人读后有一览无余之感。"①

这样一种通俗易懂的"大众化"追求，于诗之发展，尤为不利。作为更富于语言创造性的诗歌，除了民歌一路之外，往往是最不宜于大众化的。以实践来看，在作为"白话诗"开山之作的胡适《尝试集》中，诸如"病中得他书，不满八行纸，全无要紧话，颇使我欢喜"（《病中得冬秀书》）、"靠着两支手，拼得一身血汗，大家努力做个人，——不做工的不配吃饭！"（《平民学校校歌》）之类，实在是没什么诗意可言的。另如刘半农等其他一些新诗人的作品，也往往失之粗率随意。这种片面追求，甚至导致了后来一些诗人艺术成就的倒退。如曾经赢得过较高声誉的"汉园三诗人"之一的何其芳，至延安接受了"大众化"影响之后写出的一些作品，虽然明快了、易懂了，但当我们读着诸如"我要起来，点起我的灯，/坐在我的桌子前，/赶着做我今天未做完的工作/或者计划明天的工作，/总之做我应该做的事。"（《夜歌》三）"我重新变得年轻了，/我的血流得很快，/对于生活我又充满了梦想，充满了渴望。"（《我为少男少女们歌唱》）这样一类"口语化"了的诗句时，不能不痛切地感到"诗意"的沦落。至此，我们也就不难理解，为什么在新中国成立之后，资深的革命诗人萧三曾经发出这样的抱怨："我总觉得，我们的新诗和中国几千年来的诗的形式（或者说习惯）太脱节了。所谓'自由诗'也太'自由'到完全不像诗了。"② 为什么至50年代末，连号召学习群众语言的毛泽东同志也曾不满地讲过：现在的新诗不能成形，我反正不看新诗，除非给一百块大洋。③1965年7月21日，毛泽东在《致陈毅》的信中仍说："用白话写诗，几十年来，迄无成功。"

小说方面的效果虽然较诗要好一些，但因过分追求通俗、追求民间化，亦影响了作品的文学品性。即以曾被誉为解放区文艺界的一面旗帜的赵树理的创作来看，也不无值得总结的教训。农民出身的赵树理，以真切生动的农民语言创作的《小二黑结婚》、《李有才板话》、《李家庄的变迁》等，的确给中国文坛带来了新的气息，但从更高的文学要求来看，其作品的不足也是明

---

① 田仲济、孙昌熙主编：《中国现代文学史》，山东人民出版社1982年版，第247页。
② 萧三：《谈谈新诗》，《文艺报》第1卷第20期。
③ 董学文、魏国英：《毛泽东的文艺美学活动》，高等教育出版社1995年版，第179页。

显的，正如当年曾慕名采访过赵树理，翻译过赵树理小说的美国进步记者杰克·贝尔登曾经批评的："他对乡村生活的描写是生动的，讽刺是辛辣的。他写出的诗歌是独具一格的，笔下的某些人物也颇有风趣。可是，他对于故事情节只是进行白描，人物常常是贴上姓名标签的苍白模型。不具特色，性格得不到充分的展开。最大的缺点是，作品中所描写的都是些事件的梗概，而不是实在的感受。我亲身看到，整个中国为激情所震撼，而赵树理的作品中却没有反映出来。"①

至于政治化、概念化的语言，更是几乎成为中国文学现当代难以克服的顽症，尤其表现在一些被尊奉为主流诗人的笔下，从郭沫若的"我是个无产阶级者：/因为我除个赤条条的我外，/什么私有财产也没有"(《〈女神〉序诗》)，到殷夫的"我们是时代的儿子，/我们是群众的兄弟，/我们的摇篮上，/招展着十月革命的红旗。/我们的身旁是世界革命的血波，/我们的前面是世界共产主义"(《我们是青年布尔什维克》)，到田间的"全国是这样欢腾，/决心要走一条路，/要建设社会主义，/使劳动更有价值"(《祖国颂》)……时常可见的便正是这样一类空洞乏味的政治口号性诗句。

欧化，是20世纪中国文学语言的另一突出弊端。这种弊端的形成，直接原因是对西方翻译文学的生硬模仿。早在1918年，傅斯年在《怎样做白话文》一文中，即曾主张作文章时，"心里不要忘欧化文学的主义。务必使我们作出的文章，和西文近似，有西文的趣味"②。傅斯年甚至还与吴稚晖、钱玄同等人相应合，更为偏激地提出过要废除汉字，而代之以拼音文字或英、法文字的主张。这些五四时期的学者，力图创建新文学的用意是可敬的，强调借鉴外来语言技巧，也是有重要意义的，但以"欧化文学主义"为准则，对诗人、作家造成的误导，亦是严重的。以创作实践来看，有不少诗人、作家，正是由于片面的"欧化"追求，导致了作品文句的冗繁拖沓，损伤了作品的艺术效果。

欧化句式的冗繁拖沓，与前文论及的基于艺术表现需要的"啰唆"不同，而常常是在既无助于增加语义内涵，也无助于唤起读者更多想象的情况

---

① 转引自戴光中《赵树理传》，北京十月文艺出版社1986年版，第217页。
② 《中国新文学大系建设理论集》，上海良友图书印刷公司1935年版，第227页。

下，徒增若干可有可无的字词而已，有时甚至构成了读者的阅读障碍。比如在茅盾的长篇小说《虹》中，时常可见诸如：

> 从中学时代直到两年前在川南当教员时的一位好友徐女士蓦地跳出成为梅女士忆念的中心。

> 一簇一簇的学生争抢一个月前的上海报和汉口报来研究北京的学生如何放火烧了总长的房子又打伤了一位要人。①

这样一类动辄长达 30—40 个字之多，仿佛是直译自外文而来的冗繁语句。甚至连人物的语言，有时竟也不分性别、不分个性地操着同一种"欧腔"，如《虹》中的那位梅女士在离开故乡四川的江轮上迎着同伴文太太说：

> 从此也就离开了曲折的窄狭的多险的谜一样的路，从此是进入了广大，空阔，自由的世间！

《三人行》中的男大学生惠对女同学馨说：

> 现在我知道他的什么到南京去请愿救国却专是为的要勾通你的什么未婚夫用经济手段来惩罚你的叛逆和反抗。②

这种定语叠加、拗口枯燥的"欧化"句式，叫人很难想象是出自于一些中国人（即使是知识分子）的日常交谈。值得注意的是，在 20 世纪的中国文坛上，这种"欧化"句式一度并非个别现象，在其他许多作家的笔下也累累可见，如在巴金的《爱情的三部曲》中，即亦可不时读到这类同样拖泥带水的句子：

---

① 《茅盾全集》第 2 卷，人民文学出版社 1984 年版，第 13、21 页。
② 《茅盾全集》第 2 卷，人民文学出版社 1984 年版，第 15、481 页。

　　　　她把那个和专制的王国一样的富裕旧家庭所涂在他身上的忧郁与黑暗给他完全洗掉了。

　　　　不仅陈真的似乎还在跳动的细小字迹使他相信这一段话曾经如此深地影响过那个她所敬爱的人……①

面对这类不仅缺乏民族个性，更缺乏作家文体个性的"欧化"句式，如果不看作者名字，有时甚至很难将茅盾与巴金的作品区分开来。而这样一种局面，无论如何不能不说是这些文学大师的缺憾。

与"欧化"相关，也有的诗人、作家，因生硬地模仿西方某些现代主义流派的语言组合手法，导致了作品语意的晦涩难解。如在被称为"新感觉"派小说家笔下出现的："中国的悲剧这里边一定有小说资料一九三一年是我的年代了《东方小说北斗》每月一篇单行本日译本俄译本各国译本都出版诺贝尔奖金又伟大又发财……"（穆时英《上海的狐步舞》）之类明显是模仿西方"意识流"小说而形成的文句；在李金发笔下出现的诸如"折翼之女神／你忘了自己之年岁／平庸之忧戚，猜不中你的秘密／残忍之上帝／仅爱那红干之长松，绿野／灵儿往来之足迹"（《夜之歌》）之类文字组合杂乱怪异，玄秘莫测的诗句，是模仿象征主义的产物。

浅显直露的"大众化"、"政治口号化"，与冗繁晦涩的"欧化"、"玄化"，恰好构成了中国新文学语言的两个极端。相比而言，由于后者的弊端更为明显，涉及的范围也小一些，故而于中国文学的危害相对较轻。特别是自延安时代开始，由于进步的政治力量的干预，已在很大程度上为许多作家所厌弃。而"大众化"、"政治口号化"之类，缘其与政治需要之间的密切关联，则一直长盛不衰。至新中国成立后，更是日益加剧，深为读者不满，甚至连周恩来这样的国家领导人，也曾出面告诫作家："话剧要写出艺术的语言。既不是《人民日报》的社论的语言，严谨的政治语言，又不是日常生活的语言，而是要提炼成真正的舞台的语言，银幕的语言。"②

---

① 《巴金全集》第6卷，人民文学出版社1988年版，第132页。
② 《周恩来论文艺》，人民出版社1979年版，第120页。

四、新时期的文学语言景观

新时期以来，中国文学理论与创作无疑均已取得了巨大的进步。仅就文学语言来看，已有多部专门性的著作出版，如向新阳的《文学语言引论》（武汉大学出版社 1992 年版）、李润新的《文学语言概论》（北京语言学院出版社 1994 年版）、王一川的《汉语形象美学引论》（广东人民出版社 1999 年版）、王汶成的《文学语言中介论》（山东大学出版社 2002 年版）、雷淑娟的《文学语言美学修辞》（学林出版社 2004 年版）、李荣启《文学语言学》（人民出版社 2005 年版）等等。这些著作，都在不同程度上深化了对文学语言本体特征的研究，加强了人们对文学语言的自觉意识。就具体创作来看，在汪曾祺、莫言、张炜、贾平凹、李锐等许多卓有成就的作家笔下，语言的文学性都已达到了相当高的水平。但因文学修养、理论视野及文学观念等方面的局限，在许多诗人、作家的某些作品中，作为"第一要素"的语言，缺陷亦仍十分突出。具体来说，主要有以下三个方面。

1. 仍缺乏对文学语言自身特性的清醒认识与自觉追求

有些作家，虽已发表了不少作品，有的甚至已在文坛上产生了一定影响，但在作品中，不乏如下的片段：

> 妻子已经两年多没有开支了。她那个厂子跟外商合并了。按说应该效益好了，可是那个外国老板说他是来中国办企业的，不是为中国人解决工作的，他不能全部接收这个厂子的工人，急了眼似的想引进资金项目的市委领导，都答应了。于是，妻子厂里的一千多工人被划入另册，另成立了一个分厂，让一个姓何的厂长承包了。（谈歌《乡关何处》）

> 推销员又来了，带来的是全新概念的沐浴露，含有一种促进皮肤吸收水分的物质，洗澡时放在浴盆之中，浸泡过后，所有细胞都毫不例外地吸收足够的水分，中、老年人的皮肤完全可以达到儿童皮肤含

水量的水平。(关汝松《假面太太》)

相关作品,虽已得到有关评论家的高度推崇,但这类的文学语言,距离"文学"恐怕还有着不小的距离,让人怀疑作者尚缺乏对文学这门"语言艺术"应有特征的应有把握。前一片段,看上去更像是某一企业写给上级主管部门的汇报材料;后一片段,则颇类乎关于"沐浴露"的产品说明书。在小说中,这样一类将文学文体语言混同于其他文体语言的文字,显然是不可能为读者感兴趣的。

透过某些诗作,则更是叫人吃惊于作者"文学语言"意识的淡漠。为了本文的写作,我曾随机查阅了中国当代诗坛最高级别的权威刊物《诗刊》,想不到,在某一期中,在那些熟悉的成名者或陌生的诗坛新秀的笔下,读到的大多竟是:"祖国的高处 / 长者慈祥 / 一个是我的父亲 / 一个是我的亲娘";"蜜蜂,这些不知疲倦的忙碌者 / 春天里匆匆上岗的工人";"一篮菱角是 4 只铅笔 / 两本课本 / 外加一把透明的三角尺";"老板娘来自纺织厂 / 是位下岗的工人";"我们所拥有的日子 / 阳光灿烂";"鲁迅的骨头 / 是 / 铁与血的 / 合金 // 是 / 钙与盐的 / 激流"这样一类"诗句"。[①] 这类轻易掇取、毫无意趣的"诗句"。这样的诗句,除了说明诗人尚缺乏对文学语言特征的把握或缺乏真正的艺术追求之外,实在想不出还有什么别的意义。

2. 在写作过程中,缺少对语言的删减与推敲

阅读经验告诉我们,好的文学语言,往往会吸引我们驻目流连,含英咀嚼。而这样的语言,往往是经由作者反复推敲删减而成的。而我们当今的一些作家,似乎缺乏这样的耐性,在许多作家的作品中,类乎:"我的视线从东向西,我看到了中粮广场、长安光华大厦、交通部大厦、中国妇女活动中心,对外经贸部大厦和新恒基中心这些仿佛是一夜之间被摆放在那里的巨型积木……"(邱华栋《哭泣游戏》,《钟山》1996 年第 5 期)之类干瘪枯燥,漫不经心罗列物象的文字随处可见。更为严重的是,由于作者疏于推敲,文意欠通,乃至病句连篇的作品,亦不在少数。被誉为河北"三驾马车"之

---

① 见《诗刊》1998 年第 10 期。

一的关仁山的《天壤》(《人民文学》1998 年第 10 期),虽已好评如潮,但稍加注意,便会时见文意欠通之处,如:"韩成贵心里鼓鼓涌涌不安稳,热辣辣的暖流刺得他鼻头发酸。"既是"热辣辣"的暖流,又如何使鼻头"发酸"?当韩成贵大发感慨:"你说咱村,过去是售粮大村,眼下可好,吃洋鬼子的进口粮,吃水果吃西瓜还要从城里批发!这丢人不丢人?"时,"吕淑红先是为韩成贵的话感到震惊,继而叹了口气,俺爷也是这个腔调。"既然"俺爷也是这个腔调",吕当见怪不惊,又有何"震惊"的?"场院里是幽暗的,有的门楼已经歪斜,老屋也已老迈。"以"老迈"写"老屋",不仅欠切,且语意重复;"他敞开衣襟,神神气气地站在田垄里,看到昔日的荒园变得热闹而奢侈。"以本系贬义的"奢侈"写变得长满庄稼的"荒园",亦觉不伦不类。由此,我们亦可进一步看出中国当今某些作家在语言创造方面的草率与粗疏。

3. 漠视母语传统,重蹈"玄虚化"覆辙

有些新潮诗人、作家,由于盲目追逐西方现代派的某些观念技巧,不再顾及是能指与所指之间应有的关联,而是予以随意性的暴力拆解,以语言碎片的生硬堆砌为创新。这些"新潮"诗人、作家,虽也时常在强调母语的重要性,但其语意碎裂的句式,恰恰破坏了母语应有的韵味。如非非主义的诗人及理论家周伦佑虽曾主张"诗是使一个民族的语言得以纯洁的唯一可能和保证"[1],但在其"玻璃滑动的夜晚 / 我看见一只猫 / 在玄学之角"(《猫王之夜》)这样的诗句中,又怎能让人领略到民族语言的纯洁?结果,这种在很大程度上是缘于对西人的模仿,以及片面追求个人化写作所产生的令人难以理喻的文字,只能进一步远离了中国民族语言的表现习惯,只能导致民族文学语言的解体。正如一位当代学者所批评的:"诗学品质中沉淀着的传统美德是诗歌的血脉,无法一剪了之。许多诗人奉行的语言暴力主张,除了耗尽诗人的才华,并把诗歌弄得一片狼藉以外别无成绩的后果便明白了。"[2] 以至于有识之士已在大声疾呼要"拯救民族语言",希望诗人回到自己的母语

---

① 杨克主编:《90 年代实力诗人诗选》,漓江出版社 1999 年版,第 101 页。

② 温远辉:《"顽固理论化"时代里的诗学品质》,见《90 年代实力诗人诗选》,漓江出版社 1999 年版,第 587 页。

中去。

　　20世纪初，胡适曾在《建设的文学革命论》中宣告："我的'建设新文学论'的唯一宗旨只有十个大字：'国语的文学，文学的国语。'我们所提倡的文学革命，只是要替中国创造一种国语的文学。"而当20世纪告终，回头思考一下胡适这一指导思想的时候，可以想到，中国的新文学，虽已历经百年，虽已取得了巨大的成就，特别是新时期以来，文学的整体水平，已有了突飞猛进的提高，但作为最为基本的文学语言问题，胡适所向往的"文学的国语"目标，仍需中国的诗人、作家、理论家们进一步努力。

　　　　　　　　（原载北京师范大学《文艺理论学刊》2000年第1辑）

论"文学性"与"非文学性"

在我国，由于长期盛行的"工具论"、"内容决定形式"之类主张严重危害了文学的发展，新时期以来，越来越重视"文学性"，越来越强调"文学性"，也就成为一种似乎是颇具必然性的理论选择。从实际效果来看，这样一种对"文学性"的重视，是必要的，不仅深化了我们的文学观念，也有效地提高了我国当代文学创作的艺术水平。有许多作品，无论是在语言的诗性化，还是在抒情与叙事技巧方面，都达到了一个新的文学高度。但与之形成强烈反差的是：在我们的社会生活中，文学的影响却日渐衰微。这当然有着多方面的原因，但文学自身的内在感动力与震撼力不足，恐亦是事实。尤其是自 20 世纪 90 年代以来，在中国文坛上，真正动人心魄之作越来越少。这种状况，大概已很难再归咎于"文学性"的缺失，相反，应该引发我们深思的倒是：在提高文学创作的质量方面，"文学性"追求的作用到底有多大？在文学作品的构成方面，"文学性"与"非文学性"的关系究竟如何？

一

何谓文学性？按照俄国形式主义理论家雅可布森的见解，是指"使某一作品（文本）变成文学作品（文本）的性质"①。俄国形式主义的另一位代

----

① ［荷兰］佛克马、易布斯：《二十世纪文学理论》，林书武等译，三联书店 1988 年版，第 20 页。

表人物什克洛夫斯基的具体看法是：指对词语进行安排和加工的技巧，是将事物"奇异化"、将形式艰深化的艺术手法等等。什克洛夫斯基曾明确强调："艺术是对事物的制作进行体验的一种方式，而已制成之物在艺术之中并不重要。"① 这样一类着眼于艺术形式、艺术表现技巧而得出的关于"文学性"的界定，是否成立，当然也还值得怀疑，如加拿大文学理论家弗莱就曾质疑道："我们尚无真正的标准，把文学语言结构与非文学语言结构区分开来。"② 美国学者乔纳森·卡勒说得更为明确："关于文学性，我们尚未得到令人满意的定义"，"把某文本的文学性效应局限在语文手段的表现范畴之内，仍然会碰到巨大的障碍，因为所有这些因素或手段都可能出现在其他地方，出现在非文学文本之中。"③ 苏联学者巴赫金亦认为，实际上"日常话语与诗话使用同样的手法、同样的隐喻游戏、同样的规则"④。但相对来说，俄国形式主义文论家们的见解，还是更为切近了文学本体特征的。

在非文学文本中，虽亦不乏"奇异化"、"隐喻游戏"之类的技巧与规则，但在文学文本中，这类技巧与规则毕竟更具主导地位。一首诗歌，无论缘之于怎样的情感，如果只是直白地狂呼乱叫，缺乏诗性技巧，是很难动人的；一篇小说，无论取材多么新颖，意义多么重大，如果文笔枯燥，如果只是流水账式的生活记录，是不可能为人喜爱的，甚至称不上是文学作品的。但，在承认和强调"文学性"的同时，我们又应意识到：从整体上来看，文学又决非仅是"文学性"的产物。比如一首诗歌，如果缺乏真情实感，无论诗人施之以怎样的语言技巧，也只能是"为赋新词强说愁"而已，同样难以动人；一篇小说，如果情节低俗，或取意平庸，无论语言多么"文学"，技巧多么高超，也同样难以成为优秀作品。只有具备了"文学性"，才是"文学作品"，这在逻辑方面，自是无可辩驳的，但下列逻辑，同样无懈可击："文学性"是相对于"非文学性"而存在的，如果没有了"非文学性"，"文

---

① ［俄］什克洛夫斯基：《散文理论》，刘宗次译，百花州文艺出版社1994年版，第10页。
② ［加拿大］马克·昂热诺等主编：《问题与观点：20世纪文学理论综述》，史忠义、田庆生译，百花州文艺出版社2000年版，第27页。
③ ［加拿大］马克·昂热诺等主编：《问题与观点：20世纪文学理论综述》，史忠义、田庆生译，百花州文艺出版社2000年版，第33页。
④ ［加拿大］马克·昂热诺等主编：《问题与观点：20世纪文学理论综述》，史忠义、田庆生译，百花州文艺出版社2000年版，第46页。

学性"又何以体现?

与能够"使某一作品(文本)变成文学作品(文本)的性质"相对应,那些不能使某一作品变成文学作品的性质,自然就该算是"非文学性"了,如体现于文学作品中,与什克洛夫斯基所说的词语安排、加工技巧、艺术手法等"文学性"因素没什么必然关联,亦可用其他"非文学"文体呈现的作家的人生感悟、思想观念、理想追求,以及形形色色的人类生活方式、生存问题等等。而举凡文学作品,能离开这样一些方面的"非文学性"吗?文学艺术,不论如何界定其特性,如何论证其本体,终究是人类的生活境况、意志愿望、情感意绪的表现,是人类文化观念的结晶,因而原本就是"文学性"与"非文学性"水乳交融的产物。如果将二者机械地对立,割裂开来,大概也就不存在文学了。

人类之所以需要文学艺术,从根本上说,是为了生活得更加美好。与之相关,文学作品通过"文学性"给予读者的艺术化、审美化的欣悦与满足固然重要,而其中隐含着的化育人心、提升道德、推动历史进步的伟大力量,自是更为重要。也许正因如此,古罗马诗人贺拉斯曾在《诗艺》中强调:"一首诗仅仅具有美是不够的,还必须有魅力,必须能按作者愿望左右读者的心灵。"① 美国当代学者阿瑟·C.丹托亦认为:"在某种程度上,艺术中的真可能比美更重要。它之所以更重要,是因为意义重要。"② 贺拉斯所强调的能够"左右读者心灵"的"魅力",丹托所说的"艺术中的真"所显示的"意义",自然不是指"文学性",而倒正是"非文学性"。不论文学创作怎样创新,不论文学思想如何解放,对于人类的文学艺术活动来说,这样一类"非文学性"之论,不也同样至关重要吗?文学作品,当然不应成为传达某种思想的工具,但,同样不可以没有"思想"、没有"灵魂"、没有"意义"。如果失去了这样一类"非文学性"的"思想"、"灵魂"与"意义",文学还有多大价值?

从文学评价的角度来看,一首诗,一篇小说,可以是"文学作品",但不一定是"好作品",更不一定是"大作品"。而仅凭"文学性"尺度,在

---

① [古罗马] 贺拉斯:《诗艺》,杨周翰译,人民文学出版社 1962 年版,第 142 页。
② [美] 阿瑟·C.丹托:《美的滥用》(序),王春辰译,江苏人民出版社 2007 年版。

很大程度上，恐只能判定一篇文章是不是"文学作品"，却难以判定是不是"好作品"，更难以判定是不是"大作品"。如中国汉代司马相如的《子虚赋》、《上林赋》，扬雄的《甘泉赋》、《长杨赋》等，虽有文笔恣肆，辞采华美，音韵铿锵，写物图貌亦可谓穷形尽相之类很高的"文学性"，但因如同扬雄本人意识到的"劝百而讽一"之类"非文学性"意蕴的肤浅，如今，除了文学史家们，大概已很少有人能够为之吸引了。又如中国的古代小说《肉蒲团》、《痴婆子传》、《如意君传》之类，在人物刻画、叙事技巧、语言表达等方面，也都是颇具文学性的，但因情趣低下，事涉淫秽，而为文学史家们所慎言。这类的"赋"，这类的"小说"，你虽不能否认是"文学作品"，但却很难说是"好作品"，更不好说是"伟大作品"吧？

　　观乎中外文学史上的许多"伟大作品"，如莎士比亚的《哈姆雷特》、托尔斯泰的《复活》、陀思妥耶夫斯基的《卡拉玛佐夫兄弟》、曹雪芹的《红楼梦》、李白、杜甫的诗歌等等，之所以不朽，除了赖以高妙的"文学性"之外，揭露黑暗现实，批判丑恶人性，向往自由，呼唤正义与良智等方面的"非文学性"，乃或更是其根基。这些作品，如果不是其中充盈着人本主义、救世情怀、反抗专制、向往自由、关怀众生之类的"非文学"成分，它们还能够称得上"伟大"吗？另如苏联作家索尔仁尼琴的《古拉格群岛》，就"文学性"而言，恐怕很难说有多么高超，仅以其实录性的文体来看，甚至不像是文学理论家们所界定的"小说"，而之所以成为卓有影响的世界文学名著，关键因素就更不是什么"文学性"，而是其中涌动着的震撼人心的"意义"。

　　有意思的是，当中国文坛更倾心于"文学性"的时候，西方文学理论界，早已在反思着与"文学性"相关的形式主义的缺陷，以及后现代主义"反理性"、"反意义"、"反阐释"之类弊端，而力图以"文化诗学"、"文学人类学"、"生态文学"之类视野，放大"非文学性"的文学效应，或径直以"女权主义"、"后殖民主义"之类的政治视点重新审视与评价文学史上的许多经典之作，呈现出回归文学社会学，甚至是文学政治学之类的思潮。佛克马与易布斯在其合著的出版于1977年的《二十世纪文学理论》中，就曾这样指出："在近年的理论著作中，几乎已看不到有人还会认为文学文本是独立自主的"，"文学再一次被视为更综合、全面的认知过程的一部分。这种情况说明，有必要通过科学化的研究来增进我们对文学的认识。但随之而来的，也必定是文学研究领域的扩展。于是，文学研究者就必须涉猎所有的那些有关语义世界的系统组构的学科，即语言学、历史学、社会学、哲学及人类学。"① 更为令人深思的是，在美国这样一个兴盛过重在形式研究的新批评、认为文学作品不存在确定性的价值与意义的解构批评之类文论思潮的国度里，许多作家并不为之所惑，而是仍一直在坚定地追求着心目中的作品意义与文学价值，一直在将创作一部"伟大的美国小说"作为自己终生奋斗的目标。据旅美华语作家哈金在一篇文章中的介绍，美国作家们所认可的"伟大的美国小说"的定义是："一部描述美国生活的长篇小说，它的描绘如此广阔、真实并富有同情心，使得每一个有感情、有文化的美国人都不得不承认它似乎再现了自己所知道的某些东西。"② 由这定义中作为其"伟大"内涵的"美国生活"、"广阔、真实"、"富有同情心"等等可知，美国作家们一直在孜孜以求的、首先予以高度重视的，仍是"非文学性"，而不是什么"文学性"。显然，美国作家们是清醒的，只有如此追求，才有"伟大的美国小说"产生的可能。正是面对这样的一种世界文学趋势与格局，我们也应进一步意识到，如果过分褊狭地强调"文学性"，而漠视"非文学性"，中国当代文学与当代文论，不仅仍然难以真正发出自己的声音，而且只能一次又一次地被甩在世界文学大潮的后面。

二

或许是与亚里士多德曾在《政治学》中正确指出的"人类在本性上，也正是一个政治动物"③ 相关，从中外文学史来看，与社会现实密切相关的政治意识，大概可谓是文学作品中最为显赫的"非文学性"因素了。如果缺失了这一因素，在人类文学史上，还会有屈原、杜甫、白居易、莎士比亚、拜伦、司汤达、雨果、巴尔扎克、托尔斯泰这样的伟大诗人、作家吗？

尤为值得关注的是：有不少产生了重大世界性影响的作家，不仅其作品

① [荷兰] 佛克马、易布斯：《二十世纪文学理论》，林书武等译，三联书店 1988 年版，第 184 页。
② 哈金：《伟大的中国小说》，《南方周末》2005 年 10 月 14 日。
③ [古希腊] 亚里士多德：《政治学》，吴寿彭译，商务印书馆 1965 年版，第 7 页。

中涌动着强烈的政治意识，且曾明确宣称自己的创作就是出之于政治动机。如法国作家雨果讲过，他的创作就是要"使压迫者产生恐惧心理，使被压迫者心情安稳、得到慰藉。使刽子手们在他们血红的床上坐卧不宁"①。荣获1929年度诺贝尔文学奖的德国小说家托马斯·曼表示："我所作的一切，或者至少我力图作到的一切，永远服务于一个目的——保卫人道主义。"② 创作了《一九八四》、《动物农场》等著名作品的英国作家乔治·奥威尔宣称："我在1936年以后写的每一篇严肃的作品都是指向极权主义和拥护民主社会主义的。""回顾我的作品，我发现我所写的那些缺乏政治目的的书毫无例外地总是没有生命力的，结果写出来的不是华而不实的空洞文章，就是空洞的句子、堆砌的词藻和通篇的谎言。"③ 荣获1994年度诺贝尔文学奖的日本作家大江健三郎讲过："我十分相信通过文学可以参与政治，所以我才选择了文学。"④ 荣获2010年度诺贝尔文学奖的秘鲁作家巴尔加斯·略萨也曾这样明确地告诉中国读者："完全不关心政治，就是虚假的作品。"⑤ 如果你读一下略萨在诺贝尔文学授奖仪式上的致辞，会更为强烈地感到，作为小说家的略萨，拥有的是一直在深切地关注着民族与人类命运的政治家的胸襟。正是在这篇致辞中，略萨这样强调了文学的政治功能："如果没有小说，我们将不会意识到自由对生活的重要性，也不会意识到某个暴君、某种思想体系或某个宗教正在践踏自由，企图将我们生活环境化为地狱的事实。文学不仅令人对美与幸福产生向往期待，同时也警示我们应与一切压迫的暴行进行斗争。"⑥ 更为值得关注的是，这些作家，不仅力图以文学介入政治，且都能不顾个人安危，直接奋力投身于实际政治活动，如雨果曾参加过共和党人组织的反抗拿破仑三世政变的起义，因遭到迫害，不得不长期流亡国外；托马斯·曼曾公开站出来谴责纳粹的罪恶，因此而被剥夺了德国国籍；乔治·奥威尔曾经作

---

① 童庆炳、马新国主编：《文学理论学习参考资料新编》（中），北京师范大学出版社2005年版，第1592页。

② 崔道怡等编："冰山"理论：对话与潜对话》（下册），工人出版社1987年版，第793页。

③ ［英］《奥威尔经典文集》，中国华侨出版社2000年版，第5、7页。

④ 梅晓云等编：《外国作家作品专题》，西北大学出版社2003年版，第313页。

⑤ 徐颖：《愿手握羽毛笔，写到生命最后一刻》，《新闻晨报》2011年6月14日。

⑥ ［秘鲁］《赞颂阅读与虚构——马里奥·巴尔加斯·略萨诺贝尔文学奖致辞》，姚云青译，《书城》2011年第1期。

为国际志愿者中的一员，亲身参加过西班牙人民反抗佛朗哥法西斯政权的战斗；大江健三郎曾参与绝食抗议韩国判处诗人金芝河的死刑，并一直在为消除核武器疾呼奔走；略萨曾参与过秘鲁的总统竞选。值得深入反思的是：这些作家，不仅没有因其"非文学"性的政治追求而影响自己的创作质量，相反，倒正是因其热血沸腾的政治情怀，而增加了他们作品的凝重与深刻，使之达到了自己时代的文学高度。

但自20世纪90年代以来，我们的许多诗人、作家、理论家们，似乎在有意识地漠视这类成功的世界文学经验了，在有意识地回避政治了，而更醉心于文体试验了，更注重于语言、技巧的探索了，更向往所谓的"纯文学"了，更偏重于关注"文学性"了。于是，在当今中国，面对官场腐败，面对民主进程的滞缓，面对整个民族的道德滑坡，面对时代变革而出现的种种尖锐问题，面对与民族命运与国家前途息息相关的许多重大事件，已经很少听到来自主流文学界的声音了。真正走在时代前列、思想前列，更具历史担当意识的，大多已不是文学界人士，而是法学界、经济学界、新闻界的知识分子，以及许多普通网民的身影。如在2009年发生的引起全国关注的邓玉娇事件中，发出了震撼人心之声的正是见之于网络的北京律师夏楠的《就邓玉娇案致高一飞先生书》，以及不详其作者的《邓玉娇列传》等文章。这类文章，虽非出于文学目的，但因其中喧腾着不可遏止的反抗现实邪恶的激情，以及由情感激活的灵动酣畅的文笔，读过之后，你会感到：这才是真正值得珍视的我们这个时代的优秀文学作品。我甚至想，多少年之后，当未来人编纂一部《21世纪中国文学作品选》时，有可能列入的或许正是这类作品，而不会是那些浅唱低吟的所谓"美文"，或某些虽不无"文学性"而实际上主要是因迎合了人的低俗欲求而受到追捧的所谓"力作"。因为中外文学史早已证明，经由大浪淘沙，能够经得起时间检验的，一定会是那些发自肺腑的血性之作。例如仅由中国文学史来看，在我们的古人编纂的《古文观止》中，多见的不正是《谏逐客书》、《吊古战场文》、《阿房宫赋》、《捕蛇者说》、《五人墓碑记》这样一类富有血性的文字吗？

与"文学性"追求恰好形成呼应的倒是：20世纪90年代以来的中国文坛，越来越多了些醉生梦死的犬儒主义、明哲保身的利己主义、躲避崇高的卑俗主义气息。这样一种局面，恐断不是要回到"文学性"的中国当代文学的光荣。虽然，我们有不少诗人、作家，实际上仍不乏对历史与现实的洞察与关注，但在具体创作过程中，出于某些顾忌，又往往在小心翼翼地绕道而行。虽然，我们还可以举出与现实关系密切的"反腐文学"一路，但遗憾的是，大多"反腐"之作中潜隐着的落后的"清官"情结，影响了其精神境界。

按照德国汉学家沃尔夫冈·顾彬的观感，中国当代文学的症结在于，许多作家，"基本没有什么思想，他们的脑子是空的"①。"他们的力量都去了哪儿？以前是政治，而现在则卖给了市场！"②顾彬还曾这样尖锐地向中国当代文坛发问："德国文学也罢，俄国文学也罢，欧美文学也罢，它们中间总有一批作家的一批作品能够代表他们国家和民族的声音，当代中国有吗？"③中国文学批评家雷达的看法与之相近，认为"20世纪90年代以来的中国小说取得了较大成绩，但中国小说精神缺钙的现象却也在日益普遍化和严重化。90年代以来，中国社会部分人群的精神生态更趋物质化和实利化，腐败现象大面积蔓延，道德失范，铜臭泛滥，以致人文精神滑坡，这恐怕是不争的事实。消费、烦、浮躁、自我抚摩、刺激、回避是非、消解道义、绕开责任、躲避崇高等等，几乎成了90年代以来中国小说中较为普遍的精神姿态。"④顾彬特别强调的中国当代作家所缺少的"思想性"，所缺少的"中国声音"；雷达所说的"回避是非、消解道义、绕开责任、躲避崇高"等，当然不是"文学性"，而正是与政治有着密切关联的"非文学性"。顾彬、雷达的看法也许不无偏颇，但他们所指出的中国当代"非文学性"的"思想"、"中国声音"、"道义"、"责任"之类的缺失，基本上是切合实际的。顾彬、雷达这里所批评的主要还是中国当代文学创作，而这样一种文学局面，我们的文艺理论界，我们每一位从事文艺学的研究者，不也值得反思吗？不也有相关责任吗？

诗人、作家、理论家，当然不是政治家、法学家、社会学家，不可能

---

① ［德］顾彬：《中国文学每况愈下　当代作家基本没有思想》，《时代周报》2009年3月13日。

② 刘作楣、李润文：《顾彬再发炮：中国当代作家的力量都去了市场》，《中国青年报》2009年2月25日。

③ 陆天明：《文学的二次回归与"士"的精神》，《文汇报》2007年3月20日。

④ 雷达：《当代文学到底缺什么》，《人民日报》（海外版）2007年7月12日。

在文学作品及理论著述中提供解决社会问题的方案，但他们却可以由一位真正知识分子的人格情怀出发，通过自己对现实矛盾、时代隐秘、民众心理的深刻观察，通过对巴赫金所说的"意识形态环境"的体认与描写，通过对现代民主意识、平等意识之类的张扬，通过对邪恶势力的揭露与批判，导引社会的正义，维系文化的健康。在中外历史上，许多诗人、作家、理论家，虽然很难说他们直接解决了什么社会问题，但却并不影响他们的伟大，道理即在于此。

三

20世纪以来，"为政治服务"之类的工具论主张，的确曾严重危害了我们国家的文学事业。但为什么在同是特别重视文学的政治功能的雨果、托马斯·曼、奥威尔、大江健三郎、略萨这样一些世界著名作家那里，情况会全然不同？为什么不仅没有危害他们的创作而倒是在很大程度上成全了他们的创作？如果联系这些作家的创作过程，予以实事求是的分析，恐不难得出这样的结论：注重文学的政治功能，甚至明确主张"文学为政治服务"，本身并没有错。需要进一步探讨的只是，为什么样的"政治"服务？"为政治服务"的内在机制如何？以及怎样"为政治服务"？作为文学艺术，"为政治服务"，当然首先应是"文学性"地"为"、"艺术化"地"为"。此外，我们还应进一步清醒地意识到，与为什么样的"政治"服务及"为政治服务"的内在机制相关，要获得创作的成功，尚须基于以下几个关键性的前提：

第一，作家们所追求的或力图为之服务的"政治"，应是顺乎历史进步潮流、能够造福人间的"好政治"，而不是造成私欲膨胀、道德堕落、权力腐败、社会动荡、民怨沸腾的"坏政治"；必须是惠及天下，能够促进整个人类文明的"大政治"，而不是着眼于某一权力集团的利益，或某些现实举措的"小政治"。雨果所说的"使压迫者产生恐惧心理"，托马斯·曼所说的"保卫人道主义"，大江健三郎所忧虑的"核灾难"等等，所追求的就是"好政治"，体现的就是"大政治"的视野。

第二，作家们在以文学方式介入政治时，应重在"政治反思"而不是"政治歌颂"。"政治"的本原使命就是安邦定国，造福民众，因而即使真正取得了这般成效的政治，也是理所应当的。对此，不仅没什么必要大加歌颂，且这歌颂往往会害了政治，使其忘乎所以，走向败落，陷入危机。而重在"政治反思"的作品，效果则截然不同，会有助于政治家们清醒地把握现实，及时矫正失误，不断取得政治的进步。故而作为常识，我们就可了然：中外文学史上那些真正伟大的作品，莫不是充满批判意识的忧患之作，而绝少歌功颂德之作。

第三，作家们的政治追求，以及"为政治服务"之意图，应是出之于个人的内在意愿，而不是被动地服从于某种外在要求，或缘之于某些外在压力的结果。只有如此，政治才会化为他们的个体性的生命意识，才会成为他们文学创作的情感资源。在雨果、托马斯·曼、奥威尔、大江健三郎、略萨等作家那里，我们看到的正是政治欲求与其生命意识的一体化。他们的文学成就，亦足可证明，不论在何时代，是何国度，一位诗人、作家，如果是出于个人的主体选择，"非文学性"的"政治"追求，不仅不会危害其创作，而是同样可以创作出世界一流作品的。

正是据此，可更为清楚地看出，在我们的文学史上，"文学为政治服务"的主张之所以危害了文学，实在是不应简单化地归咎于这类主张本身，而是另有原因的，这就是：背离了上述前提。如我们的作家所为的"政治"中，曾不乏导致了无数人家破人亡之悲剧的"文革"这样一类违背了历史进步潮流的灾难性政治，为这样的政治服务而产生的文学，结果也就可想而知了。我们的作家所为的"政治"中，常见的往往是某一时期的具体"政治"，如"土地改革"、"合作化"、"知识青年上山下乡"、"拨乱反正"、"企业改革"等等，囿于这样一类狭小的政治视野，要创作出世界一流的伟大作品，也是不大可能的。以实例来看，如周立波的《暴风骤雨》、李准的《不能走那条路》、刘心武的《班主任》、蒋子龙的《乔厂长上任记》等曾得盛誉于一时的作品，之所以难以具有久远的生命活力，更不可能达到世界文学的高度，原因之一即在于此。在我们曾强调的"为政治服务"中，主旨是"政治歌颂"，即使有时允许"批判"时，也往往是以"歌颂"什么为前提的。更为重要的是，我们的许多作家，在许多情况下，在"为政治服务"时，并非是出之于内在意愿的自我选择，而是不得不听命于外力的结果，而这本身，由于有违以自由为本质特征的文学创作的规律，当然也就不可能创作出真正优秀的作品了。

四

　　20 世纪 80 年代，晚年的巴金，在总结自己一生的文学经验与教训时，曾经反复强调：一位作家，要讲真话，要"讲自己心里的话，讲自己相信的话，讲自己思考过的话"，"要把心交给读者"。甚至从人生哲学的高度断言："人只有讲真话，才能够认真地活下去。"① 作为文学主张，巴金的话，实际上只说对了一半。从古今中外文学史来看，许多作品的成功，显然不仅在于讲"真话"，同时还在于将"真话"讲得"艺术"。这"艺术"，当然就应属"文学性"，而"讲真话"则只能属于"非文学性"的。

　　但对于巴金不无片面性的主张与论断，当时竟鲜见有人质疑，相反，曾得到了中国文学界近乎一致的高度赞赏与强烈共鸣。原因很清楚，与巴金相同，人们在反思 20 世纪中国文学，尤其是新中国成立后 17 年中国文学的教训时，无一不痛切地感到：与"文学性"遭到的掩抑相比，更为致命的是"非文学性"的"真"的缺失。事实上，在我们的文学创作领域，"求真"问题至今仍未得以彻底解决。经由多年的思想解放，经由不断进行的体制改革，中国诗人、作家虽已得享了更多的创作自由，但谁敢说在"讲自己心里的话，讲自己相信的话，讲自己思考过的话"的时候已毫无顾忌，已毫无禁区？又有哪一位诗人、作家敢于承认：自己已经可以做到完全彻底地在"说真话"了？中国当代文学作品的数量虽在急剧增长，但无论在我们的历史上，还是我们的现实中，许许多多令人触目惊心的真相，真正进入诗人、作家的视野了吗？诗人、作家"因文获罪"的悲剧虽已不太可能发生，但有多少关于历史与现实的痛切体验与思考，不是仍只能化为私人空间的幽怨与牢骚吗？在如此的文学生态中，"中国当代作家普遍缺乏思想的内在力量"，"中国小说精神缺钙的现象"，恐怕也还是难以避免的。

　　由此亦可进一步看出，中国当代文学的进一步兴盛与发展，与"文学性"追求相比，诸如巴金所说的"真"之类某些"非文学性"追求，仍应予

---

① 巴金：《随想录》（上），三联书店 1987 年版，第 506、282 页。

以进一步强化。但在我们的文学界，似乎总有些健忘，总有些喜欢见异思迁："文学性"重要了，"真"之类的"非文学性"就可以弃之不顾了。当然，这其中也深隐着中国文学的无奈：如文学的"求真"之类，并非易事，不仅需要诗人、作家的自我人格修养，更需要我们的国家，从法律体制方面进一步完善文学生态，进一步完善诗人、作家说"真话"的保障机制。

五

人类为什么要有文艺学这样一个研究领域？从根本上来说，就是要探讨优秀作品的生成规律，探讨文学与人类社会生活的关系，以便更好地发挥文学之于人类进步的作用。而优秀作品的生成，文学的作用等等，自然不是"文学性"问题能够涵盖的。如果只是孤立地关注文学作品的语言特征，已有相关的语言学研究存在，文艺学大概也就没有多大意义了；如果只是注重形式、技巧之类的"文学性"，我们的文艺学研究，价值大概也就很有限了。

在 20 世纪的中国文学史上，由于"非文学性"对"文学性"的掩抑，我们的文学确曾长期不够"文学"；由于太为政治所匡拘，太被强行"为政治服务"，我们的文学之路确曾越走越窄。但如果反转过来，从一个极端走向另一个极端，让"文学性"掩抑了"非文学性"，同样只能是文学的悲哀。对于文学作品的整体价值而言，语言形式、表现技巧之类的"文学性"重要，体现其内在意蕴与精神境界的"非文学性"同样重要，在许多情况下，抑或更为重要。如果顾此失彼，原本是有助于文学的独立与繁荣的"文学性"追求，则只能走向自己的反面。如上所述，自 20 世纪 90 年代以来，中国文学的颓落与低迷之势，就已不再是因为"文学性"的缺失，而更在于某些具有重大社会意义的"非文学性"因素的缺失。

如果从思想根源方面分析，导致这类偏颇的重要原因是：在我们这样一个自信是崇尚马克思主义唯物辩证法的国度，在许多问题的思考与处理方面，实际上是不怎么辩证的，常常见到的是偏激、是对立、是"不是东风压倒西风，就是西风压倒东风"的你死我活。正如王元化先生曾经指出的，在中国思想界，长期盛行的是黑格尔所说的只是达致辩证理性思维的中间环节的知性思维，这种知性思维的缺陷是："把多样性统一的具体内容拆散开来，作为孤立的东西加以分析，只知有分，不知有合，并且对矛盾的双方往往只突出其中一个方面，无视另一个方面，而不懂得辩证法的对立统一。"① 在这样一种思维环境中，文艺学当然也难以置身度外，常常见到的也是有违辩证理性的追求与主张。

需要进一步反思的正是，在近些年来的中国文论界，这样一种有违辩证法的思维方式的影响仍然根深蒂固。如强调"审美"，就不怎么顾及文艺作品的"思想价值"了；强调"超越"，就要"躲避崇高"了；强调"身体写作"，就不顾及"文化品位"了；强调"文学性"，就讳言"非文学性"了，谁要再强调"非文学性"，似乎就有点落伍了，保守了，肤浅了，甚至谈论的就不是文学艺术了。这样一种"有违"的结果只能是：多年来，我们虽然一直在渴望着思想观念的解放，而我们的思想观念仍只能深陷于二元对立的泥潭中难以自拔；我们虽然一直在寻求确立主体性，而我们的主体性，也只能在从一个极端到另一个极端的弹跳中继续沦落。

（原载《山东师范大学学报》2012 年第 5 期，中国人民大学报刊复印资料《文艺理论》2013 年第 1 期收录）

---

① 王元化：《九十年代反思录》，上海古籍出版社 2000 年版，第 263 页。

文化迷途与晦暗的时代

——二十世纪现代、后现代文艺思潮反思

人类似乎已经陷入了文化迷途。

我们经历了，且仍在经历着一个晦暗的文艺时代。

人类需要新的文化拯救，但，路在何方？

一、文学艺术正在走向慢性死亡

一个毋庸置疑的事实是：进入 20 世纪以来，人类的文学艺术一直笼罩着一层低迷与暗淡的情绪，再也没有了 19 世纪浪漫主义与现实主义那般显赫的声势，再也少见像托尔斯泰、雨果那样举世公认、雅俗共赏的一流文学大师。代之而起的现代、后现代派，虽然不乏在学术界获得很高评价的作家作品，但对于社会大众，却缺乏真正属于艺术的吸引力。难怪美国文学评论家诺门·勃多列兹早就著文指出：现代派无异于文学的死亡。另一位美国文艺理论家威尔逊也早在 20 世纪 30 年代就这样声称：诗成了"即将死亡的技巧"①。连后现代主义的重要思想家海德格尔也这样惊呼："伟大的艺术连同其

① 伍蠡甫主编：《西方现代文论选》，上海译文出版社 1983 年版，第 367 页。

本质已离开人类；近代艺术正在经历慢性死亡。"①

其实，早在18世纪初，黑格尔就曾预言：艺术发展到浪漫型以后，由于精神进一步溢出物质，理念溢出感性形象，最后势必导致艺术本身的解体。黑格尔是从资本主义社会与艺术发展的内在矛盾入手进行有力论证的，认为资本主义社会反思的精神教养的统治，排斥和削弱感性和特殊性的方面，不利于艺术达到感性和理性的统一。黑格尔还进一步指出，浪漫型艺术达到终点时，其特征是："艺术家的主体性统治着他的材料和创作而不再受内容和形式在范围上都已确定的那些现成条件的统治，这就是说，艺术家对内容和表现方式都完全有权力去任意选择和处理"。②

我们不能不佩服黑格尔具有预见性的洞察力与判断力：20世纪以来，我们看到的正是，随着主体理性的无限膨胀，在一些激进的作家、艺术家那里，几乎所有的艺术规则都遭到了粗暴践踏，艺术终于陷入了令人迷茫的困境。

这是一个破坏的时代。

破坏，几乎是现代、后现代主义的性质之一。现代主义一出世，似乎就挟带着一种破坏的冲动。请看现代主义的早期派别"未来主义"的宣言：

> 我们的诗歌中最重要的成分将是勇气、大胆和反叛。

> 除了在斗争中以外，没有什么美。

> 我们想讴歌战争——使世界健康化的唯一手段——军国主义、爱国主义、无政府主义者毁灭一切的手臂，杀生的优美思想，对妇女的蔑视。

> 把图书馆的书架子点上火！……改变河道，让博物馆的地下室淹在洪水里吧！……哦！愿这些壮丽的油画毫无办法地在水中漂

---

① 杨荫隆主编：《西方文论大辞典》，吉林文史出版社1994年版，第76页。
② [德]黑格尔：《美学》第二卷，朱光潜译，商务印书馆1979年版，第374页。

荡！……抓住鹤嘴锄和榔头！去破坏那些古老神圣的城市的地基！①

这听上去，很像是我们当年的"文化大革命"。

这种破坏欲望落实到实际的文学艺术创作领域便是：蔑视艺术规则，追求极端化的创作自由。特别是那些被视为后现代主义的作家、艺术家们，他们以更加激进的反叛姿态，故意把小说弄得不像小说，诗不像诗，绘画不像绘画，音乐不像音乐。如被看作后现代主义代表作之一的纳博科夫的长篇小说《微暗的火》，由"前言"、"诗篇"、"注释"、"索引"四部分组成，看上去更像是学术著作。巴思的《迷失在开心馆中》，充满了文学理论及标点符号使用法之类内容。在戏剧领域，出现了不再像"戏剧"的《等待戈多》、《秃头歌女》等作品。在音乐领域，出现了斯托克豪森的《一周间》，凯奇的《4分33秒》这样一些要"把音乐从音符中解放出来"的"概念音乐"；在美术领域，出现了由身体展示而成的"行为艺术"，用废品组装而成的"集合艺术"等等。这些新的探索，虽有反抗现实束缚，冲击传统观念，促进个性自由的积极意义，但往往缘其极端化与随意性，不仅破坏了某些应有的艺术规则，甚至也否定了作家、艺术家自身，使作家、艺术家与一般人没有了根本的区别。

遗憾的是，在西方现代文艺史上，这种破坏性，不仅没有受到必要的遏制，反而受到了同样激进的一些理论家的鼓励。如被我们称为"西方马克思主义学派"的著名理论家阿多尔诺认为，这是新型的"反艺术"，这些作品越是不被社会接受，就越出色，反之就越低劣。马尔库塞说得更为激进："艺术作品按照它整个的结构来说，就是造反"；"艺术本身就有一种破坏性的潜力"；"永恒的美学颠覆——这就是艺术的任务"；"艺术就是政治事件。"这对于破坏性的现代主义的发展，无异于推波助澜，火上浇油。

与破坏性相关，这是一个虚无的时代。

与19世纪的作品不同，在现代主义作品中，往往难以见到自信、光明与希望。作家、艺术家们对社会，对现实，对人生，对自己，均失去了信心。反讽与戏谑，自贬与嘲弄，悲观与失意，成为这个时代的主调。乔尹

①　伍蠡甫主编：《西方现代文论选》，上海译文出版社1983年版，第65—67页。

斯说："历史是一场噩梦。"卡夫卡说："目的虽有，却无路可循；我们称作路的东西，不过是彷徨而已。"萨特说："社会理想，究竟会不会实现？对这一点，我就一无所知。"德国艺术家乔治·葛罗兹说："对我们来说，无神圣可言。……我们唾弃万事万物，包括我们自己。我们的象征是乌有，是真空，是空虚。"①

众所周知，这也是一个嗜丑的时代。

从现代主义先驱波德莱尔的《恶之花》开始，人类的文学艺术便似乎开始了一个更热衷于表现丑的时代。蛆虫代替了鲜花，污浊代替了圣洁，乱伦、同性恋代替了爱情，恶作剧般的亵渎代替了严肃的艺术创作，随意摆放的一只小便器亦成了艺术品。正是面对如此的现实，英国美学家李斯托威尔发出惊叹："那么多的当代艺术，就因为对丑的病态追求而被糟踏了。"②

这又是一个蔑视大众读者、背叛大众读者的时代。

在许多现代、后现代主义作家心目中，审美愉悦不再是文学艺术关注的价值目标，不再顾及读者的审美娱乐需求，而是力图通过作品，唤起读者的厌恶与痛苦，甚至悲观与绝望。而且，将其视为艺术价值的正常嬗递。卡夫卡在致布洛德的信中说：一本书的作用，就是在人们头上猛击一拳，让人惊醒。"使我们读到时如同经历了一场极大的不幸，使我们感到比死了自己心爱的人还要痛苦，使我们如身临自杀的边缘，感到因迷失在远离人烟的森林中而彷徨。一本书，一本有影响力的书，应该是一把能够破我们心中冰海的利斧。"③法国新小说派作家罗伯-格里耶说得更为直截了当："艺术品就不是让人舒舒服服享受，像在沙发上睡大觉那样，真正的艺术品就是随时让你感到不舒服，因为恰恰在你不舒服的时候，这里才有真实性。"④法国学者让-皮埃尔·理查也这样指出："今天，人们相当普遍地认为，文学的功能已远远超过了它过去仅供消遣、颂德或点缀的作用。人们惯于认为文学表现的是个人存在深处的选择、困扰和难题。"⑤这些主张与追求虽自有道理，但

①　转引自陈慧《西方现代派文学简论》，花山文艺出版社 1985 年版，第 10—11、116 页。
②　转引自蒋孔阳《说丑》，《文学评论》1990 年第 6 期，第 36 页。
③　转引自鲍维娜、王梅《小说：作家心理"罗曼史"》，青海人民出版社 1990 年版，第 213—214 页。
④　何帆等编：《现代小说题材与技巧》，中国文联出版公司 1989 年版，第 205 页。
⑤　[法] 让-皮埃尔·理查：《文学与感觉》，顾嘉琛译，三联书店 1992 年版，第 11 页。

其弊端也是明显的：人生本已充满着不堪与重负，又有多少人愿意在饱经现实的磨难之后，再抱起书本，去忍受痛苦的精神煎熬？

事实上，正是由于审美性与可读性的丧失，许多现代艺术不再是供社会大众欣赏的"艺术对象"，而成了象牙之塔中的小圈子艺术，成了主要供学术界分析探讨的"研究对象"。比如被奉为现代主义小说典范的乔尹斯的《尤利西斯》，真正感兴趣，真正当作"文学作品"欣赏的又有几人？美国当代文学理论家米勒的说法大概不会是别有用心的诋毁：乔尹斯的作品是专门写给教授读的。美国作家辛格说得更为尖刻："他写得深奥难懂，好让别人一直解释他的作品，采用大量的脚注，写出大量的学术性文章。在我看来，好的文学给人以教育同时又给人以娱乐。你不必坐着唉声叹气读那些不合你心意的作品，一个真正的作家会叫人着迷，让你感到要读他的书，他的作品就像百吃不厌的可口佳肴。高明的作家无须大费笔墨去渲染、解释，所以研究托尔斯泰、契诃夫、莫泊桑的学者寥若晨星。但乔尹斯的门徒就需要具有学者的风度。或者说要具备未来学者的风度。""乔尹斯把他的聪明才智用来造成让别人读不懂的他的作品，读者要读懂乔尹斯，一本字典是远远不够的，他需要借助十本字典。""大概读他作品的人都是博士学位获得者或是在攻博士学位论文的人。他们就喜欢搞一些晦涩难解的谜。这是博士们的特权。"①

也有一些现代或后现代作品，之所以丧失了艺术价值，令读者敬而远之，一个重要原因是：表面上的"非理性"，骨子里却是强硬的理性。如后现代主义的行为艺术、废品艺术等，常常是某种"巧智"、某种"创意"的产物，而不是独特的审美创造。如萨特的小说与戏剧，虽然获得了学术界的极高评价，但作为艺术作品，却缺乏真正的吸引力，有的甚至不堪卒读，重要原因之一便是，其作品，主要是他存在主义哲学思想的图解。

二、哲学尴尬与艺术困境

在西方，形形色色的现代及后现代文艺思潮的产生，当然是可以理解

---

① 崔道怡等编：《"冰山"理论：对话与潜对话》上册，工人出版社 1987 年版，第 126、127 页。

的，是与西方社会自身的历程，特别是精神发展的历程密切相关的。

　　一是人性哲学的深入发展。20世纪以来，人类严酷的生存现实，特别是两次世界大战的爆发，人与人之间的相互残杀，终于彻底粉碎了文艺复兴以来一些善良的思想家关于人是"万物之灵"，人是"天使"之类的美丽梦幻。于是，"非理性"便成了人类对自身本性重新确认的一个重要方面。二是思维哲学的进一步发展。一些敏感的思想家愈来愈痛切地感到，必须对传统理性的形而上学思维方式进行批判与否定，正是日趋僵化的形而上学思维方式，以及与之相关的语言概念，删削规范了世界，导致了人的生命的枯燥化，世界的干瘪化。前者表现为对人性的失望，后者表现为对人生的失望。

　　从文化哲学意义上来看，这无疑是深刻的。这里特别应该提及符号学、现象学、存在主义、结构主义、解构主义以及弗洛伊德、荣格"精神分析"等哲学思潮的贡献。它们在更深的层次上使人类认识了自我，它们开拓了文字、符号的功能空间，打破了几千年来一直束缚着人类思维的单向因果及追求概括性、统一性、稳定性、终极所指性的形而上学思维方式。但毫无疑问，由于激进的思维方式，致使许多思想家本人，始非所料地陷入了尴尬，使构成人类精神指向的文化，陷入了令人忧虑不安的迷途。

　　那些激进的思想家们，虽然要彻底打破"逻各斯中心主义"，但他们心里当然应该清楚，人类正是凭依规范性文字符号和形而上思维方式，使自己得以提升，由动物而生成为"人"的。不论怎样打破，忍受文字符号对感性世界的删削，忍受形而上思维方式对感性生命的束缚，怕是人类不幸却又永远无法摆脱的宿命。

　　那些激进的思想家们，眼睛太毒，也太阴鸷了些。他们把人生和世界看得太透了，把人性、人生的真相彻底揭穿了，这势必也就动摇了人类生存的精神支柱，将人类推进了虚无主义的深渊。实际上，文艺复兴以来日趋强盛的理性权威固然压抑了人的自由本性，但如果任凭非理性本能的自由泛滥，也注定不可能给人类带来幸福。在理性与非理性之间寻找一种和谐与平衡，才是人类理想的生存状态和社会秩序的明智选择。人，总要以"人"的姿态活着。人生，既需要源于自然生命的本真状态，但也不能没有信仰、道德之类虚饰成分。正如人的裸体是真实的，但却不能没有衣饰一样。人生，可以了然生存状态的尴尬，但也的确需要一种庄子所谓"知其不可奈何而安之若命"的旷达胸怀，需要一种理想的支撑与精神的抚慰，尽管这支撑与抚慰可能是虚妄的。

在一定意义上说，文学艺术，本应部分地承担化育人类德行，抚慰人类精神的使命，本应清醒地保持与以求真为鹄的的哲学的距离，独立地开辟人类的精神空间。但在 20 世纪以来的西方历史上，不少诗人、作家、艺术家，却不怎么顾及社会大众的文化欲求，而过分紧密地胶着于玄妙高深的哲学：或者本身就是某种哲学思想的衍生物；或者无视哲学的尴尬，一直在盲目地为其推波助澜。其结果是，许多作品，只是写尽了人生的失意与悲哀，丑陋与龌龊，却失去了人类统御丑的自信；只是热衷于宣泄某些本能意识，却丧失了应有的价值判断；只是为社会提供了某种哲学意义的研究对象，却丧失了应有的审美趣味。文学艺术，终于被推进一个晦暗的时代，日益更大范围地失去了读者。对于这种状况，英国当代著名历史学家汤因比说过的一段话也许是值得深思的，他说："艺术家如果成了职业性专家，不是为人类同胞，而只是为专家们著述的话，艺术确实不会有什么成绩的。照我的见解，这种东西已不是为艺术的艺术，只不过是为人的艺术而已。从这一意义看，我认为，文学也好，或者科学或者学问也好，如果只为少数人所有，那才是真正的不幸，并且是社会弊病的兆候。"①

文学艺术，当然可以丑为表现对象，但应如罗丹的《老妓》、波德莱尔的一些优秀诗作那样，通过丑，给读者以生命启迪与心灵震撼，而在某些现代、后现代的作家、艺术家那里，由于片面注重于丑的客观展示，缺乏对丑的主体统御，其作品也就往往只能唤起令人厌恶的如同实际生活一样的生理刺激，而难以得到艺术性质的审美体验。在文艺学著作、美学著作中，当然应注重对"丑"的研究，但如果简单化地将"审丑"视为"审美"的一部分，又只能徒增美学的混乱，亦叫人感到不伦不类。

文学艺术，当然可以写虚无，可以高深莫测，但如果缺乏理想之光的照耀，一味泻泄，或故弄玄虚，只能徒增人生的迷茫与烦恼。

文学艺术，当然需要不断创新，不断破坏，但作为艺术创造，毕竟又

---

① 《展望二十一世纪——汤因比与池田大作对话录》，荀春生等译，国际文化出版公司 1985 年版，第 76 页。

需要建构。究竟怎样才是文学？才是艺术？才是诗歌？才是小说？总该有一定规则。若过于自由与随意，也就毁灭了艺术。且，不论怎么创新，总该要有诱人耽读品评的趣味性，即首先要设法满足人们的消遣娱乐需求。否则，又怎么谈论其审美价值？这一点，即使在当代西方理论界，也是早就受到关注的重要问题。法国文学理论家、小说家乔治·杜亚美这样指出："作品的趣味性这是一个很重要的问题"，仅有趣味当然还不是好作品，"但是，这并不意味着一个严肃的评论家不应该考虑趣味性问题；这也不意味着，为了对抗不良的艺术趣味，我们应该对所有能使我们消遣的作品，抱着一种高傲的蔑视态度。"这位理论家还特别强调："任何作家的首要任务，特别是长篇小说家的首要任务，是用自己的主人公吸引住读者。我们有权要求一部长篇小说至少不能比它所描写的实际生活更枯燥。"①

文学艺术，当然需要自由，需要率性而为，但某些根本规则、基本质素，则是不能随意改变的，否则就不成其为某类艺术了。如音乐总是要有音符，总是要构成一定的音符系列；小说也总该写人写事，如像后现代主义的一些人所主张的那样，果真"将音乐从音符中解放出来"，怕也就没有音乐了；把小说写得像议论文、像学术著作，那干脆就叫论文、叫学术著作好了，何必仍叫小说？这正如酒必须要有乙醇、衣服首先要蔽体一样。如果不含有乙醇，可以是别的什么饮料，而不必再称之为"酒"；可以是别的什么装饰品，而不能独立作为衣服。

与 20 世纪以来的新潮作家、艺术家相比，美国意第绪语作家辛格，也许显得守旧和背时了些，他对那种时髦的反人物、反故事、反情节的现代创作思潮甚为不满，公然声称："把讲故事从文学中取消，那么文学便失去了一切。文学就是讲故事。当文学开始力图以弗洛伊德的学说、荣格的学说或艾德勒的学说来分析生活，它就变得乏味和没有意义了。"他曾抱怨说："讲故事在我们这个时代已经成了一种被遗忘的艺术。"并表示："我自己则尽力设法不要患上这种健忘症。"他认为"短篇小说是比长篇小说短的故事。长篇小说是长的故事，而短篇小说是短的故事"②。辛格正是凭他那些传统味十

---

① 《法国作家论文学》，王忠琪等译，三联书店 1984 年版，第 101—102 页。
② 崔道怡等编：《"冰山"理论：对话与潜对话》上册，工人出版社 1987 年版，第 135、113、137 页。

足的、重在讲故事的作品，博得了全世界许许多多读者的喜爱，并于1978年，摘取了诺贝尔文学奖桂冠。

可见，文学创作，形式创新固然重要，坚守传统也不见得没有出路，关键要看达到的艺术高度。如果有人老老实实地以曹雪芹的传统笔法，写出一部当代内容的《红楼梦》式的作品，大概照样会成为杰作。相反，如果没有什么真货色，只是一味地标新立异，玩花架子，怕也不可能赢得读者。

三、西方思潮与中国当代文学

20世纪的中华民族，可谓世界近代史上最为多灾多难的民族之一。强寇入侵，文化沉沦，政治失误，造成了一次次沉重的心灵阵痛。"国家不幸诗家幸"，从文学艺术角度来说，这是一个应该产生"巨著"而至今却不见"巨著"的时代，这是一个应该出现"大家"而至今依然少见"大家"的民族。

更为令人不安的是，在中国当代文坛上，一些诗人、作家，已经越来越淡漠了作为一名中国当代作家应有的现实责任感和历史使命感。他们自得于"新潮"、"先锋"，实际上不过是浮着在西方现代、后现代文化思潮的泡沫上，搅动起来的也只能是肤浅的文艺浪花。

有一些作家，写出了一些看上去玄秘莫测，颇具哲学气度的作品，然而仔细探究，就会发现不过是某些现成哲学观念的套用或图解。如对于被称为"先锋派"代表作家余华的小说，评论界有一种看法认为，作者以独特的敏锐性，对深刻地贯穿于当代中国思想中的人道主义精神提出了质疑，不断强调和说明的，是人在语言中的无能为力，语言成了控制和压抑人的东西，人，沉溺于自己所创造的符号秩序之中，无可奈何，找不到出路。余华的小说中，即使存在这种语言哲学的意绪，亦不过是对西方某些现代哲学观念的借用而已。德国存在主义哲学家海德格尔早就指出：语言具有双重性，既有澄明性，又有遮蔽性，正如荷尔德林所说的是"最危险的财富"，"在语言中，最纯洁的东西和最晦蔽的东西，以及混乱的和粗俗平庸的东西，都同样达乎词语。"① 中国当代文学中出现的这种"玄秘化"现象，倒正如我国

---

① 孙周兴选编：《海德格尔选集》（上），上海三联书店1996年版，第313页。

著名老作家汪曾祺曾经一针见血指出的：许多作者，"竭力要表现哲学意蕴。这大概是受了西方现代主义的影响和青年评论家的怂恿（以为这样才'深刻'）。作者对自己要表现的哲学似懂非懂，弄得读者也云苫雾罩。我不相信，中国一下子出了这么多的哲学家。我深感目前的文艺理论家不是在谈文艺，而是在谈他们自己也不太懂的哲学，大家心里都明白，这种'哲学'是'抄来'的。我不反对文学作品中的哲学，但是文学作品主要是写生活，只能由生活到哲学，不能由哲学到生活。"①

有一位作家，在一篇文章中这样得意地告诉读者，当他从法国新小说派那里发现了一部理想范本（米歇尔·布托尔的《变》），从中"找到了一种新的角度——你！""看见了一种新的起码在当今中国文坛还未曾出现过的结构形式"之后，居然"差点按捺不住山呼'万岁'"，"整整啃了二十一遍，当作自己心中的《圣经》摹仿起来"②。可以相见，这样的追求会有怎样的创作结果。

在此背景下，中国诗坛一度兴起了以消解意象，亵渎文化，反叛诗美，追求"感觉还原"、"意识还原"、"语言还原"为特征的"非非主义"、"莽汉主义"等先锋诗派。实际上，这些诗派的作品，从形式技巧到创作意旨，也不过是在步法国超现实主义、美国黑山派、奥地利维也纳派、德国新主体意识派等西方一些后现代诗派的后尘。这些作品，除了引人怀疑和反叛传统的"诗"之成规之外，本身却很少是成功的艺术。诸如"你见过大海 / 你想象过 / 大海 / 你想象过大海 / 然后见到它 / 就是这样 / 你见到了大海 / 并想象过它 / 可你不是 / 一个水手 / 就是这样 / 你想象过大海 / 你见过大海……"（韩东《你见过大海》）"祭司的预言爬满虎皮 / 麦子随之而来从没见过的麦子 / 黑色的麦子紫色的麦子 / 那一年尼罗河茂盛 / 成群结队的鱼在街头抛锚…… / 水里浸过三遍火里烧过三遍 / 水深火热的麦子有坚硬的牙齿……"（周伦佑《埃及的麦子》）"隔着一堵墙 / 你和她同时 / 退下裤子和裙子 / 两岸便有声音 / 淅淅沥沥"（张锋《你和一个女人同时上厕所》）这样的诗，无论背后有着怎样深刻的哲学，无论理论家们怎样阐释其中的微言大义，作为诗，怕是

---

① 汪曾祺：《小说陈言》，《小说选刊》1989 年第 1 期。
② 见《怎么写》一文，《文艺报》1987 年 6 月 27 日。

很难让读者感兴趣的。相反，这种步趋洋人、亵渎文化与艺术的时风，可能会诱使许多涉世未深的年轻人陷入歧途，正如著名诗人、诗歌理论家郑敏先生在一篇文章中十分痛心地讲过的：许多青年诗人的诗令她不安，为作者浪费他的才华而不安，而且他们往往用"先锋"的字样解释自己语言的不必要的扭曲和内涵的虚假，以"反诗美"作为特点。这些诗，除了新奇，似乎没有其他的意义。但新奇本身不等于艺术。"反诗美"这追求，当它最初被用以撼动伪装的诗美时，是具有历史意义的，但一旦被超常度使用，作为以"丑"代替"美"的同义词时，也就失去振聋发聩的效果了。①

　　在我们的文坛上，由于某些圈子内的相互趋奉与吹捧，由于某些时髦批评家们不时发出阵阵喝彩，虽时见"新潮"汹涌，常闻"力作"问世，但真正耐品的诗，可看的小说实在不多，连金克木先生这样著名的学者都曾这样慨叹："从前有'闲书'可看，可是现今小说都成了高深研究的对象。"② 绝大多数普通读者更不肯买账，纯文学刊物、书籍销量的日趋锐减便是明证。国外的反映也不像某些国人那样自视甚高。日本有学者认为：往日的《红岩》、《暴风骤雨》、《李双双》虽有某些不足，但在日本却曾大受欢迎，因为它们有着"对时代风云直接体验的迫切"，"能够打动多数同时代人的社会理想"，"而新时期文学则相对缺乏这种魅力。"③ 美国普利策评奖委员会也这样认为：中国当代文学整体散乱，看不出构架，很多作者描绘的是无意义的东西，作者群体有落伍意识，人们无法从中国当代文学中了解中国当代社会。④ 这些批评意见当然不一定正确，但他们所说的中国当代文学疏离于现实，缺乏时代感，意识落后等，应当是符合实际的。

　　其他艺术门类的情况同样令人丧气。以美术界而论，如青年画家们1985年在杭州举办的"新空间展"，1986年在厦门举办的"新达达画展"以及1989年在中国美术馆举办的"中国现代美展"，虽轰动一时，但除了"火烧作品"、"枪击作品"之类新奇"事件"（对于中国人而言）一时引人注意之外，也似乎并没有为美术史提供多少艺术价值。且，其创新之"新"，也

①　郑敏：《我们的新诗遇到了什么问题?》，《诗探索》1994年第1期。
②　《金克木小品》，中国人民大学出版社1992年版，第133页。
③　转引自《作品与争鸣》1992年第4期，第29页。
④　参见《中国当代文学隔岸观》，《当代作家评论》1988年第2期。

不过是对西方人现代艺术试验的模仿；其理论支撑，也不过是西方人的"现象学"、"存在主义"、"解构主义"之类哲学。

想想这些，对于那些不满现状，意欲创新的中国新潮诗人、作家、画家的敬佩之余，却又不能不令人顿生一种悲哀——为我们民族自身创造力的低下而悲哀。

在简单趋奉西人的背后，我们还会看到一种更为可怕的民族自卑心理。的确，近一个世纪以来，在整个世界文学艺术格局中，我们的民族没有赢得应有的地位，很少有作品获得世界性的声誉。实际上，即使我们数千年以来辉煌灿烂的古代文化，西方人亦知之甚少。这其中的原因当然是复杂的，除了西方人自高自大的"欧洲中心主义"和汉语本身的障碍之外，经济与现代科技的落后怕是最关键的原因。显然，在此情况下，我们的民族要想卓立于世界，首先是自身经济与科技的发展。同样，作为文学艺术，也只有牢牢立足于民族文化和我们特定的社会现实，才有出路。如果过分步趋西方，只能进一步丧失民族自尊。

四、理性建设与文学理想

西方现代与后现代主义思潮在我国的传播与兴盛，当然也是有其深刻的时代及历史原因的，这就是借助于历史的机缘，一个自我个性久遭压抑的民族，从西方人那里，从尼采、弗洛伊德、萨特等人那里，找到了反叛权威，寻求个性解放的思想武器。

但在社会基础、历史条件等方面，我们与西方人又有许多根本的不同。

西方社会是以现代理性压抑了人性的，而我们是以非理性压抑了人性的。在我们的历史上，从"君主意志"到"个人崇拜"，从照搬苏联模式到"十年动乱"，骨子里都是"非理性"的。

与西方人相比，我们根本没有体验过笛卡尔"我思故我在"的哲学自信，我们跨越了一个建立规范和完善秩序的时代，这就使我们对非理性的肯定不是在同一个基点上，对准的不是相同性质的目标。西方人是源于对资本主义条件下高度发达的科学理性和过分严密的社会理性的怨恨，我们则主要是源于对缺乏理性秩序的封建性的权威意志的不满。

由于文化背景和文化结构不同，在西方，本是有意义的东西，到我们这儿，便极有可能发生质变。

在 20 世纪的西方，"非理性"思潮虽一直在波翻浪涌，但同时却又受到了这样三种强硬的理性力量的抗衡与制约。一是文艺复兴以来形成的对人生价值、个性价值有着正确把握的人文主义思想；二是精神自慰、精神信仰意义上的现代宗教；三是严明健全的法律制度。在这样强固的理性氛围中，"非理性"可以在调谐理性的过于严酷方面产生积极意义，而不论怎样张扬，却终不至于泛滥。

而在我们这里，本应是与道德律令、社会责任相关联的个性主义，却很容易质变为自私自利的"个人主义"；本应是与肯定自我、尊重人权相关联的人性解放，却极易异变为兽性本能的发作。因为中国人骨子里没有宗教，没有上帝，也没有经过西方文艺复兴以来相当一段时间的人文主义文化的熏陶。可以成为抗衡与制约兽性本能的力量，近乎宗教的儒家学说，从五四运动以来，则已被当作封建垃圾，给予了彻底的批判与否定；而多年以来确立的，作为中国人精神支柱的社会主义道德、共产主义觉悟，由于历史进程的缓慢与曲折，特别是由于商品意识的突然兴盛，也已受到了严峻的冲击；我们的法律制度也一直极不健全。可以说，我们是在反叛了封建意识，但却没有新的坚实的理性依托和精神保障的状态下，饥不择食地突然接受了西方现代派思潮的。这就难免有买椟还珠之憾。

在西方，不论现代主义还是后现代主义，都是基于对人类理性的失望，对形而上学思维方式的不满。而对于以直觉思维见长，习惯于权力崇拜的中国人而言，形而上的思维方式不是多余，而是不足。在我们的文化传统中，真正的理性一直被掩抑在"非理性"的阴影中。至今，权大于法，长官意志，个人崇拜，法制意识淡漠，这本来就是"非理性"的产物。因此，在当今中国，更需要的是真正的理性建设，而不是"非理性"的过分喧嚣。

与西方人相比，我们面临不可偏倚的双重任务：感性解放与理性建设。

特别是处于社会转型期的当今中国，在人文精神失范，法制力量依然薄弱，物欲极易恶性膨胀的社会条件下，我们既需要感性的解放，同时又需要科学理性与社会理性的建设。我们的任务要比西方人艰巨复杂得多，绝不是简单照搬西方人的文化就能解决我们千头万绪的问题。

与之相关，作为与文化建设密切相关的文学艺术，同样不应该只是简单地趋奉西人，尤其不能盲目地陷入"非理性"、"玩文学"之类的小圈子里。

文学艺术，说到底，总是要和人生发生密切关系的，因此就一定离不开时代性、功利性和思想性。概念化无疑将置文学艺术于死地，但概念化不等于思想性，一个没有思想追求的作家、艺术家，很难成为一个真正有成就的大作家、大艺术家。我们反对概念化，不是不要思想。只是主张：1.这思想应是个人创造性的，而不是轻易挪移自报刊、广播或政府文件；2.这思想应是具有重要意义的，是与社会人生密切相关的；3.这思想应化为作品中的艺术血肉，而不是马克思所批评的"时代精神的单纯传声筒"。

在一些人心目中，车尔尼雪夫斯基如下这段论述也许早已是陈旧不堪的老生常谈："文学……就其本性来说，它不能不是时代愿望的体现者，不能不是时代思想的表达者。……只有那些在强大而蓬勃的思想底影响之下，只有能够满足时代底迫切要求的文学倾向，才能得到灿烂的发展。"① 但人类社会的许多真理，往往是简单朴素的，是没有时间性的，是没有新旧之分的。尤其针对我国目前的文艺状况而言，我们深感有重申车尔尼雪夫斯基这一论断的必要。

（原载《文艺研究》1996年第5期，中国人民大学报刊复印资料《文艺理论》1997年第1期收录；陈晓明主编，河南大学出版社2004年版《后现代主义》文选收录）

---

① 《文学理论参考资料》上，春风文艺出版社1982年版，第401—402页。

宇宙精神与文学艺术

宇宙精神，又可称之为天地精神、世界精神，是与人类文明的形成密切相关，为历代许多智者高度重视，至今仍具强盛生命活力的古老观念形态之一。人类的文学艺术作品，乃情生理孕，作家、艺术家自觉不自觉体悟到的宇宙精神，也必会融入其中，并在一定程度上决定着作品价值的高低。由中外文学艺术史来看，那些被视为优秀乃至伟大的作品，往往正是充盈着宇宙精神之作。

一、何谓宇宙精神

冬去春来，花开花落，大化流行，生生不息，中外古圣先贤早就据此作如是想：有一种超人的力量与规则在支配着宇宙中的一切。宇宙精神，即是人类由宇宙万物体悟到的一种超验力量与规则。从人类的文化思想发展史来看，在中国老子《道德经》中所说的"寂兮寥兮，独立而不改，周行而不殆，可以为天地母"的"道"；《易经》中由"仰则观象于天，俯则观法于地，观鸟兽之文与地之宜，近取诸身，远取诸物"，"以通神明之德，以类万物之情"而成之"卦"；庄子的"与天为徒"之"天"；程颢、程颐、朱熹等人所主张的"格物致知"之"理"；西人毕达哥拉斯所说的"和谐之数"，柏拉图所说的"理式"，康德所说的"先验范畴"、"道德律令"，黑格尔所说的"绝对理念"中，无不隐含着对宇宙精神的沉思与探索。概而言之，人类所体悟到的宇宙精神，主要有以下几个方面。

一是至诚率性。不论在中国文化还是西方文化中，至诚率性，都被视为一种理想的人格精神。而这种人格精神，就其生成而言，即是源之于人类对宇宙精神的反思与体悟。人类赖自己的文化创造而超越了自然，成为宇宙生命中的高级族类，但文化本身的规范性、虚饰性，同时也压抑了人性自由，导致了人性本真的失落，乃至酿成了尔虞我诈、坑蒙拐骗之类劣行。故而老子有"智慧出，有大伪"（《道德经》第十八章）；狄德罗有"一个民族愈是文明，愈是彬彬有礼，他们的风尚就愈少诗意"①之类慨叹。与人类社会不同，自然界呈现出来的则是：风吹雪落，桃红柳绿，花开鸟鸣，虎啸猿啼，各尽其态，出之自然，不娇不饰。正是为了救治人性之弊，中国古代哲学强调"诚者天之道"（《孟子·离娄上》），"率性之谓道"（《中庸》第一章）；法国思想家卢梭主张人要"回归自然"之"天性"，宣称"凡是出于造物主手中的东西都是好的"；②德国现代哲学家海德格尔亦曾极力呼唤祛除文化遮蔽的"本真"人生。显然，这些论断中的"天道"、"天性"、无遮蔽的"本真"之类，体现出的正是人类对"至诚率性"之宇宙精神的向往。

二是众生平等。大千世界，氤氲之中，"列星随旋，日月递照，四时代御，阴阳大化，风雨博施，万物各得其和以生，各得其养以成"（荀子《天论》）；"五行万物之融结流止，飞潜动植各自成其条理而不妄。"（王夫之《张子正蒙注·太和》）老子曾将此类自然现象与人类社会加以比较，痛恨于"损不足以奉有余"的"人之道"，而高扬"高者抑之，下者举世闻名之，有余者损之，不足者补之"的"天之道"（《道德经》第七十七章）。《中庸》中亦曾盛赞之曰"万物并育而不相害，道并行而不相悖，小德川流，大德敦化，此天地之所以为大也"（《中庸》第三十章）。在这些论述中，见出的即是古圣先贤对众生平等、自由和谐之宇宙精神的推崇。这样一种宇宙精神，不仅有助于消除导致人类社会纷争与罪恶的穷通贵贱之别，其"天道无亲"之精神视角，亦有助于打破"人是一切事物的尺度"、"人是万物之灵"之类已严重地破坏了生态平衡的"人类中心主义"，有助于强化更具现代意义的

---

① 伍蠡甫主编：《西方文论选》上卷，上海译文出版社1979年版，第370页。
② ［德］狄特富尔特等：《人与自然》，周美琪译，三联书店1993年版，第161页。

生态伦理意识。

三是虚静无为。争名逐利，私欲萦怀，纷扰不安，乃人生之常态。而在宇宙万物中，更多见到的是："不争而善胜，不言而善应，不召而自来"（《道德经》第七十三章）；"虚静、恬淡、寂寞、无为"（《庄子·天道》）。正是受这样一类宇宙精神的启迪，老子强调理想的人生要则是"致虚极，守静笃"，庄子主张要"不相待"、"任物自然"、"忘其形骸"。德国哲学家叔本华亦曾在相近意义上这样肯定过大自然对人类心灵的抚慰作用："一个为情欲或是为贫困和忧虑所折磨的人，只要放怀一览大自然，也会这样突然地重新获得力量，又鼓舞起来而挺直了脊梁；这时情欲的狂澜，愿望和恐惧的迫促，[由于] 欲求 [而产生] 的一切痛苦都立即在一种奇妙的方式之下平息下去了。"① 显然，"虚静无为"的宇宙之光，有助于平息人类的私欲，使之减少纷争，蔼然相处。

四是生生不息。宇宙万物之"虚静无为"，并非无所作为，而是恰恰相反，"宇宙精神"是"一种主动的创造的力量"（谢林语）。② 由日月经天，长河奔流，冬去春来，生死更迭，春芽破土，枝头花开的自然景观中可见的是："整个宇宙本身就是一架包罗万象的永动机，这架无限的永恒的'宇宙机'把自身保持在永远持续不断的运动之中。"③ 这样一种生生不息的宇宙精神，也早已为中外先贤所推赏。康德曾以超逸旷达的胸襟，这样赞叹过宇宙生命的死亡与新生："自然界用了这样一种挥霍来显示它的富饶，这种挥霍就是通过有些部分的趋于死亡，使自然界又在它整个尽美尽善的范围内用无数的新生来保障自己不受损失。有多少数不清的花草昆虫被一个冷天毁灭净尽，尽管它们是自然界艺术的光辉作品和上帝全能的证明，它们的消失又算得了什么！而在别的地方，这个损失又得到了超额的补偿。"④ 中国古代哲学典籍《周易》，亦从"无为，而无不为"的角度力倡"君子"应如"天行"之"健"那样自强不息！

---

① [德] 叔本华：《作为意志和表象的世界》，石冲白译，商务印书馆 1982 年版，第 275—276 页。
② 引自全增嘏主编《西方哲学史》下册，上海人民出版社 1983 年版，第 150 页。
③ [德] 恩斯特·海克尔：《宇宙之谜》，郑开琪等译，上海译文出版社 2002 年版，第 211 页。
④ [德] 康德：《宇宙发展史概论》，上海外国自然科学哲学著作编译组译，上海人民出版社 1972 年版，第 151—152 页。

作为宇宙本身，原本是无所谓精神的，也无所谓善恶的。事实上，在自然界，既有宜人生活的风和日丽，保证丰收的风调雨顺，亦有令人惊恐的霹雳闪电，造成灾害的地震海啸；既存在阴阳互动，生生不息的宁静与和谐，亦存在弱肉强食，适者生存的血腥与惨烈。如同叔本华曾经描述的："这个世界，是被折磨和受惊的生物的游戏场，其中一个把另一个吃掉，是它们的存活条件，所以，那里的每一头凶猛动物是上千种其他生物的活生生坟墓，它之所以能够自我生存，是一连串惨死的结果。"① 故而为人类所推重的宇宙精神，虽与宇宙相关，却又不是对宇宙规则的被动接受，而实际上是人类出于对自己创造的某些文明弊端的不满，为了挣脱自己创造的某些文化压抑，从更高的理想境界出发，经由对宇宙规则的选择，剔除了其中某些有害因素之后的"人化"精神。这样的宇宙精神，说到底，是人类随着自身理性意识的觉醒，以超时代、超种族、超国度、超自我的文化眼光，自宇宙万物中得以借鉴，总结归纳而形成的一些有利于人类生存，有利于人与人、人与物之和谐相处的方略与智慧。可以想见，一位彻悟上述宇宙精神的人，必会表现出纯真善良，通达超脱，而又刚健不屈，自立自强之人格；一个涌动着上述宇宙精神的人类世界，也必会是人与人和谐相处，人与物相伴而生，祥和安宁，快然自足的理想世界。

二、宇宙精神与文艺创作

宇宙精神，作为一种博大的心灵空间，作为一种高妙的生存理念，自然会融入人类文学艺术的憧憬，为向往理想美的历代作家、艺术家、理论家所看重。在常常被视为文学艺术通则的真善美的追求中，实际上即隐含着宇宙精神的神髓。

真，其要义是指事物的本原面目，或谓天然存在状态。见之于文学创作，这"真"，用李白的话说，就是"天然去雕饰"；用王维的话说，就是"肇自然之性，成造化之功"（《山水诀》）；用李贽的话说，就是"绝假纯真"之"童心"的流露；用狄德罗的话说，则应是对这样一类场景的描写："当孩

① ［德］狄特富尔特等：《人与自然》，周美琪译，三联书店1993年版，第33—34页。

子们在临死的父亲的榻侧撕发哀号；当母亲敞开胸怀，用喂养过他的乳头向儿子哀告；当一朋友截下自己的头发，把它抛撒在朋友的尸体上面，把他扛到火葬场去焚化，然后搜集骨灰装进瓦罐，每逢某些日子用自己的眼泪去浇奠；当女人死了丈夫，披头散发用指甲抓破自己的脸皮；当人民的领袖在群众遭遇到灾难时伏地叩首，痛苦地解开衣襟以手捶胸；当父亲抱着他的初生的儿子，高高地举向上天，指着婴孩起誓，向神祇祈祷。"[①] 人类之所以钟情于文学艺术，重要原因之一即在于：通过文学艺术中自由率真的情感表达，通过对事物"真元气象"的把握，通过对赤诚的人生世相的呈现，可以矫正人类文化中的虚饰之弊，有助于人类的心灵回归"至诚率性"的精神家园，有助于人类实现更为理想的宇宙生存境界。

善，从根本上来说，就是爱。这爱，不是一己之私，一物之欲，而是与宗教情怀相通的普世情怀。见之于文学创作，普世情怀又体现为两个层次：一是爱普世之人，二是爱普世之物。前者即"人道主义"，后者即谓"生态伦理主义"（或可谓"天道主义"）。人道主义的主旨是：人的生命是高贵的，人生来就是平等的，人与人之间本来就应该是相互关爱的，人的尊严与权利是不容侵犯的。"生态伦理主义"强调的是：关爱自然，关爱万物，关爱地球上的所有生命。在西方文学史上，20 世纪中叶以来日渐兴盛的"生态文学批评"，即是以关爱普世之物的"生态伦理主义"为理论支点的。相比而言，以人为中心的"人道主义"，或许只可谓"小善"，而以"宇宙"为中心的"生态伦理主义"才是"大善"。而正是在这"大善"之追求中，可更为充分地见出众生平等的宇宙精神。作为一种文化思潮，在西方，"生态伦理主义"，是至 20 世纪方备受重视，而在我国，先秦哲人即早已有"仁民而爱物"（《孟子·尽心上》）、"泛爱万物，天地一体"（《庄子·天下》）之论，并早已形成了"天人合一"的哲学精神，广泛影响了中国山水诗、田园诗、山水画、花鸟画的创作。

美，从主体的心理体验来说，是指人由事物某些特征的激发而生成的情感愉悦。主要表现为这样两类性质的情感，即潜化与升腾。潜化，即个体生命融汇于对外物的观照，忘却世俗，物我化一，陶醉于永恒，由此相伴而

---

① 伍蠡甫主编：《西方文论选》上卷，上海译文出版社 1979 年版，第 370 页。

生的是超逸感与解放感；升腾，即主体由外物的声色神韵刺激，进入了某种精神异常兴奋的状态，由此相伴而生的是生命自我完善的冲动感。同样，在文艺创作中，美的追求亦主要表现在：作家、艺术家力图通过特定的形式创造，在意象、人物、故事中蕴含进涤人肺腑、荡人心魄的精神力量，能够使读者既超脱世俗、鄙弃物欲、远离纷争，又能得以心灵净化、振奋生命活力、完善自我的生命过程。在中外文论史上，许多作家、艺术家、理论家正是这样看待文学艺术的审美价值的。钟嵘曾在《诗品》中这样称颂阮籍的《咏怀》诗："可以陶性灵，发幽思。言在耳目之内，情寄八荒之表。洋洋乎会于风雅，使人忘其鄙近，自致远大。"钟嵘这里高度肯定的即是诗歌给人以"超逸感解放感"的"潜化"审美价值。德国诗人席勒在《审美教育书简》中，曾将这样一种"潜化"审美价值讲得更为清楚："在令人恐惧的（自然）力量世界之中以及在神圣的法律世界之中，审美的创造形象的冲动在暗地里建立起一个第三种快乐的游戏和形状的世界，在这第三世界里它使人类摆脱关系网的一切束缚，把人从一切可以叫作强迫的东西（无论是物质的还是精神的强迫）中解放出来。"①明代诗人李东阳《麓堂诗话》中曾谓诗的功能在于"陶写情情，感发志意，动荡血脉，流通精神"；德国美学家卡西尔在《人论》讲："艺术作品的静谧乃是动态的静谧而非静态的静谧。艺术使我们看到的是人的灵魂最深沉和最多样化的运动。"卡西尔甚至进一步断言："在艺术家的作品中，情感本身的力量已经成为一种构成力量。"②李东阳所说的"感发志意，动荡血脉"，卡西尔所说的"动态的静谧"、情感的"构成力量"，强调的即是文学作品能够振奋生命活力的"升腾"性审美价值。

　　文艺作品中的上述两类审美价值追求，不仅与宇宙精神相通，且从其生成来看，亦与宇宙精神的启迪相关。庄子谓"天地有大美而不言"（《知北游》），宗白华先生亦曾强调"宇宙的图画是个大优美精神的表现"③。在庄子所说的"天地"之"大美"中，"不言"，亦即"虚静无为"，亦即恬淡无争。但这"不言"之无为、无争，又决不是死寂消沉，决不是无所作为，相反，庄子向往的是宇宙精神中"生生不息"之"大为"。如他所激赏的扶摇

---

① 北京大学哲学系美学教研室编：《西方美学家论美和美感》，商务印书馆1980年版，第183页。
② ［德］恩斯特·卡西尔：《人论》，甘阳译，上海译文出版社1985年版，第189页。
③ 宗白华：《艺境》，北京大学出版社1987年版，第23页。

直上，背负青天，海运将徙于南冥，不屑与自鸣得意的蜩、鸠之类争高低的大鹏，便可谓这样一种"大为"精神的化身。宗白华先生所说的"宇宙"之"大优美"，同样亦是着眼于宇宙精神的"虚静无为"而又生机勃发。他曾这样赞美自然："你看那自然何等调和，何等完满"，又说"你看那自然中何处不是生命，何处不是活动"，"你试看那棵绿叶的小树。他从黑暗冷湿的土地里向着日光，向着空气，作无止境的战斗。终竟枝叶扶疏，摇荡于青天白云中，表现着不可言说的美。一切有机生命皆凭借物质扶摇而入精神的美。大自然中有一种不可思议的活力，推动无生命界以入于有机界，从有机界以至于最高的生命、卓越性、情绪、感觉。这个活力是一切生命的源泉，也是一切'美'的源泉。"① 比较可见，文艺作品给予人的"审美潜化"性质的"超逸解放感"，同时又能振奋生命活力的"审美升腾"价值，正是庄子及宗白华所讲的"虚静无为"而又"生生不息"的宇宙精神之体现。

又正是为了创造出上述两类审美价值，刘勰在《文心雕龙·神思》中强调，在艺术构思过程中，"贵在虚静"，要"疏瀹五脏，澡雪精神"；司空图在《二十四诗品》中认为，美妙的诗作应该是"不着一字，尽得风流"；苏轼曾肯定这样的创作规律："欲令诗语妙，无厌空与静。静故了群动，空故纳万境。"（《寄参廖师》）在这些具体文论见解中，亦可见出与宇宙精神之关联。刘勰所强调的"虚静"，即本源于宇宙情怀；司空图所说的"不着一字"即隐含"宇宙无为"之意，"尽得风流"注重的又即宇宙生机；苏轼体悟到的"静""动"相生，"空""纳"相得，亦恰是宇宙生成与存在的规律。

三、宇宙精神与文艺作品

在文艺作品中，作家、艺术家体悟到的宇宙精神，最为集中地见之于自然礼赞、社会理想与人生追求这样三个方面。

（一）自然礼赞中的宇宙精神

天地之间，自然万物，是最为本原的宇宙精神之载体。故而从文学史

---

① 宗白华：《艺境》，北京大学出版社 1987 年版，第 23—24 页。

上来看，凡涉笔自然之作，其高妙之境正在于作者以超乎尘俗之灵视，通达天地之心性，对宇宙精神的体悟与表现。如"池塘春草绿，园柳变鸣禽"（谢灵运）；"侵陵雪色还萱草，漏泄春光有柳条"（杜甫）；"野火烧不尽，春风吹又生"（白居易）之类诗句，之所以千古传诵，为人称赏，重要原因之一，便是其中透出的是生生不息的宇宙机缘。另如：

> 明媚的大自然
> 何等美好！
> 看哪，阳光灿烂！
> 田野笑容满面！
>
> 枝柯上
> 朵朵蓓蕾开绽
> 灌木丛中
> 万籁俱唱。
>
> ——歌德《幸福》
>
> 春何曾说话呢？
> 但她那伟大潜隐的力量
> 已这般的
> 温柔了世界了！
>
> ——冰心《春水·四三》

这类诗作，看似平淡无奇，却意味深长，诱人耽读，其魅力亦正在于：诗人以不染尘埃之心，率真灵动之笔，彰显了宇宙虚静无为，却又生机无限的壮丽景观，赞美了宇宙至诚尽性，化育万物的博大情怀。

在文学史上，还可常见这样一种现象：有许多诗人、作家的艺术成就，在很大程度上即是得力于对自然万物中的宇宙精神的礼赞。中国古代诗人陶渊明的诗中虽亦不乏"刑天舞干戚，猛志固常在"之类的"金刚怒目"，但真正为诗人带来赫赫诗名的则是他面对"菊花"、"山气"、"飞鸟"时抒发的"采菊东篱下，悠然望南山"，"此中有真意，欲辨已忘言"之类的宇宙情怀。郭沫若《女神》中的诗篇，人们往往以时代激情论其价值，而实际上，《凤凰涅槃》、《地球，我的母亲》等篇什中涌动的超时代的宇宙精神，应当更为重要。朱自清最优秀的散文是《春》及《荷塘月色》。在作者所赞美的"山朗润起来了，水涨起来了，太阳的脸红起来了"，"像刚落地的娃娃，从头里脚是新的，它生长着"的"春"中，充溢着的正是生机勃勃、自强不息的宇宙精神；在《荷塘月色》中，作者虽不无对时世的幽怨，但由作者笔下那幽静的月色，那与世无争、亭亭玉立、如舞女的裙的荷叶，那轻纱般浮动的雾，见出的亦正是作者对超逸自在之宇宙精神的向往。中国现代诗人刘延陵，诗作不多，诗名不高，但他的那首《竹》，却分外耀眼，为各种诗歌选本所收录：

　　几千竿竹子
　　拥挤着立在一方田里，
　　碧青的，
　　鲜绿的，——
　　这是生命的光，
　　青春的吻所留的润泽呀。
　　他们自自在在地随风摇摆着，
　　轻轻巧巧地互相安慰抚摩着，
　　各把肩上一片片的日光
　　相与推让移卸着。
　　这不又是从和谐的生活里
　　流出来的无声的音乐么？

　　这首诗歌的高妙之处亦在于，诗人由竹丛中捕捉到的，正是不争不待，并育而存，和美相处的宇宙精神。仅凭这样一首充溢着宇宙精神之作，作为诗人的刘延陵，就足可以在中国现代诗歌史上居一席之地了。

　　美国女诗人狄金森，几乎终生与世隔绝，其诗作，生前亦鲜为人知，去世后才声名远播：

小草很少有事可做

一片纯净的碧绿世界

只能孵几只粉蝶

款待几只蜜蜂

应着和风的曲调

整天摇晃不停

把阳光搂在怀里

向万物鞠躬致敬

——狄金森《小草很少有事可做》

透过这类诗作，读者不难感受到狄金森纯净而迷人的宇宙情怀。这位厌恶喧嚣，弃绝社交，比丘尼似的度过了自己一生的诗人，几乎不涉人世的诗人，正是赖以对宇宙精神的体悟，亦创作出了为世人所重的作品。

在中外绘画史上出现的诸如荆浩的《匡庐图》、赵孟頫的《鹊华秋色图》、黄公望《富春山居图》、文同的《墨竹》、郑思肖的《墨兰》、王冕的《墨梅》、德国画家丢勒的《青草地》、荷兰画家扬·凡·霍延的《两棵橡树》、俄国画家希施金的《在遥远的北方》、法国画家路易斯·埃克托尔·勒鲁的《维苏威火山爆发》、凡·高笔下火炬一般的向日葵等名作，给人心灵震撼的亦正是画家以高超的技艺，于画面中凝进的或幽静空寂，或波澜壮阔，或生生不息的"天地之大美"。

（二）社会理想中的宇宙精神

创建理想社会，是人类文明的伟大目标之一。但对于何为理想社会，文学艺术家往往与众不同。政治家更多考虑的是制度的完善、社会秩序的稳定，科学家追求的是知识与技术，经济学家看重的是物质财富的增长，而文学艺术家所展现的社会理想中，则常常闪耀着至诚尽性、众生平等、虚静无为之类超越现实的宇宙精神之光。

在政治家、科学家、经济学家看来，战天斗地，改造自然，发展科技，自由竞争，是人类文明进步的基石，城市化、工业化、机械化、电子化是人类现代文明程度的主要标志。与之相左，文学艺术家，则常常以怀旧的心态，以向后看的视野，表现出对现代科技文明的厌恶与痛恨。早在西方工业革命曙光初露的启蒙运动时代，法国作家卢梭就曾尖锐地指出："凡经造物主之手而产生的一切都很出色，在人的手下则一切俱败坏。他强令一块土地培棉另一块之地的产物，迫使这一棵树结另一棵树的果实。他把气候、元素和季节搞得混杂、纷乱。他使他的狗、马和奴隶残废。他震惊一切、歪曲一切——他爱畸胎、爱怪物。他不愿任何东西保持天然的原状，甚至连人也劫数难逃。""大自然向我提供一幅和谐和融洽的图像，人所呈现的景象却是混乱和困惑！自然要素之中充满谐调，而人类却在杂乱无章中生活！"① 德国现代诗人 G. 库纳尔特在《有机玻璃》一诗中，则径直这样讥讽了人类现代城市生活的处境：

> 在逃遁中，
> 想躲开混凝土，
> 事情仿佛是神话；
> 无论你到何处，
> 它等待着你，
> 灰色，而且全面。
>
> 在逃遁中，
> 或许
> 最终你会发现一个绿点，
> 于是你快活地
> 投向草茎，
> 可它是有色玻璃制成。②

　　作为人类的一种更为明智的选择，卢梭曾提出了"回归自然"的主张。卢梭的"回归自然"，也就是回归自由和谐、虚静无为的宇宙精神。而这样

---

① ［德］狄特富尔特等：《人与自然》，周美琪译，三联书店 1993 年版，第 161、157 页。
② ［德］狄特富尔特等：《人与自然》，周美琪译，三联书店 1993 年版，第 180 页。

一种回归，作为社会的理想追求，实际上一直是古今中外文学艺术史上的重要脉绪。在作为西方文化源头的《圣经》中出现的那个物草丰茂、人与动物和谐相处的伊甸园，中国古代诗人陶渊明所向往的那个"土地平旷，屋舍俨然，有良田美池桑竹之属"，"黄发垂髫并怡然自乐"的"桃花源"，就是宇宙精神照耀下的乐土。20 世纪以来，随着对现代科技文明之弊的警惕，随着对生态环境的重视，这一脉绪已有愈见强盛之势，回归宇宙精神，已成为中外许多作家的执着追求：中国现代小说家沈从文，虽身居城市，但心中眷恋的仍是湘西那个无争无欲，自得自足，恬淡闲适，远离人间烟火的世界；美国作家梭罗，则干脆避开城市，卜居荒野，写出了充满着迷恋自然的情怀，为徐迟赞誉为"是一本静静的书，一本寂寞的书，一本孤独的书，是一本寂寞、恬静、智慧的书"的《瓦尔登湖》；苏联作家拉斯普京、艾特玛托夫、阿斯塔菲耶等，亦以其宇宙精神视角，写出了《告别马焦拉》、《白轮船》、《鱼皇》等一批世界文学名著。目前，这些作品，已被视为"生态文学"的范本，愈来愈为人重视。同理，在画家心目中，闲山静水，孤云野鹤，之所以要比林立的高楼大厦，车水马龙的街道更具美感；法国画家高更之所以逃离喧闹的巴黎，孤身隐居于地处蛮荒的塔希提岛，重要原因之一即是：静寂的自然中，充溢着更为迷人的宇宙精神。在音乐家那里，大地上的虫吟，天空中的鸟叫，之所以要比马达的轰鸣，汽笛的尖叫更具魅力，亦是因为前者是最为美妙的宇宙精神之音。

人类所向往的宇宙精神，也许是永远的乌托邦。但人类不能没有乌托邦，乌托邦就是诗意，就是理想。在这乌托邦中，蕴含的恰是更为高超的文明力量。因为迄今为止，不论如何先进的政治制度设计，都伴随着对人性的束缚；不论如何发达的科学技术，在给人类带来生活的舒适与富足的同时，也加剧了人性的贪婪，甚至在许多方面加剧了人类的灾难。因此，对于人类的社会理想而言，文艺作品中所蕴含的宇宙精神，无疑具有终极性的人文意义。

（三）人生追求中的宇宙精神

人生的意义何在？怎样才是美好的人生？对此，古今中外许多哲学家作出的智慧回答是：悲天悯人，关爱万物；自强不息，无为而为；不以物喜，不以己悲；顺其自然，悟透生死。而这样的人生境界，亦正是宇宙精神的体现。与之相应，在人类文学艺术上出现的那些伟大作品，之所以伟大，亦往往是因其以形象化的方式，赞美了这样的宇宙人格与宇宙情怀。

贝多芬以恢宏、伟大而疯狂的气势，透过音乐喷涌而出的高亢壮阔的与命运搏斗的气概，大概也只有用宇宙精神才足以概括。熊秉明先生曾这样谈过面对罗丹雕塑时的观感；他的《行走的人》，"没有头，也没有两臂，只是个巨大坚实的躯干和跨开去的两腿，那一个奋然迈步的豪壮的姿态，好像给'走路'以一个定义，把'走路'提升到象征人生的层次去，提升到'天行健'的哲学层次去。"他的《雨果胸像》，虽是断躯，却有着比全身像更为壮阔的节奏在回荡，那"是从大宇宙的波涛中割截出来的一段"，令人"感觉到其浩瀚无穷"。① 熊秉明先生这里深刻体悟到的，亦正是罗丹雕塑中震撼人心、催人奋发的伟大宇宙精神。

以中外文学名著来看，歌德笔下，那位努力进取、不懈追求的浮士德；雨果的《悲惨世界》中，那位人性回归之后，乐善好施的冉阿让；托尔斯泰的《复活》中，那位不惜一切代价忏悔自己罪恶的聂赫留多夫；陀思妥耶夫斯基的《卡拉玛佐夫兄弟》中，一生都在奉行"我在故我爱"的佐西马长老，一直在梦想着使"一切人都成为圣者"的阿辽沙；曹雪芹的《红楼梦》中，那鄙弃荣华富贵的贾宝玉、林黛玉等等，均可堪称为宇宙的精灵。在这些寄寓着作家人生理想的人物身上，体现出来的，正是超乎凡人的宇宙精神。这些作品，亦正是赖其对伟大的宇宙人生境界的向往，在文学史上放射出永恒的光芒。

对于人类来说，最可恐惧的大概要数意味着生命终结的死亡，但以宇宙精神的眼光来看，死亡则意味着新生。生可喜，死亦可贺。故而在历史上，有许多伟大诗人、作家、艺术家，死亡亦常被他们纳入"天地之大美"的视野。美国诗人惠特曼即曾如此赞美死亡：

　　死亡的美好触摸，正如大自然中发生的那样，使人平静、在瞬时之间令人陶醉；

① 《熊秉明文集》(1)，文汇出版社1999年版，第4、14页。

我摆脱不洁净的躯壳，使它火化，成为灰烬或把它埋葬；

我的真正的身体毫无疑问为别的星球而保留；

我所离开的躯体已不再属于我，它要被净化、重新利用或使土地永远得益。

啊，今后又有生命就像一首不断具有新欢乐的诗！

——惠特曼《死亡的美好触摸》

在惠特曼的艺术视野中，不论生命与死亡，不论瞬间与永恒，一切都是那么自然。惠特曼这里当然不是在宣扬人生的被动无为，而是要借助赞美死亡，张扬超越性的宇宙情怀。显然，只有凭依如此宇宙情怀，个人才能与宇宙化为一体，人生才能减少尘世的纷扰与苦恼；也只有凭依如此超越性的宇宙情怀，人类才有可能实现海德格尔所向往的真正诗意的栖居。

四、宇宙精神与宇宙人格

宇宙精神，是无处不在的，但并非每一个人，亦非每一个诗人、作家、艺术家都能做到如同庄子所说的"目击而道存"（《庄子·田子方》）。要把握到宇宙精神，尚需具备西哲叔本华所说的"世界眼"，需具备中国美学家宗白华先生所强调的"大同情心"。叔本华所说的"世界眼"是指，面对外物时，"遗忘自己，而使原来服务于意志的认识现在摆脱这种劳役，即是说完全不在自己的兴趣，意欲和目的上着眼，从而一时完全撤销了自己的人格"。叔本华认为，一旦具备了这样一种"纯粹主体"状态的"世界眼"，无论"从狱室中，或是从王宫中观看落日，就没有什么区别了"。① 宗白华先生所强调的"大同情心"是指：将"对于人类社会的同情"，"扩充张大到普遍的自然中去"。宗白华认为，只有具备这样一种"大同情心"，才能关爱万物，"看见了一枝花，觉得花能解语；遇着了一只鸟，觉得鸟亦知情；听见了泉声，以为是情调；会着了一丛小草，一片蝴蝶，觉得也能互相了解，悄悄地诉说它们的情，它们的梦，它们的想望。无论山水云树，月色星光，都

---

① ［德］叔本华：《作为意志和表象的世界》，石冲白译，商务印书馆1982年版，第259—260、275 页。

有是我们有知觉、有感情的姊妹同胞。"① 从"撤销了自己人格"、"将同情扩充张大到普遍的自然中去"之类特征来看，叔本华所说的"世界眼"，宗白华先生所说的"大同情心"，实际上也就是宇宙情怀、宇宙人格。显然，一位诗人、作家、艺术家，只有具备了这样的宇宙情怀与宇宙人格，方能做到陆机所说的"观古今于须臾，抚四海于一瞬"（《文赋》）；刘勰所说的"寂然凝虑，思接千载，悄焉动容，视通万里"（《文心雕龙·神思》）；嵇康所说的"俯仰自得，游心太玄"（《赠秀才入军》）；荆浩所说的"度物象而取其真"（《笔法记》）。

　　放眼中外文学艺术史，我们在李白"逸兴壮思飞"，"舞袖拂云霄"，邀明月对饮，与天地对话的自由身影中；在苏东坡"竹杖芒鞋轻胜马，一蓑烟雨任平生"的潇洒姿态中；在歌德"作为一个人和一个公民，诗人会爱他的祖国，但他在其中发挥诗的才能和效用的祖国，却是不限于某个特殊地区或国度的那种善、高尚和美。无论在哪里遇到这种品质，他都有要把它们先掌握住，然后描绘出来。他像一只凌空巡视全境的老鹰，见野兔就抓，不管野兔奔跑的地方是普鲁士还是萨克森"之类的文学主张中；② 在贝多芬洋溢着大自然的诗情画意或人生抗争精神的交响乐中；在罗丹那些隐含着"在宇宙中探到的神秘及思想之美"③ 的雕塑中，感受到的正是凌空高蹈，自由不羁，超越时代、民族、国度、自我乃至生死的"世界眼"的视野与宇宙人格的光辉。这些世界一流的诗人、作家、艺术家，正是以俯视万物的"世界眼"，以吞吐八荒的宇宙人格，筑造了自己光照千秋的艺术殿堂。

　　关于宇宙人格之于一位诗人、作家艺术成就的影响，勃兰兑斯在《十九世纪文学主流》中对英国诗人拜伦、雪莱与华兹华斯等湖畔派诗人的比较分析，也许是有重要启示意义的。勃兰兑斯认为，拜伦、雪莱之所以赢得了超过华兹华斯、骚塞等人的世界性声誉，重要原因之一即在于：拜伦能够以超国度、超民族的立场，抨击人间的一切丑恶；能够以超逸的情怀，将高山、天空和大海视为"是他自身的一部分，而他也是它们的一部分"，能够将自然万物视为都是"不灭的爱"的体现。同样，雪莱也能把他的自我扩大到足以

---

① 宗白华：《美学的散步》，安徽教育出版社2000年版，第100—101页。
② [德]《歌德谈话录》，朱光潜译，人民文学出版社1978年版，第259页。
③ [法]葛赛尔：《罗丹艺术论》，傅雷译，天津社会科学院出版社2006年版，第186页。

拥抱全宇宙，能"以他灵魂的慧眼看见有灵魂的星球旋转在太空"①。而华兹华斯、骚塞等湖畔诗人，则固守着英国人的立场，"在湖畔诗人看来，只要是英国实行的，镇压便不算是镇压；只要是在君主立宪的制度下施加的，暴政便不成其为暴政"②；在诗歌创作方面，他们的宏伟抱负，也只不过是要做一个真正英国的写景诗人。由于圈定了专属领地，由于襟怀与视野的局限，其诗作的境界，给予读者的感受，自然也就难以与拜伦、雪莱的作品相比了。

进入 20 世纪以来，人类社会虽然出现了海德格尔所忧虑的"世界黑夜"的图景，但在文学艺术界，毕竟还有不少诗人、作家，在高擎着明亮的精神火炬，在守护着人类精神的星空。1949 年，美国作家福克纳在诺贝尔文学奖领奖演说中曾这样强调，诗人、作家的责任就是要通过描写人类昔日的光荣，诸如"勇气、荣誉、希望、骄傲、同情、怜悯和牺牲"等等，"使人心振奋起来"，以抗拒恐惧与苦难，③ 法国作家萨特强调，作家要"用人性去包笼世界"；④ 尤奈斯库宣称，自己的作品表达了"最深刻的人道主义，超越了一切阶级的和各种心理的樊篱"；⑤ 哥伦比亚作家马尔克斯宣称："我的职责不仅仅是反映我国的政治和社会现实，而且要反映本大陆乃至全世界的现实。"⑥1970年，苏联作家索尔仁尼琴也在诺贝尔文学奖的领奖演说中呼吁：一位作家，不仅要关心自己的国家，更要以宏大的视野，对世界的创伤负起责任。⑦ 在这些世界著名作家的见解与追求中，闪耀的亦正是襟怀宏阔的宇宙人格的光辉。而又正是这样一些作家，标志了 20 世纪人类文学艺术的高度。

在 20 世纪以来的中国文坛上，那些真正创造了自己的文学业绩，赢得了读者喜爱的诗人、作家，同样与其宇宙人格有关。随着时间的推移，沈从

---

① ［丹麦］勃兰兑斯：《十九世纪文学主流》第四册，徐式谷等译，人民文学出版社 1997 年版，第 362、373、283 页。

② ［丹麦］勃兰兑斯：《十九世纪文学主流》第四册，徐式谷等译，人民文学出版社 1997 年版，第 102 页。

③ 宋兆霖主编：《诺贝尔文学奖文库》（授奖词与受获奖演说卷）上册，浙江文艺出版社 1998 年版，第 322 页。

④ 柳鸣九编选：《萨特研究》，中国社会科学出版社 1981 年版，第 18 页。

⑤ 《法国作家论文学》，王忠琪等译，三联书店 1984 年版，第 576 页。

⑥ ［哥伦比亚］马尔克斯·门多萨：《番石榴飘香》，林一安译，三联书店 1987 年版，第 82 页。

⑦ 宋兆霖主编：《诺贝尔文学奖文库》（授奖词与受获奖演说卷）上册，浙江文艺出版社 1998 年版，第 39 页。

文在小说中创造的那个充满原始、神秘、壮阔气息的湘西世界，之所以越来越显出令人着迷的魅力，重要原因亦正在于其中涌动着他自己所说的"我永远不厌倦的'看'一切。宇宙万汇在动作中，在静止中，在我印象里，我都能抓定它的最美丽与最调和的风度"①，"我天性就对于一切活的人皆能发生尊敬与同情，从不知道有什么敌人"② 这样一种超脱世俗的宇宙情怀。著名诗人艾青的作品，也是因其中喷涌着诸如"从远古的墓茔／从黑暗的年代／从人类死亡之流的那边／震惊沉睡的山脉／若火轮飞旋于沙丘之上／太阳向我滚来"（《太阳》）；"为什么我的眼里常含泪水？因为我对这土地爱得深沉"（《我爱这土地》）之类旷渺幽深的宇宙情怀，而具有动人心弦的魅力。观中国当代文坛，我们仅由莫言"手挥五弦目送归鸿穿云裂石倒海翻江"、"一唱雄鸡天下白，虎兔相逢大梦归"③ 的创作态势中；由李锐力图通过"对中国人的处境的深沉的体察中，去体察地球村中被叫作人的这种物种的处境"④ 的创作追求中；由张炜"融入野地"的创作视野中；由昌耀"一百头雄牛嚅嚅的步伐。／一个时代上升的摩擦"（《一百头雄牛》）这样一种愈挫愈勇、自强不息的壮阔意象中，以及"密西西比河此刻风雨，在那边攀缘而走。地球这壁，一人无语独坐"（《斯人》）的恢宏意绪中；由孔孚"出佛出道"、"抟虚宇宙"的气魄中，亦可见出其宇宙情怀，并理解这些诗人、作家何以会取得更为引人注目的文学成就。

　　人类文学艺术的实践证明，一位诗人、作家，要创作出真正伟大的作品，既要入乎其内，切近现实，关注人生，又要出乎其外，俯仰天地，放眼宇宙。只有在圣洁的"宇宙精神"之光的照耀下，其作品，才能达致高超的境界，才能创造出"天地之大美"。相反，如果过分执着于某种政治的、时代的、民族的立场，或褊狭地固守某种主义，其作品，虽有可能赢得一时的声誉，但终会因其视野褊狭，意蕴浅显，气度不足，而难有久远的生命活力。

（原载《山东师范大学学报》2008 年第 4 期）

---

① 《沈从文文集》第 9 卷，花城出版社 1984 年版，第 179 页。
② 《沈从文文集》第 11 卷，花城出版社 1984 年版，第 310 页。
③ 莫言：《天马行空》，《解放军文艺》1985 年第 2 期。
④ 李锐：《谁的人类》，时代文艺出版社 2000 年版，第 209 页。

世界黑夜与文学之光

世界黑夜，按照海德格尔的解释，是 19 世纪的德国诗人荷尔德林对其所处时代的痛切体悟，意谓随着赫拉克勒斯、狄奥尼索斯和耶稣基督这个"三位一体"的弃世，随着现代理性对"上帝"、"彼岸目标"之类超感性观念世界的冲击，人类已经深深陷入了精神困境。海德格尔认为，进入 20 世纪以来，这样一种困境仍在进一步加剧，由于越来越强盛的技术已将人类从地球上脱离开来而且连根拔起，致使我们所在的地球"已经不再是人今天生活于其上的地球了"①。更为严重的是：在这贫困的时代里，人们竟连自身的贫困也体会不到了。面对危局，海德格尔宣称"只还有一个上帝能救渡我们。留给我们的唯一可能是，在思想与诗歌中为上帝之出现准备或者为在没落中上帝之不出现作准备"②。海德格尔也许过分看重了文学救渡人类的意义，但回顾漫长的人类文明历程，可以发现，诗歌之类文学艺术，作为重要的精神伴侣，一直在抚慰着人类的心灵，一直在激发着人类的希望与梦想。可以相信，在当今世界，文学艺术，也仍将会以自己神圣的理想与希望之光，继续导引人类的未来。

---

① 孙周兴选编：《海德格尔选集》（下），上海三联书店 1996 年版，第 1305 页。
② 孙周兴选编：《海德格尔选集》（下），上海三联书店 1996 年版，第 1306 页。

一、世界黑夜图景

实际上，在西方，当人们大多沉浸于自文艺复兴以来理性觉醒的欣悦之中时，已有机敏的欧洲先贤，最先听到了世界黑夜降临的脚步声。17世纪的法国思想家帕斯卡尔即曾哀叹道："人类并不知道要把自己放在什么位置上。他们显然是走入了歧途，从自己真正的地位上跌下来而再也找不到它。他们到处满怀不安地而又毫无结果地在深不可测的黑暗之中寻找它。"① 作为一介文人，帕斯卡尔自然无力阻挡历史的颓势，唯一能做的是：反思文艺复兴以来宗教批判的偏颇，发掘宗教中的神圣精神，力图通过对上帝应有的敬畏，抵御人类灵魂的堕落。而事实上，这样一种抵御是乏力的。

自19世纪以来，继荷尔德林之后，世界上有许多智者进一步感到了人类的生存危机。1890年秋，法国著名画家高更在致朋友的一封信中即曾不安地预言："对于下一代来说，一个可怕的时代——金钱王国的时代——即将在欧洲发生。一切都堕落腐败，甚至人和艺术也不例外。"② 奥地利哲学家布伯也痛切地指出："我们日益感到自己正生存于空前深巨的未知危机的起始阶段。这危机在我们眼前越来越清晰，过去的许多事件，可以说只是这危机所表现出来的症状而已。这危机不只是一个经济、社会体系为另一体系所征服。因为这多多少少随时可能发生；这危机乃是指所有的体系——不论旧新——都正陷入万劫不复中。因此，这是全体人类生命的问题。"③ 德国历史学家施本格勒则更为尖锐地断言，1789年法国革命之后，西方世界已在整体上由文化向文明沉沦。其重要标志是：怀疑主义与无神论流行；金钱崇拜，为富不仁，道德堕落；崇尚武力，压制民主等等。施本格勒认为，文明不等于文化，文明时期不等于文化时期，"文化时期的人内在性地生活，文明时期的人在空间中在形体或'事实'中外在性的生活。"在文明时期，"知识就是美德"已为"知识就是力量"所取代，"知识才能占据了统治地位，灵魂

---

① ［法］帕斯卡尔：《思想录》，何兆武译，商务印书馆1985年版，第186页。
② 《塞尚、凡·高、高更通信录》，吕澎译，广西师范大学出版社2002年版，第77—78页。
③ 刘小枫主编：《20世纪西方宗教哲学文选》上卷，上海三联书店1991年版，第102页。

精神则退出了舞台"①。1932年，面对动荡不安的世界，中国学者宗白华先生也在一篇文章中忧心忡忡地写道："我们的世界已经老了！在这世界中任重道远的人类已经是风霜满面，尘垢满身。他们疲乏的眼睛所看见的一切，只是罪恶，机诈，苦痛，空虚。"②

　　20世纪爆发的两次世界大战，无疑是最为严酷的世界黑夜图景的标志。以第一次世界大战来看，在仅仅4年之内，"世界上几乎所有的资本主义政府，都用光了各该国内全部的劳动产品，蹂躏了许多肥沃的土地，烧毁了无数的建筑物，有意地破坏了许多工厂及机器，目的是为了杀害和伤残3000万左右的少壮男性青年。"③在第二次世界大战中，仅从奥斯维辛集中营、南京大屠杀之类的惨案中，就足可以见出人类已经变得何等变态、疯狂与兽性十足。

　　二战结束之后，人类担心的毁灭全球的核大战虽然没有爆发，但核危机的阴影一直笼罩在地球的上空，局部性的战争也一直不断。随着没有疆域限制，如脱缰野马般的科学技术的发展，以及对经济利益、个人利益的片面追逐，环境污染，生态破坏；分配不公，贫富悬殊；利欲熏心，肉欲泛滥之类问题，越来越触目惊心。1974年，日本学者池田大作与英国历史学家汤因比，曾仅就人类肉欲泛滥的角度指出，为拜物主义的文明压力所推动的现代青年人的纵欲倾向，表明"他们的生命本身在衰弱化"；"人类的性关系不受某种规范体系的约束，人类生活就形同禽兽"，而正是由"性的放纵"可见，人类对自己的未来已"丧失了信念和希望"。④1970年，苏联作家索尔仁尼琴在诺贝尔文学奖的领奖演说中，则从整体上为我们描述了20世纪人类生存状态的恶化：

　　　　我们生存的二十世纪，较诸以往任何时代更为残酷；一切教人惊心动魄的劣迹败行，到了五十年代以后仍旧没有终止的迹象。穴居时期人类原始野蛮的感情——贪、妒、恣意的彼此仇恨等等——在泛滥

① ［德］施本格勒：《西方的没落》，花永年编译，浙江人民出版社1989年版，第74、75页。
② 宗白华：《艺境》，北京大学出版社1987年版，第57页。
③ ［英］锡德尼·维伯、比阿特里斯·维伯：《资本主义文明的衰亡》，秋水译，上海人民出版社2001年版，第22页。
④ 《展望二十一世纪——汤因比与池田大作对话录》，荀春生等译，国际文化出版公司1985年版，第9页。

过程中，竟以阶级斗争、种族斗争、集体或工会斗争等响亮的化名出现，粉碎了我们生活的世界并使之陷入空前混乱的局面。初民好勇斗狠的顽劣品性竟被演化升华为理论规准，而成为合乎道统的一种美德。在无休止的内战中，百万生灵为之涂炭。陀思妥斯夫斯基笔下的"附魔者"，上一世纪还只局居一隅，如今竟纷纷在我们眼前爬过，成为世界共同之梦魇，包括连它们自己都不曾想到过的国土在内。近年劫机、绑票、纵火、爆炸等事件之层出不穷，正在表明它们要震撼与毁灭人类文明底决心。而且，看来它们非无获得成功的可能。年轻的一代，无知而又不解人生之痛苦，在除却性交而外毫无所知的年纪，竟欢天喜地把重蹈吾人所弃十九世纪俄国的悲剧而以为是新发现。①

与人类对新千年的美好期冀相反，进入 21 世纪以来，我们的世界，仍处于严重的惊恐不安之中。2001 年 9 月 11 日，在全世界的注视中，美国纽约世贸大楼惨遭撞击，轰然倒塌，数千名无辜者于顷刻间丧生；2003 年 3 月，美英联军发动了伊拉克战争，使原本动荡不安的中东地区局势更为险恶。近几年来，英国伦敦不断发生的恐怖爆炸事件、伊朗核危机、朝鲜半岛核危机、中国台海危机等等，也在不时牵动着全世界人的心弦。在新世纪的天空中，人们看到的不是明媚的阳光，而仍是浓重的夜色。

世界黑夜的图景，更为可怕的表现在世界范围内知识分子的集体消亡。知识分子，本应更富于社会的正义与良心，本应更为关注大众所关注的现实问题，本应以独立的思想之光照耀社会。用萨义德的话说，知识分子应该是耿直、雄辩、勇敢的，能够"全身投注于批评意识，不愿接受简单的处方、现成的陈腔滥调，或迎合讨好、与人方便地肯定权势者或传统者的说法或作法"②；用刘易斯·科塞的话说，知识分子应该是"为思想而活，而不是靠思想而活"③。而现在的情况，正如一些西方学者所批判的："年轻的知识分子再也不像以往的知识分子那样需要一个广大的公众了：他们几乎无一例外地

---

①　崔道怡等编：《"冰山"理论：对话与潜对话》，工人出版社 1987 年版，第 413—414 页。

②　[美] 萨义德：《知识分子论》，单德兴译，三联书店 2002 年版，第 25 页。

③　[英] 弗兰克·富里迪：《知识分子都到哪里去了》，戴从容译，江苏人民出版社 2005 年版，第 29 页。

都是教授，校园就是他们的家；同事就是他们的听众；专题讨论和专业性期刊就是他们的媒体。"而这样一些占据着大学校园的教授们，已失去了知识分子之为知识分子的属性，他们"几乎一律都在一种甜蜜的空虚愚妄中寻求自身的安全和稳定——也就是说，他们决不是有勇气的思想观念的代言人，也不是思想观念自由传播的倡导者……他们是所有人中最谨慎、最胆小的人。"①"甚至在法国，在这个被视为知识分子故乡的地方，他们也似乎过着一种脱离现实的文化生活"，他们"看起来更像小技术官僚"。②知识分子在全球范围内的日趋消亡，自然只能进一步加剧人类社会生活的鄙俗性、实利性乃至动物性，使人类生活坠入更为深沉的黑暗之中。

在荷尔德林看来，人类曾经有过阳光灿烂的美好时光，这就是他在小说《许佩里翁或希腊的流亡者》中借主人公之口盛赞过的古希腊时代："太阳曾住在这里，在天国的节日之下，希腊如凝聚起来的祥云围攻着他光华四射。希腊的青年在这里投入欣喜和感悟的潮水中，仿佛阿喀琉斯沉浸于冥河，然后像神人一样走出来，充满不可战胜的力量。在树林中，在圣殿里，他们的心灵苏醒并且相互激荡，每一个人都忠诚地守护这欣喜若狂的和声。"而今，"一度在这儿"的"人""走了"。③荷尔德林将尚处奴隶制，且亦不乏城邦相互征服之战乱的古希腊时代视为人类的白天，自然不无理想化之嫌，但在许多方面，古希腊人的确创造了人类文明的辉煌，特别是在雅典盛期，文学艺术的繁荣、自由与民主意识的活跃、生机勃勃的社会活力等，一直为后人所向往。正如马克思在《政治经济学批判导言》中曾经指出的，希腊人"是正常的儿童"，"发展得最完美的地方"，会作为"永不复返的阶段而显示出永久的魅力"，其艺术和史诗，"就某方面说还是一种规范和高不可及的范本。"④卡尔·亚斯贝尔斯在《历史的起源和目标》一书中，亦曾将苏格拉底、柏拉图、亚里士多德等人的思想，视之为构成了人类文明的"轴心时代"，形成了不断"被它重燃火焰"的重要"轴心精神"之一。⑤曾

---

① [美]拉塞尔·雅各比：《最后的知识分子》，洪洁译，江苏人民出版社 2002 年版，第 4、126 页。
② [英]弗兰克·富里迪：《知识分子都到哪里去了》，戴从容译，江苏人民出版社 2005 年版，第23 页。
③ [美]《荷尔德林文集》，戴晖译，商务印书馆 1999 年版，第 14 页。
④ 《马克思恩格斯选集》第 2 卷，人民出版社 1972 年版，第 114 页。
⑤ [德]雅斯贝尔斯：《历史的起源和目标》，魏楚雄等译，华夏出版社 1989 年版，第 14 页。

在人类历史的长河里喧腾起催人奋发的浪花，给人以乐观憧憬的欧洲文艺复兴及启蒙运动，便正是以古希腊精神为其重要思想旗帜的。但遗憾的是，在此后的历史上，人类不仅未能实现文艺复兴及启蒙运动时期的思想家们所向往的自由、平等、博爱之类的美好蓝图，而是不断加剧梦幻破灭的迷茫。走过了几千年文明史的人类，还能走出自己的困境吗？还会有真正的明天吗？

二、走出黑夜之路

面对世界夜色，人类当然没有自弃，而是一直在政治、哲学、宗教、科技、经济、教育、法制等诸多路径中顽强地奋斗着、求索着。仅以 20 世纪以来的情况看，这些奋斗与求索，当然是有成效的：毕竟已使人类社会在某些方面的制度更趋合理，使人类的思想更加丰富与深邃，使人类的物质生活水平整体上得到了极大程度的提高。但由于这些路径本身固有的局限，不仅未能使人类的精神品性及挣脱精神困境的能力有根本性的提高，而是正如海德格尔所忧虑的：在这本已贫困的时代里，人们竟连自身的贫困，也越来越体会不到了。如今，当我们重读一下莎士比亚在《哈姆雷特》中所宣称的"人是多么了不起的杰作，他的理性是多么的高贵，他的力量如此无穷无尽，他行动像天使，智慧如神，人是宇宙的精华，万物的灵长"之类时，会感到已不像是对人类的赞美，倒像是对人类的嘲弄与讥讽。因为作为"万物"之"灵长"的人类，科学技术方面的智慧虽是越来越发达了，改造自然的力量虽是越来越不可思议了，而"行动"则越来越不像"天使"了。人类在许多方面的所作所为，已不再是"宇宙精华"的标志，而是"宇宙灾难"的根源。

在政治路径方面，西方发达的资本主义国家，虽已日渐完善了民主化、法治化、市场化等方面的社会体制，但在此体制下，人们更多体验到的并非幸福，而是无孔不入的秩序与规范所导致的心理压抑，两极分化所导致的心理失衡，残酷竞争而导致的生存压力等等。故而在西方发达国家中，自 60 年代以来，才会出现力图解构一切、颠覆一切的后现代主义文化思潮。实践马克思主义学说的社会主义革命，无疑是人类在 20 世纪的伟大尝试之一。

"官员是人民的公仆，人民是国家的主人"之类政治原则，曾令相关国家的人民体会到前所未有的自豪与幸福；没有剥削，没有压迫，物质极大丰富，"各尽所能，各取所需"的共产主义美景，亦曾令社会主义阵营欢呼雀跃，激动不已。但政治原则与实际制度之间、理想蓝图与现实生活之间的巨大反差，终于导致了东欧诸国的"和平演变"，随后，作为社会主义阵营龙头老大的苏联，也在一夜之间骤然解体。

与人类的其他世纪相比，20世纪大概是哲学思潮最为繁多，也最为活跃的世纪。在西方，现象学、存在主义、逻辑原子主义、实验主义、结构主义、解构主义、新马克思主义等等，纷呈迭现，波翻浪涌。这些哲学思潮，虽立论与主张有别，但根本目的是一致的，这就是探寻人类的出路。但就其效果来看，亦事与愿违，呈现出的大致上是这样两种窘境：一是缘其虚玄莫测，使人类进一步陷入迷茫。如主张"现象学还原"的胡塞尔学说、拒斥"形而上学"的维特根斯坦等人的逻辑原子主义、力图消解一切意义中心的德里达等人的解构主义等，即存此弊。二是虽进一步揭露了问题，但解决问题的方式则不切实际。如萨特的存在主义，虽然从文化层面上更为深刻地剖析了人生的尴尬处境，但其主张的"自由选择"其实是"无法选择"。面对"人＝技术工具＝单向度的人＝异化的人"的资本主义的社会现实，西方马克思主义学派的代表人物马尔库塞提出的"本能革命"的主张，除直接催生了"性解放"的社会浪潮及后现代主义文化思潮之外，也并没有产生多少切实改变社会现实的作用。在东方，一些当代哲人，则力图从中国传统文化中寻找救治世界的良方，形成了颇具声势的"新儒家"学派，但不论在理论还是实践方面，儒家文化的现代意义都还颇值怀疑。人类在20世纪哲学救世之路的无力，似乎也进一步证明了海德格尔多少有些无奈的判断："哲学将不能引起世界现状的任何直接变化。不仅哲学不能，而且所有一切只要是人的思索和图谋都不能做到。"①

宗教信仰，尽管经过了文艺复兴以来的不断清算，而实际上，宗教在遏制人性的贪婪、物欲等方面作用，仍一直为许多思想家特别是20世纪的许多思想家所看重。苏联思想家别尔嘉耶夫强调："消灭恶是和救赎的秘

---

① 孙周兴选编：《海德格尔选集》（下），上海三联书店1996年版，第1306页。

密紧紧相连。只能在基督身上和通过基督才能取得胜利。"① 英国历史学家汤因比坚信："无论个人还是集体，只有宗教才能改变人类的心灵，使其克服人类本性机能中的自我。""人类的力量越大，就越需要宗教。就科学的应用而言，如其不受宗教的启迪和善导，科学就会被用于满足欲望。这样的话，科学就会极有成效地为欲望服务，因而必然导致毁灭的结果。"② 美国新教神学家劳森布什宣称：不论从事何种职业的人，"如果信教，会觉得骄傲和欢乐，因为他们的日常工作含有高尚的目的"③。但又正如英国神学家刘易斯在《痛苦的问题》一书中所疑虑的："如果上帝是善的，他就会希望他的造物幸福无比；如果上帝全能，他就能够做他所希望的。但是，造物并不幸福。因此，上帝要么缺少善，要么缺少力量，要么缺少这两个方面。"④ 至今来看，这仍是一个致命的宗教难题，与之相关，人类心目中的上帝又难免虚无缥缈，这又决定了宗教力量的限度。以事实来看，当今的宗教信仰者数量可能超过了历史上的任何时期，却并没有阻止住人类社会生态的继续恶化。更为令人不安的，正如美国著名社会生物学家爱德华·威尔逊（Edward O.Wilson）曾经指出的，宗教的本质其实是自私的，人类社会中所表现出来的提倡善行，自我奉献之类宗教情怀，与动物界所具有的利他主义是相通的，而动物的利他主义，本质上即是利己主义或族群主义（扩大的利己主义）。人类宗教意识中的利他主义正是如此，如"印度教鼓励多方照顾自身和亲近的亲属，但并不提倡对无亲属关系者尤其是低层贱民表示怜悯和同情。尼班佛教的一个中心目的是通过利他的善行来保存自身，笃信者做好事，用德行来抵消罪行，就是为了向更美好的个人生活的希望迈进一步。尽管佛教和基督教国家都大力提倡广施仁义，它们还是照样随意进行侵略战争，并以宗教的名义为自己的行为作辩护。"⑤

　　至于科学，对于人类文明的进步而言，原本就是双刃剑，在人类历史

---

　　① 刘小枫主编：《20 世纪西方宗教哲学文选》上卷，上海三联书店 1991 年版，第 341—342 页。

　　② 《展望二十一世纪——汤因比与池田大作对话录》，荀春生等译，国际文化出版公司 1985 年版，第 4 页。

　　③ 刘小枫主编：《20 世纪西方宗教哲学文选》上卷，上海三联书店 1991 年版，第 430、432 页。

　　④ 刘小枫主编：《20 世纪西方宗教哲学文选》中卷，上海三联书店 1991 年版，第 734 页。

　　⑤ [美] 威尔逊：《论人的天性》，林和生等译，贵州人民出版社 1987 年版，第 126—127 页。

上，每一次科学的进步，在为人类带来幸福的同时，也往往引发新问题。如数字技术，虽在工业生产、通讯、教育及日常生活中为人类带来了巨大的方便，但人类为数字所困的苦恼也越来越明显。另如由基因解密而推动的生命科学，在生命克隆、医学治疗、养殖种植等方面，已卓见成效。但其前景也已令人忧虑，如基因改良将有可能导致基因伦理问题，随时可能问世的克隆人，将可能导致人类道德伦理领域的一系列危机；转基因技术的使用，必会损害物种正常基因，而加剧生态破坏等等。更为重要的是，就其本质功能来看，科学技术，只能解决与人类物质生活相关的问题，而难以满足人类的精神需要。所以，世界上有许多科学家，探索愈深，愈会产生灵魂的惶恐，而不得不投身上帝的怀抱，或力图从审美活动中寻求慰藉。

　　另如发展经济、重视教育、加强法制之类路径，在人类心灵境界的圣化方面，似乎也成效甚微。人类的生存，要依赖一定的经济条件；人类的幸福，与物质的丰裕有关。但发展经济，本质上是对物质财富的追逐，因而又必会刺激人性的贪欲与世间的纷争。中国古代的管子曾有"仓廪实而知礼仪，衣食足而知荣辱"之论，虽有道理，却又不尽然。在美国这样的经济高度发达国家，不是依然有着很高的犯罪率吗？改革开放以来，中国的经济发展速度是举世瞩目的，但在社会风气方面的堕落之势令人忧心。另如成克杰、胡长清、郑筱萸等享有厚禄的中国高官，其廉耻丧尽、腐败堕落，也不能说是因"衣食不足"吧？在世界各国的学校教育、社会教育中，人格培育、道德教育一直是备受重视的，甚至被许多国家视为"教育上的第一号战略问题"。但以规劝、说教为主导特征的教育，往往也是很难奏效。仍以成克杰、胡长清、郑筱萸等人为例，他们均是有着多年党龄与重要领导职务的共产党员，接受的共产主义教育应该够充分了吧？不也成了腐败的典型吗？法律制度，虽能稳定社会秩序，却无助于人性的提升。由中国当今社会中出现的赡养父母有时也要靠法律手段强制执行之类现象中，人们痛切感受到的不是法律制度的伟大，而恰恰正是人性堕落的悲哀。

　　精神存在性，本是人类不同于动物的优越之处，但这精神又时时受到肉体之欲的掣肘，这就导致了人类灵与肉、感性与理性、本能性与社会性、个人与他人的冲突。法国天主教神学家马利坦在《道德哲学》中，正是曾据此指出："人类，因其既有肉体又有精神，是一个中间物种，这乃是一种荒谬怪诞的优越。"① 由于这种"荒谬怪诞"的生成是本原性的，故而无论怎样的政治制度、道德教化、宗教信仰，还是具体的革命、战争、奖赏、惩罚等，都是不可能从根本上解决的。有时候，人类在某些方面的精神越发达，其"荒谬怪诞"性可能愈加突出。比如当人类从达尔文的进化中知晓自己的动物性身世之后，不仅未能提升人性，反而为自己的动物性找到了可以原谅的理由；当从弗洛伊德的学说中懂得了本能的巨大能量之后，人类愈加感到了对自己难以控制的兽性的失望。由此角度来看，我们甚至可以说，人类的文明智慧愈是发达，人类社会将愈有可能陷入黑暗。或者诚如日本学者池田大作所担忧的："人类力量所创造的文明背叛了人类自己，也正被这种文明送进坟墓。"②

三、黑夜中的文学之光

谁还能引领人类走出黑夜？还有什么力量能够划破迷茫的夜空，照亮人类的心灵？

与海德格尔将救渡的目光投向文学艺术相同，陀思妥耶夫斯基也早就预言："世界将由美来拯救"；③ 尼采也曾说得更为明确："当意志陷入巨大危险的关头，艺术就到来做救苦救难的仙子，只有她能够把生存之恐怖与荒唐所引起的厌世思想化为表象，使人赖此能够生活下去"；④ 处于乱世的中国学者王国维也曾痛切地感悟到，对于人类的文明与进步而言，"生百政治家，不如生一大文学家"⑤。这些见解，当然不尽符合实际，仅靠文学艺术，亦断不可能解决人类的一切危机，但文学作品中涌动着的对纯真善良之人性的赞美，对自由、安逸、恬淡之人生境界的向往，对物我一体之生命存在与宇宙精神的感悟，以及非功利性的想象智慧等，无疑可以更为有效地稀释现代人

---

① 刘小枫主编：《20世纪西方宗教哲学文选》上卷，上海三联书店1991年版，第37页。

② 《展望二十一世纪——汤因比与池田大作对话录》，荀春生等译，国际文化出版公司1985年版，第51页。

③ 崔道怡等编：《"冰山"理论：对话与潜对话》，工人出版社1987年版，第406页。

④ 童庆炳、马新国主编：《文学理论学习参考资料新编》上册，北京师范大学出版社2005年版，第68页。

⑤ 《王国维学术经典集》（上），江西人民出版社1997年版，第112页。

为物欲所充塞的心灵；在化解人类精神天空中的夜色方面，无疑会产生更具成效的作用。

从普通的阅读体验来看，当我们读过托尔斯泰的《安娜·卡列尼娜》、陀思妥耶夫斯基的《卡拉玛佐夫兄弟》、曹雪芹的《红楼梦》之类的小说名著后，会不自觉地将安娜、列文、佐西马长老、阿辽沙、林黛玉、贾宝玉这样一些栩栩如生的文学人物视为自己的朋友，为其纯真、善良的情怀所感染，同时产生对世俗、虚伪与丑恶的厌恶，或幻化为自我，而得以人格品性的提升。对此，梁启超曾在《论小说与群治之关系》一文中有过这样的论述："人之读一小说也，不知不觉之间，而眼识为之迷漾，而脑筋为之摇飏，而神经为之营注；今日变一二焉，明日变一二焉，刹那刹那，相断相续；久之而此小说之境界，遂入其灵台而据之，成为一特别之原质之种子。""凡读小说者，必常若自化其身焉，入于书中，而为其书之主人翁。读《野叟曝言》，必自拟文素臣。读《石头记》，必自拟贾宝玉。……文字移人，至此而极。"① 这就是文学之光化育人心的力量。

当我们体会着"明月松间照，清泉石上流"（王维《山居秋暝》）；"绿树村边合，青山郭外斜"（孟浩然《过故人庄》）；"远上寒山石径斜，白云生处有人家"（杜牧《山行》）；"雪满山中高士卧，月明林下美人来"（高启《梅花》）这样的诗境，欣赏着普里什文笔下"小溪从密林里流到旷地上，水面在艳阳朗照下开阔了起来。这儿水中蹿出了第一朵小黄花，还有像蜂房似的一片青蛙卵，已经相当成熟了，从一颗颗透明体里可以看到黑黑的蝌蚪。也在这儿的水上，有许多几乎同跳蚤那样小的浅蓝色的苍蝇，贴着水面飞，一会儿就落在水中。它们不知从哪能儿飞来，落在这儿的水中，它们的短促生命，就好像这样一飞一落。有一只水生小甲虫，像铜一样亮闪闪，在平静的水上打转。一只姬蜂往四面八方乱窜，水面却纹丝不动。一只黑星黄粉蝶，又大又鲜艳，在平静的水上翩翩飞舞。这水湾周围的小水洼里长满了花草，早春柳树的枝条也已开化，茸茸的像黄毛小鸡。"（《林中小溪》，安荣译）这样的景观时，不能不唤起我们对大自然的热爱，而痛恨于一味开发破坏，自

---

① 童庆炳、马新国主编：《文学理论学习参考资料新编》（中册），北京师范大学出版社2005年版，第1921页。

毁家园之举。当我们自法布尔的《昆虫物语》中得知那些螳螂、蟋蟀、甲虫、蜘蛛、黄蜂之类，也像人类一样忠于职守、辛勤劳动，在抗拒天敌、建巢筑穴方面亦有着奇妙智慧时，不能不产生对宇宙间一切生命的敬畏与关爱之情。这就是神圣的文学之光化解罪恶的力量。

当我们读着诸如：

　　　　一切的峰顶
　　　　无声，
　　　　一切的树尖
　　　　全不见
　　　　丝儿风影。
　　　　小鸟儿在林间梦深。
　　　　少待呵，俄顷
　　　　你快也安静。

　　　　　　　　　　　——歌德《流浪者之夜歌》，梁宗岱译

　　　　我今晨坐在窗前，
　　　　"世界"如一个过路人似的，
　　　　停留了一会，
　　　　向我点点头又走过去了。

　　　　　　　　　　　——泰戈尔《飞鸟集·16》，郑振铎译

这样一类充溢着博大、永恒、宁静的宇宙精神的诗篇时，也必会豁然忘其鄙近，不再因一己之得失而烦恼，不再为世俗名利所忧伤。这就是神圣的文学之光消融世界夜色的力量。正是借助这样一种力量，人类可以"从一切可以叫作强迫的东西（无论是物质的还是精神的强迫）中解放出来"①，不致沦为经济动物的人、本能欲望的人、政治工具的人、劳动机器的人，而成为席勒所向往的"审美的人"。

---

① 《西方美学家论美和美感》，商务印书馆1980年版，第183页。

在一些优秀的诗人、作家笔下，有时甚至仅是诸如"吴楚东南坼，乾坤日夜浮"（杜甫《登岳阳楼》）；"柳眼梅腮，已觉春心动"（李清照《蝶恋花·暖雨晴风初破冻》）；"屋中角落以及那些桌子下面坛罐器皿却已全为黑暗偷偷悄悄搂着了"（沈从文《连长》）；"午间的太阳权威着一切了"（萧红《生死场》）；"月亮叫喊着，叫出生命的喜悦；一颗小星是它的羞涩的回声"（张爱玲《炎樱语录》）；"雨中的白鹭鸶低飞，飞成上下两排错乱的消息"（简贞《渔父》）这样一类信息传输功能已无足轻重，本身就是目的，能够"使万象化成美丽，使最美丽的东西愈见其美"①的文句，也会如电光石火，振奋我们生命的活力，祛散我们心灵的阴霾，引领我们进入远离世俗喧嚣的澄明之境。

在纯化人生与善化人性方面，文学虽与道德、宗教有相通之处，但又是有本质区别的。道德教育缘其外在性、强迫性，往往会招致人的本能欲望的抵触，或为某一社会强势话语集团所利用，而异化为扭曲人性的枷锁。而文学作用则是通过审美诱导，在心神愉悦中完成的。宗教的作用则往往只能见之于教众范围，而文学发挥作用的范围则是没有界限的；更为重要的是：宗教信仰总会伴随着对上帝、佛祖、真主的一定敬畏之情，因而在宗教对人性施加影响的同时，亦必会伴随着对人性的压抑，而文学给予读者的则是最为自由的精神解放。正是基于宗教与文学艺术本质性的对立，尼采曾经得出结论："宗教消退之处，艺术就抬头。"②尼采的见解是正确的，人类因"上帝"死去之后而导致的心灵空虚，或许唯有同样具有虚构想象特征的文学艺术能够填充；失去了上帝管束的物欲泛滥，或许唯有非功利的文学艺术精神能够更有效地予以阻截；人类缘之于对上帝的失去信任而制造的越来越严密的秩序与规范，或许唯有率性而为的文学艺术能够予以冲击；因灵肉分离而导致的精神沟壑，或许唯有物我一体的文学体验才能将其填平。总之，正如海德格尔所说的，当理性化的科学越来越清晰地照见了上帝主宰的彼岸世界的虚枉之后，或许只有另一个"上帝"——文学艺术，才更有能力重建人类的精神家园，并使之成为人类最后的也是最为可靠的一片精神栖居地。

---

① 童庆炳、马新国主编：《文学理论学习参考资料新编》（上册），北京师范大学出版社2005年版，第951页。

② ［德］尼采：《悲剧的诞生》，周国平译，三联书店1988年版，第177页。

四、在世界黑夜中"道说神圣"

　　人类也许永远不可能彻底挣脱自私自利、以强凌弱之类的动物本性，但"人"毕竟已不再是茹毛饮血的动物，"作庸俗卑陋的生物并不是大自然为我们人类所订定的计划；它生了我们，把我们生在这宇宙间，犹如将我们放在某种伟大的竞赛场中，要我们既做它的丰功伟绩的观众，又做它的雄心勃勃、力争上游的竞赛者；它一开始就在我们的灵魂中植有一种所向无敌的，对于一切伟大事物、一切比我们自己更神圣的事物的热爱。"（朗加纳斯《论崇高》）① 这就是人性中的神性。

　　人类的文明，在使人类超越动物性的同时，虽也导致了远较动物更为可鄙的贪婪与机诈，更为野蛮的纷争与凶残等等，但纯真、善良、友爱、公正，一直是人类社会的神圣追求与向往。追求神圣、捍卫神圣当然不只见之于文学，但却是文学作品价值构成的精髓，是诗人、作家存在的本原性理由。诗人、作家，当然也不可能是不食人间烟火的天使，但作为人类的一员，如果你选择了诗，选择了文学，你想成为真正的诗人、作家，你就应更多地负有追求神圣、道说神圣的责任与使命，你就应该具备对人类命运的担当意识，你就应该拥有超越常人的理想与激情，正如英国诗人华兹华斯曾经如此宣称的："诗人是捍卫人类天性的磐石，是随处都带着友谊和爱情的支持者和保护者。不管地域和气候的差别，不管语言和习俗的不同，不管法律和习惯的各异，不管事物会从人心里悄悄消逝，不管事物会遭到强暴的破坏，诗人总以热情和知识团结着布满全球和包括古今的人类社会的伟大王国。"②

　　世界黑夜的降临，无疑会进一步激起人类对诗人、作家的期待，期待他们能够如同荷尔德林所追求的那样："像酒神的神圣祭司，在神圣的黑夜里迁徙，浪迹四方"，③ 如同海德格尔所希望的那样："吟唱着去摸索远逝诸神

---

①　伍蠡甫主编：《西方文论选》上卷，上海译文出版社 1979 年版，第 129 页。
②　伍蠡甫主编：《西方文论选》下卷，上海译文出版社 1979 年版，第 15 页。
③　孙周兴选编：《海德格尔选集》（上），上海三联书店 1996 年版，第 325 页。

之踪迹"，"在世界黑夜的时代里道说神圣";① 如同中国美学家宗白华先生所向往的那样:"禀着他纯洁无垢的心灵，张着他天真莹亮的眼光，在这污浊的人生里重新掘出精神的宝藏，发现这世界崭然如新，光明纯洁，有如世界创造的第一日。"②

在《诗人何为》一文中，海德格尔曾不安地提到，对于人类，真正可怕的不是"世界黑夜的贫困时代"的降临，而是"连自身的贫困也体会不到。这种无能为力便是时代最彻底的贫困，贫困者的贫困由此沉入暗冥之中"③。在这样一种丧失了对贫困黑夜体悟力的暗冥之中，自然就谈不到"道说神圣"了，也就更谈不上诗人、作家了。

20世纪以来的人类文学，虽然并不像海德格尔所忧虑的那样悲观，但的确越来越少见荷尔德林那样能够痛切地体验黑夜时代的贫困、卓有"神圣意识"的诗人了;越来越少见雨果、左拉、托尔斯泰、陀思妥耶夫斯基那样勇于承担人类苦难的小说家了。相反，许多诗人、作家，以消解神圣、宣泄本能、玩弄技巧、故弄玄虚为荣耀、为新潮;或为文学工业的时代浪潮所挟卷，心甘情愿地沦为屈从于利润的市侩。

世界黑夜虽然是可怕的，但只要有诗人在世界黑夜的时代里道说神圣，世界黑夜，也就会成为"神圣之夜"(荷尔德林)④。显然，只有"神圣之夜"，才能抵抗世界黑夜的贫困;只有在"神圣之夜"中，才能孕育黎明的曙光。如果连诗人、作家都丧失了对神圣的追求，那么，人类坠入的将只能是无边的真正的黑夜了。诗人、作家，自然也有选择沉入暗冥，漠视贫困乃至堕落的权利，但在历史上，在人类的心目中，永远铭记与感念的，毕竟是那些不甘沉沦的"道说""神圣"者。

(原载《山东社会科学》2008年第2期)

---

① 孙周兴选编:《海德格尔选集》(上)，上海三联书店1996年版，第276页。
② 宗白华:《艺境》，北京大学出版社1987年版，第57页。
③ 孙周兴选编:《海德格尔选集》(上)，上海三联书店1996年版，第409页。
④ 孙周兴选编:《海德格尔选集》(上)，上海三联书店1996年版，第410页。

数字化生存与文学前景

　　如同历史上每一次技术革命都深刻地影响了人类的文学艺术一样，当今的数字化生存条件，已对传统的文学观念、创作方式、文学形态、文学价值等形成了剧烈冲击，对此，文学理论界大致已形成了两种对立的看法：一是高度肯定数字技术对于文学活动的促进作用，认为"文学的网络化生存，是技术革命对传统文学的一次从观念到现实的颠覆"；①"它将吸纳图像，创造出图像时代文学的新辉煌"；②"赛博空间中的网络文学所包蕴的艺术真实将更有可能代表作为人类文学创作追求的审美价值之一的艺术真实的最高成就"。③二是预言文学的衰落，如已颇遭非议的法国解构主义哲学家德里达、美国文艺理论家米勒等人的见解："在特定的电信技术王国中，整个的所谓文学的时代将不复存在"；④另如日本著名作家大江健三郎也曾讲过："我觉得文学本身今后很难出现特别繁荣的景象，但因特网却会越来越发达"；⑤在我国，也有学者认为，在电影、电视、电脑网络成为未来世纪主导文化媒介形式的情况下，"文学式微是历史发展的一种必然"⑥。我认为，第一种看

---

①　田皓：《当代文学媒体化生存论略》，《北方论丛》2005 年第 4 期。

②　卫岭：《从文学载体的变化看文学终结论》，《文艺争鸣》2006 年第 1 期。

③　张贺：《赛博空间的艺术真实》，《艺术广角》2006 年第 2 期。

④　德里达语，参见 J. 希利斯·米勒《全球化时代文学研究还会继续存在吗?》，《文学评论》2001 年第 1 期。

⑤　[日] 大江健三郎：《小说的方法》，王成等译，河北教育出版社 2001 年版，第 293 页。

⑥　许兵：《文学式微是历史发展的一种必然》，《兰州大学学报》2000 年第 3 期。

法是不切实际的，数字技术虽对文学的发展具有积极影响，但尚看不出实质性的"颠覆"意义与"辉煌"前景；第二种看法也许过于悲观，却不是没有道理的。在数字化生存条件下，像中国唐代那样的诗歌盛世，像欧洲的文艺复兴、启蒙运动以及19世纪现实主义、浪漫主义那样波翻浪涌的文学热潮，恐是难得再现了。但文学固有的特质，也决定了文学不可能消亡，面对数字技术的挑战，也必会逼使文学艺术在其本原意义方面，进一步凸现自身的价值与魅力，以更属于自己的方式陪伴人类的未来。

一、数字技术对文学的冲击

数字技术对文学艺术的冲击，最为值得注意的是以下两个方面。

一是文学的功能正在缩小。

通过生动具体的描写，刻画人物形象，揭示人物心灵，反映社会生活，给人以认知、教育、情感陶冶、道德净化与消遣娱乐等，曾被视为文学艺术的基本功能。而在越来越发达的信息技术手段面前，上述功能，已越来越没什么优势可言了。你要真实地反映现实生活吗？摄像技术，已能无孔不入地将形形色色的生活展现在人们面前，给人更为强烈真实感的《焦点访谈》、《正在进行》、《有请当事人》、《第一现场》、《拍案说法》之类电视节目，以及见诸报刊的"纪实"、"特写"、"新闻调查"之类比比皆是。文学作品不论怎样追求真实，但因本原性的虚构特征，已使之无论如何难以与现代媒体的真实性相竞争了。正如意大利当代著名作家阿尔贝托·莫拉维亚早在1956年就已感觉到的："19世纪的长篇小说死亡了，主要是因为，打个譬喻说，长篇小说想同'社会档案'，从而同照相、新闻、科学调查比个高低。这些作为文献和证明的媒体今天所取得的成效，已使得长篇小说以及它的虚构性和假定性显得毫无裨益和令人厌恶。"[①] 你要了解他人的内心世界吗？在铺天盖地的各类媒体中，关于贪官的、妓女的、同性恋者的、病患者的、强奸犯的、杀人犯的等形形色色人物的心理坦露，随处可见。你要满足猎奇心理、得以消遣娱乐吗？在电影、电视、VCD中，关于侦探的、侠客的、情杀的、

---

① ［英］乔·艾略特等：《小说的艺术》，张玲等译，社会科学文献出版社1999年版，第201页。

骗局的、鬼怪的、外星人的……应有尽有，不仅悬念丛生，且有声有色，历历在目，用不着像读小说那样劳神费力地去想象了，去再创造了。你要得以情感的陶冶与道德的净化吗？上述影视节目与报刊文章中，不也都涌动着情感吗？不也都可以给人以陶冶与净化吗？

1967 年，日本文学批评家桑原武夫曾与作田启一等人合作，搞过一次民意测验，从读者需要角度总结出文学作品的 17 种价值：1. 特定时代的社会得到了反映；2. 提供了关于人生的知识；3. 充分地表现了人；4. 产生窥见他人秘密的感觉；5. 对于人生和社会有所发现；6. 指示人应该如何生活；7. 对于人生的热情被激发起来；8. 感觉与作品中的人生发生共鸣；9. 语言表现得美妙；10. 对自然的描写很美；11. 含混的感觉得到明确的表现；12. 描写了具有魅力的异性；13. 体验到脱离日常世界的感觉；14. 想象力得到刺激；15. 富有幽默感；16. 有惊险的情节和悬念；17. 多种生活方式同时得到表现。[①] 现在看来，读者所需要的这些文学价值，除了"语言表现得美妙"、"对自然的描写很美"、"体验到脱离日常世界的感觉"、"想象力得到刺激"、"富有幽默感"几条之外，大多也已不必由文学而得之了。

二是文学的动能正在弱化。

情感与想象，本是人类的基本特征与重要的精神活动方式，也是文学艺术创作的基本动能。而在现代数字技术面前，人类的情感正在日趋淡漠，比如离情别绪、思亲怀友曾是传统文学中最为常见的主题之一，而现在，你要思念一个人吗？任凭对方在天涯海角，马上可以通话，马上可以发手机短信，马上可以上网聊天，马上可以通过摄像镜头、可视电话见面。可以想见，在数字化的生存境况中，李白"孤帆远影碧空尽，唯见长江天际流"；杜甫"烽火连三月，家书抵万金"之类情感，将会越来越淡化。由于日趋泛滥的视觉图像的屏蔽，日趋繁多的数据（如密码）的束缚，日渐强盛的"比特暴政"的压抑，人类在某些方面的想象力，也将趋于萎缩。显然，这样一种数字化生存状态，对文学的发展也是极为不利的。

在人类历史上，文学事业曾是有几分神圣的；文学才能，曾是受人敬仰的能力之一；诗人、作家，也曾是普通人心目中的文化英雄。而如今，随着

---

① ［日］桑原武夫：《文学序说》，孙歌译，三联书店 1991 年版，第 78 页。

报刊业的兴盛发展带来的写作与发表机会的剧增，尤其是随着电脑网络的日渐普及，随便一个什么人，都可以在网上大显身手，文学的才能也就越来越普泛化了。与之相关，诗人、作家的地位也已今非昔比了，诚如有学者所描述的："在工业时代，作家是一群特殊的人。他们的特殊性表现在，他们是一小撮人。这一小撮人要为大撮的人提供思想。他们必须是精英，他们是一大堆人中最优秀的一小撮。他们要向贫瘠的大脑播洒思想的种子。他们的思想要有普遍价值，有代表性。他们要向低一等的大脑中复印一模一样的思想，复印张数约等于他们书的印刷册数。在数字时代，这样的一群人受到了威胁。社会不再承认精神贵族的地位"① 了。这样一种情况，虽是社会的进步，但因少了社会的尊崇，人们执着地献身于文学事业的动力也就势必大受影响了。

不论我们对文学曾经的辉煌抱有怎样深厚的留恋情结，正是由于数字化条件所导致的文学功能的缩小，文学动能的弱化，想象力的萎缩，必会导致文学创作原有神圣光环的黯淡。由于原来备受重视的"认知"、"教育"、"宣传"之类功能，已被更为直观、更为切实，也更有效、更为快捷的网络、荧屏等其他技术手段所取代，文学像历史上那样呼风唤雨、推动社会发展的盛况，也不太可能了；撼天地泣鬼神的文学巨著，恐是越来越难产生了。那么，文学还有未来吗？还能继续发展吗？

二、不可替代的诗意

虽已遭到了数字化技术的剧烈冲击，但作为"语言的艺术"，文学毕竟是有自己的特质的，这就是：诗人、作家能够自己个性化经验与情感经由文字符号的奇妙组合而生成诗意。诗意，即一种灵动飞扬的生命意蕴，一种能够给人以心灵抚慰与情感愉悦的超现实的自由想象空间。虽然所有的艺术门类都是以诗意为基础的，但文学作品中的诗意创造，是最为自由灵活的，最为丰富多彩的，也是最具无限可能性的。这样的诗意，是其他文体或艺术门类永远难以企及的，更不是其他媒体手段，特别是视觉图像手段能够替

---

① 姜奇平：《数字时代的人与商业》，http://www.cj888.com/book/kepu/shuzishidai/002.htm。

代的。

1. 叙述的诗意

一般文体中的叙述，是以讲述事件、传达信息为主旨的，但在文学作品中，其文字叙述的功能，往往要超越讲述与传达，而呈现为生命意蕴的挥洒与精神境界的创造。如"元丰六年十月十二日，夜，解衣欲睡，月色入户，欣然起行，念无与为乐者，遂至承天寺，寻张怀民。怀民亦未寝，相与步于中庭"（苏轼《记承天寺夜游》）；"其后六年，吾妻死，室坏不修。其后二年，余久卧病无聊，乃使人复葺南阁子，其制稍异于前。然自后余多在外，不常居。庭有枇杷树，吾妻死之年所手植也，今已亭亭如盖矣"（归有光《项脊轩志》）。在这样的叙述文字中，关于"访友"、"修室"、"植树"之类的客观事件，本无足观，但因作者在叙述过程中，附乎性情，神与物游，遂使字里行间，喧腾着人间纯情的波澜，流溢出世事沧桑的感喟，弥漫着生命存在的叩问。而正是这些"超事件叙述"的感人信息与相关精神空间，构成了文学叙述特有的可令"味之者无极，闻之者动心"的诗意美。

与一般文体的叙述相比，文学作品中的叙述常常是非逻辑、非直奔主旨的。或沿路采花，左顾右盼；或笔有旁涉，声东击西，从而创造出文学特有的诗意叙述空间。如蒲松龄在《婴宁》中关于王子服只身寻访婴宁住处的叙述过程中，于"伶仃独步，无可问程，但望南山行去"与"遥望谷底，丛花乱树中，隐隐有小里落"之间插入的"乱山合沓，空翠爽肌，寂无行人，止有鸟道"数语，是游离了事件叙述主旨、没有什么叙述功能的"缀语"。但却正是这类"缀语"，使原本单调的历时叙述具有诗性空间张力，可令读者在地老天荒、超尘出世的宇宙境界中得以生命解放与心灵舒张之类的诗性满足，而不再亟待叙述结果。又如汪曾祺《钓鱼的医生》中出现的："王淡人就是这样，给人看病，看'男女内外大小方脉'，做傻事，每天钓鱼。一庭春雨，满架秋风。"其中"看病"与"钓鱼"、"春雨"与"秋风"以及"看病"、"钓鱼"与"春雨"、"秋风"之间，均是没什么逻辑关联的，但正是这样一种散射状的非逻辑叙述，可以有效地构建更为博大的诗性空间，可令读者进入更为自由的诗性境界。

在影视或其他视觉艺术手段的叙事过程中，当然亦不乏由背景之类构成的"超事件叙述"信息，但因叙事画面的直观性，其"超叙述"信息总是有限度的；因画面叙事所要求的严明的时间性，在诗性空间的独立创造方面，也是没有多大余地的。至于将互不相关的"看病"、"钓鱼"、"春雨"、"秋风"等融为一体这样的诗性空间创造，则几乎是不可能的。

2. 描写的诗意

就事物形象的本原呈现而言，与抽象的文字符号相比，影视之类视觉手段的确有其得天独厚的优势，赋形可以色彩尽呈，状物可以纤毫无遗。但在激活读者想象的诗意体验方面，可视性画面又是有其天然局限的，无论如何难与自由灵活的文字描写相比。当我们在看影视剧《红楼梦》的时候，恐是很难体味到林黛玉"两弯似蹙非蹙烟眉，一双似喜非喜含情目"、"闲静时如姣花照水，行动处似弱柳扶风"之类诗性形象的。在日本作家村上春树《挪威的森林》的汉译本中，有这样几句关于玲子脸上皱纹的描写："那皱纹宛如与生俱来一般，同她的脸配合默契。她笑，皱纹便随之笑；她愁，皱纹亦随之愁。不笑不愁的时候，那皱纹便不无玩世不恭意味地温顺地点缀着她的整个面部。"[①] 如果将《挪威的森林》拍成电影电视，玲子这一脸能够激活人的想象的"诗性"皱纹还能够存在吗？另如当我们在电影《查特莱夫人的情人》中看到康妮与梅乐士做爱的场面时，还能感受到原作中诸如"And it seemed she was like the sea, nothing but dark waves rising and heaving, heaving with a great swell, so that slowly her whole darkness was in motion, and she was ocean rolling its dark, dumb mass...She was gone, she was not, and she was born: a woman"[②] 这样一类避免了感官刺激的诗意境界吗？

正是由于诗意化的描写，在文学作品中，某些原本寻常的事物，甚至是丑陋可鄙的事物，亦会令读者心跳眼热，心灵振奋。如红高粱原本不过是普通的农作物，而在莫言笔下出现的则是："高粱高密辉煌，高粱凄婉可人，高粱爱情激荡"，"它们根扎黑土，受日月精华，得雨露滋润，上知天文下知

---

① ［日］村上春树：《挪威的森林》，林少华译，上海译文出版社 2001 年版，第 113 页。

② 饶述一译本为："她仿佛像个大海，满是些幽暗的波涛，上升着，膨胀着，膨胀成一个巨浪，于是慢慢地，整个幽暗的她，都在动作起来，她成了一个默默地、蒙昧地、兴波作浪的海洋。……她已经没有了，她再也不存在了，她出世了：一个妇人。"湖南人民出版社 1986 年版，第 250—251 页。

地理。""所有的高粱合成一个壮大的集体，形成了一个大度的思想"这样一种散射着博大的生命气韵与壮阔灵性的诗意形象。这样的诗意形象，视觉手段是无法表现的，比如在张艺谋执导的同名电影中，就是看不到的，是遭到了镜头无可奈何的过滤的。在李锐笔下出现的"树棍上鸡们照着祖先的模样在睡觉……也许是有悠远古老的梦闯了进来，它们不时呻吟似地叽叽咕咕地发着梦呓"（《古老峪》）这样的诗意境界，如果出现在画面上，大概也只能是一群栖在树上的咕咕乱叫的鸡而已。一只腐烂的鼹鼠尸体下面聚集了许多食尸虫，这场面是够肮脏的，但在法国作家法布尔的《昆虫记》中，经由其诗性笔墨的处理，呈现在我们面前的，竟是这样一个色彩缤纷、情趣盎然、天真活泼的生命世界："用脚掀起这小堆儿腐尸。好家伙，下面有那么多小动物在拥挤蹴动；忙碌不堪的劳动者们，构成一派如火如荼的喧嚣场景！只见葬尸虫穿着宽大的鞘翅丧服，立刻拼命逃窜，一头钻进地缝里躲藏起来；腐阎虫的身子像经过抛光加工的乌木，光洁得能给太阳当镜子，它们也急急忙忙操着碎步逃开，丢下工地不管了；这当中有一只皮蠹，身上遮着浅黄色带黑点面料的短披肩，正试图马上腾身起飞，但苦于已经为血脉所醉，一个劲儿栽着跟头，肚皮下的雪白斑点亮了出来，在阴暗色调的衣装的反衬下，显得格外醒目。"[①] 除了文学手段之外，无论诉诸怎样的其他视觉形式，这样一个食尸虫世界，大概都只能是令人恶心的。

3. 议论的诗意

在文学作品中，议论，本是有碍于诗意境界的创造的，但在有才华的作家笔下，亦会经由特定的文字组合，议论出更具诗性张力的艺术形象。钱钟书在《围城》中这样写春天："也许因为战事中死人太多了，枉死者没消磨掉的生命力都进作春天的生意。那年春天，气候特别好。"这样写唐小姐："有许多都市女孩子已经是装模作样的成熟女人，算不得孩子；有许多女孩子只是浑沌痴顽的无性别孩子，还说不上女人"，而唐晓芙则是一个"真正的女孩子"；汪曾祺在《晚饭花》中这样写黄昏："这是李小龙的黄昏，要是没有王玉英，黄昏就不成其为黄昏了。"钱钟书"议论"出来的春天，"议

---

① ［法］法布尔：《昆虫记》，王光译，作家出版社1998年版，第89—90页。

论"出来的"唐小姐",汪曾祺"议论"出来的黄昏,反倒比通常的形象刻画更能激发读者的想象空间,更能给人以精神振奋与情感感染。而这样一种文学语言的独特魅力,同样是难以见之于视觉图像及其他媒体手段的。

在文学门类中,诗歌有"文学中的文学"之称,或许便是因为,在诗歌中,最为集中可见的,最能体现诗之为诗的正是只可意会,不可言传,更无法"图示"的想象境界的创造。例如,要将"草儿扶露珠同眠"(田汉《七夕》);"我寻找黄河,/连条线也不见。//在这里它缩成一个音符,颤动着……"(孔孚《渤海印象之二》);"这个小小的圆圆的岛/竖起根桅杆就像一枚公章了:打在大海的申请书上"(车前子《海魂》)之类诗境,用图像方式表现,无论手段多么高明,技术多么先进,令我们看到的,大概仍不过是寻常可见的"小草上挂满了露珠"、"波浪滔天的黄河入海口"、"大海里的小岛"而已。面对"狂风吹我心,西挂咸阳树"(李白《金乡送韦八至西京》);"林表明霁色,城中增暮寒"(祖咏《终南望余雪》);"昆山玉碎凤凰叫,芙蓉泣露香兰笑"(李贺《李凭箜篌引》);"明月装饰了你的窗子,你装饰了别人的梦"(卞之琳《断章》);"四月之城在高蓝的天空下嚼着黄黄嫩嫩的阳光"(于坚《四月之城》)这样的诗境,影视或其他媒体形式,恐怕更只能是望"文"兴叹了。

中国古代文论中有"诗画相通"之说,而实际上,这样一种真正属于文学的想象,绘画是难以企及的。对此,宗白华先生早就有过详细的论述,他曾以据传是王维的《蓝田烟雨图》诗为例指出:"蓝溪白石出,玉山红叶稀,山路元无雨,空翠湿人衣",前两句可画,后两句则是画不出来的。如果非要画一个人穿了件湿衣服,"即使不难看,也不能把这种意味和感觉像这两句诗那样完全传达出来"。"画和诗毕竟是两回事。诗中可以有画,像头两句里所写的,但诗不全是画。而那不能直接画出来的后两句恰正是'诗中之诗',正是构成这首诗是诗而不是画的精要部分。"① 以现代数字技术手段来看,电脑固然可以创造出世间所无的想象物象,但毕竟仍要囿于视觉的"像",而对于超视觉的"诗中之诗",仍是无能为力的。

与视觉图式为媒介的想象相比,以抽象文字符号为媒介的想象无疑有

---

① 宗白华:《美学的散步》,安徽教育出版社2000年版,第4页。

着更为无限的空间，这自然决定了文学艺术创造的不可穷尽性；与其他艺术形式或媒体形式相比，文学诗意的不可替代性，当然也就决定了文学艺术的生命力。

三、文学：正在被逼向自身

按照通常的历史分期，人类已走过了蒙昧时代、农业时代、工业时代以及目前已经开始的数字化时代。人类自有文学活动以来，与相关的历史时期相对应，大致亦可分为这样三个阶段：文学等于文章→文学相当于媒体→文学回到文学。在不同的历史阶段，为社会所特别看重的文学功能是不同的，依次相对应的是：文化功能、媒体功能与诗性功能。

第一阶段大致可与农业时代相对应。在这一阶段，所谓文学，基本上是指所有的文字作品（即文章），文学功能，也几乎就是探讨学问、传播知识、规范社会、教化人伦之类广泛的文化功能。在我国，"文学"一语虽早已广见于先秦典籍，但无论是在最早使用"文学"术语的《论语》中，还是在荀子、韩非子等人笔下，指的便均是文章、典籍、文化知识、文化学说等等。虽然，按鲁迅先生的说法，"曹丕的一个时代可说是'文学的自觉时代'"（《魏晋风度及文章与药及酒之关系》），而事实上，在中国历史上长期占据主导地位的仍是非独立性的文学观，如刘勰《文心雕龙》中的那个"文"，就不是我们今天所说的"文学"，而是泛指各类文章的。刘勰要总结探讨的，也不是我们今天所说的"文学"创作规律，而是更具普遍性的文章写作规律。他曾专章论述的"史传"、"诸子"、"论说"、"诏策"、"檄移"、"章表"、"奏启"、"议对"、"书记"等诸多文体，与我们今天所说的文学，就完全是两码事儿。正是与之有关，刘勰更为看重的是"文"的实用功能，而对于某些不具实用功能的文学成分，有时反倒是持排斥态度的。例如在《诸子》一篇中，他就将《列子》、《淮南子》中的神话、寓言之类视之为"虚诞"，予以责难。同样，在西方，虽然早在古希腊时代就已出现了亚里士多德的《诗学》，但我们从其中所强调的"诗"的主要目的是"求知"来看，就清楚亚里士多德并没有意识到文学的独立性。在后来的西方语汇中，"作家"也常常是指"写文章的人"，这或许也就是为什么直到20世纪，在"诺贝尔文学奖得主"中，会有德国历史学家狄奥多·蒙森，写作了《第二次世界大战》的丘吉尔，及德国的鲁道夫·奥伊肯、法国的享利·柏格森、英国的罗素 3 位哲学家的原因。在西方语汇中，我们还可以发现，凡文字材料，甚至包括自然科学资料，亦每每被称之为"文学"。至今，在流行的英语辞典中，我们仍可以查到这样的文学（literature）定义：writings on a particular subject（关于某学科的著述或文献），以及在资料意义上使用的"文学"术语，如"There is now an extensive literature on the use of computers in the home"（现在有许多关于家庭计算机的使用资料）。与此相关的"文学功能"，自然也只能是"文化功能"。

　　第二阶段大致可与工业时代相对应。在工业时代，随着印刷出版业的发展，文学刊物与报纸副刊的涌现，诗歌、小说、戏剧、散文等文体的日渐兴盛，相对独立的文学界域才得以形成。但在这一时期，由于信息传播手段仍不够发达，文学在很大程度上也就承担了诸如认知、宣传、教育之类的媒体功能。虽然，18 世纪的康德、席勒等人，已充分注意到了文学的审美价值，但长期以来，反映社会现实、揭露人间黑暗、抨击邪恶、弘扬正义之类，一直被视为评判文学作品价值高低的重要尺度。诗人作家们，也往往首先是因社会功能而受到推崇。如雨果、巴尔扎克、左拉、拜伦、惠特曼这些作家、诗人在文学史上的地位与影响，便首先是因为他们作品的社会功利价值。马克思曾经在《英国资产阶级》一文中讲过的"现代英国的一批杰出的小说家，他们在自己的卓越的、描写生动的书籍中向世界揭示的政治和社会真理，比一切职业政客、政治家和道德家加在一起所揭示的还要多"[①]，看重的就是文学作品所具有的媒体性功能。在我国，自清末梁启超主张的"小说革命"，到五四运动时期的"文学革命"，到后来的"革命文学"，一直到 20 世纪 70 年代末的"伤痕文学"、80 年代的"改革文学"等，文学所承担的以及社会大众希冀文学承担的，亦仍主要是应由媒体承担的社会功能。现在，当我们回头总结历史的时候，固然可以为文学的"工具论"而遗憾，但如果冷静地想一想，在其他媒体手段尚不发达的情况下，文学的工具性受到

---

　　① 童庆炳、马新国主编：《文学理论学习参考资料新编》（中），北京师范大学出版社 2005 年版，第 1835 页。

重视，实在是有其历史必然性的。

　　第三阶段大致可与目前正在发展的数字化时代相对应。如前所述，在数字化时代，原来备受重视的文学所承载的传播知识、教化人伦、反映现实、揭露黑暗、鼓舞人心、制造舆论之类的社会功能，已远不如越来越发达的报刊、电视、网络等现代媒体手段来得快捷，来得有力了。在这样一种社会条件下，人们阅读文学的目光当然会越来越挑剔，对文学自身质素的要求会越来越高，即不再过分重视文学作品的一般文化功能或媒体功能了，而会更加重视文学作为语言艺术应有的诗性智慧、诗性技巧与诗性境界的创造了。在此情况下，文学如果仍恪守原来的文化功能追求，或力图与现代化媒体争高低，自然难有什么大的作为了。而只有设法凸现历史上的一般文体及现代媒体所缺乏的诗性功能，才能进一步强盛文学的生命。

　　由上述三个阶段的历史发展过程也可进一步看出，文学在人类社会生活中的作用虽在日渐缩小，但缩小的其实正是原本就不属于文学本质属性的普泛性的文化功能，认知、宣传、教育之类的媒体功能，而真正属于文学的诗性功能，并没有受到损伤。我们甚至可以相信，现代媒体无论如何的发达，也无法取代由语言符号的特定排列组合而生成的诗意这一真正属于文学的特质。

四、文学艺术的前景

　　正是仅由诗意特质着眼，我们即可乐观地相信，数字化时代的到来，不仅不是文学艺术的灾难，反倒有可能是文学艺术的幸运。这是因为：第一，随着非文学功能的缩小，文学将会越来越文学化，越来越走近自身。文学的整体作用虽已无法与往昔相比，但通过诗意化想象，拓展人的精神空间，纯化人的情感，激活人类在现代化生活条件下日趋麻木的感觉与心灵之类更属于文学本身的作用将越显重要。这样一种变化，无疑将逼使人们更为清楚地辨明文学与非文学，可以强化诗人、作家们更为本质性的文学追求，有助于促进文学创作水平的提高。第二，无论数字技术怎样发达，但技术所要探求的只能是普遍性的操作方式，而文学艺术则永远是个别性的创造；技术只能开辟出程序化的比特空间，而人类所向往的则是诗意的家园。第三，随着数字化时代的到来，随着"比特暴政"对人性挤压的日益加剧，也必会导致人类心理的反弹，使之渴望重振情感、扩展想象，而这对于文学的诗意创造，又是具有促进作用的。

正是由数字技术对文学的冲击可以判知：在未来的文坛上，文学才华的较量，在很大程度上，将会是诗意创造力的较量。用文字写成的作品，是不是文学，其中诗意空间的有无、大小，将进一步成为重要尺度。在数字化时代，虽然，谁都可以上网自由发表作品，但并不意味着每个人都能创造出真正具有诗意空间的作品；或许，许多人都可以轻易成为作家，但并不一定是有诗意创造力的作家。一位只懂得传达信息，只注重揭示社会问题，只会编造故事的作家，将不可能继续被读者所看重。一位无力开拓诗意空间的作家，将有可能不再被人视为作家。

美国作家辛格曾经指出："电影能够做托尔斯泰或者陀思妥耶夫斯基或者果戈理做的事。不错，我们的时代里，诗受到了很大打击。但不是因为电视或其他东西，而是因为诗本身退步了。如果我们有许多蹩脚小说，蹩脚小说家们还互相模仿，那么他们写的东西就不会令人感到兴趣，被人理解。自然，这会扼杀小说，至少有一个时候。但是我认为文学，好的文学，没有什么可以惧怕技术的。恰好相反。技术越多，对于人类的脑子不用电子的帮助能够产生些什么也就越有人发生兴趣。"① 辛格的论断是有道理的，文学在现代科技条件下所陷入的窘境，根本原因还在于文学自身，而不是科技之类外在条件。

近些年来，中国文学之所以陷入颓势，除了诗人、作家对社会现实与宇宙人生的独特体悟之类内在精神的贫乏之外，文学自身诗意创造力的低下亦正是另一重要原因。有些诗人、作家，虽已颇具名气，但我们仅由"今朝一人　我与谁长谈？/遥望远边　据称是江北／白练入川是一条，还是两条？/汇向何处　都让我喜欢"（翟永明《重阳登高》）；"我年幼的时候是个杰出的孩子／我被公众孤立。我站在校舍操场边的杨树林里／目睹同龄的男孩子女孩子歌唱"（桑克《我年幼的时候是个杰出的孩子》）；"我有一盏台灯／至少要按三次开关／才能把它打开／我一直没把它修好"（巫昂《难开

---

① 崔道怡等编：《"冰山"理论：对话与潜对话》上册，工人出版社1987年版，第124页。

的灯》）之类即使作为日常话语都显得枯燥乏味，更说不上什么诗意信息的"诗句"，即可了然其诗作所达到的"诗"之境界了。仅由作品中时常可见的诸如：

> 陈志强与华章的争文章之功（当时还不怎么懂得知识产权这个概念）更使先进人物与先进事迹的状况成了一笔糊涂账。幸亏后来省委书记沈明同志做了批示，肯定了地委关于继续大力学先进，加强一切简报材料通讯报道的真实性与加强集体领导的方针，并批示领导同志了解情况要细致、表态要慎重、讲话要全面。如此这般，一场风波得到了化解：沈明同志正确与平稳的言语，说的是不言之言，教的是无教之教，风渐息，浪渐止，一场围绕金秀梅当劳模的事件才没有酿成什么意外后果。
>
> ——王蒙《青狐》（二十四章）

> 几次兵变因有碍外商和外国侨民利益，停泊于长江下游的英国炮舰"格那脱"、"格列格"号奉命西上抵宜昌。美国炮舰"孟活开"号和日本军舰亦先后抵宜昌。驻华法国公使和日使均向北京外交部提出交涉。

> 北京政府迫于压力，在处理此次事件时格外谨慎，急令湖督王占元严惩祸兵。之后数名主官被免职，十四名营以下军官被处决。向中和的第十三混成旅被取消番号。不久，王占元本人也因"督军不利"被免职。王占元被免职之前，幻想挽回局面，要对北京政府作出姿态，决定处决所有参与兵变的士兵。名义上他给1200余名变兵发足两个月饷银，声称将其遣回原籍，暗地却密令第四旅旅长刘佐龙在湖北孝感车站设下埋伏。待押运变兵的火车停孝感时，将手无寸铁的变兵全部枪杀。
>
> ——铁凝《笨花》（25）

这样一类看上去或像是总结汇报材料，或像是历史资料的摘录的语言文字，就不难感到其作品与"语言艺术"之间尚存的距离了。为数字化时代所弱化的文学功能，恰正是这样一类原本就应被弱化的非文学功能。明乎此，诗人、作家们，必会更为重视自己的诗性智慧的培养及其诗性表现能力的训练。显然，只有如此，才能创作出更具文学性的作品，才能抵御数字化时代的冲击；也只有如此，数字化时代的文学，才能守住自己的领地，维系自己的存在与发展。

（原载《社会科学辑刊》2007 年第 6 期，齐鲁书社
2010 年版《数字化时代与文学艺术》一书收录）

后　记

很庆幸这辈子喜欢了文学，且从事了文学与美学相关的教学与研究工作。

文学虽不大能养生，但能养心。文学的精髓在于超尘脱俗的诗性情怀，其本体功能是养育清纯、正直乃至圣洁的心灵与人格。而拥有这样的情怀、心灵与人格者，是不大容易升官发财、荣华富贵的，故而连杜甫那么伟大的诗人都曾有过"文章憎命达"的千古慨叹。但一位真正钟情于文学者，会最大限度地不为世俗所诱，会如同海德格尔所说的，能够执着于诗意栖居的追求，会更自得于精神世界的富足与充实，会活出更为潇洒、自在、纯净、坦然的人生。自知距此境界尚远，但时时心向往之。

这本自选集，大概可以算是自己追寻诗性之光的记录，计收文章 27 篇，大致可分为四类：一是关于美的本体、美学研究指向、审美想象、文学作品的审美价值以及康德的美学思想、张竞生的美育思想的探讨；二是侧重从主体角度，分析论述了文艺思想的生成、学术人格、文学批评、艺术想象、基因科学对文学创作的影响等相关问题；三是关于作家作品及文学现象的研究，主要涉及胡风、浩然、莫言等中国现当代文学史上的代表人物，以及中国当代小说中的神秘美、中国当代诗歌现状等；四是对艺术境界、文学精神、文学性等文艺学元问题，以及对文学功能、文学前景的思考。

其中的文章，大多写于 10 多年前，或二三十年前，回头看来，时见幼稚与粗疏，这次选编时，虽又尽力予以加工修改，自知仍存不少问题，还望识者多加指教。

在编选这部书稿的过程中，亦令我更为清醒地意识到：与文艺作品相同，学术文章亦应注重生命力。有的文章，当年发表时以为尚可，而时过境迁之后，已觉得没什么意思了。其中的教训是：学术研究，要力避风逐浪，奉迎时世，要抓住真正有价值的理论问题，以及真正值得研究的对象。

这本书的出版，获得了我所供职的山东师范大学的资助，有幸得列社科处设计的《山东师范大学人文社会科学学者文库》首批出版计划，在此深表感谢。同时也深为感谢人民出版社王萍女士付出的辛劳。

杨守森

2014 年 12 月 5 日于山东师范大学